Das Lexikon der
Geschmacklosigkeiten

Karl Shaw

Das Lexikon der Geschmacklosigkeiten

Aus dem Englischen
von Bea Reiter

WILHELM HEYNE VERLAG
MÜNCHEN

Karl Shaw ist ausgebildeter Journalist, beschäftigt sich mit Design und Werbung und arbeitet darüber hinaus als freier Illustrator. Er lebt in England und schreibt Beiträge für verschiedene britische Zeitungen.

Umwelthinweis:
Dieses Buch wurde auf chlor- und säurefreiem Papier gedruckt.

Titel der englischen Originalausgabe
THE MAMMOTH BOOK OF TASTELESS LISTS
Erschienen bei Robinson Publishing LTD, London

Umschlaggestaltung: HAUPTMANN & KAMPA Werbeagentur, CH-Zug
Umschlagphoto: SuperStock Bildagentur, München
Satz: Leingärtner, Nabburg
Druck und Bindung: Wiener Verlag, Himberg
Printed in Austria 1999

ISBN 3-453 15789-3

Inhalt

II Speis & Trank 72

III Kunst & Unterhaltung 107

I
Auftritt & Abtritt

Toilettengeschichten: 10 Todesfälle auf dem Örtchen

1 Der römische Kaiser Heliogabal (204-222 n. Chr.) wurde von seiner Leibwache in Stücke gehackt, als er gerade auf dem Lokus saß. Seine Leiche warf man in eine römische Kloake.

2 Die Herrschaft des angelsächsischen Königs Edmund II., genannt *Ironside* (»Der Eisenharte«), fand ein jähes Ende, als er in einem Holzhäuschen sein Geschäft verrichtete. Ein Attentäter, der sich in der Grube unter dem Häuschen verborgen hatte, stieß dem König zweimal ein Langschwert in den After, das sich in dessen Eingeweide bohrte. Edmund war auf der Stelle tot.

3 Die russische Kaiserin Katharina die Große starb an Herzversagen. Von Verstopfungen geplagt, mußte sie beim Stuhlgang zu sehr pressen.

4 Seinem deutschen Kammerdiener zufolge verrichtete König Georg II. sein Geschäft immer äußerst geräuschvoll. Eines Abends hörte der Kammerdiener aus dem königlichen Abort Geräusche, die er für »lauter als die sonst üblichen Winde« befand. Er stürzte auf das Örtchen und fand den König tot auf dem Boden vor. Georg war vom Lokus gefallen, sein Kopf an einem Schrank zerschellt.

5 1856 kam es zu dem übelriechendsten Todesfall von Sussex, als Matthew Gladman in eine Jauchegrube fiel. Er hatte allem Anschein nach in tiefster Dunkelheit ein Wasserklosett aufgesucht und dabei nicht bemerkt, daß man die Bodendielen entfernt hatte, um die darunterliegende Grube zu leeren. Der herbeigerufene Arzt versuchte noch vergeblich, ihn durch Elektroschocks wiederzubeleben. Gladman erstickte durch Methangas.

6 Die 36jährige Hollywoodschauspielerin Lupe Velez, genannt »mexikanische Giftnudel«, versuchte 1934, sich mit einer Überdosis Schlaftabletten das Leben zu nehmen. Miß Velez verschätzte sich jedoch in der Dosis, so daß ihr plötzlich speiübel wurde. Als sie ins Badezimmer eilte, rutschte sie auf dem glatten Fliesenboden aus und stürzte. Am nächsten Morgen wurde sie tot von ihrer Zofe aufgefunden. Sie war in der Toilettenschüssel ertrunken.

7 1957 rutschte der norwegische König Haakon VII. in seinem Marmorbad auf einem Stück Seife aus. Dabei schlug er mit dem Kopf gegen einen Wasserhahn und zog sich einen tödlichen Schädelbruch zu.

8 1977 starb Elvis Presley an Herzversagen. Er wurde auf dem Boden seiner Toilette mit dem Gesicht nach unten aufgefunden.

9 Im September 1990 nahm der gemeinsame Empfang anläßlich der Doppelhochzeit zweier jordanischer Brüder ein böses Ende, als der Tanzboden einbrach und die gesamte Hochzeitsgesellschaft in die darunterliegende Jauchegrube stürzte. 13 Menschen fanden den Tod, darunter auch die frisch angetrauten Ehefrauen der beiden Brüder.

10 1994 fiel der 41jährige Heinz Schmitzer in die Jauchegrube eines Außenaborts und ertrank darin. Er hatte versucht, seine Brieftasche aus der stinkenden Brühe zu fischen.

8 Liebhaber der »jungfräulichen Königin« Elisabeth I.

1 Der Herzog von Alençon

2 Robert Dudley, Graf von Leicester

3 Robert Devereux, Graf von Essex

4 Sir Christopher Hatton

5 Thomas Heneage

6 Edward de Vere, Graf von Oxford

7 Sir William Pickering

8 Sir Walter Raleigh

10 würdelose Todesfälle

1 Im Juli 1994 wurde in Commerce City im US-Bundesstaat Colorado ein 39jähriger Motorradfahrer getötet, als ihm von einer Brücke ein zwanzig Kilo schwerer Hund auf den Kopf fiel. Er verlor die Kontrolle über sein Fahrzeug und prallte gegen einen Lastwagen.

2 Der Hund Pickles erdrosselte sich selbst mit seiner Leine, während er einer Katze nachjagte.

3 Sir Arthur Aston, königstreuer Truppenkommandant im englischen Bürgerkrieg, wurde von Anhängern des Gegners Cromwell mit seinem eigenen Holzbein erschlagen.

4 Der französische Komponist Jean-Baptiste Lully stach sich aus Versehen mit seinem Taktstock in den Fuß und starb daraufhin an Wundbrand.

5 1996 starb Sandra Orellana aus Texas, als sie von einem Balkon im achten Stock des Sheraton-Hotels in Industry Hills stürzte, wo sie gerade in einer Konferenz mit ihrem Arbeitgeber war. Die Polizei gab an, Orellana sei beim Sex mit ihrem Chef vom Balkon gefallen, als sie die Stellung wechselte.

6 Im Oktober 1973 wurde der Süßwarenvertreter Roland Ohisson aus dem schwedischen Falkenberg in einem Sarg aus Schokolade beigesetzt. Es war sein letzter Wille gewesen.

7 Jazztrompeter Joe »Poolie« Newman, der mit weltberühmten Musikern wie Count Basie und Lionel Hampton gespielt hatte, war als notorischer Frauenheld bekannt. 1989 versuchte Newman, seiner mittlerweile erlahmten Manneskraft mit einem Penisimplantat wieder auf die Sprünge zu verhelfen. Unglücklicherweise entstand in dem Implantat ein starker Überdruck, und Newmans Glied platzte, als er gerade in einem Restaurant zu Abend aß. Newman verblutete.

8 Ein isländisches Bestattungsinstitut wurde 1993 zu einer Geldstrafe verurteilt, nachdem sich die Hinterbliebenen von Henri Labonte bei den örtlichen Behörden darüber beschwert hat-

ten, daß der teure Verblichene bei seiner Beerdigung am 26. Dezember ein Weihnachtsmannkostüm und einen falschen Bart trug.

9 Elizabeth Rossetti, Ehefrau des Dichters und Malers Dante Gabriel Rossetti, starb 1862 an einer Überdosis Laudanum. Sie war aufgrund ihrer Neuralgie davon abhängig geworden. Der gramgebeutelte Rossetti, selbst Alkoholiker und morphiumsüchtig, ließ ihr als Zeichen seiner Liebe einen Stapel unveröffentlichter Manuskripte in das blonde Haar flechten, bevor sie begraben wurde. Sieben Jahre später wollte Rossetti seine Manuskripte zurückhaben. Man buddelte Elizabeth wieder aus. Die Gedichte wurden abgestaubt und mit großem Erfolg veröffentlicht.

10 Als König Franz I. von Neapel starb, wurde seine Leiche einbalsamiert und dem höfischen Protokoll gemäß drei Tage lang öffentlich aufgebahrt. In der dritten Nacht wurden die beiden Ehrenwachen an seinem Sarg von einem dumpfen Schlag aufgeschreckt. Nachdem sie die Leiche etwas näher betrachtet hatten, liefen die beiden laut schreiend davon. Dem König war ein Arm abgefallen.

10 Fehltritte amerikanischer Präsidenten

1 George Washington (US-Präsident 1789-1797) war ein unverbesserlicher Schürzenjäger, der die wenigste Zeit mit seiner Frau Martha verbrachte. Zu den Frauen, mit denen der Präsident eine außereheliche Beziehung unterhielt, gehörten unter anderem Kitty Greene, Lucy Flucker Knox, Mrs. Clement Biddle (die Frau eine Armeegenerals), Elizabeth Gates (auch sie die Frau eines Generals), Theodosia Prevost Burr, Lady Kitty Alexander Duer, Phoebe Fraunces, Eliza Powell, Mrs. William Bingham und Mrs. Perez Morton. Während des Amerikanischen Unabhängigkeitskrieges nutzen die Briten Washingtons Sexleben dazu aus, ihn öffentlich zu diffamieren, und behaupteten, daß er sich ganze Horden von Mätressen halte, schwarze wie weiße. Washington war bis dahin nur in einen einzigen Sexskandal verwickelt gewesen, der als die »Waschfrau-Kate-Affäre« in die Annalen einging. Ein Kongreßabgeordneter und Freund Washingtons namens Harrison fungierte in Philadelphia als dessen Kuppler, während dieser selbst an der Front war. Eines Tages schickte Harrison einen Brief an die Front, in dem er Washington von seiner neuesten »Entdeckung« berichtete. Die in hohem Maße kompromittierende Mitteilung wurde jedoch abgefangen und der *Boston Weekly News* sowie später dem *Gentleman's Magazine* in London zugespielt. Die Geschichte wurde später zur Vorlage für ein Broadway-Bühnenstück mit dem etwas sperrigen Titel *The Battle of Brooklyn: A Farce of Two Acts: As It Was Performed on Long Island, on Tuesday the 27th Day of 1776, by the Representatives of Americans, Assembled at Philadelphia.* Washington jagte jedem Rock hinterher und nahm keinerlei Rücksicht auf die Gefühle seiner Frau. Ein französischer Offizier bemerkte einmal, »er flirtet völlig ungeniert, und das sogar in Gegenwart seiner Frau, die offenbar nichts dagegen hat«. Washington starb 1799 an den Folgen einer fieberhaften Erkältung, die er sich nach offiziellen Angaben bei einem Ausritt im Schnee zugezogen hatte. Einer etwas wahrscheinlicheren Version zufolge erkältete er sich, als er auf Mount Vernon nach einem Stelldichein mit der Frau eines Angestellten ohne Hosen aus dem

Fenster sprang. Washington hinterließ keine direkten Nachkommen: Seine Frau Martha brachte zwar vier Kinder mit in die Ehe, Washington selbst hat jedoch kein einziges Kind gezeugt.

2 Thomas Jefferson (US-Präsident 1801-1809). Während seiner gesamten Amtszeit hielten sich hartnäckig Gerüchte, daß er mit schwarzen Sklavenmädchen ins Bett gehe. Im Mittelpunkt des Skandals stand Jeffersons Beziehung zu einem Sklavenmädchen namens »Dusky« Sally Hemmings, das 1773 in Jeffersons Besitz gelangte. Hemmings war offiziell als seine »Kammerzofe« beschäftigt und brachte fünf Kinder zur Welt, die ebenfalls als Sklaven gehalten wurden, darunter auch einen hellhäutigen Jungen namens »Yellow Tom«, der Jefferson bemerkenswert ähnlich sah. Mrs. Francis Trollope, die Mutter des Romanciers Anthony Trollope, schrieb 1832 einen Bestseller, in dem sie behauptete, Jefferson sei der Vater »zahlloser Generationen von Sklaven«. Einer seiner Söhne, Eston Hemmings, gab sich erfolgreich als Weißer aus und heiratete sogar eine Weiße. Später hatte Jefferson auch eine Affäre mit Maria Cosway, der Frau des berühmten englischen Miniaturmalers Richard Cosway.

3 James Garfield (US-Präsident 1881) hielt die Heirat mit seiner Frau Lucretia für »einen großen Fehler« und versuchte, so oft wie möglich auf Geschäftsreise zu gehen, nur um nicht in ihrer Nähe sein zu müssen. 1862 hatte er eine Affäre mit einer 18jährigen Reporterin der *New York Times*, und während des Wahlkampfs 1880 tauchten in der Presse Berichte über seine Bordellbesuche in New Orleans auf.

4 Grover Cleveland (US-Präsident 1885-1889 und 1893-1897). Der Lebemann Cleveland wog etwa 115 Kilo, und es hieß, daß er sich abgesehen vom Jagen und Fischen lediglich bei seinen Besuchen in den örtlichen Bordellen etwas körperliche Bewegung verschaffte. Als er mit 49 Jahren eine 21jährige heiratete, kam es zu einem Skandal. Während des Wahlkampfs 1888 verteilten Clevelands politische Gegner Flugblätter, auf denen behauptet wurde, er sei ein Rohling und verprügele seine Frau. In einigen Presseberichten wurde Clevelands junge Braut, die ein sehr zierliches Persönchen war, gewarnt, daß sie beim Sex mit ihrem beleibten Ehemann Leib und Leben riskiere.

5 Warren G. Harding (US-Präsident 1921-1923) hielt sich während seiner gesamten Ehe zwei Mätressen. Darüber hinaus nahm er

regelmäßig an Sauforgien teil, die im Hause seines Freundes Harry Daugherty veranstaltet wurden. Harding belohnte seine Bettgespielinnen mit gutbezahlten Posten in der Regierung. Einmal wurde er allerdings von einer Frau erpreßt, die für die Liebesbriefe, die der Präsident an sie geschrieben hatte, 15000 Dollar haben wollte. Während seine Frau Florence 1905 im Krankenhaus war, um sich eine Niere entfernen zu lassen, begann er eine Affäre mit Mrs. Carrie Phillips, der Frau eines Freundes, und setzte diese Beziehung die nächsten 15 Jahre fort. Offenbar besaß es für Harding und Mrs. Phillips einen ganz besonderen Reiz, sozusagen direkt vor der Nase ihrer jeweiligen Partner miteinander zu schlafen. Als er 57 war, nahm er sich eine zweite langjährige Geliebte, eine 16jährige Schülerin namens Nan Britton. Harding stellte sie in der Regel als seine Nichte vor. Einmal versuchten die beiden allerdings, sich in einem Hotel in Chicago als Ehepaar auszugeben, woraufhin der Hotelangestellte entgegnete, daß er ihnen das Zimmer umsonst gebe, wenn sie ihm den Trauschein zeigten. Harding wurde in fortgeschrittenem Alter immer schamloser und zeigte sich mit seiner Freundin ungeniert in der Öffentlichkeit Washingtons. Miß Britton enthüllte später, daß sie sich des öfteren in einem kleinen Wandschrank in einem Vorzimmer des Weißen Hauses geliebt hätten. 1919 brachte sie eine Tochter zur Welt. Harding wollte das Kind nicht sehen und erkaufte sich das Schweigen seiner Freundin für 20000 Dollar und eine monatliche Apanage. Vier Jahre später starb er an einer Gehirntrombose.

6 Franklin D. Roosevelt (US-Präsident 1933-1945) gab sich sehr viel Mühe, die Affären mit zwei seiner Sekretärinnen – zuerst Lucy Page Mercer, dann Marguerite »Missy« LeHand – zu vertuschen. Er kaufte sich zu diesem Zweck sogar ein Liebesnest in Warm Springs im US-Bundesstaat Alaska. Eleanor Roosevelt wußte von den Affären ihres Mannes, die sie jedoch nicht sonderlich störten, vielleicht auch deshalb, weil sie selbst eine lesbische Beziehung zu der mondänen Reporterin Lorena Hickock unterhielt, die über Roosevelts Wahlkampagne von 1932 berichtet hatte. Ironischerweise wurde Roosevelt nur ein einziges Mal mit einem Sexskandal im Weißen Haus in Verbindung gebracht, nämlich als herauskam, daß sein Sondergesandter und Unterstaatssekretär Sumner Welles homosexuell war und man ihn dabei erwischt hatte, wie er den Schaffnern in einem Zug unsittliche Anträge machte.

7 John F. Kennedy (US-Präsident 1961-1963) war ein ausgesprochen eifriger und rücksichtsloser Schürzenjäger: Seine Frau Jackie arrangierte die Sitzordnung für Dinners im Weißen Haus oft so, daß eine oder mehrere der aktuellen Bettgespielinnen ihres sexuell unersättlichen Mannes neben ihm saßen. Auf diese Weise, so ihre Begründung, könne sie zumindest den Zugang zu neuen Eroberungen etwas einschränken. Neunzig Minuten vor der ersten seiner berühmten Live-Fernsehdebatten mit Richard Nixon verschwand Kennedy in Begleitung einer Prostituierten in ein nahegelegenes Hotel und kam 15 Minuten später wieder heraus. Kennedy war offenbar so angetan von seiner selbstbewußten und entspannten Ausstrahlung auf dem Bildschirm, daß er sich diese Art der Entspannungsübung vor allen weiteren Auftritten im Fernsehen zur Gewohnheit machte. J. Edgar Hoover, Leiter des FBI, führte eine pralle Akte über Kennedy, in der seine Eskapaden mit New Yorker Prostituierten und die Vorfälle in seiner Privatsuite in einem Washingtoner Hotel, das hinter vorgehaltener Hand »Kennedys Spielzimmer« genannt wurde, detailliert festgehalten waren. Während des Wahlkampfs 1960 hielt sich Kennedy eine Weile bei Frank Sinatra in Las Vegas auf, und das FBI sah zu, wie Dutzende von Bardamen in Kennedys Hotelzimmer ein und aus gingen. Mit einigen Frauen trieb er es auf dem Fußboden seines Büros im Senatsgebäude, und von 1960 an teilte er sich sogar eine Geliebte, Judith Campbell, mit dem Mafiaboß Sam Giancana. Er hatte zahlreiche Affären mit berühmten Schauspielerinnen, darunter Jayne Mansfield, Gene Tierney, Angie Dickinson, der Stripperin Blaze Starr und Marilyn Monroe. Kennedy wollte Hoover loswerden, aber der Leiter des FBI wußte, daß nicht an seinem Stuhl zu rütteln war, solange er ein paar ganz bestimmte Filmbänder besaß. Auf diesen war zu sehen, wie sich Kennedy und Monroe in einem Strandhaus liebten, das einem der engsten Freunde Kennedys gehörte.

8 Lyndon B. Johnson (US-Präsident 1963-1969). Seiner Pressesekretärin zufolge besaß Johnson »die Instinkte eines türkischen Sultans«. Er prahlte ungeniert mit seinen Eroberungen und ärgerte sich darüber, daß JFK als Sexprotz bekannter war als er: »Ich habe mehr Frauen durch Zufälle gehabt als er mit Absicht«, beschwerte er sich einmal bei Freunden. Johnson hatte sechs Sekretärinnen im Weißen Haus und behauptete, mit fünf von ihnen intim gewesen zu sein, einmal sogar auf dem Schreibtisch

im Oval Office. Seine Frau erwischte ihn einmal in flagranti mit einer blonden Sekretärin auf der Couch in seinem Amtszimmer. Johnson unterhielt während seiner Ehe mit Claudia »Lady Bird« Johnson zwei langjährige Beziehungen: Eine mit Alice Glass, die er sich mit dem US-Zeitschriftenmagnat Charles E. Marsh teilte, die andere mit Madeleine Brown, die Johnson einen Sohn namens Steven schenkte. Wie bei Roosevelt ging es bei dem einzigen Sexskandal in Johnsons Amtszeit um jemand anderen: Ein hochrangiger homosexueller Beamter des Weißen Hauses, Stabschef Walter Jenkins, war zweimal beim Geschlechtsverkehr mit Männern in der Öffentlichkeit erwischt worden, das zweite Mal mit einem Sechzigjährigen in einer Toilette des Christlichen Vereins Junger Männer, YMCA.

9 Richard M. Nixon (US-Präsident 1969-1974) hatte acht Jahre lang eine Affäre mit der Reiseleiterin Marianna Liu aus Hongkong, die etwa 20 Jahre jünger war als der verheiratete Nixon. Für Nixons Liaison mit Liu interessierte sich sowohl das FBI als auch der britische Geheimdienst, da sie angeblich eine kommunistische Spionin für China war. Nachdem ihr Nixon höchstpersönlich ein Visum besorgt hatte, ließ sich Liu später in den Vereinigten Staaten nieder, wo sie in der Nähe von Nixons Heimatstadt in Kalifornien lebte. Als Nixon, wie schon andere vor ihm, J. Edgar Hoover loszuwerden versuchte, zeigte ihm dieser einfach die Akte Nixon/Liu und verließ dann mit einem breiten Grinsen im Gesicht das Büro des Präsidenten. Er behielt seinen Posten.

10 Bill Clinton (US-Präsident seit 1993) wurde von allen US-Präsidenten am häufigsten mit Sexskandalen im Weißen Haus in Verbindung gebracht. 1992 tauchten zum ersten Mal Berichte über ehemalige Bettgespielinnen Clintons in der Presse auf, nachdem Jennifer Jones, eine Kabarettsängerin aus Little Rock, im Magazin *Penthouse* intime Details ihrer zwölfjährigen Affäre mit dem Präsidenten veröffentlicht hatte. Daraufhin sah sich das Ehepaar Clinton gezwungen, öffentlich im Fernsehen über seine Eheprobleme zu sprechen. Ein Polizeibeamter, der während Clintons Amtszeit als Gouverneur von Arkansas für dessen persönliche Sicherheit verantwortlich war, schätzt, daß Clinton in dieser Zeit mit mehreren hundert Frauen geschlafen hat. Später wurde ihm weiteres sexuelles Fehlverhalten vorgeworfen, unter anderem Affären mit der Frau eines Richters, einer Kosmetikverkäu-

ferin aus einem Kaufhaus in Little Rock und einer Prostituierten namens Bobbie Ann Williams, die behauptete, sie habe ein Kind von Clinton. Sally Perdue, ehemalige Miß Arkansas, will ebenfalls eine Affäre mit Clinton gehabt haben, die damit endete, daß man ihr eine Stelle mit einem Jahresgehalt von 40 000 Dollar anbot, falls sie den Mund hielt – und gebrochene Beine, falls sie redete. 1994 wurde Clinton von Paula Jones, einer Schreibkraft aus Arkansas, der sexuellen Belästigung bezichtigt. Miß Jones behauptete, daß der Präsident vor drei Jahren bei einer Veranstaltung der demokratischen Partei die Hosen vor ihr heruntergelassen habe. Ihre eidesstattliche Erklärung enthielt explizite Details über die Genitalien des Präsidenten, die ihre Aussage stützten. 1998 erfuhren die Amerikaner allerdings noch mehr über das Sexualleben ihres Präsidenten: Monica Lewinsky, eine junge Praktikantin im Weißen Haus, berichtete über ihr aufregendes Verhältnis mit Clinton und verriet der ganzen Welt, was man mit dicken Havanna-Zigarren so alles anstellen kann. Die Sex-Affaire weitete sich zur Staats-Affaire aus, da Clinton zunächst unter Eid bestritten hatte, ein sexuelles Verhältnis mit Lewinsky unterhalten zu haben. Aus diesem Grund mußte er sich im Januar 1999 der unangenehmen Prozedur eines Amtsenthebungsverfahrens (impeachment) vor dem amerikanischen Senat unterziehen, in dem entschieden wird, ob der Präsident diesen Posten weiterhin behalten darf.

12 Körperteile berühmter Persönlichkeiten

1 Albert Einsteins Augen. Sie wurden bei der Autopsie 1955 von dem Augenarzt Dr. Henry Adams entnommen und in einem Bankschließfach aufbewahrt. 1994 wurden sie auf einer Auktion versteigert.

2 Napoléon Bonapartes Penis. Er wurde bei der Autopsie von einer Gruppe französischer und belgischer Ärzte entfernt. Als er 1972 zum ersten Mal auf einer Aktion von Christie's angeboten wurde, gab man die Länge des Geschlechtsteils mit etwa 2,5 Zentimetern an und führte es im Katalog als »kleines, eingetrocknetes Objekt«. Da nicht einmal der Mindestpreis geboten wurde, zog man den Penis zurück. Fünf Jahre später wurde er für 3800 Dollar von einem amerikanischen Urologen gekauft.

3 Hitlers Zähne. Sie wurden zur eindeutigen Identifizierung verwendet, nachdem sowjetische Soldaten die verkohlten Überreste Hitlers 1945 vor dem Führungsbunker in Berlin gefunden hatte. Seitdem lagern sie angeblich in einem Archiv in Moskau.

4 Elvis Presleys Warze. Vermutlich die ungewöhnlichste Elvis-Memorabilie, zur Zeit im Besitz von Joni Mabe aus Athens im US-Bundesstaat Georgia.

5 Joseph Haydns Kopf. Seit fast sechzig Jahren wird der Kopf des österreichischen Komponisten in einem Schrank des Museums der Wiener Musikakademie aufbewahrt. Haydn wurde ohne Kopf beerdigt, nachdem zwei seiner besten Freunde den Totengräber bestochen hatten.

6 Rasputins Penis. Er wurde nach seiner Ermordung von russischen Adligen abgehackt und in einem kleinen, mit Samt ausgeschlagenen Kasten aufbewahrt. Der weitere Verbleib ist unbekannt.

7 Sir Walter Raleighs Kopf. Nach der Hinrichtung 1618 wurde er zum Familienerbstück der Raleighs. Seine Witwe Elizabeth bewahrte ihn 29 Jahre lang auf und vermachte ihn dann ihrem Sohn Carew. Diesem wurde der Kopf 1666 mit ins Grab gegeben.

8 Oliver Cromwells Schädel. Nach der Restauration der Monarchie 1660 wurde Cromwells Leichnam aus dem Grab in Westminster Abbey überführt und in Tyburn gehängt. Danach wurde er vom Galgen genommen und enthauptet. Der Körper wurde in eine Grube neben dem Galgen geworfen, der Kopf oberhalb der Westminster Hall aufgespießt. Er blieb dort bis 1703, als er bei einem heftigen Sturm heruntergerissen wurde und von einem Wachposten auf dem Boden gefunden wurde. Dieser nahm ihn mit nach Hause, versteckte ihn im Kamin und hinterließ ihn seiner Tochter als Erbstück. 1710 tauchte der Kopf wieder auf, diesmal in einer Kuriositätenschau. 1775 wurde er an einen Schauspieler namens Russell verkauft, der ihn dann seinerseits 1787 an James Fox, einen Antiquitätenhändler, abtrat. Fox verkaufte ihn für 230 Pfund an drei Männer, die ihn in der Old Bond Street in London ausstellten und eine halbe Krone Eintritt dafür verlangten. 1865 befand er sich im Besitz von Mr. Williamson aus Beckenham. Dessen Familie stiftete den Kopf in den sechziger Jahren dem Sidney Sussex College in Cambridge. Einmal wurden in London gleich zwei angeblich echte Cromwell-Schädel zum Kauf angeboten. Der Besitzer des zweiten, erheblich kleineren Schädels gab an, daß sein Schädel von Cromwell stamme, als dieser noch ein junger Bursche war.

9 Der Schädel von König Karl XII. von Schweden. Er ist in einer Dauerausstellung in Stockholm zu sehen. Der Schädel hat ein großes Einschußloch, das ihn 1718 zum Ausstellungsstück machte.

10 Beethovens Haare. 1994 zahlten zwei Sammler auf einer Auktion von Sotheby's 4000 Pfund für eine zehn Zentimeter lange Haarsträhne des Komponisten, die angeblich 1827 von Beethovens Vater abgeschnitten worden war. Sie wollten anhand der Haarsträhne eine DNA-Analyse durchführen lassen, um ihre Vermutungen, daß der Komponist afrikanisches Blut in den Adern hatte und an Syphilis litt, zu bestätigen.

11 Krebsbefallenes Gewebe aus dem Kieferknochen von US-Präsident Grover Cleveland. Es befindet sich in einem Museum in Philadelphia, das auf medizinische Kuriositäten spezialisiert ist und unter anderem die Sammlung B.C. Hirot (Beckenknochen), Sappey (quecksilbergefüllte Lymphknoten), Chevalier Johnson (aus Lungenflügeln entfernte Fremdkörper) und die gemein-

same Leber von Chang und Eng, den ersten siamesischen Zwillingen, beherbergt.

12 Der vierte Rückenwirbel von König Karl I. Der Romancier Sir Walter Scott schockierte Abendgesellschaften gerne, indem er seinen Gästen beim Essen ein ungewöhnliches Salznäpfchen zeigte. Es war aus einem Rückenwirbel Köng Karls I. gefertigt. Ein Chirurg hatte ihn 1813 bei der Autopsie der königlichen Gebeine nach der Entdeckung der bis dahin verschollenen Leiche in Schloß Windsor gestohlen. Scott benutzte es dreißig Jahre lang auf seinen Tafeln, bis Königin Viktoria Wind davon bekam. Sie war »not amused« und befahl, das Teil in die St. George's Chapel zurückzubringen.

9 historische Persönlichkeiten, die beim Geschlechtsverkehr starben

1 Attila der Hunne († 453). Er war etwas zu kurz geraten, gedrungen gebaut und häßlich wie die Nacht, hatte aber trotzdem ein Dutzend Frauen. In der Hochzeitsnacht mit der zwölften platzte ihm eine Arterie.

2 Papst Leo VII. (936-939) starb während des Geschlechtsverkehrs an einem Herzinfarkt.

3 Papst Johannes VII. (955-964) wurde von dem betrogenen Ehemann der Dame, mit der er sich gerade vergnügte, zu Tode geprügelt.

4 Papst Johannes XIII. (965-972) wurde ebenfalls von einem wutentbrannten Ehemann getötet, der Seine Heiligkeit auf der ihm Angetrauten liegend vorfand.

5 Papst Paul II. (1467-1471) starb angeblich an einem Herzanfall, während er sich gerade mit einem Pagen vergnügte.

6 Philipp II. von Orléans, Regent des unmündigen französischen Königs Ludwig XV. 1721 nahm sich der lüsterne Herzog gegen den Rat seiner Ärzte eine neue Mätresse, die fast dreißig Jahre jünger war als er. Man fand ihn eines Tages zusammengesunken am Kamin seines Salons. Kurz darauf starb er an den Folgen eines Schlaganfalls.

7 Der französische Präsident Félix Faure (1841-1899) starb beim Geschlechtsverkehr in einem Pariser Bordell. Seine Bettgespielin erlitt bei Faures Tod einen Schock, so daß das Geschlechtsteil des Präsidenten chirurgisch entfernt werden mußte.

8 Der britische Premierminister Lord Palmerston (1855-1858, 1859-1865) starb am 18. Oktober 1865 an einem Herzanfall, während er sich gerade mit einem jungen Dienstmädchen auf seinem Billardtisch amüsierte.

9 Nelson Rockefeller, ehemaliger US-Vizepräsident, starb im Alter von 71 Jahren beim Geschlechtsverkehr mit seiner Geliebten.

10 Aphrodisiaka

1 Chinesische Kaiser mußten früher genau 121 Frauen haben, da 121 eine magische Zahl war, und jede Nacht zehn von ihnen beglücken. Ein Tao-Handbuch empfahl in diesem Zusammenhang, den kaiserlichen Penis mit in heißem Tee getränkten Schafsaugenlidern einzureiben.

2 Menstruationsblut als Nahrungs- oder Getränkezusatz (Deutschland, 18. Jahrhundert).

3 Das Gehirn lebender Affen (Malaysia). Der Affe wurde in einen engen Kasten gezwängt, dann wurde ihm eine speziell geformte Schale auf den Kopf gesetzt. Bei lebendigem Leib wurde dem Affen dann die Schädeldecke aufgesägt und zurückgeklappt, so daß das Gehirn frei lag. Dieses wurde dann mit einem Löffel herausgeschöpft oder mit einem Strohhalm ausgesaugt.

4 Krötenkot (Frankreich, 18. Jahrhundert). Dieses Verfahrens bediente sich auch einmal die alternde Mätresse Ludwigs XIV., Madame de Montespan, um das schwindende Interesse des Sonnenkönigs an ihr wiederaufflammen zu lassen.

5 Löwenhoden oder Arsen (Regency-Periode London, Beginn des 19. Jahrhunderts).

6 Penis und Hodensack eines besiegten feindlichen Kriegers (brasilianischer Cubeo-Stamm, 19. Jahrhundert).

7 Delphinhoden (Japan). In Taiwan werden vor allem Hühnerhoden konsumiert.

8 Taubendreck und Schneckenkot (England, Mittelalter).

9 Tierhormone. Um seine schwindende Manneskraft zu stärken, ließ sich Adolf Hitler von seinem Leibarzt Dr. Theodor Morell einen Hormoncocktail aus zerstoßenen Tiergenitalien spritzen.

10 Chili und scharfe Gewürze. Dürfen in peruanischen Gefängnissen nicht mehr verwendet werden, da sie erfahrungsgemäß einen Erregungszustand hervorrufen, der »in einem eingeschlechtlichen Umfeld unziemlich« ist.

Was vom Tage übrigblieb: 9 Persönlichkeiten, deren Grabruhe empfindlich gestört wurde

1 General Kitchener wurde ausgesandt, den Tod von General Gordon zu rächen, der 1885 von den Truppen des Mahdi in Khartum getötet worden war. Da der Mahdi (»der von Gott Geleitete«) bereits tot war, mußte sich Kitchener mit einer Grabschändung zufriedengeben. Er jagte das Grabmal des Mahdi in Omdurman in die Luft und warf dessen Gebeine in den Nil. Den Schädel wollte Kitchener als Tintenfaß behalten, aber als man Königin Viktoria von Kitcheners Trophäe erzählte, befahl sie ihm, den Schädel zurückzugeben.

2 Im März 1978 wurde der Leichnam von Charlie Chaplin aus seinem Grab im schweizerischen Vevey gestohlen. Für die Herausgabe verlangten der Pole Roman Wardas und der Bulgare Gantcho Ganev 600 000 Franken. Die Leichenräuber wurden festgenommen, die sterblichen Überreste Chaplins fand man in einem nur wenige Kilometer entfernten Weizenfeld. Mit dem Lösegeld hatten die beiden eine Autowerkstatt eröffnen wollen.

3 1876 wurde eine amerikanische Gangsterbande bei dem Versuch festgenommen, die sterblichen Überreste Abraham Lincolns zu stehlen. Sie wollten damit die Freilassung von Ben Boyd erpressen, der wegen Fälschung verurteilt worden war. Lincolns Sarg wurde daraufhin mit Stahl und Beton verstärkt.

4 Im November 1888 wurden nach sechzig Jahren die sterblichen Überreste des spanischen Künstlers Francisco Goya auf dem Friedhof von Bordeaux ausgegraben. Danach wurde Goya in sein Heimatland überführt, wo er seine endgültige Ruhestätte finden sollte. Als der Sarg geöffnet wurde, stellte man fest, daß Goyas Kopf fehlte. Sein Verbleib ist bis heute unbekannt.

5 Das Grabmal von König Wilhelm dem Eroberer in Caen in der Normandie wurde gleich zweimal entweiht. 1562 wurde es während der französischen Religionskriege von Calvinisten geschändet, die die Gebeine des Königs im Kirchhof verstreuten.

1793 plünderten französische Revolutionäre das Grabmal. Heute ist nur noch eine Steinplatte übrig, die auf die letzte bekannte Ruhestätte des Königs hinweist.

6 1790 wurde das Grab des englischen Dichters John Milton, das sich in der Kirche St. Giles in London befindet, von Souvenirjägern geplündert. Später stellte sich heraus, daß die Grabräuberin Elizabeth Grant für einen Blick auf Miltons Zähne und einen Teil seines Beins sechs Pence verlangt hatte.

7 Das Grabmal von König Richard I. in der Londoner Westminster Abbey war mit einer kleinen Öffnung versehen, durch die Besucher den Schädel des Verstorbenen berühren konnten. 1776 stahl ein Schuljunge den Kieferknochen des Königs. Dieser blieb bis zu seiner Rückkehr in die Gruft im Jahre 1906 als Erbstück im Besitz der Familie des Jungen.

8 Als König Heinrich VIII. in der Königsgruft von Schloß Windsor zur letzten Ruhe gebettet wurde, stahl ein Arbeiter einen der Fingerknochen und fertigte sich daraus einen Messergriff.

9 1987 wurden dem argentinischen General Juan Perón beide Hände amputiert. Sie sollten erst nach Zahlung eines Lösegelds in Höhe von fünf Millionen Pfund zurückgegeben werden. Zum Glück brauchte Perón seine Hände nicht mehr, da er zu diesem Zeitpunkt schon 13 Jahre tot war.

Die 10 ungewöhnlichsten Verhütungsmittel aller Zeiten

1 Pessare aus Krokodilskot (altes Ägypten) oder Ziegenblasen (altes Rom).

2 16 in Quecksilber gebratene Kaulquappen, die von der Frau unmittelbar nach dem Geschlechtsverkehr geschluckt werden mußten (altes China).

3 Dreimal in das Maul eines Frosches spucken oder unmittelbar nach dem Geschlechtsverkehr Bienen essen (Dominikanische Kirche, 13. Jahrhundert).

4 Granatapfelpüree mit Steinsalz und Alaun (altes Arabien).

5 Saft aus rohen Zwiebeln trinken (Europa, 16. Jahrhundert).

6 Unmittelbar nach dem Geschlechtsverkehr Kohl essen (Europa, 17. Jahrhundert).

7 Unmittelbar nach dem Geschlechtsverkehr sieben- oder neunmal rückwärts hüpfen (Islam, 18. Jahrhundert).

8 Kondome aus Tierinnereien (Europa, 18. Jahrhundert). Die ersten Kondome wurden von Schlachtern aus Wurstpellen angefertigt. Die moderne Version wurde erst populär, als Mr. Goodyear 1843 Gummi vulkanisierte. In Japan verwendete man weiterhin Kondome aus Leder oder Schildpatt.

9 Da er Kondome haßte, vertraute Casanova auf eine andere, recht eigenartige Methode – er führte seiner Partnerin drei goldene Kugeln ein, die er für etwa fünfzig Pfund von einem Goldschmied in Genua erworben hatte. Er behauptete, daß ihm diese 15 Jahre lang gute Dienste geleistet hatte. Allerdings läßt sich seine Glückssträhne wohl eher dadurch erklären, daß Casanova unfruchtbar war.

10 In einigen Ländern der Dritten Welt gilt eine Scheidenspülung mit Cola als das am weitesten verbreitete und sicherste Verhütungsmittel. In wissenschaftlich kontrollierten Versuchen der

Harvard Medical School stellte sich heraus, daß normale Cola als Spermizid immerhin eine Erfolgsquote von 91 Prozent hat, während Diät-Cola sogar in hundert Prozent der Fälle die gewünschte Wirkung zeigte.

10 problematische Königsehen

1 Kaiser Joseph II. von Österreich heiratete 1765 seine zweite Frau, Josepha. Aus der Ehe gingen keine Kinder hervor, da sie nie vollzogen wurde. Die Kaiserin litt an einer entstellenden Hautkrankheit, die sie für den Kaiser körperlich so abstoßend machte, daß dieser den Balkon, der sein Gemach mit dem ihren verband, mit einer Trennwand versehen ließ. »Wenn meine Fingerspitze nur eine einzige Stelle an ihrem Körper finden könnte, die nicht von Geschwüren bedeckt ist, würde ich ja versuchen, Kinder mit ihr zu haben«, sagte er einmal.

2 Königin Isabella II. von Spanien heiratete 1846 Francisco de Asís, den Herzog von Cádiz. Die Ehe war arrangiert und politisch überaus brisant, da sämtliche Großmächte Europas ein starkes Interesse daran hatten, wen die spanische Königin zum Manne nahm. Isabella wurde schließlich gezwungen, ihren Cousin ersten Grades zu heiraten. Vor der Trauung mußte man sie erst betrunken machen, da sie unmißverständlich klargemacht hatte, daß sie ihren künftigen Gemahl widerwärtig fand. Der homosexuelle Herzog von Cádiz trug den Spitznamen »Paquita« (spanisch für »Scheide«). Er war klein, hatte eine hohe, schrille Stimme und verhielt sich so weibisch, daß man sich sicher war, er werde diese Ehe nie vollziehen. Nachdem Isabella und Francisco zu Mann und Frau erklärt worden waren, brachen beide in Tränen aus. Als Isabella Jahre später nach ihrer Hochzeitsnacht gefragt wurde, erwiderte sie: »Was soll ich über einen Mann sagen, der sogar noch mehr Spitze trug als ich?«

3 Herzog Philipp I. von Orléans, der Bruder Ludwigs XIV. von Frankreich, heiratete 1760 seine zweite Frau, die bayrische Prinzessin Elisabeth Charlotte (Liselotte von der Pfalz). Obwohl der Herzog einer der berühmtesten Homosexuellen der Geschichte war, schrieb die Etikette am französischen Hof vor, daß er nicht nur eine Ehefrau, sondern auch eine hochbezahlte offizielle Hofmätresse haben mußte. Entsetzliche Aussichten für Philipp, den seine neue Gattin um annähernd 45 Zentimeter überragte. Die stattliche Elisabeth wurde fast immer auf die Bettkante verbannt, von der sie regelmäßig herunterfiel. Allerdings gelang es dem Paar

aus dynastischen Gründen dann doch noch, drei Kinder miteinander zu zeugen. Philipp verriet später, dies sei nur möglich gewesen, weil er vor jeder Zusammenkunft ein Heiligenmedaillon als Glücksbringer an seinem Penis gerieben hatte.

4 König Friedrich I. von Preußen heiratete 1708 seine dritte Frau Sophie. Das Haus Hohenzollern, aus dem die preußischen und später auch die deutschen Könige stammten, glaubte an einen Familiengeist. Nach einer Legende würde dem Chef des Hauses eine »weiße Frau« erscheinen, wenn es für ihn an der Zeit war zu sterben. Eines Nachts stürzte die geistesgestörte junge Frau des Königs durch die Glastür in sein Schlafzimmer und taumelte in ihrem weißen, mit Blut bespritzten Unterkleid an sein Bett. Der alte König hielt sie für den Familiengeist, bekam einen Herzinfarkt und starb einige Tage später. Die wahnsinnige Königin mußte noch zwanzig Jahre lang gepflegt werden, was Unsummen von Geld verschlang.

5 König Friedrich II. (Friedrich der Große) heiratete 1733 Prinzessin Elisabeth Christine von Braunschweig-Bevern. Die Hochzeit war von seinem psychopathischen Vater, König Friedrich Wilhelm I., arrangiert worden, der fest entschlossen war, den Thronerben in eine frühe Ehe zu zwingen, da er vermutete, sein Sohn sei homosexuell. Prinz Friedrich war entsetzt, als er herausfand, wen er heiraten sollte, da Prinzessin Elisabeth ausnehmend häßlich war und äußerst unangenehm roch. Der junge Friedrich verkündete, daß er »lieber die größte Hure in Berlin als diesen Trampel von Prinzessin« heiraten würde, und drohte mit Selbstmord, falls die Hochzeitsvorbereitungen fortgesetzt würden. Daraufhin wurde ihm ein kurzer Brief seines Vaters überbracht, in dem ihm dieser mitteilte, falls er nicht das tue, was man ihm sage, werde er sowieso hingerichtet. Die Ehe wurde nie vollzogen, und die Brautleute gingen unmittelbar nach der Hochzeitsnacht getrennte Wege.

6 König Ferdinand I. von Neapel heiratete 1768 seine Frau Karoline. Als man Ferdinand am Morgen nach der Hochzeitsnacht fragte, wie ihm denn seine frisch Angetraute gefalle, antwortete er: »Sie schläft wie eine Tote und schwitzt wie ein Schwein.«

7 Zar Peter III. von Rußland heiratete 1745 die deutsche Prinzessin Sophie, die als Katharina die Große in die Geschichte einging. Obwohl Peters junge Braut später wegen ihrer ausgeprägten

Libido gerühmt wurde, fand Peter seine Sammlung aus Spielzeugsoldaten weitaus attraktiver als seine Frau. Jede Nacht spielte er mit hölzernen Soldaten, Miniaturkanonen und Spielzeugfestungen unter der Decke und breitete sich dabei im ganzen Bett aus, während seine jungfräuliche Gemahlin bewegungslos neben ihm lag. Nach einiger Zeit fing er damit an, Jagdhunde im Schlafzimmer großzuziehen, so daß Katharina ihr Bett mit zehn Spaniels teilen mußte. Sie beklagte sich bitter über das ständige Gebell und den Gestank, stieß damit aber auf taube Ohren. Peter war tatsächlich nicht in der Lage, den Geschlechtsverkehr zu vollziehen, da er an einer Anomalie der Vorhaut litt. Nach mehreren keuschen Ehejahren erklärte er sich schließlich mit einer simplen Beschneidung einverstanden. Die Operation verlief reibungslos, aber um zu testen, ob alles ordnungsgemäß funktionierte, wurde für ihn ein »Probelauf« organisiert. Eine arme Witwe namens Madame Groot mußte dafür herhalten. Zehn Jahre nach seinem Hochzeitstag konnte Peter endlich seiner Pflicht nachkommen und mit seiner Frau schlafen. Katharina, die zu diesem Zeitpunkt bereits hochschwanger von ihrem Liebhaber Sergej Saltikow war, konnte ihren unerfahrenen Ehemann dennoch davon überzeugen, daß er ihr die Unschuld geraubt hatte. Es war das einzige Mal, daß Katharina und Peter Sex miteinander hatten. Peter wurde später im Auftrag Katharinas erdrosselt.

8 Kaiser Ferdinand I. von Österreich heiratete 1831 die 17jährige Prinzessin Maria Anna von Sardinien. Aufgrund jahrhundertelanger Inzucht im Habsburger Königshaus war Ferdinand körperlich und geistig behindert und zudem noch Epileptiker. Als einziger zusammenhängender Satz wurde folgender Ausspruch von ihm überliefert: »Ich bin der Kaiser, und ich will jetzt Knödel.« Da Epilepsie im 19. Jahrhundert fälschlicherweise für eine Erbkrankheit gehalten wurde, war das übrige Europa sehr erstaunt, als die Ärzte des Kaisers keine Einwände gegen eine Heirat und den Versuch, einen Erben zu zeugen, vorbrachten. Allein in der Hochzeitsnacht hatte Ferdinand fünf epileptische Anfälle. Aus der Ehe gingen keine Kinder hervor.

9 König Leopold II. von Belgien heiratete 1853 Marie Henrietta, eine Herzogin aus dem Hause Habsburg. Leopold war so krank, daß er an seiner eigenen Hochzeit nicht teilnehmen konnte und von Erzherzog Karl, dem Bruder des österreichischen Kaisers, vertreten wurde. Marie Henrietta hatte allerdings das Pech, daß

sich ihr Gemahl innerhalb kürzester Zeit wieder soweit erholte, daß er die Flitterwochen persönlich absolvieren konnte. »Wenn Gott meine Gebete erhört«, vertraute sie nach der Hochzeitsnacht einer Freundin an, »wird er mich nicht mehr lange leben lassen.« Obwohl die Flitterwochen für Königin Marie Henrietta ein Alptraum waren, gab sie die dabei gewonnenen Erfahrungen an keine ihrer beiden Töchter weiter, die sie weder aufklärte noch auf den Verlust ihrer Unschuld vorbereitete. Als ihre älteste Tochter Luise im Alter von 17 Jahren mit dem Lüstling Prinz Philipp von Sachsen-Coburg verheiratet wurde, der 14 Jahre älter war als sie und eine riesige Privatsammlung an Pornographie besaß, schickte man sie lediglich mit dem Ratschlag in ihr Hochzeitsbett, sie solle sich den Wünschen ihres Ehemannes beugen. Die nachfolgenden Ereignisse waren für Luise derart schockierend, daß sie, als ihr Mann mitten in der Nacht aufstand, um das Klosett aufzusuchen, aus dem Schlafgemach flüchtete und sich in einem Gewächshaus im Garten versteckte. Dort wurde sie am nächsten Morgen von einer Palastwache hinter einem Busch gefunden, die sie wieder ins Bett brachte.

10 Der russische Zar Iwan der Schreckliche hatte bei seinen Ehen kein glückliches Händchen. Die ersten drei seiner insgesamt acht Frauen starben sehr jung – seine zweite Frau bereits 14 Tage nach der Hochzeit, seine dritte Frau, Martha, sogar noch bevor die Ehe richtig vollzogen werden konnte. (Angeblich war ihr Tod auf Iwans allzu eifriges Vorspiel zurückzuführen.) Seine vierte Frau, Anna, wurde mit Iwan durch einen Stellvertreter verheiratet, starb jedoch »aus Angst«, als sie ihn persönlich kennenlernen sollte. Die fünfte Zarin – auch diese hieß Anna – rannte davon, wurde aber bald darauf durch eine sechste mit Namen Wasilissa ersetzt. Als diese sich einen Liebhaber nahm, ließ ihn Iwan neben ihrem Schlafzimmerfenster auf einem Pfahl aufspießen und verbannte seine Frau in ein Kloster. Als er herausfand, daß ihn seine siebte Frau, Maria, angelogen hatte und nicht mehr jungfräulich war, ließ er sie am darauffolgenden Tag ertränken. Seine achte und letzte Frau, auch diese hieß Maria, überlebte ihn. Iwan starb beim Schachspielen.

Andere Länder, andere Sitten: 10 Begräbnisarten

1 Der Stamm der Berawan auf Borneo topft seine dahingeschiedenen Verwandten in große Tonkrüge ein. Während der Leichnam verwest, werden die Körperflüssigkeiten durch ein Loch und über ein Bambusrohr im Boden des Kruges abgelassen. Später werden die ausgetrockneten Überreste aus dem Krug herausgenommen und in einen kleineren Behälter umgetopft. Die großen Krüge werden aber von den Berawan nicht nur zur Aufbewahrung der Leichname benutzt, sondern auch für die Zubereitung von Reiswein verwendet.

2 In einigen Kulturen wird bei einer Beerdigung nicht der Tod des Verstorbenen betrauert, sondern sein Leben gefeiert. Als extremes Beispiel sei hier das Volk der Nyakyusa in Afrika genannt, bei dem es häufig vorkommt, daß jüngere Stammesangehörige am Grab kopulieren.

3 Die Jivaro in Südamerika begraben ihre Frauen und Kinder unter den Bodendielen des Hauses. Die Männer werden in sitzender Position in einer Hütte aufgebahrt, die dann in Brand gesetzt wird.

4 Wenn ein Stammesangehöriger der indonesischem Mambai starb, war es Sitte, den Leichnam in das Haus der Familie zu setzen und so lange bei dem Verwesenden zu bleiben, bis man den Gestank nicht mehr ertragen konnte. In einigen Teilen Indonesiens mußte sich die Witwe eines Verstorbenen mit der Körperflüssigkeit der verwesenden Leiche beschmieren.

5 In Irian Jaya auf Indonesien wurden verstorbene Stammesführer und hohe Persönlichkeiten über dem Feuer geräuchert und dann am Dachvorsprung ihres Hauses aufgehängt.

6 Auf den Fidschi-Inseln war es früher Brauch, die trauernde Witwe zu erdrosseln oder bei lebendigem Leib mit ihrem verstorbenen Gatten zu begraben. Eine ähnliche Sitte gab es auf Neuguinea: Die Witwe bat darum, erdrosselt zu werden, damit sie ihren Mann auf seiner Reise in die nächste Welt begleiten könne.

7 Die Männer einiger australischer Eingeborenenstämme schnitten sich bei einem Todesfall tiefe Wunden in den eigenen Körper, um auf diese Weise ihren Respekt vor dem Verstorbenen zu zeigen. Witwen verbrannten ihre Brüste, Arme und Beine mit brennenden Holzscheiten. Zuweilen geriet die Zeremonie auch etwas außer Kontrolle, so daß es gleich noch eine Beerdigung gab.

8 Die Massai lassen ihre verstorbenen Verwandten in der Steppe liegen, damit sie von Hyänen gefressen werden.

9 Die Kopfjäger vom Stamm der Biami auf Neuguinea begraben ihre Toten nicht. Die Leichname verwesen auf einer Plattform im Freien, und die weiblichen Hinterbliebenen beschmieren sich als Zeichen des Respekts mit Exkrementen des Verstorbenen.

10 Teilnehmer von Beerdigungen in den Vereinigten Staaten sind in der Regel weitaus zartbesaiteter als jene in Großbritannien. Amerikaner versuchen, dem aus dem Weg zu gehen, was sie als unnötigerweise bedrückende Aspekte des Todes ansehen. Dieser Prozeß wurde in Kalifornien zu seinem logischen Ende geführt, wo es immer öfter üblich ist, daß der Leichnam bei seiner Beerdigung nicht anwesend ist.

10 Flitterwochen, die alles andere als romantisch waren

1 George Albert Crossman und Ellen Sampson heirateten im Januar 1903. Am Morgen nach der Hochzeitsnacht kam es zu einem Streit, in dessen Verlauf Crossman seiner Frau mit einem Hammer den Schädel einschlug. Die Leiche versteckte er in einem Blechkasten in einem Zimmer im Obergeschoß ihres Hauses in Kensal Rise, London, wo sie für die nächsten 15 Monate blieb. Den größten Teil dieser Zeit lebte Crossman mit einer anderen Frau namens Edith Thompson zusammen. Die Leiche wurde erst entdeckt, als sich ein Mieter namens William Dell über den Gestank beschwerte, der in sein Zimmer drang. Als die Polizei Crossman festnehmen wollte, schnitt sich dieser mit einem Rasiermesser die Kehle durch.

2 Im August 1994 brach sich der frischverheiratete Gregory McCloud aus Minnesota die Wirbelsäule, als er seine 127 Kilo schwere Frau Helen über die Türschwelle trug. Nach Angaben der Ärzte erlitt der 64 Kilo schwere Bräutigams ähnlich schwere Verletzungen wie jemand, der von einem Auto angefahren wird.

3 Cesare Borgia, der Sohn von Papst Alexander V. (16. Jahrhundert), verbrachte eine etwas hektische Hochzeitsnacht, nachdem ein Witzbold seine Medikamente mit Abführpillen vertauscht hatte.

4 Die deutschstämmige Amy Weltz heiratete im September 1993 in Brisbane, wußte aber nicht, daß sich ein frischgetrautes Ehepaar in Australien gegenseitig Hochzeitskuchen ins Gesicht schmiert. Als ihr Mann Chas ihr während des Hochzeitsempfangs ein Stück Hochzeitskuchen ins Gesicht rieb, schlug ihm Amy eine Flasche auf den Kopf. Er war sofort tot.

5 In seiner Hochzeitsnacht fand der viktorianische Schriftsteller und Kritiker John Ruskin den Anblick des Schamhaares seiner Frau derart schockierend, daß er Stein und Bein schwor, nie wieder mit ihr zu schlafen.

6 König Georg IV. fiel beinahe in Ohnmacht, als er am Tag vor der Hochzeit seine korpulente, häßliche und etwas streng riechende

Gemahlin Karoline von Braunschweig-Wolfenbüttel kennenlernte. In ihrer Hochzeitsnacht betrank er sich fast bis zur Besinnungslosigkeit, damit er die »ihr eigene Scheußlichkeit« lange genug ertragen konnte, um ein einziges Mal mit ihr zu schlafen – danach ging das Ehepaar getrennter Wege und versuchte nicht einmal mehr, die gegenseitige Abscheu voreinander zu verbergen. Als 1821 Napoléon Bonaparte starb, eilte ein Bote zum König und überbrachte ihm die Neuigkeit mit folgenden Worten: »Euer Majestät, Euer größter Feind ist tot.« – »Bei Gott, ist sie es wirklich?« erwiderte Georg.

7 Die Japaner Sachi und Tomio Hidaki heirateten 1978, aber das junge Ehepaar war so schüchtern, daß es die Ehe erst 14 Jahre später vollzog. Bedauerlicherweise waren normale eheliche Beziehungen für die Hidakis etwas zuviel, so daß beide beim »ersten Mal« an einem Herzanfall starben.

8 Am 11. Juni 1983 heiratete der 93 Jahre alte Moses Alexander in New York seine 105 Jahre alte Braut Frances Tompkins. Am nächsten Morgen wurden die beiden Neuvermählten tot in ihrem Ehebett gefunden.

9 John Harvey Kellogg war der Erfinder der Cornflakes. In seiner Hochzeitsnacht mit Ella Eaton verbrachte er den größten Teil des Abends damit, eine 644 Seiten lange Abhandlung über die Übel des Geschlechtsverkehrs mit dem Titel *Plain Facts for Old and Young* (»Ein offenes Wort an Alt und Jung«) zu schreiben. Dazu gehörte auch ein 97 Seiten langer Essay, in dem er detailliert über »Symptome und Folgen« geheimer Laster berichtete und »verräterische Zeichen« auflistete, anhand derer man feststellen konnte, ob jemand masturbierte. Seiner Meinung nach waren das unter anderem Schlaflosigkeit, Liebe zur Einsamkeit, unnatürliche Kühnheit, Gedankenverwirrung, Genuß von Tabak und Akne. Die Ehe wurde nie vollzogen.

10 Dem Hofbiographen Andrew Morton zufolge wollte Prince Charles der ihm frischangetrauten Diana in den Flitterwochen eine besondere Freude machen und gestattete ihr daher, im Heidemoos bei Schloß Balmoral zu liegen, während er ihr aus den Werken von C. G. Jung und Laurens van der Post vorlas.

10 mißglückte Selbstmorde

1 König Mithridates VI., der im 1. Jahrhundert v. Chr. in Kleinasien herrschte, nahm absichtlich Gift in kleinen Mengen, weil er hoffte, dadurch genügend Widerstandskraft im Falle eines auf ihn verübten Giftattentats zu entwickeln. 63 v. Chr. bekam er dann die Gelegenheit, seine Theorie zu testen. Mithridates versuchte, sich zu vergiften, um den anrückenden Römern nicht in die Hände zu fallen. Der Toxinspiegel in seinem Körper war jedoch so hoch, daß das Gift überhaupt keine Wirkung zeigte. Der König mußte einem Sklaven befehlen, ihn mit dem Schwert ins Jenseits zu befördern. Daher stammt auch der Begriff »Mithridatismus«. Er bezeichnet eine durch Gewöhnung des Körpers erworbene Giftimmunität des Körpers.

2 Als der besiegte Napoleon im Jahre 1814 abdankte, schluckte er ein Fläschchen Opium, das er seit zwei Jahren bei sich getragen hatte. Er überlebte, wurde aber von fürchterlichen Magenkrämpfen gequält. Eigentlich hatte er vorgehabt, sich eine Kugel durch den Kopf zu jagen, aber sein Kammerdiener hatte das Pulver aus den beiden Pistolen entfernt, die immer neben Napoleons Bett lagen. Der Selbstmordversuch wurde bis 1933 geheimgehalten.

3 Im März 1996 beschloß ein taiwanesisches Ehepaar aus Kaohsiung, Huang Pin-jen, 27, und Chang Shu-mei, 26, gemeinsam Selbstmord zu begehen, da die Eltern der beiden sich weigerten, der vor kurzem geschlossenen Ehe ihren Segen zu geben. Das Ehepaar überlebte drei Selbstmordversuche – einmal fuhren sie mit dem Auto über eine Klippe, zweimal versuchten sie, sich zu erhängen. Nachdem sie einen weiteren Versuch, bei dem sie sich von einem zwölfstöckigen Gebäude stürzten, mit mehrfachen Knochenbrüchen überlebten, versprachen die Schwiegereltern, sich das Ganze noch einmal zu überlegen.

4 1994 beschlossen sieben Mitglieder einer Familie aus Council Bluffs im US-Bundesstaat Iowa im Alter von zehn bis 71 Jahren, ihrem Leben wegen einer finanziellen Notlage ein Ende zu machen, und stiegen zu diesem Zweck in das Auto der Familie. Der Fahrer verursachte absichtlich einen Unfall, bei dem die drei

Insassen des anderen Autos verletzt wurden. Er und seine Beifahrer bekamen nicht einmal eine Schramme ab.

5 1994 zog der 46jährige Rogelio Aparicio, der unter Depressionen litt, auf den Stufen zu einem Polizeirevier in Manila eine Waffe und zielte zweimal auf seinen Kopf. Beide Kugeln gingen ins Leere.

6 Robert, Lord Clive »of India« (1725-1774), versuchte 1774 zweimal, sich zu erschießen. Nach dem zweiten Selbstmordversuch erklärte er: »Es sieht so aus, als hätte das Schicksal noch etwas mit mir vor. Ich werde weiterleben.«

7 1993 berichtete eine englische Zeitung über den Selbstmordversuch eines Engländers, der über eine Stunde lang die Auspuffgase seines Autos eingeatmet hatte und trotzdem überlebte. Die medizinische Fachzeitschrift erklärte, daß die Bemühungen des Mannes, seinem Leben ein Ende zu setzen, durch den relativ geringen Kohlenmonoxidgehalt der Auspuffgase vereitelt worden seien, die den neuen EU-Richtlinien für Katalysatoren entsprächen.

8 Kaiserin Eugénie, Gemahlin des französischen Kaisers Ludwig Napoleon III., versuchte sich umzubringen, indem sie die Köpfe phosphorsaurer Streichhölzer abbrach und dann in Milch aufgelöst schluckte.

9 Der Komponist Hugo Wolf (1860-1903) wurde in eine Anstalt eingewiesen, nachdem er versucht hatte, sich zu ertränken.

10 1995 unternahm der 51jährige Richard Barber, der im Gefängnis von Iola im US-Bundesstaat Kansas einsaß, einen Selbstmordversuch. Er sammelte Stücke von Zahnseide, legte sich diese um den Hals und sprang dann von einer Mauer in die Tiefe, zog sich aber lediglich tiefe Schnittwunden am Hals zu. Barber war wegen Mordes an einem Zahnarzt verurteilt worden.

8 verwitwete First Ladies

1 Anna Tuthill Symmes Harrison. Ihr Mann, William Henry Harrison, starb 1841 kurz nach der Geburt ihres zehnten Kindes an einer Lungenentzündung und war damit der erste US-Präsident, der während seiner Amtszeit aus dem Leben schied.

2 Margaret Mackall Smith Taylor, die pfeiferauchende Frau von Zachary »Old Rough and Ready« Taylor. Ihr Ehemann erkrankte im Juli 1850, nachdem er bei mörderischer Hitze einer Zeremonie am Washington Monument beigewohnt hatte. Er starb fünf Tage später.

3 Mary Todd Lincoln. Ihr Mann Abraham wurde am 14. April 1865 – Karfreitag – im Ford's Theatre in Washington von dem Schauspieler John Wilkes Booth erschossen.

4 Lucretia Rudolph Garfield, die Frau von James Garfield. Er war der zweite US-Präsident, der während seiner Amtszeit erschossen wurde. Sein Mörder war ein verbitterter Rechtsanwalt, den man bei der Besetzung eines wichtigen Regierungspostens übergangen hatte.

5 Ida Saxton McKinley. Sie war Epileptikerin und bekam während des Balls anläßlich der zweiten Amtseinführung ihres Mannes William einen Anfall. Präsident McKinley fiel 1901 auf einer Ausstellung in Buffalo, im US-Staat New York, einem Attentat zum Opfer, bei dem ein polnischer Anarchist zwei Schüsse auf ihn abgab. McKinley starb acht Tage später.

6 Florence Harding, die Frau des 29. US-Präsidenten Warren G. Harding. Er starb 1923 im dritten Jahr seiner Amtszeit nach einem Herzanfall in San Francisco.

7 Anna Eleanor Roosevelt. Ihr Mann, Franklin D. Roosevelt, starb im April 1945 an einer Gehirnblutung, als er sich gerade in Warm Springs im US-Bundesstaat Georgia aufhielt.

8 Jacqueline Lee Bouvier Kennedy Onassis, die Frau von John Fitzgerald Kennedy. Kennedy war der jüngste gewählte US-Präsident und der jüngste US-Präsident, der während seiner Amtszeit starb. Er wurde am 22. November 1963 erschossen, als er mit seiner Wagenkolonne durch Dallas fuhr.

10 Selbstmordfälle in verschiedenen Kulturkreisen

1 Bei einigen Eskimostämmen gibt es folgenden Brauch: Wenn ein alter oder kranker Mensch seiner Familie sagt, daß er bereit zum Sterben ist, töten ihn seine Angehörigen sofort oder setzen ihn in der Wildnis aus und überlassen das Ganze der Natur.

2 Die alten Briten begingen Selbstmord, indem sie sich von überhängenden Felsen herunterstürzten. Wenn sie schon zu alt zum Springen waren, gab ihnen jemand einen kleinen Schubs.

3 Im antiken Athen hielt der örtliche Richter immer einen kleinen Vorrat an Gift bereit, falls jemand vorbeikam, der alt, unheilbar krank oder depressiv war und Selbstmord begehen wollte. Man brauchte nur danach zu fragen.

4 Im Großbritannien des 19. Jahrhunderts wurden Menschen, die einen Selbstmordversuch überlebt hatten, gleich darauf am Galgen aufgehängt.

5 Die Skandinavier praktizierten Sterbehilfe, indem sie ihre Alten in große Tonkrüge packten und dann sterben ließen.

6 Die Hottentotten in Afrika veranstalteten für ihre alten Stammesangehörigen eine rauschende Abschiedsparty und ließen sie dann in einer Hütte in der Wildnis zum Sterben zurück.

7 In der griechischen Antike mußten alle Bewohner der Kykladeninsel Kea, die älter als sechzig Jahre alt waren, Selbstmord begehen.

8 Altgewordene Äthiopier ließen sich auf wilden Stieren festbinden, wenn sie sterben wollten.

9 Eingeborene im Kongo trampelten früher so lange auf ihren alten oder unheilbar kranken Verwandten herum, bis diese tot waren.

10 Im westlichen Kulturkreis ist eine Kohlenmonoxidvergiftung durch Autoabgase die beliebteste Selbstmordmethode. Frauen bringen sich am häufigsten mit einer Überdosis Schlaftabletten

um. Die Selbstmordrate in Großbritannien ist seit 1960 um etwa ein Fünftel gefallen. Eine mögliche Erklärung dafür könnte sein, daß es selbstmordwilligen Briten nicht mehr so effektiv erscheint, den Kopf in den Gasherd zu stecken, seit das Erdgas aus der Nordsee nicht mehr so giftig ist. In den Vereinigten Staaten sind mehr Teilnehmer des Vietnamkrieges durch Selbstmord nach ihrer Rückkehr gestorben als im Kampf gefallen. Der größte Massenselbstmord der Geschichte wurde im 17. Jahrhundert von Anhängern des orthodoxen Kults »die Altgläubigen« begangen, die damit gegen bestimmte liturgische Reformen ihrer Religion protestieren wollten. Schätzungen zufolge haben sich 20 000 Sektenmitglieder bei lebendigem Leibe verbrannt. Die Golden Gate Bridge in San Francisco wurde inzwischen von Beachy Head in East Sussex als beliebtester Ort für einen Selbstmord abgelöst. Für Selbstmörder besitzt Beachy Head seit dem 7. Jahrhundert eine makabre Anziehungskraft. Aus den Aufzeichnungen des heiligen Wilfried von York geht hervor, daß sich damals viele Menschen von der Klippe stürzten, nachdem es drei Jahre lang nicht geregnet hatte.

9 nützliche Verwendungszwecke für eine Leiche

1 Als D. H. Lawrence starb, ließ seine Geliebte Frieda die Asche des teuren Verblichenen in einen Betonmixer schütten und goß daraus eine neue Kaminverkleidung.

2 1891 entwickelte der französische Chirurg Dr. Varlot ein Verfahren zur Konservierung Verstorbener, bei dem die Leiche mit einer dünnen Metallschicht bedeckt wurde (genaugenommen galvanisierte er die Leiche). Dr. Varlot machte die Leiche leitfähig, indem er sie Silbernitrat aussetzte und anschließend in ein galvanisches Bad aus Kupfersulfat tauchte. Dort wurde sie mit einer millimeterdünnen Kupferschicht überzogen: »Ein leuchtendroter Kupferüberzug von außergewöhnlicher Stabilität und Haltbarkeit.«

3 Im alten Rom wurde menschliches Blut als Heilmittel gegen Epilepsie verordnet. Daher warteten an den Toren der Arenen immer zahlreiche Epileptiker, die das Blut der getöteten Gladiatoren tranken, wenn diese aus der Arena geschleift wurden.

4 Im mittelalterlichen Europa war es in Mode, zur Gesundheitsvorsorge kleine Stücke ägyptischer Mumien zu essen und sich auf den Körper zu schmieren. Die Leichenteile verwester Ägypter wurden als Heilmittel gegen Abszesse, Knochenbrüche, Quetschungen, Lähmungen, Migräne, Epilepsie, Halsschmerzen, Übelkeit und Funktionsstörungen von Leber und Milz verwendet. Anfang dieses Jahrhunderts wurden Mumienteile noch von einigen arabischen Stämmen benutzt, die damit Blutungen stillten. Ein schwungvoller Handel mit Mumien entstand, der äußerst lukrativ und straff organisiert war. Die Mumien wurden aus ägyptischen Grabmälern geraubt und gelangten dann über Schleichwege nach Europa. Der Mumienmarkt brach Ende des 17. Jahrhunderts zusammen, als man herausfand, daß die Händler »gefälschte« Mumien verkauften – mumifizierte Sklaven, die sie kurz zuvor umgebracht hatten.

5 Medizinische Lehrbücher des Elisabethanischen Zeitalters empfahlen ein alternatives Allheilmittel: pulverisierter menschlicher Schädel, aufgelöst in Rotwein.

6 Lange bevor die Nazis auf die Idee kamen, »verarbeiteten« britische Bauern menschliche Leichen, um daraus Rohstoffe herzustellen. Am 18. November 1822 berichtete der *Observer*, daß die Schlachtfelder der napoleonischen Kriege in Leipzig, Austerlitz und Waterloo »übersät waren mit den Knochen der Sieger und der Pferde, auf denen sie geritten waren«. Mehrere hunderttausend Tonnen Knochen wurden zu den Knochenmühlen in Yorkshire gebracht, um daraus Dünger für die Bauern zu gewinnen. 1877 wurde nach der Belagerung von Pleven in Bulgarien im Lokalteil einer kleinen Zeitung beiläufig erwähnt, daß »dreißig Tonnen menschlicher Knochen, was etwa 30000 Skeletten entspricht, aus Pleven in Bristol eingetroffen sind«.

7 Als im 19. Jahrhundert die Mätresse des französischen Romanciers Eugène Sue starb, war es ihr letzter Wille, daß ihr Geliebter ihre Haut als Einband für ein Buch verwende. Sue erfüllte den Wunsch seiner Mätresse.

8 Der Philosoph und Reformer Jeremy Bentham beklagte sich darüber, welche Verschwendung es sei, tote Menschen zu begraben. Er schlug vor, daß man einen Verstorbenen, wenn dieser richtig einbalsamiert war, als dessen eigene Gedenkbüste oder -statue verwenden könnte. Die Möglichkeiten, so postulierte Bentham, seien endlos: Ahnenporträts könnten durch echte Köpfe ersetzt und »viele Generationen auf ein paar Regalen oder in einer Vitrine mittlerer Größe ausgestellt werden«. Bentham blieb seinen Thesen selbst im Tode treu. Er verfügte, daß man seine Leiche zum Wohle der Medizin sezieren, einbalsamieren, bekleiden und dann in einer Glasvitrine ausstellen sollte. Sein Kopf mußte allerdings durch eine Kopie aus Wachs ersetzt werden, da das Original während der Einbalsamierung einen ausgesprochen grimmigen Ausdruck angenommen hatte. Benthams Arzt, Dr. Southwood Smith, bewahrte die Leiche bis zu seinem Tod 1850 bei sich zu Hause auf. Danach wurde sie dem University College in London gestiftet.

9 Die Größe eines Standardfußballs, die in etwa der eines menschlichen Kopfes entspricht, ist beileibe kein Zufall: Der erste Ball, mit dem in England Fußball gespielt wurde, war der Kopf eines toten dänischen Räubers.

7 angebliche und nicht ganz unbekannte Sexualtäter

1 Papst Sixtus III. (432-440). Er wurde 440 wegen Vergewaltigung einer Nonne angeklagt, aber freigesprochen, da es keine Augenzeugen gab.

2 Geoffrey Chaucer. Der englische Dichter wurde 1380 von der Bäckerstochter Cecile Champaigne der Vergewaltigung bezichtigt. Chaucer zahlte sie aus, die Anklage gegen ihn wurde fallengelassen.

3 Ernest, Herzog von Cumberland, der jüngere Bruder von König Georg IV., leugnete stets, eine seiner jüngeren Schwestern vergewaltigt und geschwängert zu haben.

4 Der britische Premierminister Lord Palmerston versuchte, eine Hofdame Königin Viktorias zu vergewaltigen, als er einmal auf Schloß Windsor zu Gast war.

5 Fatty Arbuckle, US-Schauspieler. Die Karriere des Stummfilmstars war 1921 abrupt zu Ende, als er nach dem Tod eines Starlets in einem Hotelzimmer in San Francisco wegen Vergewaltigung und Totschlag angeklagt und später auch verurteilt wurde.

6 Errol Flynn. Er wurde 1942 der Unzucht mit zwei minderjährigen Fans angeklagt, aber freigesprochen.

7 Chuck Berry. 1989 entdeckte die Polizei in seinem Restaurant versteckte Kameras, mit denen er die weiblichen Gäste auf der Toilette beobachtete und filmte.

10 unvergeßliche Beerdigungen

1 Im Juni 1988 wurde in dem Dorf Zabolotje in der Ukraine die Totenwache für einen Mann gehalten, der nach dem Genuß von Industriealkohol vom Schwarzmarkt an einer Vergiftung gestorben war. Allerdings wurde bei der Totenwache der gleiche Alkohol kredenzt, so daß es noch zehn weitere Todesfälle gab.

2 Als Wilhelm der Eroberer 1087 starb, stellte sich heraus, daß der für den König vorgesehene Marmorsarg viel zu klein war. Daher bekamen zwei Soldaten den Auftrag, sich auf die Leiche zu stellen und sie in den Sarg zu zwängen. Die beiden machten sich an die Arbeit und trampelten so lange auf dem teuren Verblichenen herum, bis sie ihm die Wirbelsäule gebrochen hatten. Die Wirbel rissen ein Loch in den königlichen Magen, der daraufhin mit einem lauten Knall zerplatzte. Der Gestank war so überwältigend, daß sämtliche Anwesenden die Flucht ergriffen.

3 1994 wurde der Kroate Stanislav Kovac während einer Geschäftsreise nach Bottrop von einem Auto angefahren und getötet. Der Bestattungsunternehmer Rudolf Dauer machte sich auf die fast 1000 Kilometer lange Reise von Bottrop nach Zagreb, wo die Beerdigung stattfinden sollte. Als er angekommen war, mußte er den trauernden Hinterbliebenen allerdings gestehen, daß er die Leiche in Deutschland vergessen hatte.

4 Als Josef Stalin im März 1953 starb, wurden Tausende von Menschen in der Menge zu Tode getrampelt, die die einbalsamierte Leiche im Staatsmausoleum sehen wollte.

5 Da König Georg IV. nach seinem Tod nur unzulänglich einbalsamiert worden war, schwoll seine Leiche derart an, daß man befürchtete, sie würde die Bleiverkleidung seines Sarges aufbrechen. Die Gefahr einer Explosion war allerdings gebannt, nachdem man ein Loch in den Sarg gebohrt hatte, um einen Teil der Fäulnisgase abzulassen.

6 Als die Gemahlin des Königs Georg V., Königin Maria, der Beerdigung ihres Bruders Adolphus beiwohnte, wurde der Trauerzug

durch einen lauten Knall unterbrochen. Die Leiche ihres Bruders war im Sarg explodiert.

7 Der zehnte Herzog von Hamilton, Alexander Douglas, überbot das Britische Museum, als er 11 000 Pfund für einen prachtvollen antiken Sarkophag zahlte, der ursprünglich für eine ägyptische Prinzessin angefertigt worden war. Douglas bewahrte das gute Stück in einem Mausoleum des Familiensitzes Hamilton Palace auf. Allerdings stellte man erst nach dem Tod des Herzogs 1852 fest, daß er viel zu groß für den Sarkophag war. Er paßte erst hinein, nachdem man ihm die Füße abgesägt hatte.

8 1994 wurde die Trauerfeier für einen 25jährigen Mann im amerikanischen Baton Rouge unterbrochen, als dessen Leiche im geschlossenen Sarg Feuer fing und Rauchschwaden aus den Ritzen drangen. Bei der anschließenden Untersuchung stellte sich heraus, daß sich die zur Einbalsamierung verwendeten Flüssigkeiten entzündet hatten.

9 In San Antonio im US-Bundesstaat Texas wurde einst ein Krematorium durch einen Brand teilweise zerstört. Das Feuer brach aus, als das Personal eine Leiche einäschern wollte, die über 150 Kilo wog. Der Betreiber des Krematoriums erklärte, daß das Krematoriumfeuer außer Kontrolle geraten war, weil das verbrennende Körperfett zu einer extrem hohen Temperatur geführt hatte.

10 Frederick Armstrong wurde 1993 von einem amerikanischen Gericht verurteilt, nachdem er in einem Bestattungsinstitut in Baton Rouge vor den Augen entsetzter Trauergäste, darunter auch einige Polizisten, einen 81jährigen Prediger erstochen und ihm dann den Kopf abgeschnitten hatte. Armstrongs Verteidiger legte gegen das Urteil Berufung ein und argumentierte, sein Klient sei zum Tatzeitpunkt unzurechnungsfähig gewesen. »Niemand bei klarem Verstand«, so der Anwalt, »enthauptet einen Mann in Gegenwart eines Polizisten.«

10 königliche Sexprotze

1 König August II. von Polen. Der 1670 in Sachsen geborene Monarch wurde wegen seiner außergewöhnlich großen, kräftigen Gestalt und seiner enormen Potenz auch August der Starke genannt. Er zeugte innerhalb von fünfzig Jahren 365 uneheliche Kinder und einen legitimen Thronerben. Der König hielt sich unzählige Mätressen, von denen einige sogar offiziellen Status besaßen. August fand es so schwierig, den Überblick über seine wachsende Kinderschar zu behalten, daß er sozusagen »aus Versehen« mindestens eine inzestuöse Beziehung zu einer seiner Töchter unterhielt. Einige seiner Nachfahren wurden selbst sehr berühmt, darunter George Sand und Maurice de Saxe.

2 König Ibn Saud von Saudi-Arabien. Der erste saudi-arabische König schlief angeblich seit seinem elften Lebensjahr jede Nacht mit drei Frauen, bis er 1953 im Alter von 72 starb.

3 Zar Peter der Große von Rußland war ein baumlanger Kerl mit grenzenloser Energie, der auch in Angelegenheiten der Fleischeslust kein Maß kannte. Das Ziel seiner Avancen waren in der Regel die Hofdamen seiner Frau. Als der Zar und seine Gemahlin 1717 Preußen besuchten, brachten sie vierhundert Hofdamen mit, die als Köchinnen, Zimmermädchen und Waschfrauen im Gefolge arbeiteten. Etwa jede vierte dieser Frauen hatte ein sehr gut gekleidetes Kind bei sich. Als man sie nach dem Vater fragte, antworteten sie mit einem Lächeln auf den Lippen »der Zar hat mir die Ehre erwiesen«. Peter gab unumwunden zu, daß er der Vater zahlloser unehelicher Kinder war, und sah es sogar als seine patriotische Pflicht an, das Bevölkerungswachstum Rußlands zu unterstützen. Er holte sich auch regelmäßig Prostituierte ins Bett, erklärte aber öffentlich, daß er von allen europäischen Monarchen am wenigsten Geld für Mätressen ausgebe.

4 König Ludwig XV. von Frankreich. Fast alle Bourbonenkönige waren für ihre sexuellen Ausschweifungen bekannt, aber das Sexualleben von Ludwig XV. stellte alles in den Schatten. Zu Beginn seiner Herrschaft wurde er noch »Ludwig, der Vielgeliebte«, genannt, dann aber sorgten schon wenige Einzelheiten,

die über seine Privatvergnügungen zu den Untertanen durchdrangen (und die nur die Spitze des Eisbergs waren), für falsche Anschuldigungen. Demnach badete er täglich im Blut unschuldiger Kinder, um seinen erschöpften Körper zu stärken. Sein Privatbordell, der Parc de Cerfs, war vermutlich das größte Etablissement seiner Art, das je für nur einen einzigen Mann eingerichtet worden war. Von den Kupplern des Königs wurde erwartet, daß sie für ständigen Nachschub an gesunden Mädchen zwischen neun und 18 Jahren sorgten, die allerdings erst ab 14 Jahren zum »aktiven Dienst« verpflichtet waren. Mit 19 wurden die Mädchen verheiratet oder in ein Kloster gesteckt. Über einen Zeitraum von 34 Jahren haben vermutlich Tausende von Mädchen den Parc de Cerfs durchlaufen. Die meisten von ihnen hatten keine Ahnung, wer der Mann war, mit dem sie schliefen.

5 König Johann V. von Portugal. Der selbsternannte »Gläubigste aller Könige« kombinierte seine ausgeprägte Vorliebe für Katholizismus und Sex höchst effektiv, indem er mit Nonnen schlief. Der König unterhielt völlig ungeniert sexuelle Beziehungen zu mehreren Nonnen des Klosters Odivelas. Mindestens drei uneheliche Söhne wurden dort geboren. Die königlichen Sprößlinge wurden »die Kinder von Palhava« genannt, nach dem Palast in Lissabon, wo sie aufwuchsen.

6 König Philipp IV. von Spanien. Obwohl er die meiste Zeit seiner Herrschaft über geisteskrank war, zeugte er mehr als dreißig uneheliche Kinder.

7 König Friedrich Wilhelm II. von Preußen. Im Gegensatz zu anderen Vertretern dieses Herrscherhauses, die sich besonders durch militärische Brillanz auszeichneten, interessierte sich der 1744 geborene Neffe Friedrichs des Großen, genannt »der Dicke«, ausschließlich für seinen persönlichen Harem und zeugte mit zahllosen Mätressen ganze Horden unehelicher Kinder. Seine langjährige Mätresse Wilhelmina Encke lernte ihn als 14jährige Prostituierte kennen. Sie wurde später mit einem anderen Mann verheiratet, blieb aber weitere zwanzig Jahre lang »in Diensten« des Königs. Über sie gelangte Friedrich Wilhelm an eine italienische Droge namens Diavolini, die angeblich die Libido steigern sollte. Der König ging eine Doppelehe mit Julia von Voss und Sophia Dönhoff ein, die von den Priestern am preußischen Hof für rechtmäßig erklärt wurde. Als Begründung wurde angeführt,

daß Martin Luther eine ähnliche, von Prinz Philipp von Hessen geschlossene Ehe für rechtens erklärt hatte.

8 König Karl I. zeugte über zwanzig uneheliche Kinder und erkannte 14 von ihnen an.

9 König Eduard VII. verkehrte beinahe ein halbes Jahrhundert lang mit drei verschiedenen Frauen pro Woche.

10 König Wilhelm IV. In einem Zeitraum von zehn Jahren zeugte der Onkel Königin Viktorias zehn uneheliche Kinder mit der irischen Schauspielerin Dorothea Jordan, fünf Söhne und fünf Töchter, und ein weiteres uneheliches Kind mit einer Unbekannten.

14 denkwürdige Selbstmorde

1 Zenon von Kition (336-264 v. Chr.) war der Begründer des Stoizismus, einer antiken Schule der Philosophie, deren wesentliche Inhalte Gelassenheit und Gleichmut gegenüber Schmerz oder Freude waren. Er erhängte sich mit 98 Jahren, nachdem er sich bei einem Sturz den Finger ausgerenkt hatte.

2 Der griechische Philosoph Sokrates (470-399 v. Chr.) trank einen Becher voll Gift, nachdem er von seinen Feinden zum Tode verurteilt worden war.

3 Der römische Staatsmann und General Cato der Jüngere (95-46 v. Chr.) stürzte sich im afrikanischen Utica in sein Schwert, nachdem er die Schlacht zur Rettung der römischen Demokratie verloren hatte.

4 Die ägyptische Königin Kleopatra VII. (69-30 v. Chr.) ließ sich von einer Giftschlange töten, nachdem sie von Oktavian besiegt worden war.

5 Der römische Kaiser Nero schnitt sich selbst die Kehle durch, um nicht vom aufgebrachten Volk gelyncht zu werden.

6 Der italienische Mathematiker und Astrologe Gerolomo Cardano gelangte im 16. Jahrhundert mit Horoskopen für die gekrönten Häupter Europas zu hohem Ansehen. Zu seinen Klienten zählte unter anderem der englische König Eduard VI. Cardano brüstete sich damit, daß er seinen eigenen Tod bis auf die Stunde genau vorhersagen konnte. Als die Stunde seines Todes gekommen war und Cardano peinlich berührt feststellte, daß er sich bester Gesundheit erfreute, wollte er seinen Fehler nicht eingestehen und brachte sich lieber um.

7 Robert Clive (1725-1774), der wesentlich an der Einführung der britischen Gesetzgebung in Indien beteiligt war, brachte sich nach einer Anklage wegen Amtsmißbrauchs um.

8 Lord Castlereagh (1769-1822) war nach den napoleonischen Kriegen britischer Außenminister und einer der berühmtesten Staatsmänner Europas. Er wurde später geisteskrank und grund-

los von der Wahnidee verfolgt, er würde wegen seiner Homosexualität erpreßt. Lord Castlereagh sperrte sich in seinem Haus in einen Wandschrank ein und stach sich mit einem Taschenmesser in die Kehle.

9 Der türkische Sultan Abdul Aziz wurde bei einer Palastrevolte gestürzt. Fünf Tage nach seiner Gefangennahme bat er um eine Schere, mit der er sich den Bart stutzen wollte. Als man ihm die Schere gab, schnitt er sich an beiden Handgelenken die Pulsadern auf.

10 Der holländischer Maler Vincent van Gogh (1853-1890) nahm sich das Leben, als er das Bild *Getreidefeld mit den Raben* malte. Er litt an Depressionen, weil er in seinem ganzen Leben nur ein einziges Bild verkauft hatte.

11 Die berühmte amerikanische Dichterin Sylvia Plath (1932-1963) brachte sich mit 31 Jahren um, indem sie den Kopf in einen Gasherd steckte.

12 Die Hollywoodschauspielerin Peg Entwistle war so verzweifelt darüber, keine anständigen Rollen mehr zu bekommen, daß sie sich von dem in den Hügeln von Beverly Hills aufgestellten Wort HOLLYWOOD zu Tode stürzte.

13 Der Hollywoodschauspieler Albert Dekker erhängte sich 1968 in seinem Haus. Als man ihn fand, trug er Damenwäsche aus Seide. Den Abschiedsbrief hatte er mit Lippenstift auf seinen Körper geschrieben.

14 Die amerikanische TV-Nachrichtensprecherin Christine Chubbock erschoß sich vor laufenden Kameras. Nach ihrem Selbstmord stellte sich heraus, daß sie den Zeitpunkt ihres Todes so gelegt hatte, daß der weitere Verlauf der Nachrichtensendung nicht gestört wurde.

10 sportliche Todesfälle

1 Emil Kijek aus Massachusetts schlug im Dezember 1994 beim Golfspiel im Alter von 79 Jahren sein erstes »hole in one«. Er war so überrascht, daß er tot umfiel.

2 Im Mai 1995 warf der Franzose Jean Potevan auf einem Golfplatz in der Nähe von Lyon wutentbrannt seine Golftasche in den See, weil er so schlecht gespielt hatte. Als er dann feststellte, daß seine Wagenschlüssel noch in der Tasche waren, sprang Potevan in den See und tauchte danach, verhedderte sich aber in Schlingpflanzen und ertrank. Laut seinem Golfpartner Henri Levereau waren Potevans letzte Worte: »Ich hole jetzt die Schlüssel, aber die Schläger bleiben unten.«

3 Jimm Fixx, der Amerikaner, der die Joggingwelle losgetreten hatte, starb beim Joggen an einem Herzanfall.

4 1994 ertrank der Golfspieler Whitney McIntosh bei dem Versuch, seinen Ball aus einem Wasserhindernis zu fischen.

5 Der kolumbianische Fußballspieler Andres Escobar wurde von einem wütenden Kellner erschossen, nachdem er bei der Weltmeisterschaft 1994 ein Eigentor geschossen hatte. Seine Mannschaft schied nach diesem Spiel aus. 24 Stunden später entschuldigte sich die BBC offiziell, daß ihr Sportkommentator Alan Hansen während des Spiel gesagt hatte: »Für einen solchen Fehler sollte man den argentinischen Verteidiger erschießen.«

6 Diana Nagy verklagte in Charleston im US-Bundesstaat West Virginia den Hersteller des Golfwagens, von dem ihr Mann während eines Golfturniers im Berry Hills Country Club tödlich gestürzt war. Mrs. Nagy räumte zwar ein, daß ihr Mann betrunken gewesen war, vertrat aber den Standpunkt, daß der Wagen Sicherheitsgurte und Türen hätte haben müssen.

7 Der Amerikaner Frank Hayes war der einzige tote Jockey, der jemals ein Hindernisrennen gewonnen hat. 1925 gewann Hayes mit dem Außenseiterpferd Sweet Kiss, auf das zwanzig zu eins gewettet worden war. Als der Besitzer und Trainer des Pferdes ihm nach dem Zieleinlauf gratulieren wollte, stellte er fest, daß

der Jockey tot im Sattel hing. Ein Arzt bestätigte später, daß Hayes bereits tot war, als er die Ziellinie überquerte.

8 Im Januar 1995 wurde der japanische Golfspieler Takeo Niyama festgenommen, nachdem er seinen Golfpartner mit einem Füneisen erschlagen hatte. Der 43jährige Niyama verlor die Beherrschung, als Aioa Sakajiri ihn auslachte, weil er einen »slice« in den See des Tokioter Golfplatzes gespielt hatte. Niyama war bereits zweimal wegen tätlicher Angriffe auf dem Golfplatz verurteilt worden und hatte dafür 1994 eine sechsmonatige Gefängnisstrafe abgesessen.

9 William Waterfall war der einzige englische Kricketspieler, der je wegen Totschlags auf dem Spielfeld angeklagt wurde. Das geschah im Jahr 1775 in Derby Assizes.

10 Der Amerikaner Phil Rizutto kommentierte gerade live ein Baseballspiel, als er die Nachricht erhielt, daß Papst Paul VI. gerade gestorben war. »So etwas überschattet sogar einen Sieg der Yankees«, sagte Rizutto daraufhin vor Millionen von Baseballfans.

10 königliche Todesfälle

1 Kaiser Menelik II. von Äthiopien war fest davon überzeugt, daß er Krankheiten heilen konnte, indem er Seiten aus der Bibel aufaß. Er starb 1913 an einem Schlaganfall, als er gerade das Buch der Könige verspeiste.

2 Robert I., König von Schottland, starb mit 55 Jahren an Lepra.

3 Karl VIII. von Frankreich starb, als er sich 1498 seinen Kopf an einem niedrigen Holzbalken stieß.

4 Königin Eleonore, die Gemahlin Eduards I., starb an einer Blutvergiftung, nachdem sie den Eiter aus einer Wunde ihres Mannes herausgesaugt hatte.

5 König Jakob II. von Schottland starb 1460 in einer Schlacht, als eine seiner eigenen Kanonen explodierte und ihm von einem Stück des Schrapnells die obere Hälfte seines Kopfes weggerissen wurde.

6 Friedrich, Prince of Wales, Sohn und Thronerbe Georgs II., zog sich eine Erkältung zu und starb einige Wochen später am 20. März 1751 im Alter von 44 Jahren. Nach offiziellen Angaben wurde sein früher Tod »unter anderem durch eine alte Kricketverletzung herbeigeführt«.

7 Königin Karoline, die Gemahlin Georgs IV., starb an einer Verstopfung, obwohl sie enorme Mengen an Rizinusöl geschluckt hatte.

8 König Alexander I. von Griechenland starb an einer Blutvergiftung, nachdem ihn sein Lieblingsaffe gebissen hatte.

9 Auf einem Wohltätigkeitsbazar in Paris kam Prinzessin Sophie von Bayern einer ungesicherten Gaslaterne zu nahe. Ihr Kleid fing sofort Feuer, und sie verwandelte sich in einen menschlichen Feuerball. Sie konnte später nur anhand ihrer Zahnabdrücke identifiziert werden.

10 Erzherzog Franz Ferdinand, österreichischer Thronfolger und Neffe Kaiser Franz Josephs, war über alle Maßen eitel. Um in

jeder Situation faltenfrei und gebügelt zu erscheinen, ließ er sich in seine Anzüge einnähen, die Knöpfe wurden dann später nur noch als Dekoration aufgesetzt. Als er am 28. Juni 1914 in Sarajewo von der Kugel eines Attentäters getroffen wurde, verblutete er, während seine Begleiter versuchten, ihn aus seiner Kleidung herauszuschneiden.

Liebe kann ja so weh tun

1 Nach dem Prozeß gegen Lorena Bobbit, die ihrem Mann Wayne 1992 den Penis abgeschnitten hatte, wurde in der US-Presse über eine ganze Reihe von Nachahmungstäterinnen berichtet. In Toronto schnitt eine Frau ihrem Mann während einer heftigen Auseinandersetzung den Penis mit einer Schere ab. In Los Angeles kam eine Frau vor Gericht, die ihrem Mann während eines Ehestreits die Hoden abgeschnitten hatte. Obwohl sich das Paar einen Monat später wieder versöhnte, wurde die Anklage nicht fallengelassen. In Jefferson wurde eine 35 Jahre alte Frau angeklagt, nachdem sie ihrem Ex-Freund mit bloßen Händen den Hodensack abgerissen hatte. Bei einer häuslichen Auseinandersetzung in Hongkong wurde dem 43jährigen Wong Cheong-do von seiner Frau der Penis abgeschnitten. Das gute Stück konnte wieder angenäht werden, nachdem Wong damit in das nächste Krankenhaus geeilt war. Während eines Streits in Davenport im US-Bundesstaat Iowa biß Jaime Johnson einen Hoden ab, der zu einem gewissen James Liske gehörte. Im Mai 1994 mußte einem 35jährigen Mann in Saginaw im US-Bundesstaat Michigan mit 65 Stichen der Penis genäht werden, nachdem seine Freundin hineingebissen hatte. In Thailand ist die Penisamputation als Standardvergeltungsmaßnahme wütender Ehefrauen derart populär geworden, daß es sogar einen Namen dafür gibt: Penizid. Die thailändische Polizei schätzt, daß seit 1992 mehr als hundert Penisse von wütenden Ehefrauen abgetrennt wurden.

2 Im antiken Athen bestand die Strafe für männliche Ehebrecher darin, dem Missetäter einen Rettich in seinen Allerwertesten zu rammen.

3 Im September 1992 wurde ein obdachloses Pärchen, Darryl Washington und Maria Ramos, von einem Zug angefahren und verletzt. Die beiden hatten sich gerade auf einer Matratze, die sie über die Gleise einer New Yorker U-Bahn-Station gelegt hatten, geliebt. Das Pärchen verklagte daraufhin die Verkehrsbehörden von New York wegen »Nachlässigkeit und Fahrlässigkeit«. Der Anwalt des Pärchens erklärte in einem Interview mit der *New York Daily News*: »Auch Obdachlose haben ein Recht auf Sex.«

4 Die *Bangkok Post* berichtete im Oktober 1993, daß Quacksalber in Thailand mindestens hundert angebliche Penisvergrößerungen durchgeführt hätten. Die Operation bestand aus Injektionen mit einer Mischung aus Olivenöl, Kreide und anderen Substanzen. Ein Sprecher des Krankenhauses von Chiang Mai gab an, ein Opfer gesehen zu haben, dessen Penis Teile des Telefonbuchs von Bangkok enthielt.

5 Der Stamm der Ibo in Nigeria hat sich eine ganze Reihe drastischer Strafen für ehebrecherische Paare ausgedacht. Eine davon sieht vor, daß man das Paar an Händen und Füßen fesselt, an einer Stange aufhängt und dann in einen See mit Krokodilen wirft.

6 Im Januar 1993 griff die Ehefrau von Zhang Jingui zur Schere und schnitt ihm den Penis ab, nachdem ihr dies von einer Wahrsagerin aus Peking als probates Mittel zur Verbesserung der ehelichen Beziehungen empfohlen worden war. Die Wahrsagerin war zu dem Schluß gekommen, daß die Beziehungsprobleme der beiden auf Zhangs unzulänglich ausgebildetes Geschlechtsteil zurückzuführen seien und die Ehe nur noch zu retten sei, wenn man es abschnitt, damit ihm ein neues wachsen konnte.

7 1993 griff ein 55 Jahre alter Mann in Wooster im US-Bundesstaat zum Taschenmesser und schnitt sich selbst den Penis ab, weil er so unzufrieden mit ihm war. Aus ähnlichen Gründen trennte sich in Arcadi im US-Bundesstaat Florida ein 23jähriger sein Geschlechtsteil mit einer Elektrosäge ab. Im selben Jahr säbelte sich der 34 Jahre alte Häftling Clifford Roby in Keene im US-Bundesstaat New Hampshire mit einem Einmalrasierer sein bestes Stück ab und spülte es anschließend die Toilette hinunter. Als Begründung gab er an, es sei »Gottes Wille« gewesen.

8 Dem amerikanischen Patentamt liegen Pläne für fünf Vorrichtungen zur Verhinderung von Vergewaltigungen vor. 1977 ließ Charles Barlow aus Arizona ein Gerät mit drei speerähnlichen Fortsätzen mit Widerhaken patentieren, das in die Frau eingeführt wird und den Penis eines Angreifers verstümmeln soll. Das 1983 patentierte Anti-Vergewaltigungsgerät besteht ebenfalls aus einem steifen Rohr, das von der Frau in die Vagina eingeführt wird. Die Innenseite ist mit Klebstoff beschichtet und enthält darüber hinaus Chemikalien, die Verätzungen verursachen. Andere Vorrichtungen sind zum Beispiel der »Vaginaleinsatz zur Penisfixierung und -zerschneidung« von Alston Levasque sowie George

Vogels »Weibliche Schutzvorrichtung« – ein großer Metallklumpen mit einem dicken Speer in der Mitte. Bei einer von Joel Rumph und Lynda Warren ersonnenen Konstruktion wird ein schnell wirksames Beruhigungsmittel in den Penis des Sittenstrolchs gespritzt, so daß dieser bewußtlos wird. Sämtliche genannten Vorrichtungen existieren allerdings nur auf dem Zeichenbrett, da die Konstruktion bei allen einen entscheidenden Fehler aufweist: Jedes dieser »Geräte« müßte so groß sein, daß ein erigierter Penis darin Platz hat, wodurch es wiederum äußerst unbequem zu tragen wäre – ganz abgesehen davon, daß es gefährlich werden könnte, wenn es einmal aus Versehen »zuschlägt«.

9 Medizinischen Untersuchungen zufolge brechen sich jedes Jahr bis zu zweihundert Männer beim Geschlechtsverkehr den Penis. Der Bruch wird von einem charakteristischen Krachen begleitet, und der Patient benötigt dreißig bis vierzig Stiche, eine Schiene und sechs Wochen lang strikte Bettruhe.

10 »Lovestone« ist ein überall in den Vereinigten Staaten erhältliches Gebräu, das als Aphrodisiakum verkauft wird. Als 1995 in der Presse berichtet wurde, daß ein 23jähriger in New York nach der Einnahme daran gestorben war, gab der Hersteller eilends eine Presseerklärung heraus, nach der das Gebräu nur zur äußerlichen Anwendung auf die Genitalien bestimmt sei.

Die Erde bebte: 10 Erfahrungen nach dem Tod

1 Aufgrund gewisser Unzulänglichkeiten der Medizin wurden im Mittelalter immer wieder Tote begraben, die gar nicht tot waren – peinlich für den Bestatter und unangenehm für das Opfer. Daher machte man es sich allmählich zur Regel, drei Tage zu warten, bevor man einen Verstorbenen der Erde übergab, nur um ganz sicherzugehen. Wie ein Mönch des Klosters Canterbury einmal schriftlich festhielt, kam es durchaus vor, daß eine Leiche in diesen drei Tagen wieder aufwachte, während Auferstehungen nach mehr als einer Woche eher selten waren. Allerdings mußten alle, die die letzte Ölung überlebt hatten, bald schon feststellen, daß das Leben als Ex-Leiche ganz und gar kein Zuckerschlecken war und gleich mehrere Haken hatte. Menschen, die nach Empfang des letzten Sakraments weiterlebten, durften kein Fleisch essen, nicht barfuß gehen und keinen Geschlechtsverkehr haben.

2 Im 16. Jahrhundert sezierte der Anatom Vesalius gerade die Leiche eines spanischen Edelmanns, als das Opfer plötzlich die Augen aufschlug. Der Grande beschwerte sich später bei der Inquisition. Vesalius wurde daraufhin zum Tode verurteilt.

3 Um eine 1724 im schottischen Musselburgh gehängte Frau entbrannte ein heftiger Streit zwischen ihrer Familie und einigen eifrigen Anatomen. Ihre Angehörigen wollten ihr ein christliches Begräbnis zukommen lassen, während eine Gruppe von Medizinstudenten sie nur sezieren wollte. Beide Parteien waren wild entschlossen, die Leiche in die Finger zu bekommen, so daß es zu einem blutigen Kampf kam. Er wurde von der Leiche entschieden, die sich plötzlich aufsetzte. Die Frau lebte noch dreißig Jahre lang mit ihrem neuen Spitznamen – »die halbgehenkte Maggie Dickson«.

4 1752 setzte sich ein 19jähriger, der wegen Hochverrats verurteilt worden war, nur wenige Minuten nach seiner Hinrichtung auf dem Seziertisch auf. Daraufhin wurde er von einem geistesgegenwärtigen Chirurgen mit einem Holzhammer erschlagen.

5 Die Guillotine besaß eine morbide Anziehungskraft für französische Mediziner, die sich darüber wunderten, wie schnell eine Hinrichtung vonstatten ging. Sie wollten wissen, ob das Gehirn nach der Enthauptung noch funktionierte. Eine Theorie, die von zahlreichen Geschichten unterstützt wird, nach denen die Hingerichteten selbst kopflos noch protestierten. Augenzeugen berichteten, daß der Kopf von Charlotte Corday, der Mörderin Jean Paul Marats, unmißverständliche Anzeichen von Ärger aufgewiesen habe, als er nach der Hinrichtung vom Scharfrichter aufgehoben und geschlagen wurde. Französische Ärzte führten eine ganze Reihe makabrer Experimente mit abgetrennten Köpfen durch: Sie kniffen in die Wangen, schoben Gegenstände in die Nasenlöcher, hielten brennende Kerzen vor die Augen und brüllten den Namen des Hingerichteten in das Ohr des abgetrennten Kopfes. 1880 wurde dem Mörder Menesclou das Blut eines lebenden Hundes in den Kopf gepumpt, woraufhin ein Ausdruck »tiefsten Erstaunens« auf dessen Gesicht erschien. Neuere Untersuchungen russischer Ärzte haben bestätigt, daß diese Geschichten nicht völlig frei erfunden sind: Wenn die Sauerstoffzufuhr des Gehirns plötzlich abgeschnitten wird, tritt eine Art Notsystem in Kraft, mit dem das Opfer noch mehrere Minuten lang bei Bewußtsein gehalten wird.

6 Der Operettenkomponist Giacomo Meyerbeer lebte in ständiger Angst davor, lebendig begraben zu werden. Daher ließ er sich nach seinem Tod Glöckchen an Arme und Beine binden, damit jede Bewegung im Sarg zu hören sei. Bis jetzt ist aus Meyerbeers Sarg allerdings noch kein Laut nach draußen gedrungen.

7 Im 19. Jahrhundert wurde der deutsche Missionar Schwartz von den Klängen seines Lieblingskirchenliedes wiedererweckt, das auf seiner Beerdigung gesungen wurde. Die Trauernden waren ziemlich verblüfft, als sie plötzlich die Stimme des vermeintlich toten Priesters hörten, der im Sarg lag und mitsang.

8 Als im August 1994 eine Hitzewelle in Rumänien an zwei aufeinanderfolgenden Tagen für Temperaturen über 38 Grad Celsius sorgte, berichteten Angestellte in einem Bestattungsinstitut, daß vor kurzem gestorbene Menschen plötzlich explodierten.

9 1994 bekam ein Leichenbestatter aus Brooklyn einen Riesenschreck, als die Leiche, die gerade von ihm einbalsamiert wurde, plötzlich aus einem tiefen Koma erwachte und ihn nach Strich

und Faden verdrosch. »Keiner meiner Kollegen in anderen Bestattungsinstituten hat je etwas Ähnliches erlebt«, sagte er später von seinem Bett im Krankenhaus aus.

10 Als man die Spanierin Micaela Velasco im September 1996 in ihrem Heimatort Zamora für ihre Beerdigung zurechtmachte, bewegten sich plötzlich ihre Lippen. »Wir waren alle zutiefst bestürzt«, sagte der Leichenbestatter Francisco Heredero, »aber dann stellten wir fest, daß sie wirklich noch am Leben war.« Sie wurde von einem herbeigerufenen Arzt untersucht, der daraufhin erklärte, sie sei »ihrem Alter entsprechend bei bester Gesundheit«. Señora Velasco war 101 Jahre alt.

50 berühmte Persönlichkeiten, die an Syphilis litten

1 Papst Alexander VI.
2 Ludwig van Beethoven
3 Emil von Behring
4 Königin Kleopatra
5 Christoph Kolumbus
6 Al Capone
7 König Heinrich VIII. von Frankreich
8 König Christian VII. von Dänemark
9 Randolph Churchill
10 Kaiser Commodus
11 Captain James Cook
12 Frederick Delius
13 Albrecht Dürer
14 Königin Elisabeth I.
15 Erasmus von Rotterdam
16 König Franz I. von Frankreich
17 König Friedrich II. von Preußen (Friedrich der Große)
18 König Friedrich V. von Dänemark
19 Paul Gauguin
20 König Georg I.
21 Johann Wolfgang von Goethe
22 Francisco Goya
23 Heinrich Heine

24 König Heinrich VIII.

25 König Herodes von Judäa

26 Adolf Hitler

27 Zar Iwan der Schreckliche

28 König Jakob II.

29 Papst Julius II.

30 Julius Cäsar

31 John Keats

32 Papst Leo X.

33 Ferdinand Magellan

34 Kaiser Marc Aurel

35 Maria Stuart

36 Guy de Maupassant

37 John Milton

38 Edouard Manet

39 Benito Mussolini

40 Friedrich Nietzsche

41 Zar Paul I.

42 Zar Peter der Große

43 Kardinal Richelieu

44 Marquis de Sade

45 Franz Schubert

46 Arthur Schopenhauer

47 Jonathan Swift

48 Kaiser Tiberius

49 Henri Toulouse-Lautrec

50 Oscar Wilde

Es ist schließlich Ihre Beerdigung: 10 Fakten, die Sie vielleicht gar nicht wissen wollen

1 Die zuverlässigsten Methoden zur Feststellung Ihres Todes sind: a) Ihnen eiskaltes Wasser ins Ohr zu gießen (löst beim Lebenden eine Augenbewegung aus), b) Ihnen etwas ins Auge zu stechen (»Testen des Hornhautreflexes«), c) Ihnen einen Gegenstand in den Hals zu stecken (»Testen des Würgereflexes«), d) Ihnen die Fingerknöchel ins Brustbein zu rammen (»Testen des Schmerzreflexes«) sowie e) Ihnen die Hoden zu quetschen (selbstverständlich nur, wenn Sie ein Mann sind). Wenn keiner dieser Tests eine Reaktion hervorruft, sind Sie vermutlich tot.

2 Eine Leiche, die bei warmem Wetter im Freien liegenbleibt, verwest innerhalb von nur neun Tagen. Dies ist jedoch nur ein Durchschnittswert, da dicke Menschen schneller verwesen als dünne: Überschüssiges Fett speichert Körperwärme, die den bakteriellen Prozeß beschleunigt, mit welchem das Gewebe zersetzt wird.

3 Wenn Ihr Körper verwest, kann sich Ihre Gesichtsfarbe von grün über rot bis hin zu schwarz verändern. Die Totenstarre beginnt in Ihren Füßen und setzt sich dann bis zu Ihrem Kopf fort.

4 Ihr Mund wird entweder zugenäht oder zugeklebt. Leichenbestatter verwenden heute oft Sekundenkleber, um einer Leiche die Lippen zuzukleben und so zu verhindern, daß der Mund aufgeht. Außerdem wird auf Ober- und Unterlippe eine dünne Wachsschicht aufgetragen, um Rißbildung und Hautabschälungen zu vermeiden.

5 Die eingeäscherten Überreste eines durchschnittlichen Erwachsenen wiegen zwischen zweieinhalb und acht Pfund. Der Unterschied hat mit der Größe der Knochen zu tun, das Körpergewicht spielt keine Rolle.

6 Damit keine Insekten in Ihre Leiche eindringen können, wird man Ihnen Watteböllchen in die Nasenlöcher stopfen, die vorher in einem flüssigen Insektenvernichtungmittel getränkt wurden.

7 Bei der Verwesung bilden sich Gase, die eine Leiche innerhalb von zwölf bis 18 Stunden auf das Zwei- bis Dreifache ihrer eigentlichen Größe anschwellen lassen können. Bei der Bildung von Methangas kann so viel Druck entstehen, daß innere Organe aus den unteren Körperöffnungen herausgepreßt werden. Daher wird ein Leichenbestatter grundsätzlich Ihren Bauch- und Brustbereich nach Anzeichen auf Blähungen untersuchen und den Druck dann über den After ausgleichen.

8 Fingernägel und Haare wachsen nach dem Tod nicht weiter. Dieser weitverbreitete Aberglaube rührt daher, daß sich die Haut um Haare und Nägel zurückzieht, so daß diese etwas weiter vorstehen.

9 Bis in die fünfziger Jahre wurden Särge nur selten nach Maß angefertigt. Wenn die Leiche partout nicht in den Sarg passen wollte, brach ihr der Leichenbestatter die Fußknöchel und bog die Füße nach hinten.

10 Da der Mensch vor allem aus Wasser besteht, ist eine Einäscherung selbst mit modernen Öfen nicht gerade einfach. Moderne Krematorien sind mit elektrisch betriebenen Brechwerken ausgerüstet, die nicht verbrannte Knochen zermahlen. In einigen Ländern der Dritten Welt wird der Leichnam vor der Verbrennung in mehrere Schichten aus Tierfett eingewickelt. In Indien können es sich viele Familien nicht leisten, so viel Benzin zu kaufen, daß die Leiche vollständig verbrennt. Daher werden häufig halbverbrannte Leichen in den Fluß geworfen.

II
Speis & Trank

10 historische Persönlichkeiten, mit denen Sie sich auf gar keinen Fall an einen Tisch setzen würden

1 Mary Mallon, besser bekannt als »Typhus-Mary«, war die bekannteste Krankheitsträgerin der Welt. Sie arbeitete vor dem Ersten Weltkrieg als Köchin in New York und war für 53 Typhusausbrüche verantwortlich, in deren Verlauf 1300 Menschen erkrankten und mindestens drei starben. Mrs. Mallon änderte des öfteren ihren Namen, um dem Gesundheitsamt zu entkommen. Sie verbrachte die letzten 23 Jahre ihres Lebens in Zwangsquarantäne in einer staatlichen Klinik und beteuerte bis zum Schluß ihre Unschuld.

2 Kaiser Vitellius perfektionierte die römische Kunst der Völlerei, indem er sich zwischen den einzelnen Gängen eine Feder in den Hals steckte, das Essen ausspie und auf diese Weise Platz für den nächsten Gang hatte. Darüber hinaus war er bekannt für seine bizarren kulinarischen Kreationen, von denen die berühmteste »Minervas Schild« genannt wurde, weil man sie auf einer großen, silbernen Platte servierte. Vitellius beauftragte die römische Flotte damit, die vier Ecken der damals bekannten Welt nach Zutaten für das Gericht abzusuchen, das unter anderem aus Pfauenhirn, Hechtleber und Flamingozungen bestand. Vitellius übergab später die Regierungsgeschäfte einem freigelassenen Sklaven, um sich voll und ganz auf das Essen konzentrieren zu können.

3 Anne Boleyn besaß die unangenehme Angewohnheit, sich zwischen den einzelnen Gängen eines Essens zu übergeben, was zum ersten Mal auf dem Bankett aus Anlaß ihrer Krönung zu sehen war. In ihren Diensten stand eine Hofdame, die immer dann ein Bettlaken hochhalten mußte, wenn die Königin blaß um die Nasenspitze wurde.

4 Friedrich II., Kaiser des Heiligen Römischen Reiches, war ungeheuer wißbegierig und untersuchte das menschliche Verdauungssystem, indem er seine Gäste beim Essen aufschlitzen ließ.

5 Benito Mussolini, der gerne das Brot mit seinen Gästen teilte, wurde wegen eines riesigen Fadenwurms in seinen Eingeweiden

ärztlich behandelt. Der Lebenszyklus eines Fadenwurms beginnt damit, daß er im Freien seinen Darm entleert. Die Wurmeier im Kot entwickeln sich in der Erde und werden dann in der Regel über schmutzige Finger in Mund und Darmtrakt des Wirts befördert. Mussolinis Arzt Sir Aldo Castellani zufolge besaß der Fadenwurm, der schließlich aus einer nicht näher bezeichneten Körperöffnung des Duce zum Vorschein kam, gigantische Ausmaße: »Ein echter hypertrophischer Faschistenspulwurm.«

6 Festbankette am Hof des chinesischen Kaisers Shih Hu (334-349) waren für die Gäste kein Zuckerschlecken, für die Damen in seinem Harem aber eine echte Katastrophe. Der Kaiser suchte zu diesem Anlaß nämlich immer ein Mädchen aus seinem Harem aus und ließ ihm den Kopf abhacken. Den Torso ließ er kochen und seinen Gästen servieren. Anschließend beeindruckte er seine Gäste dadurch, daß er den ungekochten Kopf auf einer Platte herumreichte, bevor er verspeist wurde. Auf diese Weise konnte er beweisen, daß er nicht die häßlichste seiner Frauen geopfert hatte.

7 Der russische Zar Peter der Große benahm sich angeblich bei Tisch wie ein Barbar: Er trampelte in schöner Regelmäßigkeit auf dem Tisch herum und trat dabei mit seinen ungewaschenen Füßen auf Teller und Besteck.

8 Der englische Dichter und Essayist Samuel Johnson besaß einen unbändigen Appetit, der allerdings mit beklagenswerten Tischmanieren einherging. Samuel Boswell beschreibt, daß er das Essen in sich hineinstopfte, bis ihm der Schweiß über das Gesicht lief und die Adern auf der Stirn anschwollen. Johnsons Lieblingsgericht, das er in einer Kneipe mit dem schönen Namen Cheshire Cheese zu sich zu nehmen pflegte, war eine reichhaltige Fleischpastete aus Beefsteak, Nieren, Austern, Lerchen und Pilzen.

9 Der römische Kaiser Heliogabal überraschte seine Gäste gern mit kulinarischen Raritäten, wie etwa Flamingo- oder Kamelhirn, Papageienköpfe und Wildschweineuter. Zuweilen amüsierte er sich, indem er seinen Gäste Nachbildungen der Speisen, die er selbst aß, vorsetzte – allerdings aus Holz, Elfenbein, Keramik oder Stein. Von den Gästen wurde erwartet, daß sie mitspielten und alles aufaßen.

10 Ludwig XIV. war der erste in der Reihe der französischen Könige, die allesamt unersättliche Gourmands waren. Obwohl Ludwig XIV. auf seinen bekanntesten Porträts stets als eleganter, zierlicher Mann dargestellt ist, hatte er in Wirklichkeit starkes Übergewicht. Bis ins hohe Alter hinein versetzten die Mengen, die Ludwig zu sich nahm, Zuschauer in Erstaunen und seine Ärzte in Angst und Schrecken. Es ging sogar das Gerücht, daß der König einen riesigen Bandwurm hätte. In seinen letzten Lebensjahren hatte er jedoch Mühe, sein Essen zu schlucken, da ihm von seinen Ärzten bei der Entfernung einiger fauler Zähne der Oberkiefer gebrochen und der Gaumen zerquetscht worden war. Danach hatte Ludwig erhebliche Schwierigkeiten beim Kauen, und es kam häufig vor, daß ihm ein Bissen in die Luftröhre geriet. Der Vater Ludwigs XVI., Prinz Ludwig, war bereits im Alter von 16 Jahren so fett, daß man heute allgemein annimmt, er könnte an einer Art Drüsenkrankheit gelitten haben. Als der französische Naturforscher Buffon dem König einmal beim Essen zusah, sagte er hinterher, der Anblick hätte ihn an einen großen Affen im Zoo zur Fütterungszeit erinnert. »Ludwig der Dicke« bestieg jedoch nie den Thron – er starb mit 34 an Tuberkulose. Sein Sohn war etwas größer als der damalige Durchschnittsmann, aber schwer übergewichtig. Sein offizieller Titel lautete »Seine Allerchristlichste Majestät König Ludwig XVI.«, aber die Höflinge nannten ihn unter sich nur »das fette Schwein«. Sein Verbrauch an Schokolade war so groß, daß er einen seiner Höflinge in Versailles eigens zum »Chocolatier des Königs« ernannte. In vorgerücktem Alter wurde er geradezu erschreckend fett und lethargisch und schlief in den Sitzungen des Kabinetts häufig ein. König Ludwig XVIII. war mit Abstand der korpulenteste der Bourbonenkönige. Er unternahm verzweifelte Versuche, um von seinem durch Gicht und Übergewicht verunstalteten Äußeren abzulenken, und trug stets prachtvolle, mit Diamanten übersäte Kleidung. Als der Prinzregent dem neuen französischen König den Hosenbandorden verlieh, stellte er fest, daß Ludwig an Elephantiasis des Knies litt. Er sagte später, es war, »als hätte man die Schärpe um die Taille eines jungen Mannes gelegt«. Ludwig XVIII. hatte eine ganze Reihe von Krankheiten, die ihn im vorgerückten Alter zu einem lebenden Skelett abmagern ließen. 1823 war der körperliche Verfall des Königs so weit vorgeschritten, daß seine Kammerdiener eine abgefallene Zehe fanden, als sie ihm eines Abends die Socken auszogen.

10 überraschende Füllungen

1 1994 wurde die italienische Stripperin Gina Lalapola auf einer Junggesellenparty tot im Innern der Torte aufgefunden, aus der sie hätte springen sollen. Sie war in der luftdicht versiegelten Torte aus Holz erstickt und wurde erst nach über einer Stunde entdeckt.

2 Steve Jones, der Gitarrist der Sex Pistols, gab zu, daß er einmal in ein Baguette ejakuliert und das Bandmitglied Glen Matlock damit gefüttert hatte.

3 Im August 1983 berichtete die *Times*, daß ein Mann in Deutschland einen menschlichen Finger in seinem Brötchen gefunden hatte.

4 Ursula Beckley aus Long Island verklagte 1989 einen Supermarkt auf Schadensersatz in Höhe von 3,6 Millionen Dollar, nachdem sie in dem von ihr zubereiteten Omelett aus drei Eiern eine kostenlose Fleischbeilage in Form einer höchst lebendigen, etwa 15 Zentimeter langen schwarzen Schlange gefunden hatte. Nach Auskunft ihrer Anwälte löste dieses Ereignis ein tiefes Trauma bei Mrs. Beckley aus, so daß es ihr höchstwahrscheinlich unmöglich sein würde, jemals wieder ein Ei anzusehen.

5 1997 fanden Craig Wilde und Simone Rooney aus Carlisle eine blutverschmierte, 15 Zentimeter lange Spritze in einem bereits zur Hälfte aufgegessenen Laib Brot aus dem örtlichen Supermarkt.

6 Im März 1992 wurde eine amerikanische Brotfabrik vor Gericht gebracht, nachdem eine Frau in Los Angeles ein gebrauchtes Kondom in einem großen Brotlaib der Firma gefunden hatte. 1997 verklagte Dalvin Stokes eine Cafeteria in Winter Haven im US-Bundesstaat Florida, nachdem er ein Kondom in seinem Apfelkuchen gefunden hatte. 1997 zeigte Jeff Bolling aus Hoover im US-Bundesstaat Alabama ein Drive-in-Restaurant von McDonald's an, nachdem er in etwas gebissen hatte, was er für ein Stück Gurke gehalten hatte. Tatsächlich handelte es sich um ein aufgerolltes Kondom.

7 1991 setzte der Chinese Wang Guang scharf gewürzte, mit Menschenfleisch gefüllte Klößchen auf die Speisekarte seines Restaurants, die bei den Gästen bald sehr beliebt waren. Über einen Zeitraum von vier Jahren wurden die Zutaten für die Füllung von Guangs Bruder geliefert, der als Helfer in einem Krematorium arbeitete. Womit die Klößchen gefüllt waren, kam erst heraus, als die Polizei einen Hinweis von den Eltern eines jungen Mädchens erhielt, das bei einem Verkehrsunfall gestorben war. Als die beiden die Leiche ihrer Tochter einäschern wollten, hatten sie bemerkt, daß einige Teile davon fehlten.

8 Obwohl man allgemein annimmt, daß die Lebensmittel heutzutage »weniger natürlich« sind als früher, war die Nahrungsaufnahme im 19. Jahrhundert mit weitaus größeren Risiken verbunden. Die Arbeitsmoral im Restaurantgewerbe hatte im Viktorianischen Zeitalter einen absoluten Tiefpunkt erreicht. Panscherei mit Lebensmitteln war an der Tagesordnung, Gesetze, die das verhindern sollten, gab es nicht. Die Lebensmittellieferanten zogen ihren Kunden durch überteuerte Preise das Geld aus der Tasche und vergifteten sie dabei auch noch. Zu den üblichen Betrügereien auf diesem Gebiet gehörte es, feingemahlene Steine aus Derbyshire anstelle von Mehl zu verwenden, Käse aus Gloucester zu fälschen, indem gewöhnlicher Käse mit rotem Blei gefärbt wurde, gebratene Pferdeinnereien vom Abdecker als Zusatz für Kaffee zu verwenden, Senf mit Chromrot zu versetzen und Eisenstangen in Brotlaiben mitzubacken, um diese schwerer zu machen. Menschen starben nach dem Genuß von grünem Pudding, der mit Kupfersulfat gefärbt worden war, und leuchtendgelben Brötchen, denen man Arsen zugesetzt hatte. 15 Menschen fanden den Tod, nachdem sie auf einem Markt in Bradford Süßigkeiten gekauft und gegessen hatten, die weißes Arsen enthielten. Biertrinken dürfte damals allerdings die gefährlichste Freizeitbeschäftigung gewesen sein – in einem Jahr wurden über hundert Brauereien verurteilt, weil sie ihr Bier mit giftigen Substanzen verunreinigt hatten, darunter Schwefelsäure, um den Gärprozeß zu beschleunigen, und Eisensulfat, das für eine schöne Schaumkrone sorgen sollte.

9 Ein bei indischen Maharadschas früher sehr beliebtes Rezept lautete: Man nehme einen Spatzen und fülle damit eine Wachtel. Mit der Wachtel fülle man ein Flughuhn, mit dem Flughuhn ein Hühnchen. Dann fülle man mit dem Hühnchen einen Pfau, mit

dem Pfau eine Ziege und mit der Ziege ein Kamel. Man lege das Kamel in ein Loch im Boden und dämpfe es so lange, bis es gar ist.

10 Ein beispielloser Fall von Lebensmittelvergiftung ereignete sich im Oktober 1992. Damals beschwerten sich neun Personen darüber, daß sie in den vegetarischen Blätterteigpasteten, die unter dem Namen Linda McCartneys im Handel vertrieben wurden, Fleisch- und Nierenteile gefunden hatten.

Hoden vom Hund und andere Hors d'Œuvres: 10 Nationalgerichte

1. Cena Molida – aus Küchenschaben, die zunächst geröstet und dann zerdrückt werden (Belize)
2. Gebratenes, geröstetes oder gekochtes Meerschweinchen (Ecuador)
3. Würstchen aus Rattenfleisch (Philippinen)
4. Knusprig gebratene Ratte mit Zitrone/gekochte Bambusratte/getrockneter Hirschpenis (China)
5. Boodog-Ziege, die in einem Beutel aus ihrer eigenen Haut gebraten wird. Die Ziege wird entweder über einem offenen Feuer gegrillt oder mit einer Lötlampe geröstet (Mongolei).
6. Flughund- bzw. Fledermaussuppe (Thailand)
7. Gepökelter Papageientaucher (Nordwales, 19. Jahrhundert)
8. Lerchenzungen (England, 16. Jahrhundert)
9. Lumbuli – Hoden gebratener Kleintiere (altes Rom)
10. Khachapuri – traditionelles Gericht aus Georgien, das aus einer mit Käse gefüllten Blätterteigpastete besteht. 1995 wurde von den Behörden eine Bäckerei, deren Spezialität Khachapuri war, geschlossen. Es hatte sich herausgestellt, daß die Pasteten im Leichenschauhaus von Tiflis gebacken worden waren.

10 Personen, die den Erstickungstod fanden

1 Der römische Kaiser Claudius erstickte an der Feder, mit der er sich den Gaumen kitzelte, um sich bei einem Bankett übergeben zu können.

2 Papst Hadrian IV., ursprünglich Nikolaus Breakspear, der einzige Papst englischer Herkunft, erstickte, als er versehentlich eine Fliege verschluckte.

3 Die amerikanische Rocksängerin Janis Joplin erstickte an ihrem Erbrochenen.

4 Der amerikanische Schriftsteller Sherwood Anderson erstickte an einem Zahnstocher.

5 Der Rockgitarrist Jimi Hendrix erstickte an seinem Erbrochenen.

6 »Mama« Cass Elliott, die schwergewichtige Leadsängerin der amerikanischen Sechziger-Jahre-Band The Mamas and the Papas, erstickte an einem Sandwich mit Hühnerfleisch.

7 Jim Morrison, Leadsänger der Doors, erstickte an seinem Erbrochenen.

8 Der Hollywoodschauspieler Roman Novarro erstickte an einem Art-déco-Dildo aus Blei, der ihm von zwei Einbrechern in den Hals gestoßen wurde. Der Dildo war ein Geschenk von Rudolph Valentino gewesen.

9 John »Bonzo« Bohnam, der Schlagzeuger von Led Zeppelin, erstickte an seinem Erbrochenen.

10 Im Oktober 1994 ließ der 32jährige Robert Pueblo aus dem amerikanischen St. Louis in einem Laden einen Hot dog mitgehen, stopfte ihn sich in den Mund und rannte davon. Kurze Zeit später fand ihn die Polizei einen Block weiter tot auf. Pueblo war an dem Hot dog erstickt. Er war ihm in der Luftröhre steckengeblieben.

10mal Kannibalismus

1 Der Schlachter Fritz Haarmann, der kurz nach dem Ersten Weltkrieg in Deutschland lebte, ging als vielfacher Mörder und Kannibale in die Geschichte ein. Der »Vampir von Hannover« las in den zwanziger Jahren junge Männer am Bahnhof der Stadt auf und lockte sie in seine Wohnung. Dort mißbrauchte er sie sexuell und ermordete sie dann, indem er ihnen in den Hals biß. Nachdem er Kleidung und Wertsachen seiner Opfer verkauft hatte, entledigte er sich ihrer, indem er die Knochen in die Leine warf. Das Fleisch verkaufte er auf einem Straßenmarkt in Hannover als Pferdefleisch an die hungernde Bevölkerung. Was er nicht verkaufen konnte, aß er selbst. 1924 entdeckten ein paar junge Burschen beim Fischen im Fluß mehrere menschliche Schädel. Die Polizei kam Haarmann auf die Spur, und seinem Treiben wurde bald darauf ein Ende gesetzt. Man geht davon aus, daß Haarmann im Durchschnitt auf zwei Opfer pro Woche kam. Er wurde wegen Mordes an 27 jungen Männern zwischen 13 und zwanzig Jahren angeklagt und verurteilt, obwohl Schätzungen der Polizei von bis zu sechshundert Opfern in nur einem Jahr ausgingen. Haarmann wurde am 15. April 1925 im Gefängnis von Hannover geköpft.

2 Ed Gein, ein Mann mittleren Alters aus Wisconsin, diente als Vorlage für den Film *Psycho* und später *Das Schweigen der Lämmer.* Gein war sowohl kannibalistisch als auch nekrophil veranlagt. Um seine perversen Gelüste zu befriedigen, grub er zunächst weibliche Leichen aus und verging sich an ihnen, dann begann er, Menschen umzubringen, um sich Leichen zu verschaffen. Als die Polizei 1957 Geins bis zum Rand gefüllten Gefrierschrank durchsuchte, entdeckte sie dort Leichenteile von 15 Menschen, unter anderem Armbänder und eine Trommelbespannung aus menschlicher Haut, zwei auf einem Faden aufgefädelte Lippen, vier Nasen in einer Tasse und Dutzende von menschlichen Organen. Gein gestand später, daß es ihm Spaß machte, sich mit der Haut seiner Opfer zu behängen.

3 Während seines dritten Kreuzzuges verspeiste König Richard I. (»Richard Löwenherz«) die mit Curry gewürzten Köpfe von Sarazenen.

4 Lewis Keseberg gehörte zu den 87 Männern, Frauen und Kindern, die sich 1846 auf einen verhängnisvollen, über 3000 Kilometer langen Treck an die Westküste nach Kalifornien machten. Der Zug der Siedler wurden von dem aus Illinois stammenden Farmer George Donner und seiner Familie angeführt, war aber so schlecht geplant, daß nicht genügend Lebensmittel vorhanden waren, um den harten Winter zu überstehen. Von den Menschen, die sich auf den Weg in den Westen gemacht hatten, kamen nur 47 in Kalifornien an – und diese hatten nur überlebt, weil sie ihre toten Gefährten aufgegessen hatten. Einige der Überlebenden äußerten sich ausgesprochen pragmatisch über das Dilemma, in dem sie sich befunden hatten. Lewis Keeseberg bekannte bereitwillig, daß er am liebsten menschliche Leber und Lunge sowie Gehirnsuppe gegessen habe. George Donners Frau Tamsen beschrieb er posthum als »die gesündeste Frau, die ich je gegessen habe«. Keseberg gelangte Jahre später mit einem Steakhouse zu Wohlstand.

5 Der amerikanische Großvater Albert Fish wurde 1936 im Gefängnis von Sing Sing im US-Bundesstaat New York auf dem elektrischen Stuhl hingerichtet, nachdem er mindestens 15 Kinder getötet und gegessen hatte. Fish schrieb der Mutter eines zehnjähriges Mädchens, das sein letztes Opfer gewesen war, sechs Jahre nach dem spurlosen Verschwinden ihrer Tochter folgende Zeilen: »Grace setzte sich auf meinen Schoß und gab mir einen Kuß. Da habe ich beschlossen, sie aufzuessen.«

6 Der Kannibale Jeffrey Dahmer aus Milwaukee gestand bei seiner Gerichtsverhandlung im Februar 1992, 17 Menschen getötet und gegessen zu haben. Als die Polizei seine Wohnung durchsuchte, fand sie mehrere abgetrennte Köpfe im Kühlschrank, menschliche Schädel in einem Aktenschrank und Leichenteile in einem Wasserkessel. Außerdem bewahrte Dahmer noch ein menschliches Herz in der Tiefkühltruhe auf, was er folgendermaßen begründete: »Das habe ich mir für später aufgehoben.«

7 1989 wurde der amerikanische Killer und Kannibale John Weber wegen Mordes an einer 17jährigen Schülerin aus Wisconsin verurteilt. Beim Prozeß gestand Weber, daß er aus einem Bein des Mädchens eine Pastete zubereitet hatte.

8 Ugandas ehemaliger Präsident Idi Amin war Angehöriger des Kakua-Stammes. Dieser Stamm glaubte, daß ein Ermordeter

nicht zurückkam und den Täter peinigte, wenn man ein Stück von ihm aß. 1973 ordnete Amin die Ermordung seines Außenministers Michael Ondanga an. Bevor Ondangas Leiche in einen Fluß geworfen wurde, schnitt ihm Amin getreu des Stammesrituals die Leber heraus und aß ein Stück davon.

9 Während der chinesischen Kulturrevolution in den sechziger und siebziger Jahren aßen Mao Tse-tungs Rotgardisten das Fleisch ihrer Feinde, um dem ehrenwerten Ersten Vorsitzenden ihr Klassenbewußtsein zu beweisen.

10 1977 eröffneten Vertreter der US-Regierung mit großem Pomp die brandneue Kantine des Landwirtschaftsministeriums. Der US-Landwirtschaftsminister Robert Bergland enthüllte eine Messingplakette, der zu entnehmen war, daß die Kantine ihren Namen zum Gedenken an Alfred Packer erhalten hatte, einem von Amerikas berühmtesten Pionieren des 19. Jahrhunderts. Einige Monate später wurde die Plakette in aller Eile wieder entfernt, da jemandem eingefallen war, weshalb der verstorbene Mr. Packer so bekannt war: Er war Kannibale und wurde verurteilt, weil er in den siebziger Jahren des vorigen Jahrhunderts fünf Goldsucher in Colorado getötet und aufgegessen hatte.

15 eigenartige Ernährungsmethoden

1 Der geistesgestörte viktorianische Künstler Richard Dadd (1817-1886) ernährte sich mehrere Jahre lang ausschließlich von hartgekochten Eiern und Bier.

2 Um die kulturelle Unterlegenheit der Vereinigten Staaten zu beweisen, verspeiste Shane MacGowan, Ex-Leadsänger der Pogues, eine Platte der Beach Boys.

3 Während des Krimkrieges erhielten britische Soldaten jeden Tag eine Portion Kaviar.

4 Der dänische Autor Theodore Reinking wurde gezwungen, seine eigenen Worte zu essen. 1644 schrieb Reinking ein Buch mit dem Titel *Dania ad exteros de perfidia Suecorum*, in dem er den Schweden, die Dänemark im Dreißigjährigen Krieg erobert hatten, die Ausbeutung seines Heimatlandes vorwarf. Die Schweden waren derart brüskiert, daß sie ihn zu lebenslanger Kerkerhaft verurteilten. Nach einigen Jahren im Kerker stellte man Reinking vor die Wahl, entweder sein Buch zu essen oder den Kopf zu verlieren. Er entschied sich für das erste Angebot.

5 1994 trieb der Fischer Renato Arganza mehrere Tage lang an eine Boje geklammert im Meer, nachdem sein Boot vor den Philippinen gekentert war. Als er gerettet wurde, sagte er, er hätte nur überlebt, weil er seine Unterhosen gegessen hatte.

6 Henry Ford I. begann damit, jeden Tag mit Gras belegte Sandwiches zu essen, als er hörte, daß der amerikanische Wissenschaftler George Washington Grover diese Angewohnheit besaß.

7 Als es 1994 auf Kuba zu Engpässen bei der Lebensmittelversorgung kam, gab es plötzlich 400 000 Katzen weniger als sonst.

8 Die letzten 15 Jahre seines Lebens ernährte sich Howard Hughes fast ausschließlich von Eiscreme. In der Regel bevorzugte er immer nur eine Geschmacksrichtung, bis diese bei sämtlichen Lieferanten in der Gegend ausverkauft war.

9 Die römische Antike war bekannt für ihre kulinarische Dekadenz, aber die exotischen Speisen, die Kaiser Heliogabal zu sich

zu nehmen pflegte, stellten alles in den Schatten. Bei ihm kamen solche Köstlichkeiten wie Papageienkopf, Flamingo- und Drosselhirn und Kamelhufe auf den Tisch. Bei einem Gelage verblüffte er seine Gäste einmal dadurch, daß er sechshundert Flamingoköpfe servieren ließ, aus denen die Geladenen dann mit einem goldenen Löffel das Gehirn aßen.

10 Wenn Ernest Hemingway ein Buch schrieb, aß er fast nur Erdnußbutter-Sandwiches.

11 Seeleute aus Spanien und Portugal ernährten sich früher auf langen Reisen von Rattenfleisch. Die Besatzung von Magellans Schiff verkaufte sich untereinander während seiner mißglückten Versuche, die Welt zu umsegeln, gegenseitig Ratten. Sie verlangten einen Dukaten pro Stück.

12 Die Katharer, ein Mönchsorden des 11. Jahrhunderts, waren nicht besonders erpicht auf Fortpflanzung und übten sich statt dessen in heftiger Selbstgeißelung und Analverkehr (was nicht als sündhaft galt, da man sich dabei nicht fortpflanzen konnte). Die Katharer waren Vegetarier und führten als Begründung dafür an, daß Tiere durch Geschlechtsverkehr produziert werden und ihr Fleisch daher unrein sei. Allerdings nahmen sie Unmengen von Fisch zu sich, weil sie irrtümlich dachten, daß Fische nicht kopulieren.

13 Der exzentrische, im 19. Jahrhundert lebende Geologe William Buckland widmete sein Leben der Erforschung ungewöhnlicher gastronomischer Phänomene. Buckland verspeiste Krokodile, Igel, Maulwürfe sowie Bären- oder Hundewelpenbraten. Er brüstete sich damit, daß er alles essen konnte, was sich bewegte, gab dann aber zu, daß er gekochten Maulwurf oder Schmeißfliegen nur ungern ein zweites Mal zu sich nehmen wolle. Sein Sohn Francis erbte die etwas ungewöhnlichen Eßgewohnheiten seines Vaters nicht nur, sondern entwickelte daraus eine Art Wissenschaft. Nachdem er seinen Kommilitonen in Oxford Mäuse auf Toast serviert hatte, gründete Buckland junior die Gesellschaft zur Akklimatisierung von Tieren in Großbritannien. Nach außen hin sollte die Gesellschaft der britischen Öffentlichkeit Möglichkeiten zur Vermeidung von Engpässen bei der Lebensmittelversorgung durch den Verzehr neuer Fleischsorten aufzeigen. Aber im Grunde war sie für Burkland und seine Freunde die Rechtfertigung dafür, daß sie sich mit Hingabe Bratenstücken

vom Delphin, gekochtem Elefantenrüssel, Nashornpastete, gegrilltem Panther, Gartenschnecken, Nacktschneckensuppe, Ohrwürmern und anderen Köstlichkeiten widmen konnten. Bei einer Essenseinladung der Gesellschaft im Jahr 1862 wurden japanische Trepang-Seeschnecken, gedämpftes Känguruh, Rotluchs und gerösteter Papagei serviert.

14 Sylvester Graham (1794-1851), der in den Vereinigten Staaten die gezuckerten braunen Kräcker für Kuchenstreusel erfand, führte zeit seines Lebens einen engagierten Kreuzzug gegen Masturbation und schlechte Eßgewohnheiten. Graham war der Meinung, daß fast alle gesundheitlichen Probleme auf Sex oder die Ernährung zurückzuführen seien. Seine Ansichten wurden stark von dem englischen Geistlichen William Metcalfe beeinflußt, einem Pionier des Vegetarismus, der Spargelsamen als Kaffee-Ersatz eine große Zukunft prohezeite. Graham beschäftigte sich vor allem mit den fleischlichen Gelüsten, die seiner Meinung nach wiederum durch den Verzehr von Fleisch hervorgerufen wurden. Er widersprach der konservativen Medizin und vertrat die These, daß der Magen das größte Organ des Menschen und daher auch der Sitz aller Krankheiten sei. Hunger oder sexuelle Wünsche belasteten das Immunsystem und erhöhten daher die Chance, krank zu werden oder gar zu sterben. Grahams Heilmittel für praktisch alle Krankheiten war ganz einfach: sportliche Übungen, die »nächtliche Samenergüsse« verhinderten, eine Ernährung, die regelmäßigen Stuhlgang begünstigte, und strikte Mäßigung in sexuellen Angelegenheiten – mehr als einmal pro Monat sei für verheiratete Paare nicht ratsam. Sein »Vortrag an junge Männer«, den er 1834 schrieb, war der erste einer ganzen Reihe von medizinischen Traktaten zum Thema Masturbation. Nach Graham wächst ein junger und masturbierender Mann heran »mit einem von Krankheiten befallenen Körper und einem in Trümmer liegenden Geist, unablässig tyrannisiert von der verabscheuungswürdigen Gewohnheit, die ihn in ihren Klauen gefangenhält wie ein Dämon der Finsternis«. Masturbation war seiner Meinung die Hauptursache für pubertäre Akne: »(...) in einigen Fällen brechen auf Kopf, Brust und Oberschenkeln vereiterte Geschwüre aus, die sich mitunter zu hartnäckigen Fisteln krebsartiger Natur vergrößern. Diese produzieren zuweilen über Jahre hinweg große Mengen übelriechenden, abstoßenden Eiters, was häufig auch zum Tode führt.« 1840 war Grahams

Karriere zu Ende. Aber er hatte immerhin eine ganze Generation von Ernährungsexperten mit seinem Gedankengut beeinflußt. Darunter war auch John Harvey Kellogg, der Erfinder der Cornflakes (siehe unten).

15 Dr. John Harvey Kellogg verordnete wohl mehr Einläufe als je ein Mensch vor oder nach ihm. Er leitete das Battle Creek Sanatorium in Michigan, das auch unter dem Namen Kellogg Sanatorium oder kurz »das San« bekannt war. Das Sanatorium war ursprünglich der Sitz der Siebenten-Tags-Adventisten gewesen, einer fundamentalistischen Sekte, die ebenfalls aus überzeugten Vegetariern besteht. Kellogg, ein Mitglied der Sekte, wurde im Kreis der Adventisten wegen seines hemdsärmeligen Medizinjournalismus und seines unerschütterlichen Glaubens an die Macht der Ballaststoffe hochgeachtet. Bei jeder sich bietenden Gelegenheit betonte er, daß er sich jeglicher sexueller Aktivität enthalte. Er wollte damit beweisen, daß Sex die Gesundheit gefährde. »Jede Erektion ist ein Nagel zum Sarg eines Mannes«, pflegte er in diesem Zusammenhang zu sagen. Kellogg richtete seine Schmähungen vor allem gegen »chronische Masturbierer«. Er verbannte die Unglücklichen aus dem »San« und bemerkte dazu, »Beschneidung ist ein wirkungsvolles Mittel dagegen und bei kleinen Jungen fast immer erfolgreich (...) der Eingriff sollte von einem Chirurgen ohne Betäubung vorgenommen werden, da der kurze Schmerz während der Operation auch eine heilsame Wirkung auf den Geist hat (...) bei Frauen hat der Autor festgestellt, daß das Auftragen von reiner Karbolsäure auf die Klitoris als höchst probates Mittel gegen einen abnormalen Erregungszustand eingesetzt werden kann.« Dr. Kellogg entwickelte eine Reihe von Hausspezialitäten für seine Patienten, unter anderem Getreidekaffee mit Karamelgeschmack, bulgarischen Joghurt und Fleischersatzstoffe, die er Protose und Nuttose nannte. Nuttose war ein Kalbfleischersatz, der nur aus Nüssen bestand, und aus Kelloggs »Nußperiode« stammte: In dieser Zeit schrieb er eine medizinische Abhandlung mit dem Titel »Nüsse als Rettung der Menschheit« und erfand die Erdnußbutter. Mit einer Mischung aus Hafer- und Maismehl, aus der er einen Keks namens Granula herstellte, erreichte er nach einigen Jahren am »San« seinen Durchbruch. Unglücklicherweise hieß das einzige andere Getreideflockengericht, das zu jener Zeit auf dem Markt war, ebenfalls Granula. Als man ihn ver-

klagte, änderte Kellogg den Namen seines Produktes in Granola. Nach zahllosen weiteren Versuchen entdeckte Kellogg noch eine Köstlichkeit für seine Patienten, die er Granose nannte. Es handelte sich dabei um das erste Weizenflockengericht. Kellogg begann in einer Scheune hinter dem Sanatorium mit der Produktion, und bald war die gesamte Stadt vom »Flockenfieber« befallen. Praktisch über Nacht wurden überall im Land Fabriken zur Produktion von Getreideflocken und anderen Gesundheitsprodukten errichtet. Dr. Kelloggs Bruder William hatte überhaupt kein Interesse daran, gegen Masturbation oder schlechte Eßgewohnheiten zu Felde zu ziehen. Aber sein ausgeprägter Geschäftssinn sagte ihm, daß man mit der Erfindung des Doktors ein Vermögen machen konnte. William überredete seinen exzentrischen Bruder schließlich, eine Firma zur Produktion von Cornflakes zu errichten. 1906 wurde die Battle Creek Toasted Corn Flake Company gegründet. Dr. Kellogg war zwar der Hauptaktionär, verschenkte aber einen Teil seiner Aktien an die Ärzte des Sanatoriums. Als sein Bruder einmal auf Reisen war, kaufte William jedoch still und leise die Mehrheit der Aktien auf und ernannte sich zum neuen Präsidenten des Unternehmens.

Kulinarische Genüsse in der Todeszelle: 10 Henkersmahlzeiten

1 Schinken, Eier, Toast und Kaffee – der wegen Mordes verurteilte Chinese Gee Jon war der erste Mann, der in den USA in der Gaskammer hingerichtet wurde. Er starb 1924 im Staatsgefängnis von Carson City.

2 Eisbecher mit heißer Schokoladensauce – Barbara Graham, wegen Mordes verurteilt. Sie wurde 1924 im kalifornischen San Quentin in der Gaskammer hingerichtet.

3 Steak mit Pommes frites, danach gebackene Pfirsiche im Teigmantel – Charlie Brooks, wegen Mordes verurteilt. Er wurde 1982 in Huntsville im US-Bundestaat Texas durch die Giftspritze hingerichtet.

4 Käsenudeln und Coca-Cola – die 52 Jahre alte Margaret Velma Barfield, wegen zahlreicher Giftmorde verurteilt. Sie war die erste Frau, die eine Giftspritze bekam. Sie wurde 1962 im Zentralgefängnis von North Carolina hingerichtet.

5 Hamburger, Eier und Kartoffeln – der wegen Mordes verurteilte Brite Gary Gilmore. Nach einer Pause von zehn Jahren, in denen keine Hinrichtungen stattfanden, war er der erste Mann in den Vereinigten Staaten, der durch Erschießen hingerichtet wurde. Das geschah 1977 in Utah.

6 Zuckerstange – Chauncey Millard, der jüngste Verurteilte, der jemals im US-Bundesstaat Utah hingerichtet wurde. Er wurde im Jahre 1896 erschossen. Der 18jährige lutschte noch an seiner Zuckerstange, als er von den Kugeln des Erschießungskommandos getroffen wurde.

7 Großer Steaksalat, Kartoffelpfannkuchen und zwei Portionen Grütze mit Eiscreme – der 26 Jahre alte Isadore Zimmerman, der 1939 in Sing Sing wegen Mordes verurteilt wurde, beteuerte seine Unschuld bis zum letzten Bissen.

8 Sandwich, mit einem Ein-Dollar-Schein belegt – Joshua Jones wurde 1839 wegen Mordes an seiner Frau gehängt. Als Jones in

der Todeszelle auf seine Hinrichtung wartete, verkaufte er den Gefängnisärzten für zehn Dollar seinen Körper. Er gab neun Dollar für kulinarische Leckerbissen aus, mit denen er die Gefängniskost abwechslungsreicher gestaltete. Als er wenige Minuten vor seiner Hinrichtung feststellte, daß er noch einen Dollar in der Tasche hatte, bat er um zwei Scheiben Brot.

9 Zwei Hamburger und Coca-Cola – Leslie B. Gireth wurde 1943 wegen Mordes an seiner Freundin in San Quentin verurteilt. Gireth hatte mit ihr einen Selbstmordpakt geschlossen, aber die Nerven verloren, nachdem er sie erschossen hatte. Als Henkersmahlzeit aß Gireth genau das, was auch seine Freundin kurz vor ihrem Tod gegessen hatte.

10 Knoblauchbrot, Garnelen, Pommes frites, Eiscreme, Erdbeeren mit Schlagsahne – das war die reichhaltige Henkersmahlzeit von Perry Smith und Richard Eugene Hickock, kurz bevor die beiden 1965 in Kansas gehängt wurden. Leider verloren sie in letzter Minute den Appetit und ließen alles unberührt stehen.

15 historische Trunkenbolde

1 Nach dem Alten Testament war Noah der erste Mensch, der sich bis zur Besinnungslosigkeit betrunken hat.

2 Sokrates konnte andere unter den Tisch trinken und dabei gleichzeitig denken. Er vertrug unglaublich viel und philosophierte selbst dann noch weiter, wenn alle anderen Teilnehmer des Symposions bereits umgefallen oder nach Hause gegangen waren.

3 Papst Benedikt XII. (1334-1342) war ein derart trinkfreudiger Geselle, daß zu seinen Lebzeiten der Ausdruck »betrunken wie ein Papst« in Mode kam.

4 Der bisexuelle Mazedonenkönig Alexander der Große, dessen Reich sich von Griechenland bis nach Indien erstreckte, war neben seinen militärischen Eroberungen auch für seine Marathon-Trinkgelage bekannt. Bei einem dieser Saufwettbewerbe starben 35 Männer an Alkoholvergiftung. Bei einem anderen tötete Alexander im Suff einen seiner engsten Freunde mit dem Speer. Mit 32 Jahren erlag er nach einem dieser Wettbewerbe einem fieberhaften Infekt. Sein bester Freund Hephaestion starb, nachdem er zwei Liter Wein zum Frühstück getrunken hatte.

5 Selim II. (Sultan der Osmanen, 1566-1574) war auch unter dem Namen »Selim der Säufer« bekannt. Der Legende nach konnte er eine ganze Flasche zypriotischen Weins ex austrinken. Als ihm einmal sein Lieblingsgetränk ausging, schlug einer seiner Berater vor, er solle doch einfach Zypern erobern und sich dort Nachschub besorgen. Der geistesgestörte türkische Sultan stimmte begeistert zu. Bei der Eroberung der Insel metzelten seine Männer 30 000 zypriotische Christen nieder. Bragadino, ihr Anführer, wurde bei lebendigem Leib gehäutet, anschließend wurde seine Haut mit Stroh ausgestopft und vor den türkischen Truppen zur Schau gestellt.

6 Ludwig van Beethoven starb mit 57 Jahren an Leberzirrhose aufgrund von Alkoholismus. Bevor er seinen letzten Atemzug tat, verkündete er vergnügt: »Ich muß Wein haben, er ist gut für mich.«

7 William Pitt dem Jüngeren (britischer Premierminister von 1783-1801 und von 1804-1806) wurde in jungen Jahren geraten, der Gesundheit wegen täglich eine Flasche Portwein zu genießen. Pitt nahm sich diesen Ratschlag zu Herzen: In seinen besten Zeiten trank er sechs Flaschen Port, zwei Flaschen Madeira und anderthalb Flaschen Rotwein pro Tag. Seine Reden im britischen Unterhaus hielt er oft in betrunkenem Zustand, und bevor er sich in wichtigen Debatten zu Wort meldete, verschwand er zuweilen hinter dem Stuhl des Sprechers, um sich zu übergeben. Mit 46 Jahren hatte er sich schließlich zu Tode getrunken.

8 Lord Melbourne (britischer Premierminister 1834 und 1835-1841), der dem Alkohol sehr zugetan war, wohnte der Krönungszeremonie Königin Viktorias in volltrunkenem Zustand bei. Als Entschuldigung brachte er vor, daß er an einer heftigen Verstopfung leide und die Zeremonie mit Hilfe großer Mengen Brandy und Laudanum durchzustehen versucht hätte. An den Sitzungen des Kabinetts nahm Lord Melbourne erst eine Woche später wieder teil.

9 Franklin Pierce (US-Präsident 1853-1857) war fast seine gesamte Amtszeit über betrunken. Er wurde als amtierender Präsident festgenommen, weil man ihm vorwarf, eine alte Frau mit seinem Pferd niedergetrampelt zu haben. Der Fall wurde aus Mangel an Beweisen fallengelassen. Pierces Frau Jane verlor nach dem Tod eines ihrer Kinder den Verstand; Pierce selbst trank sich 1869 zu Tode.

10 Andrew Johnson (US-Präsident 1865-1869) war bei seiner Vereidigung zum Vizepräsident für Präsident Lincoln sturzbetrunken und hielt eine weitschweifige, völlig unzusammenhängende Rede. Als der US-Justizminister Johnson mitteilen wollte, daß Lincoln tot und er nun Präsident der Vereinigten Staaten sei, fand er ihn in völlig desolatem Zustand vor. Er hatte einen fürchterlichen Kater. Johnson legte wie vorgeschrieben den Amtseid ab, schlief danach aber sofort wieder ein. Anschließend kleidete man ihn an und brachte ihn ins Weiße Haus, wo er erst einmal baden und sich rasieren mußte, bevor Besucher vorgelassen wurden.

11 Ulysses S. Grant (US-Präsident 1869-1877) gab sich in regelmäßigen Abständen der Trunksucht hin, was dann als Migräne-

anfall bezeichnet wurde. Als Grant und Präsident Andrew Johnson eine Wahlkampfreise durch die Vereinigten Staaten unternahmen, war Grant in der Regel viel zu betrunken, um sich auch nur sehen zu lassen. 1854 quittierte er den Dienst bei der Armee, um nicht wegen Trunkenheit in der Öffentlichkeit vor ein Kriegsgericht gestellt zu werden.

12 Herbert Henry Asquith (britischer Premierminister von 1908-1916) trank Unmengen von Wein, obwohl er nichts vertrug. 1911 sackte er während einer wichtigen Debatte auf der vordersten Bank des Unterhauses in sich zusammen, zu betrunken, um auch nur ein Wort zu sagen. Während der Kriegsjahre verschlimmerte sich sein Alkoholismus weiter.

13 Bobby Peel (1857-1941), der linkshändige Werfer des Cricket Clubs von Yorkshire, spielte von 1884 bis 1896 für England. Bei den Spielen war er regelmäßig betrunken, und häufig ging er in diesem Zustand aufs Spielfeld. Während eines Spiels in der Bezirksliga sah sich der Kapitän von Yorkshire, Lord Hawke, gezwungen, Peel vom Spielfeld zu schicken, da dieser »in die falsche Richtung gerannt war« und »auf das Klubhaus geworfen hat, weil er es für den Schlagmann hielt«. Nach einem Zwischenfall beim Spiel gegen Warwickshire in Edgbaston im Mai 1896 flog Peel in hohem Bogen aus der Mannschaft von Yorkshire. Er hatte sich mitten auf dem Platz erleichtert, nachdem er beispiellose 367 Punkte mit Lord Hawke als Partner geschlagen hatte.

14 Während des Zweiten Weltkriegs veranstaltete Sir Winston Churchill Marathon-Trinkgelage, die in der Regel am späten Vormittag begannen und bis in die Morgenstunden des nächsten Tages dauerten. Churchill versuchte einmal, den saudi-arabischen König Ibn Saud, der als strenggläubiger Moslem galt, davon zu überzeugen, daß er Alkohol aus religiösen Gründen trank. Obwohl der Alkohol seine Gesundheit ruinierte, prahlte er gern: »Ich habe dem Alkohol mehr abgewonnen als er mir.« Streß, Alter, Tabletten und jahrelanger Alkoholmißbrauch führten schließlich dazu, daß Churchill in seiner zweiten Amtsperiode als Premierminister nicht mehr in der Lage war, seine Pflichten zu erfüllen. Nach 1951 war sein Verfall, der sich durch mehrere Schlaganfälle noch verschlimmert hatte, derart offensichtlich, daß sich die britische Presse trotz eines Vertuschungs-

versuches im inneren Kabinettzirkel dazu äußerte. 1953 war Churchill praktisch handlungsunfähig und immer noch Premierminister.

15 Elliott Ness, der Leiter der amerikanischen Prohibitionsbehörde, starb als Alkoholiker.

Haß geht durch den Magen: 10 Opfer kulinarischer Wutanfälle

1 Der Restaurantbesitzer Gilbert Menezes wurde 1996 vor Gericht gestellt, weil er den Liebhaber seiner Frau getötet und seinen Gästen dessen Leber mit gebratenen Zwiebeln vorgesetzt hatte.

2 1984 fand die argentinische Polizei Menschenknochen unter einem Gebäude in Buenos Aires, in dem Teufelsanbeter wohnten. Es waren die Überreste des 19jährigen Carlos Sanchez, der als vermißt gemeldet war. Die Bewohner des Gebäudes gaben an, daß sie sich telefonisch eine Pizza bestellt, nach einer endlosen Verzögerung aber beschlossen hatten, statt der Pizza den Lieferjungen zu essen.

3 Im australischen Perth wurde 1994 der Straßenhändler Igor Roskny von einem wütenden Kunden zu Tode geprügelt, weil er aus Versehen Senf auf dessen Thunfisch-Sandwich geschmiert hatte. Der Mörder gab an, daß er laut und deutlich Mayonnaise verlangt habe.

4 Im Januar 1995 warf ein Ägypter in Kairo seine Frau aus dem Fenster ihrer Wohnung, die im ersten Stock lag, weil sie sein Essen noch nicht fertig hatte. Sie erlitt eine Gehirnerschütterung und mehrere Knochenbrüche, er kam gegen eine Kaution von acht Pfund frei.

5 Die 31jährige Brenda Hunter aus Zion im US-Bundesstaat Illinois erschoß 1994 ihren Bruder, weil sie den Käse nicht mochte, den er auf das Chili fürs Abendessen gestreut hatte.

6 Heinrich Gembach aus München erstickte 1995 seine Frau, indem er ihr löffelweise Müsli in den Mund zwang. Der Polizei sagte er, er habe das deshalb getan, weil sie ihm in den letzten zehn Jahren immer nur Müsli zum Frühstück serviert hatte.

7 1994 wurde der Deutsche Peter Weiller in einem Bonner Kino von den Platzanweisern zu Tode geprügelt, weil er sein eigenes Popcorn mitgebracht hatte.

8 Der Sioux-Häuptling Rain in the Face gab zu, daß er 1877 nach der Schlacht am Little Big Horn General Custer das Herz herausgeschnitten und gegessen habe. Er sagte, daß ihm Menschenfleisch eigentlich gar nicht schmecke – er habe sich nur rächen wollen.

9 Der Franzose Noël Carriou tötete seine beiden Ehefrauen, weil sie nicht kochen konnten. Der 54jährige Carriou wurde 1978 zu acht Jahren Gefängnis verurteilt, weil er seine zweite Frau getötet hatte, nachdem sie einen verkochten Braten auf den Tisch gebracht hatte. 17 Jahre zuvor hatte er seiner ersten Frau das Genick gebrochen, weil sie das Fleisch nicht lange genug gekocht hatte. Bei der Urteilsverkündung sprach der Richter Carriou sein Mitgefühl aus – auch für ihn gehörten Kochkünste zu einer guten Ehe einfach dazu.

10 Dschingis Khan tötete seinen Bruder, als er sich mit ihm um einen Fisch stritt.

12 Weltrekorde im Schnellessen

3,5 Pfund gekochten Hund in 18 Minuten zehn Sekunden

12 Nacktschnecken in zwei Minuten

28 Kakerlaken in vier Minuten

60 Regenwürmer in drei Minuten sechs Sekunden

100 lebende Maden in fünf Minuten 29 Sekunden

2 Pfund Aal in 32 Sekunden

144 Weinbergschnecken in elf Minuten dreißig Sekunden

12 Bananen mit Schale in vier Minuten 14 Sekunden

13 rohe Eier in 14 Sekunden

4 Pfund und 350 Gramm gebackene Bohnen in zehn Minuten

24 Hot dogs in zwölf Minuten

15 Schalen Nudelsuppe, 100 Stück Sushi, fünf Teller Weizennudeln, fünf Teller Rindfleisch mit Reis sowie fünf Teller mit Curry und Reis in zwei Stunden (japanische Landesmeisterschaft im Essen)

8 letzte Mahlzeiten

1 Buddha: Er starb 483 v. Chr. mit 80 Jahren an Darmblutungen, nachdem er ein scharfes Currygericht gegessen hatte.

2 Elvis Presley: gebackene Bananen und ein Erdnußbutter-Sandwich.

3 König Johann: Er fiel in einer Abtei in East Anglia in England tot um, nachdem er große Mengen Pfirsiche und Apfelwein zu sich genommen hatte.

4 Robert Maxwell: Er ertrank, nachdem er zwei Bananen gegessen hatte.

5 König Georg I.: Melone

6 König Heinrich I.: »Neunaugen im Übermaß« (eine Fischart)

7 Der britische Premierminister William Pitt der Jüngere starb mit den Worten: »Ich glaube, ich esse noch eine von Bellamys Kalbspasteten«.

8 Der englische Dramatiker und Verfasser von Flugschriften Robert Greene, der im 16. Jahrhundert gelebt hat: Er starb, nachdem er auf einem Galadinner zu Ehren eines Schriftstellers zuviel Rheinwein und zu viele eingelegte Heringe zu sich genommen hatte.

Die 12 ekelhaftesten Getränke aller Zeiten

1 In China wird Drei-Penis-Wein produziert, der jeweils zu einem Teil aus Robbenpenissen und Hundepenissen und vier Teilen Hirschpenissen besteht. Der Wein ist angeblich ein probates Mittel gegen Blutarmut, Gürtelrose und Gedächtnisverlust. Er wird als »schwer und nahrhaft« beschrieben.

2 In Irland waren in Milch gekochte Schafexkremente früher ein beliebtes Mittel gegen Keuchhusten.

3 Der exklusivste Kaffee der Welt wird aus Kaffeebohnen hergestellt, die im Dickdarm einer Katze gewesen sind. Der Kot der Zibetkatze, einer nur auf den Kaffeeplantagen von Sumatra heimischen Wildkatzenart, wird auf dem Weltmarkt für 150 000 US-Dollar pro Tonne verkauft. In Japan kostet eine Tasse dieses Kaffees etwa 10 US-Dollar.

4 Das Yukon Territory in Kanada ist die Heimat des »Sauren-Zeh-Cocktails«, der aus zwei Zutaten gemixt wird: einem amputierten menschlichen Zeh und einer beliebigen Alkoholsorte. Bei diesem Cocktail muß lediglich eine Regel beachtet werden: »Man kann ihn schnell trinken, man kann ihn langsam trinken, aber die Lippen müssen auf jeden Fall den Zeh berühren.« Die originelle Cocktail-Einlage wurde 1973 von einem Mitarbeiter der Bergwacht in einer verlassenen Blockhütte gefunden. Der Zeh schwamm mehr als siebenhundertmal in dem Cocktail, bis ihn ein Bergmann aus Versehen hinunterschluckte.

5 Der Stamm der Cocoma in Peru löste die zermahlenen Knochen verstorbener Verwandter in einem gärenden Gebräu auf und trank es dann. Die Stammesangehörigen waren der Meinung, es sei besser für die Toten, im Inneren eines warmen Freundes als draußen in der kalten Erde zu sein.

6 Das Grabmal des Mausolos von Halikarnassos, eines der sieben Weltwunder der Antike, wurde 353 v. Chr. nach dem Tode des Königs von seiner Witwe, Königin Artemisia, in der Türkei erbaut. Eigentlich sollte der Leichnam des Königs im Grabmal bestattet werden, aber die Königin besann sich in letzter Minute

anders: Sie ließ ihren Gemahl einäschern, streute die Asche in einen Pokal mit Wein und trank ihn aus.

7 Profi-Streitwagenfahrern im alten Rom wurde geraten, eine Lösung aus getrocknetem Wildschweinkot zu trinken, um mehr Muskeln zu bekommen.

8 Ein beliebter vietnamesischer Schnaps wird aus Eidechsenblut hergestellt.

9 1985 veröffentlichte US-Army-Captain John Bourke, der sich in seiner Freizeit als Hobbynaturforscher betätigte, eine detaillierte Beschreibung des Urintanzes der Zuni-Indianer in New Mexico. Bourke schilderte darin, wie er ein einzigartiges Ritual miterleben durfte, bei dem ein Dutzend Zuni um ein Feuer tanzen und dabei mehrere Liter frischen Urin trinken. Als die Zuni ihre Gäste einluden, an einer ähnlichen Zeremonie teilzunehmen, bei der menschliche Exkremente verwendet wurden, lehnte Bourke dankend ab und machte sich aus dem Staub.

10 Im Elisabethanischen Zeitalter tranken Frauen den Urin junger Hunde, um einen schöneren Teint zu bekommen.

11 Nach dem großen Brand von London 1666 wurden die sterblichen Überreste von John Colet, dem ehemaligen Dekan von St. Paul, aus der Kathedrale gerettet, wo sie seit 1509 geruht hatten. Obwohl der Leichnam durch einen bleiverkleideten Sarg geschützt war, berichteten zwei Herren namens Wyld und Greatorex, daß der Dekan in den zur Einbalsamierung verwendeten Flüssigkeiten gekocht worden war und sich in eine Art Suppe aufgelöst hatte, die wie »gekochte Schweinesülze« aussah. Die beiden kosteten von der »Suppe« und erklärten daraufhin, daß sie »lediglich nach Eisen« schmeckte.

12 Als Admiral Horatio Nelson starb, steckte man seinen Leichnam in ein Faß Brandy, um ihn für die lange Heimreise zu konservieren. Obwohl der Admiral mehrere Tage in dem edlen Stoff schwamm, wollte seine Crew nichts verkommen lassen und trank das Faß später aus.

9 Mahlzeiten mit Todesfolge

1 1994 starben 15 Trauergäste einer Beerdigung im nigerianischen Nsukka, nachdem sie den Hund des Verstorbenen gegessen hatten.

2 Der 21jährige Australier Paul Cook, Lagerarbeiter aus Sydney, starb, nachdem er sich seinen Lieblingsbrotaufstrich der Marke Vegemite in die Venen gespritzt hatte.

3 Der Italiener Paolo Ginelli feierte 1994 in einem Hotelrestaurant seinen achtzigsten Geburtstag. Als er nach der Feier das Hotel verließ, fiel ihm das Reklameschild des Restaurants auf den Kopf. Ginelli war sofort tot.

4 Abraham Lincolns Mutter starb, weil die Milchkuh der Familie giftige Pilze gefressen hatte. Mrs. Lincoln hatte von der Milch getrunken.

5 1994 nahm sich ein 47jähriger japanischer Bäckereiarbeiter das Leben, indem er sich in einen riesigen Teigkneter warf. Er hatte an Depressionen gelitten, nachdem ihn seine Frau verlassen hatte.

6 Der englische Staatsmann Francis Bacon starb bei der Erfindung der Tiefkühlkost. Er war an einem kalten Wintertag in einer Kutsche unterwegs, als er auf den Gedanken kam, Lebensmittel durch Einfrieren zu konservieren. Bacon füllte ein totes Hühnchen mit Schnee, holte sich eine Erkältung und starb.

7 Tadoa Tanak war Chefkoch des japanischen Kaisers Hirohito – ein äußerst wichtiges Amt, da die fertigen Mahlzeiten grundsätzlich vorgekostet werden mußten. Das Ritual wurde erst 1989 abgeschafft. Jeder Bissen von Hirohitos Essen mußte unter laborartigen Bedingungen auf eventuell vorhandenes Gift untersucht und dann auf sterilisierten Tellern serviert werden. Selbst Stuhl und Urin des Königs wurden chemisch nach Spuren einer Lebensmittelvergiftung analysiert. Obwohl Tadoa Tanak seine Aufgaben immer zur vollsten Zufriedenheit erfüllte, da Hirohito niemals etwas an seinem Essen auszusetzen hatte, mußte der Koch nach dem Tod des Kaisers rituellen Selbstmord begehen.

8 Reinaldo de Carvalho, der »Fette König« im Karneval von Rio, starb bei dem Versuch abzunehmen. Er ließ sich in eine auf Schlankheitskuren spezialisierte Klinik in Rio einweisen und fiel tot um, nachdem er in dreißig Tagen 66 Pfund abgenommen hatte.

9 Der größte Lebensmittelskandal aller Zeiten ereignete sich 1981 in Spanien. Ramon und Elias Ferroro sowie 36 weitere Führungskräfte ihres Unternehmens wurden zu insgesamt 6000 Jahren Gefängnis verurteilt, nachdem 600 Menschen durch den Verzehr von verunreinigtem Öl gestorben waren.

Man nehme ... 16 Rezepte mit Menschenfleisch

1 1996 wurde Shoichi Murakami von der japanischen Verbrecherorganisation Yakuza ermordet und in Stücke gehackt. Die Hände wurden als Fleischeinlage für die Tagessuppe eines Restaurants verwendet, die von etwa 50 zufriedenen Gästen gegessen wurde.

2 Der Entdecker Captain James Cook, der in seinen Tagebüchern oft über die kannibalischen Rituale mancher von ihm entdeckten Naturvölker schrieb, beschloß sein Leben mit großer Sicherheit als Teil eines hawaiianischen Buffets. Nachdem Cook bei einer Heianu-Zeremonie in Keala Kekua getötet und zerstückelt worden war, fanden seine Männer nur noch ein paar Knochen und etwas gesalzenes Fleisch von ihm.

3 Der im 19. Jahrhundert in England lebende Exzentriker William Buckland behauptete, das Herz König Ludwigs XIV. von Frankreich gegessen zu haben. Das Organ war angeblich während der Französischen Revolution aus dem Grab des Sonnenkönigs geraubt worden und dann über Bucklands Freund, den Erzbischof von York, auf verschlungenen Wegen bis auf seinen Teller gelangt.

4 Als Thomas Hardy starb, wollte er an seinem Geburtsort Stinsford im englischen Dorset begraben werden. Die englische Regierung war jedoch der Meinung, daß der Schriftsteller viel zu berühmt für eine solch bescheidene Ruhestätte sei. Schließlich gelangte man zu einem Kompromiß: Die sterblichen Überreste Hardys sollten in die Westminster Abbey überführt, aber Hardys Herz in Stinsford begraben werden. Am Morgen der Beerdigung in Stinsford ließ Hardys Schwester aus Versehen den offenen Kasten auf dem Küchentisch stehen. Das Herz wurde von der Hauskatze gefressen.

5 Pater Jean de Brébeuf, ein französischer Missionar, wurde zum Opfer einer der übelsten urkundlich belegten Folterungen. 1649 reiste der Jesuit mit einer Expedition nach Kanada, wo er zusammen mit den übrigen Missionaren von Irokesen gefangengenommen wurde. Brébeuf versuchte, die Indianer zum Christentum zu

bekehren, diese allerdings hackten ihm die Hände ab und stießen ihm mehrmals verschiedene Werkzeuge aus Eisen in die Seite. Sie hängten ihm glühend heiße Tomahawks um den Hals und banden ihm einen aus Baumrinde geflochtenen, mit Pech beschmierten Gürtel um den Oberkörper, der dann angezündet wurde. Die Folter hätte eigentlich zu einem langsamen, qualvollen Tod führen müssen, aber der Priester, der immer noch bei Bewußtsein war, setzte seine Belehrung über die Freuden des Christentums unbeirrt fort. Die Indianer stießen ihm einen brennenden Stock in die Kehle, aber als ihn selbst das nicht zum Schweigen bringen konnte, schnitten sie dem Priester die Lippen ab und überschütteten ihn mit kochendem Wasser. Zu guter Letzt säbelten die Indianer Fleischstücke aus Armen, Beinen und Oberkörper, schmorten sie über dem Feuer und aßen sie. Um ganz sicherzugehen, hackten sie dem Priester dann noch die Füße ab und skalpierten ihn.

6 Der Anthropologe Paul Shankman stellte ein Kochbuch für Kannibalen zusammen. Einige der Zubereitungsmöglichkeiten für Menschenfleisch: im Topf kochen, am Spieß braten, in Dampf garen, auf vorgeheizten Felsen grillen, in Erdöfen backen, räuchern, trocknen, zerreiben, füllen oder roh essen. Beim kreativsten Rezept in Shankmans Kochbuch wurde der Leichnam begraben und nach einiger Zeit wieder ausgegraben, um das verwesende Fleisch zu essen. Die Maden wurden herausgepult, in Bananenblätter gewickelt und als Hors d'œuvre verspeist.

7 Im Zweiten Weltkrieg dachte der britische Verpflegungsminister Lord Woolton lange über einen Vorschlag nach, den Wissenschaftler der Regierung unterbreitet hatten. Er sah vor, die Bevölkerung mit Blutwurst aus nicht benötigten Blutspenden des englischen Roten Kreuzes zu versorgen. Der Vorschlag wurde jedoch nie umgesetzt.

8 Die Kannibalen der Westindischen Inseln halten Handteller, Finger und Zehen für die wohlschmeckendsten Teile des Menschen.

9 Der Deutsche Adolf Luetgert war um 1870 herum einer der bekanntesten Metzgermeister von Chicago. Er hatte es sich zum Ziel gesetzt, seine Würste in ganz Amerika bekannt zu machen. Luetgerts Traum wurde tatsächlich wahr. Er wurde wegen Mordes an seiner Frau Luise festgenommen und verurteilt, weil er deren Leiche in einem riesigen Kessel seiner Wurstfabrik zer-

kocht und dann mit anderen Zutaten zusammen zu Wurst verarbeitet hatte. Zwei Jahre nach Luetgerts Verurteilung erreichte der Umsatz von Wurstverkauf in Illinois und dem benachbarten Michigan ein Rekordtief.

10 Die Kariben, ein Indianerstamm auf den Westindischen Inseln, wurden von Kolumbus entdeckt. Sie waren Kenner der menschlichen Haute Cuisine und hießen in ihrer Sprache Kaniba – der Ursprung des Wortes »Kannibale«. Die Kariben züchteten sogar Kinder, die ausschließlich zum Verzehr bestimmt waren und vor dem Essen kastriert wurden, weil dann das Fleisch besser schmeckte. Kolumbus vermerkte, daß die Franzosen von den Kariben als das wohlschmeckendste Volk der Welt angesehen wurden.

11 Marco Polo schrieb 1275, daß die Bevölkerung in Südostasien die Füße ihrer Gefangenen aß, die sie für »die schmackhafteste Kost der Welt« hielten.

12 Als bei Hungersnöten in China 206 v. Chr. die Hälfte der Bevölkerung starb, wurde Menschenfleisch zum Hauptnahrungsmittel. Der Geruch von verbranntem Menschenfleisch hing noch lange nach dem Ende der Hungersnöte in der Luft. In der Tang-Dynastie (618-907) war Kannibalismus gesetzlich erlaubt. Menschenfleisch wurde öffentlich auf den Straßenmärkten verkauft.

13 Die Tataren, die 1242 in Europa einfielen, hatten Mädchen zum Fressen gern. Den Offizieren der Armee wurden appetitliche junge Mädchen als Verpflegung zugeteilt, während sich der gemeine Soldat mit dem zähen Fleisch älterer Frauen begnügen mußte. Die größte Delikatesse war Brustfleisch, das jedoch für den Tisch des Fürsten reserviert war.

14 Kannibalen auf den Fidschi-Inseln fanden Geschmack daran, auf Stücken von gesalzenem Menschenfleisch herumzukauen – eine Variation der europäischen und amerikanischen Sitte des Tabakkauens.

15 Der afrikanische Stamm der Bafum-Bansaw verpaßte seinen Opfern einen Einlauf mit kochendem Palmöl, bevor diese in den Kochtopf kamen. Das Fleisch wurde so zarter.

16 Sir John Franklin, einer der berühmtesten britischen Polarforscher, wurde vermutlich von Eskimos oder Mitgliedern seiner

Expeditionstruppe gegessen. Sir John und seine aus 129 Männern bestehende Mannschaft kamen ums Leben, als sie 1847 ihr im Eis feststeckendes Schiffe verließen und versuchten, zu Fuß 1600 Kilometer über den nördlichen Polarkreis zu laufen.

III
Kunst & Unterhaltung

10 Auftritte, die erst mal einer nachmachen soll

1. Teil

1 Eine Beatles-Revival-Band verlor 1994 ihren »George Harrison« bei einem tragischen Unfall auf der Autobahn. Der »Beatle« alias Duncan Bloomfield fiel auf der Autobahn M40 aus dem Transporter, als die Band von einem Auftritt in London nach Hause fuhr. Dem Rest der Band fiel erst nach 40 Kilometern auf, daß ihr Gitarrist nicht mehr da war.

2 Der Tenor Richard Versalle erlitt 1995 während einer Vorstellung in der Metropolitan Opera von New York einen Herzanfall und fiel über drei Meter tief von einer Leiter auf die Bühne, nachdem er in der Eröffnungsszene von *Der Fall Makropulos* die Liedzeile »Man kann nicht ewig leben« gesungen hatte. In der tschechischen Oper geht es um ein Elixier, das ewige Jugend verheißt.

3 Dem US-Schauspieler Lorne Greene wurde bei Dreharbeiten zu *Lorne Greene's Königreich der wilden Tiere* von einem Alligator eine Brustwarze abgebissen.

4 Die amerikanische Theaterschauspielerin Annie von Behein trat im Coliseum Theatre von Cincinnati in einem Stück mit dem Titel *Si Slocum* auf. Ihr Verlobter Frank Frayne mußte ihr darin mit einer Muskete nach Wilhelm-Tell-Art einen Apfel vom Kopf schießen. Frayne zielte zu tief und schoß ihr vor den Augen von 2300 Zuschauern mitten in die Stirn. Annie von Behein starb 15 Minuten später, als das Publikum gerade das Theater verließ.

5 Im Oktober 1980 versuchte der indische Mystiker Khadeshwari Baba, eine Probe seiner unglaublichen Meditationskräfte zu geben und ließ sich dazu für zehn Tage bei lebendigem Leib in einer drei Meter tiefen Grube begraben. Zu dem Ereignis versammelten sich über 1000 Menschen, darunter mehrere Beamte aus der am nächsten gelegenen Stadt Gorakhpur, die fröhlich und ausgelassen zusahen, wie Baba unter heftigem Beifall in die Grube hinuntergelassen wurde, die anschließend mit Erde gefüllt wurde. Zehn

Tage später wurde die Grube wieder geöffnet. Dem Verwesungsgeruch nach zu urteilen war der Mystiker schon seit mindestens einer Woche tot.

6 Der Amerikaner Orville Stamm legte sich bei seinen Auftritten auf den Rücken und ließ sich dann ein Piano auf den Brustkorb heben. Während Orville sang, hüpfte der Pianist auf seinen Oberschenkeln herum und begleitete ihn auf dem Klavier.

7 Der Amerikaner Tommy Minnock, ein Varietékünstler, der sein Metier um 1890 in Trenton im US-Bundesstaat New Jersey ausübte, lieferte einen der geschmacklosesten Bühnenauftritte aller Zeiten. Minnock ließ sich auf der Bühne kreuzigen, und während ihm die Nägel in Hände und Füße geschlagen wurde, unterhielt er sein Publikum mit lustigen Weisen.

8 Der Eroberer (The Conqueror), ein Kinofilm über Dschingis Khan mit John Wayne in der Hauptrolle, wurde 1954 in der Nähe eines Atomwaffen-Testgeländes in der Escalante-Wüste von Utah nur wenige Monate nach einer Atombombenexplosion gedreht. In den darauffolgenden Jahrzehnten starben mehrere Schauspieler und Mitglieder des Produktionsteams an Krebs, darunter Wayne, Regisseur und Produzent Dick Powell, die Schauspielerinnen Susan Hayward und Agnes Moorehead. Pedro Armendariz erschoß sich, als ihm die Ärzte sagten, er habe ebenfalls Krebs.

9 1994 räucherten Arbeiter des Gesundheitsministeriums die Oper von San Francisco aus, nachdem sich die Musiker darüber beschwert hatten, daß sie ständig von Krätze geplagt wurden. Es wurde berichtet, daß einige der Geiger während der Vorstellung den Bogen fallen ließen, um sich zu kratzen.

10 Zur Originalbesetzung der amerikanischen Sitcom-Serie *Friends* gehörte ursprünglich noch ein siebtes Mitglied – Marcel der Affe. Er wurde gefeuert, weil er sich dauernd am Set übergab und dabei lebende Würmer ausspuckte.

Über Geschmack läßt sich doch streiten: 10 Konzeptkünstler

1 Piero Manzoni wirkte in den sechziger Jahren. Er war der einzige Vertreter der *arte povera*. Er stellte unter anderem Büchsen mit seinen Exkrementen aus.

2 Die Werke der kanadischen Feministin und Bildhauerin Louise Bourgeois zeigen abgetrennte Penisse und riesige Hoden, einzeln, paarweise oder auch zu mehreren aufgehängt. Eines der Exponate trägt den Titel *Kein Ausgang* (ein Treppenhaus mit zwei riesigen Hoden, die den unteren Ausgang blockieren), ein anderes heißt *Ohne Titel (mit Fuß)* – es zeigt ein Baby, das von einem gigantischen Hoden zerquetscht wird.

3 Der kanadische Bildhauer Richard Gibson fertigt seine Stücke aus gefriergetrockneten menschlichen Körperteilen, insbesondere Gliedmaßen und Ohren. 1986 suchte er in einer Zeitungsanzeige nach Material, woraufhin er verhaftet und wegen Erregung öffentlichen Ärgernisses zu 1000 US-Dollar Strafe verurteilt wurde.

4 1994 schuf der kalifornische Künstler Ronnie Nicolino eine drei Kilometer lange Sandskulptur, die aus 21 000 Brüsten der BH-Größe 75C bestand. Nicolino sagte, als nächstes Projekt wolle er eine gigantische Kette aus Büstenhaltern in Angriff nehmen, die so lang sein würde, daß man sie über den Grand Canyon spannen könne. Er fügte hinzu, daß er keineswegs auf Brüste fixiert sei.

5 Die britischen Künstler Gilbert und George veranstalteten in der South London Art Gallery eine Ausstellung mit dem Titel *Nackte Scheißbilder*. Sie bestand aus 16 großformatigen Porträts der beiden, die von verschiedenen »Stuhlmotiven«, unter anderem Kothaufen und Skulpturen aus Exkrementen, umgeben waren. Ein Kritiker würdigte die Werke als »beinahe biblisch«.

6 Catherine Gregory veranstaltete 1992 eine Ausstellung in Scarborough, bei der ein verstümmelter Hund, den sie in neun Teile zerhackt und dann an der Decke aufgehängt hatte, 63 zerquetschte, in Kunststoff gegossene Mäuse und die blutigen Über-

reste von drei Kaninchen zu sehen waren. Gregory hatte die Ausstellung der Tierschutzbewegung gewidmet.

7 1996 präsentierte die New Yorker Künstlerin Brigid Berlin ihre Sammlung von 500 Penisfotos. Diese hatte sie Anfang der siebziger Jahre während ihrer Zeit mit Andy Warhol fotografiert. Berlin wurde durch ihre »Tittenbilder«, die sie mit ihren Brustwarzen anstelle eines Pinsels malte, sowie ihre »Peniskissen« – Fotomontagen von Penissen, die kopiert und in Kissen aus durchsichtigem Plastik gesteckt wurden – bekannt.

8 Der amerikanische Künstler Newton Harrison veranstaltete 1971 in der Hayward Gallery in London eine Kunstausstellung mit dem Titel *Tragbare Fischfarm*, bei der er vor den Augen der Zuschauer 60 lebende Welse durch einen Stromschlag töten wollte. Die Hinrichtung fand allerdings nicht statt, da Spike Milligan energisch dagegen protestierte und einen Ziegelstein durch das Fenster der Hayward Gallery warf.

9 Der österreichische Künstler Hermann Nitsch veranstaltete 1975 eine Performance, für die er einen geschlachteten Bullen und elf tote Schafe verwendete.

10 1994 legte der dänische Künstler Christian Lemmerz sechs tote Schafe in eine Vitrine aus Glas, damit die Besucher der Galerie Ezbjerg beobachten konnten, wie die Hautfarbe der Kadaver von Schweinchenrosa über verschiedene Blau- und Grünschattierungen in Schwarz überging. Der Künstler sagte, es sei ein Triumph für alle Menschen gewesen, die einer realitätsorientierten Kunst nahestanden. Die Galeriebesitzer sagten, es sei ein Triumph über ihr altes Lüftungssystem gewesen, das mit dem Gestank nicht mehr fertig wurde.

10 drogensüchtige Literaten

1. Charles Baudelaire: haschisch- und opiumsüchtig
2. W. B. Yeats: meskalinsüchtig (halluzinogene Droge, die aus einem mexikanischen Kaktus produziert wird)
3. Charles Dickens: opiumsüchtig
4. Samuel Coleridge: opiumsüchtig
5. Thomas De Quincey: opium- und laudanumsüchtig. Der Autor von *Bekenntnisse eines englischen Opiumessers* degenerierte zu einem physischen Wrack, weil er täglich 8000 Tropfen Opium und sechs bis sieben Gläser Laudanum schluckte.
6. Arthur Conan Doyle: kokainsüchtig. Meisterdetektiv Sherlock Holmes, seine berühmteste Romanfigur, nahm in *Das Zeichen der Vier* ebenfalls Kokain.
7. Robert Louis Stevenson: kokainsüchtig. Als Stevenson *Dr. Jekyll und Mr. Hyde* schrieb, stand er die ganze Zeit über unter dem Einfluß von Kokain. Er nahm während der Arbeit an dem Buch große Mengen zu sich, was auch erklärt, warum er in der Lage war, das aus 60000 Wörtern bestehende Manuskript innerhalb von sechs Tagen zu schreiben und zweimal zu überarbeiten.
8. Tennessee Williams: amphetaminsüchtig
9. Dante Gabriel Rossetti: morphiumsüchtig und alkoholkrank
10. Edgar Allan Poe: laudanumsüchtig und alkoholkrank

10 klassische Komponisten, die ihren vierzigsten Geburtstag nicht erlebten

1 Vincenzo Bellini (33)
2 Georges Bizet (36)
3 Frédéric Chopin (39)
4 George Gershwin (38)
5 Felix Mendelssohn Bartholdy (38)
6 Wolfgang Amadeus Mozart (35)
7 Giovanni Battista Pergolesi (26)
8 Henry Purcell (36)
9 Franz Schubert (31)
10 Carl Maria von Weber (39)

9 Schriftsteller, deren Werke auf den Index gesetzt wurden

1 William Shakespeare. *König Lear* war in Großbritannien von 1788 bis 1820 verboten. Angesichts der Geisteskrankheit König Georgs III. hielt die englische Regierung das Stück für unpassend.

2 Marquis de Sade. *Die Geschichte der Justine oder die Nachteile der Tugend* wurde 1791 von der französischen Regierung wegen obszöner Stellen auf den Index gesetzt.

3 Casanova: Seine Memoiren mit dem Titel *Geschichte meines Lebens* wurden 1834 vom Papst und 1935 von Mussolini aus moralischen Gründen verboten.

4 Thomas Hardy. *Tess von D'Urbervilles* (1891) und *Juda der Unberühmte* (1896) wurden aus sämtlichen britischen Bibliotheken verbannt.

5 Rudyard Kipling. 1898 wurde *A Fleet in Being* aus Gründen der nationalen Sicherheit von der britischen Regierung verboten.

6 Charles Darwin. Von 1926 bis 1937 stand *Über die Entstehung der Arten durch natürliche Zuchtwahl* in der Sowjetunion, Jugoslawien, Griechenland und dem US-Bundesstaat Tennessee aus moralischen Gründen auf dem Index.

7 Arthur Conan Doyle. 1929 wurden *Die Abenteuer des Sherlock Holmes* in der Sowjetunion wegen »Okkultismus« auf den Index gesetzt.

8 D. H. Lawrence: *Der Regenbogen* und *Lady Chatterley und ihr Liebhaber* wurden 1929 in Großbritannien wegen obszöner Stellen verboten.

9 Ernest Hemingway. *In einem anderen Land* wurde 1939 in Irland wegen unmoralischer und antireligiöser Stellen auf den Index gesetzt.

Die 10 größten Kinoflops aller Zeiten

1 *Die Abenteuer des Baron Münchhausen* machte 48,1 Millionen US-Dollar Verlust.

2 *Ishtar* (1978) machte 47,3 Millionen US-Dollar Verlust.

3 *Hudson Hawk – Der Meisterdieb* (1991) machte 47 Millionen US-Dollar Verlust.

4 *Inchon* (1981) machte 44 Millionen US-Dollar Verlust.

5 *Cotton Club* (1984) machte 38 Millionen US-Dollar Verlust.

6 *Santa Claus* (1985) machte 37 Millionen US-Dollar Verlust.

7 *Heaven's Gate* (1980) machte 34,2 Millionen US-Dollar Verlust.

8 *Billy Bathgate* (1991) machte 33 Millionen US-Dollar Verlust.

9 *Piraten* (1986) machte 30,3 Millionen US-Dollar Verlust.

10 *Rambo III* (1988) machte dreißig Millionen US-Dollar Verlust.

12mal Musikverbot

1 Im 4. Jahrhundert v. Chr. rief Plato zu einem Bann bestimmter zeitgenössischer Musikrichtungen aus der griechischen Republik auf, weil er der Meinung war, daß populäre Musik die Moral gefährde.

2 1936 verbot Hitler die Musik von Mendelssohn, weil der Komponist Jude gewesen war.

3 1963 weigerte sich die Radiostation WHYN in Springfield, Massachusetts, *Dominique* von The Singing Nun zu spielen, weil das Lied »für alle Katholiken eine Beleidigung« sei.

4 1969 wurde *Je T'Aime … Moi Non Plus* von Jane Birkin und Serge Gainsbourg von Radiosendern in Europa und den Vereinigten Staaten wegen seines anzüglichen Inhalts nicht mehr gespielt.

5 1962 wurde *Speedy Gonzales,* ein durch und durch harmloses Liedchen des US-Schnulzensängers Pat Boone, in den Vereinigten Staaten als beleidigend für Mexikaner angesehen und daraufhin verboten.

6 1966 brüskierten die Beatles Imelda Marcos mit einer flapsigen Bemerkung bei ihrer Ankunft auf dem Flughafen von Manila. Ihre Musik wurde daraufhin auf den Philippinen verboten.

7 1966 wurde der Beatles-Song *A Day In The Life* wegen angeblicher Verherrlichung von Drogen in vielen Ländern verboten.

8 1968 verbot Mao Tse-tung, der Führer der Kommunistischen Partei, *The Sound of Music* in China, weil das Stück seiner Meinung nach ein Musterbeispiel für kapitalistische Pornographie war.

9 1970 brachten die Rolling Stones eine neue Single mit dem Titel *Cocksucker Blues* heraus, um aus einem Plattenvertrag herauszukommen. Es funktionierte.

10 Als die britische Königin 1977 ihr silbernes Kronjubiläum feierte, stießen die Sex Pistols mit ihrem *God Save The Queen* einige Königstreue vor den Kopf. Obwohl die BBC sich weigerte, die Platte im Radio zu spielen, kletterte die Single auf Platz zwei der Hitparade.

11 1984 wurde die meistverkaufte britische Single dieses Jahres, *Relax* von Frankie Goes to Hollywood, mehrere Wochen lang von BBC Radio 1 gespielt, bevor DJ Mike Read auffiel, daß der Liedtext von Schwulensex handelte.

12 1994 nahm der Radiosender des Bezirkskrankenhauses von Dudley den Klassiker *My Way* von Frank Sinatra aus dem Programm, weil der Text »And now the end is near/And so I face the final curtain« (»Das Ende naht/Der letzte Vorhang fällt«) zu deprimierend für unheilbar kranke Patienten sei. Weitere Kandidaten für den Index des staatlichen britischen Gesundheitsdienstes waren unter anderem Tony Bennetts *I Left My Heart In San Francisco* – zu bedrückend für Herzpatienten – und Andy Fairweather-Lows *Wide Eyed and Legless* – unpassend für Amputierte.

10 tote Literaten

1 Der italienische Satiriker, Dichter und Kritiker Pietro Aretino (1492-1556) mußte bei einem Theaterstück, in dem eine seiner Schwestern mitspielte, so heftig lachen, daß er vom Stuhl fiel, mit dem Kopf auf dem Boden aufschlug und starb.

2 Der englische Dichter und Dramatiker Christopher Marlowe (1564-1593) starb, nachdem er in einer Pension in Deptford zu Abend gegessen hatte. Er wurde von einem Freund erstochen, als sich die beiden in angetrunkenem Zustand über die Rechnung stritten.

3 Lord George Gordon Byron (1788-1824) erkrankte 1824 an einem Fieber. Vermutlich handelte es sich dabei um eine virulente Form von Malaria, die er sich angeblich geholt hatte, als er bei heftigem Regen in einem offenen Boot über eine Lagune ruderte. Er fiel kurze Zeit später ins Koma und starb. Byron war außerdem Epileptiker – er hatte drei Monate zuvor in Griechenland einen heftigen Anfall gehabt und bekämpfte seine Krankheit mit ungeheuren Mengen von Apfelwein mit Brandy. Sein Tod erregte solches Aufsehen, daß sein Leichnam mit einem Kriegsschiff der königlichen Marine nach England überführt wurde.

4 Der amerikanische Schriftsteller und Dichter Edgar Allan Poe (1809-1849) wurde in Baltimore in der Gosse liegend aufgefunden. Er war bereits im Delirium tremens und starb wenige Tage später.

5 Der französische Romanschriftsteller Honoré de Balzac (1799-1850) starb an einer Koffeinvergiftung. Er hatte regelmäßig etwa 50 Tassen schwarzen Kaffee pro Tag getrunken.

6 Der französische Dichter Charles Baudelaire (1821-1867) starb 1867 im Alter von 46 Jahren geisteskrank, gelähmt und stumm. Seine Abhängigkeit von Alkohol, Haschisch und Opium hatten ihn zu einem körperlichen und geistigen Wrack gemacht.

7 Charles Dickens (1812-1870) starb an einem Schlaganfall, als er gerade *Das Geheimnis um Edward Drood* schrieb.

8 Oscar Wilde (1854-1900) starb in Frankreich, wo er unter dem Namen Sebastian Melmoth lebte. Er litt an einem Abszeß im Gehirn, der sich aus einer Mittelohrentzündung entwickelt hatte. Wilde war deshalb von einem Ohrenspezialisten operiert worden. Als er erfuhr, wieviel die mißglückte Operation gekostet hatte, sagte er: »Ich nehme an, daß ich jetzt wohl über meine Verhältnisse sterben werde.« Noch wahnwitziger, aber leider nur zu wahr, waren Wildes letzte Worte: »Entweder die Tapete geht oder ich.«

9 Der Dichter Rupert Brooke (1887-1915) starb an Bord eines französischen Lazarettschiffs an einer Blutvergiftung, die sich durch einen Moskitostich in Kombination mit einem Sonnenstich entwickelt hatte, als er auf dem Weg in den Dardanellenfeldzug war.

10 Arnold Bennett (1867-1931) starb an Typhus, nachdem er in einem Pariser Hotel optimistisch ein Glas Leitungswasser getrunken hatte, um zu beweisen, wie ungefährlich das sei.

10 berühmte Hollywoodschauspieler, die schon mal ein Irrenhaus von innen gesehen haben

1. Wally Reid
2. Alma Rubens
3. Clara Bow
4. Buster Keaton
5. Margaret Sullivan
6. George Zucco
7. Frances Farmer
8. Busby Berkeley
9. Marilyn Monroe
10. Gene Tierney

Die 8 höchsten Gasrechnungen Hollywoods

1. Robert Ames: vergiftete sich 1931 mit Gas
2. Jack Dougherty: vergiftete sich 1938 mit Gas
3. Claire Maynard: vergiftete sich 1941 mit Gas
4. Tyler Brooke: vergiftete sich 1943 mit Gas
5. Spencer Charters: vergiftete sich 1943 mit Gas
6. Charles Butterworth: vergiftete sich 1946 mit Gas
7. Barbara Bates: vergiftete sich 1969 mit Gas
8. Bella Darvi: vergiftete sich 1971 mit Gas

Künstler und ihre Musen: 19 verschrobene Einfälle

1 1863 wurde die Schriftstellerin Louisa May Alcott schwer krank. Sie schrieb in ihr Tagebuch, daß sie an schrecklichen Halluzinationen litt, in denen sie wiederholt von einem großen Spanier mit zarten Händen sexuell belästigt wurde. Als sie sich davon erholt hatte, schrieb sie *Little Women (Betty und ihre Schwestern)*.

2 Der geisteskranke französische Dichter Gérard de Nerval, der Anfang des 19. Jahrhunderts lebte, führte zuweilen einen Hummer an der Leine spazieren. Nachdem er achtmal in eine Irrenanstalt eingewiesen worden war, wurde er 1855 tot in Paris aufgefunden. Er hing an einer Straßenlaterne.

3 Der schizophrene deutsche Komponist Robert Schumann besaß zwei imaginäre Freunde, die er Florestan und Eusebius nannte. Die beiden lieferten ihm Ideen für seine Kompositionen. Schumann starb in einer Nervenklinik bei Bonn.

4 Der französische Schriftsteller Honoré de Balzac war der Meinung, daß Sex seiner Kreativität abträglich sei. Nach mehreren Monaten Enthaltsamkeit konnte er der Versuchung nicht mehr widerstehen und suchte ein Bordell auf. Danach klagte er: »An jenem Morgen habe ich einen Roman verloren.«

5 Michelangelo hatte eine Vorliebe für Sex mit sehr jungen Knaben. In seinem langen Leben nahm er sich viele junge Liebhaber, die ihm häufig auch Modell standen. Gherardo Perini, ebenfalls ein Modell von Michelangelo, lebte über zehn Jahre mit dem Künstler zusammen. Ein anderer, Cecchino dei Bracci, war 13 Jahre alt, als sich der 66jährige Michelangelo in ihn verliebte. Als Bracci nur zwei Jahre später starb, war Michelangelo am Boden zerstört und schrieb ein Jahr lang leidenschaftliche Epitaphe für Braccis Grabmal. In seinen Tagebüchern, Briefen und Gedichten sind zahlreiche Hinweise auf seine Schwäche für Knaben zu finden, aber die Dokumente wurden noch Jahrhunderte nach seinem Tod zensiert. In den Liebesgedichten, die er an Cavalieri geschrieben hatte, wurden alle männlichen Pronomen oder Artikel von »er« auf »sie« abgeändert.

Seine über fünf Meter hohe Skulptur des David wird als formvollendetes Beispiel für Homoerotik gepriesen.

6 Samuel Johnson schrieb *Rasselas: Der Prinz von Abyssinien* in nur sieben Tagen, um damit die Beerdigung seiner Mutter zu bezahlen.

7 Arnold Bennetts Romane waren berühmt für ihre Detailtreue. Die realistische Beschreibung des Todes von Darius Clayhanger in einem Band der Trilogie *The Clayhanger Family* geht als eine der authentischsten Schilderungen ihrer Art in die Geschichte der englischen Literatur ein. Bennett erklärte später, wie er dies bewerkstelligt hatte: »Als mein Vater starb, saß ich die ganze Zeit über an seinem Lager und machte mir Notizen.«

8 Der im 18. Jahrhundert lebende Künstler Benjamin West ließ einen hingerichteten Verbrecher ausgraben und kreuzigen, um zu sehen, wie der Körper am Kreuz hing.

9 Jonathan Swift schrieb 1733, nachdem er *Gullivers Reisen* beendet hatte, eine Abhandlung über Exkremente mit dem Titel *Human Ordure* (»Menschlicher Kot«). Er legte sich dafür das Pseudonym Dr. Shit zu.

10 Der Dichter und Dramatiker Friedrich von Schiller konnte nur dann arbeiten, wenn er seine Füße auf einen Block Eis stellte und den Geruch faulender Äpfel einatmete.

11 Percy Bysshe Shelley haßte Katzen. Er band einmal eine Katze während eines Gewitters an einen Drachen und ließ sie fliegen, in der Hoffnung, daß der Blitz sie treffen würde.

12 John Ruskin, gefeierter Kunstkritiker und Essayist des Viktorianischen Zeitalters, litt während der letzten zwanzig Jahre seines Lebens in regelmäßigen Schüben an einer Geisteskrankheit. Ruskin wurde schließlich während einer Vorlesung in Oxford wahnsinnig und mußte unter lautem Protestgeschrei vom Podium gezerrt werden.

13 Algernon Charles Swinburnes viktorianische Erziehung in einer Privatschule führte zu einer Vorliebe für körperliche Züchtigungen. Er las mit Begeisterung Marquis de Sade und besuchte regelmäßig ein einschlägiges Etablissement in London. Sein Tribut an die Freuden des Auspeitschens, *The Flogging Block*, befindet sich inzwischen im Britischen Museum.

14 Poeta laureatus Sir John Betjeman schrieb einmal ein obszönes Gedicht über Chorknaben, das jedoch nie veröffentlicht wurde.

15 Der viktorianische Nonsensdichter und Künstler Edward Lear litt von Kindheit an an zwei Krankheiten, die er »Dämon« – Epilepsie – und »Morbidität« – manische Depressionen – nannte. Lear war der festen Überzeugung, daß übermäßige Masturbation schuld daran war.

16 Obwohl der Schriftsteller Edgar Allan Poe nie in eine Irrenanstalt eingewiesen wurde, war er angeblich nicht zurechnungsfähig. Poe war Alkoholiker und laudanumabhängig. Das hielt ihn nicht davon ab, dem örtlichen Abstinenzverein beizutreten und Vorträge über die Gefahren des Alkohols zu halten.

17 Der amerikanische Maler und Grafiker James Whistler färbte einmal einen Reispudding grün, damit dieser zu der Tapete in seinem Eßzimmer paßte.

18 Richard Wagner war ein fanatischer Antisemit. Werke des jüdischen Komponisten Mendelssohn dirigierte er grundsätzlich mit Handschuhen. Aufgrund seiner Einstellung wurde Wagner später vom Dritten Reich für Propagandazwecke »adoptiert«. Der notorische Frauenheld pflegte in einem überhitzten, mit Rosenduft parfümierten Zimmer zu komponieren, bekleidet mit einem Morgenmantel aus Seide. Kritik vertrug er nicht: Wagner lud oft Freunde ein, denen er eine Kostprobe noch nicht veröffentlichter Arbeiten gab. Anschließend bat er sie, ihm offen und ehrlich ihre Meinung zu sagen. Hatte jemand nichts Positives zu sagen, bekam er vom Meister Schläge angedroht.

19 Die berühmtesten Werke des viktorianischen Schriftstellers Richard Dadd entstanden in Bedlam, wo er wegen Mordes an seinem Vater Robert eine lebenslange Gefängnisstrafe verbüßte. 1842 begleitete Dadd seinen Gönner Sir Thomas Phillips auf eine große Reise durch Europa und den Nahen Osten. Während der Reise litt Dadd wiederholt unter Kopfschmerzen und einem »Sonnenstich«. In Rom überkam ihn das unbändige Verlangen, während einer Audienz den Papst zu töten. Offensichtlich war Dadd fest davon überzeugt, daß Gott ihn beauftragt hatte, gegen den Teufel zu kämpfen, der jede beliebige Gestalt annehmen konnte, darunter auch die des Pontifex Maximus. Trotz dieser fixen Idee setzte Dadd in seiner Wohnung in

der Londoner Newman Street seine Arbeit fort, wo er von hartgekochten Eiern und Bier lebte. Alexander Sutherland vom St. Luke's Hospital untersuchte Dadd und erklärte dann, der Künstler sei eindeutig geistesgestört. Dadds Bruder George zeigte zu dieser Zeit ebenfalls erste Anzeichen von Wahnsinn. 1843 begleitete Robert Dadd seinen Sohn nach Cobham. Auf der Fahrt dorthin griff Dadd seinen Vater an und tötete ihn mit einem Messer und einem Rasiermesser. Anschließend floh er nach Dover und ging an Bord eines Schiffes nach Calais. Auf dem Weg nach Paris erregte er erneut Aufmerksamkeit, als er versuchte, einem Mitreisenden die Kehle durchzuschneiden. Dadd wurde schließlich in Montereau festgenommen, wo er den Mord an seinem Vater gestand. Im Juli 1844, kurz nach Dadds 27. Geburtstag, wurde er in das Hospital St. Mary of Bethlehem (Bedlam) in London gebracht, wo er die nächsten zwanzig Jahre verbrachte und seine berühmtesten Werke schrieb. 1864 wurde Dadd in die neu erbaute Irrenanstalt von Broadmoor in der Nähe Londons gebracht. Er starb dort zwei Jahre später an einer Lungenkrankheit.

10 Schriftsteller, die an Tuberkulose starben

1 John Keats (1795-1821)
2 Emily Brontë (1818-1848)
3 Anne Brontë (1820-1849)
4 Charlotte Brontë (1816-1855)
5 Robert Louis Stevenson (1850-1894)
6 Anton Tschechow (1860-1904)
7 Franz Kafka (1883-1924)
8 D. H. Lawrence (1885-1930)
9 George Orwell (1903-1950)
10 William Somerset Maugham (1874-1965)

12mal Überdosis in Hollywood

1. Jeanne Eagels: Heroin, 1930
2. Tom Forman (Filmregisseur): Schlaftabletten, 1938
3. Carole Landis: Schlaftabletten, 1948
4. Marilyn Monroe: Schlaftabletten, 1962
5. Clara Blandick (Judy Garlands »Tante Em« in *Der Zauberer von Oz*): Schlaftabletten, 1962
6. Bobby Driscoll (ehemaliger Disney-Kinderstar und Drogenabhängiger): Methadrin, 1968
7. Alan Ladd: Cocktail aus Drogen und Alkohol, 1964
8. Judy Garland: Schlaftabletten, 1972
9. George Sanders: Schlaftabletten, 1972
10. Charles Boyer: Schlaftabletten, 1978
11. Jean Seberg: Barbiturate, 1979
12. Margaux Hemingway: Barbiturate, 1996

10 Informationen, die Ihnen in einem Pop-Quiz wahrscheinlich keine Punkte bringen würden

1 Ein Bericht mit dem Titel *The Effect of Country Music on Suicide* (»Die Auswirkungen von Countrymusik auf die Selbstmordrate«), der 1996 von den beiden US-Soziologen Steven Stack und Jim Gundlach veröffentlicht wurde, analysierte als erste wissenschaftliche Untersuchung die Zusammenhänge zwischen Countrymusik und Selbstmordraten. Die beiden Autoren kamen zu dem Schluß, daß die Selbstmordrate unter den Weißen über dem Durchschnitt liege, wenn Countrymusik gespielt wird.

2 1995 besetzte ein 21jähriger Mann im neuseeländischen Wanganui die lokale Radiostation STAR FM und drohte damit, alles in die Luft zu sprengen, wenn der DJ nicht *Rainbow Connection* von Kermit dem Frosch spiele.

3 Der exzentrische Pop-Produzent Phil Spector war im Aufnahmestudio ein hundertprozentiger Perfektionist. Einmal arbeitete er mit Leonard Cohen zusammen, dem er eine Pistole an den Kopf hielt, um die gewünschte Gesangsleistung zu bekommen.

4 1995 waren die Trauergäste einer Beerdigung in All Saints, Gravesend, peinlich berührt, als durch das Lautsprechersystem versehentlich Rod Stewarts *Do Ya Think I'm Sexy* dröhnte.

5 Zur musikalischen Untermalung der Trauerfeiern im Krematorium von West Hartfordshire wurden unter anderem gewünscht: *Wish You Luck As You Wave Me Goodbye*, *I'd Like to Get You On A Slow Boat To China* und *Happy Days Are Here Again.*

6 Bei den Aufnahmen zu *Sgt. Pepper's Lonely Hearts Club Band* beschwerte sich Beatle George Harrison bei EMI über das harte, kratzende Toilettenpapier. Der Produzent George Martin ließ daraufhin eine Sitzung der Unternehmensleitung einberufen. Dort wurde beschlossen, künftig eine weichere Qualität zu verwenden.

7 1994 wurde eine christliche Radiostation in Vevay im US-Bundesstaat Indiana ausgeraubt und angezündet. Nach Angaben der Poli-

zei war der Hauptverdächtige ein Anrufer, der furchtbar wütend geworden war, als sich ein DJ in einer Sendung weigerte, *Don't Take The Girl* von Tim McGraw zu spielen.

8 Bei britischen Beerdigungen wird am häufigsten das Lied *I Will Always Love You* von Whitney Houston aus dem Film *Bodyguard* gewünscht.

9 1993 wurde fünf Wärtern des Hochsicherheitsgefängnisses in Boise im US-Bundesstaat Idaho vorgeworfen, die Insassen der Todeszellen verhöhnt zu haben, indem sie während einer Hinrichtung mit einer Giftspitze das Lied *The Needle and the Damage Done* über die Lautsprecheranlage des Blocks gespielt hatten.

10 Im September 1996 mußte sich Sidney Ambrose aus dem englischen Clacton in ärztliche Behandlung begeben, weil er bei einem Konzert der Beverley Sisters zu heftig mitgeklatscht hatte.

10 Rock'n'Roll-Selbstmorde

1. Im April 1994 floh der 27 Jahre alte Sänger Kurt Cobain, der einen Song mit dem Titel *I Hate Myself and I Want To Die* geschrieben hatte, aus einem Entgiftungszentrum in Los Angeles und schoß sich ins Gesicht. Bei der Beerdigung las seine Witwe Courtney Love, die Leadsängerin der Punkband Hole, Auszüge aus seinem Abschiedsbrief vor. Einige Tage später erschoß sich in der Türkei eine 16jährige als »Tribut« an Cobain.
2. Paul Williams, Sänger der Gruppe The Temptations, erschoß sich nur wenige Schritte von den Büros der Produktionsfirma Motown entfernt.
3. Dennis Hughes, Mitglied der Siebziger-Jahre-Punkband The Deviants, sprang von der walisischen Burg von Caernarvon in den Tod.
4. Ian Curtis, der 23 Jahre alte Sänger der Band Joy Division aus Manchester, brachte sich am Vorabend seiner ersten US-Tournee um.
5. Schwester Luc-Gabrielle, die singende belgische Nonne, sorgte mit ihrer Akustikgitarre für den Überraschungshit des Jahres 1963, *Dominique*. Sie verließ ihr Kloster, wurde reich und berühmt, nahm sich dann aber das Leben, als ihre neue Karriere ein Ende fand.
6. John Ritchie alias Sid Vicious, Bassist der Sex Pistols, scheiterte zweimal bei einem Selbstmordversuch, als er in Untersuchungshaft saß, weil er angeblich seine Freundin Nancy Spungen erstochen hatte. Er starb allerdings bald nach seiner Entlassung im Februar 1979 an einer Überdosis Heroin.
7. Richard Manuel, Mitglied von The Band, erhängte sich auf der ersten Tournee nach der Wiedervereinigung der Gruppe.
8. Der legendäre Plattenproduzent Joe Meek jagte sich am achten Jahrestag von Buddy Hollys Tod eine Kugel in den Kopf.
9. Der Amerikaner Bobby Bloom, der 1970 mit *Montego Bay* Platz drei der britischen Hitparade erreichte, beging Selbstmord, indem er sich erschoß.
10. Texter und Komponist Tommy Boyce, der *Under The Moon Of Love, She* und *Words* schrieb und Mitbegründer der Monkees war, erschoß sich mit einer Schrotflinte.

10 Auftritte, die erst mal einer nachmachen soll

2. Teil

1 Ronald Reagans Erfolg in dem 1951 gedrehten *Bedtime For Bonzo* wurde durch die Tatsache getrübt, daß der zweite Hauptdarsteller, ein Schimpanse, am Tag vor der Premiere des Films ganz plötzlich starb.

2 Der mexikanische Entertainer Ramon Barrero trat mit der »kleinsten Mundharmonika der Welt« auf. Im Januar 1994 holte er in Iguala mitten in einer Vorstellung Luft und verschluckte sein Instrument. Er erstickte daran.

3 Im Mai 1870 wollte der Wanderzirkus James Robinson & Co. die Einwohner von Middletown im US-Bundesstaat Missouri mit einer spektakulären Werbemaßnahme zum Besuch der Vorstellung animieren. Der Zirkusdirektor ordnete an, daß die Zirkuskapelle während der Parade durch die Stadt auf dem Dach des Löwenkäfigs spielen sollte. Man hatte wiederholt davor gewarnt, daß das Käfigdach einer solchen Belastung nicht standhalten würde. Das Dach brach dann auch tatsächlich ein, und die Musiker fielen mitten unter die hungrigen Löwen. Starr vor Angst mußten die Zuschauer mitansehen, wie die Musiker von den Löwen zerfetzt und abgerissene Körperteile der Unglücklichen auf dem Käfigboden verstreut wurden. Von den zehn Mitgliedern der Kapelle wurden drei sofort getötet, vier weitere starben später an ihren schweren Verletzungen.

4 Die Stripperin Dora Oberling aus Tampa im US-Bundesstaat Florida überlebte im Mai 1996 das Attentat eines unzufriedenen Zuschauers, der sie erschießen wollte. Die Kugel prallte an dem Silikonimplantat in ihrer Brust ab.

5 Signora Girardelli, eine Kreuzung aus Fanny Craddock und dem Marquis de Sade des 19. Jahrhunderts, peppte ihre »Kochnummer« auf, indem sie sich mit einem glühendheißen Schürhaken über die Oberschenkel fuhr, in der hohlen Hand Eier in kochen-

dem Öl briet und in einen riesigen brennenden Ofen kletterte, um ein Auge auf ihre Plätzchen zu werfen.

6 Matthias Buchinger, der Ende des 17. Jahrhunderts in Deutschland lebte, war vermutlich der erste Allround-Entertainer. Er spielte ein Dutzend Musikinstrumente, war ein hervorragender Tänzer und brillanter Zauberer. Darüber hinaus war er ein ausgezeichneter Schütze, spielte vorzüglich Bowling und beherrschte die Kunst der Kalligraphie meisterhaft. Das Bemerkenswerteste an ihm war jedoch, daß er nur siebzig Zentimeter groß war und weder Arme noch Beine besaß.

7 Im September 1996 wurde der Italiener Francis Mortell, der in Foggia einen Nachtclub besaß, vor Gericht gestellt und zu einer Geldstrafe von 900 Mark verurteilt, weil er Lachgas in den Zuschauerraum gepumpt hatte, damit das Publikum bei seinen Komikeinlagen lachte.

8 1994 gab der Zoo von Kopenhagen einem Open-Air-Konzert in der Nähe des Zoogeländes, bei dem in voller Lautstärke eine Wagner-Oper gespielt worden war, die Schuld am plötzlichen Tod eines wertvollen Okapi. Die Leitung des Zoos wollte das Beste aus ihrem traurigen Verlust machen und beschloß, den Kadaver der äußerst seltenen Antilope ausstopfen zu lassen. Daraus wurde jedoch nichts, da das tote Okapi von Zoologiestudenten gestohlen und bei einer Party zum Semesterabschluß gegrillt wurde.

9 Im September 1994 zersprang das Glasauge Armando Botellis während einer Vorstellung in der Oper von Mailand, als eine Sopranistin einen hohen Ton sang.

10 Der französische Bäcker Joseph Pujol ging als Virtuose des Anal-Akkordeons in die Bühnengeschichte ein. Er wurde um die Jahrhundertwende als Le Pétomane – was man ungefähr mit »der verrückte Furzer« übersetzen könnte – reich und berühmt. Pujol hatte bereits als kleiner Junge zwei bemerkenswerte Entdeckungen gemacht, während er in der Badewanne lag: Die zweite bestand darin, daß er durch Kontraktion seines Schließmuskels genau kontrollieren konnte, wieviel Wasser er in seinen Körper aufnahm. Pujol nutzte diese außerordentliche Begabung zunächst für eine Wasserfontänennummer. Als er feststellte, daß es mit Luft genausogut funktionierte und er durch völlig geruchloses Furzen unterschiedliche Töne hervorbringen konnte, begann sein Siegeszug. Pujol ging nach Paris, wo er über

Nacht zu einer Sensation wurde und sogar mehr Zuschauer als Frankreichs bekannteste Schauspielerin Sarah Bernhardt in seine Vorstellungen holte. Bei seinen Auftritten machte er verschiedene Geräusche nach, unter anderem das von reißendem Kattungewebe, eine Kanone, einen acht Tage alten Hundewelpen, eine knarrende Tür, den Schrei einer Eule, eine Ente, einen Bienenschwarm, einen Ochsenfrosch und ein Schwein. Wenn er eine kleine Flöte in sein Rektum schob, konnte er *By The Light Of The Silvery Moon* spielen. Außerdem war er in der Lage, eine in dreißig Zentimetern Entfernung aufgestellte Kerze mit einem Furz auszublasen. Als Zugabe pflegte Pujol einen ein Meter langen Gummischlauch mit einer Zigarette an einem Ende in sein Rektum einzuführen. Dann zog er an der Zigarette und atmete den Rauch aus. Der Höhepunkt von Pujols spektakulärer Karriere war eine Europatournee, bei der sich auch zahlreiche gekrönte Häupter unter den Zuschauern befanden (allerdings sah sich König Leopold II. von Belgien genötigt, der Vorstellung verkleidet beizuwohnen). Seine Bühnenlaufbahn endete mit dem Ausbruch des Ersten Weltkrieges. Pujol arbeitete dann wieder als Bäcker und starb 1945 im Alter von 88 Jahren.

Die einzige echte weibliche *pétomane* in Europa (das heißt, die einzige, die ohne mechanische Hilfsmittel wie etwa einem unter dem Kleid verborgenenen Blasebalg arbeitete) war eine Dame, die unter dem Namen La Mère Alexandre auftrat. Für ihre Nummer wurde mit den Worten »ohne Tricks und Geruch« geworben. Madame Alexandre war anal derart geschickt, daß sie die Fürze bekannter Persönlichkeiten nachahmen konnte und auch eine Reihe unterhaltsamer »Berufsfürze« zum Besten gab, unter anderem die der Nonnen und Freimaurer. Ihr *magnum opus* war eine detailgetreue Wiedergabe der Bombardierung von Port Arthur.

Die Amerikanerin Honeysuckle Divine, die in den achtziger Jahren als *pétomane* und Stripperin auftrat, konnte eine Kerzenflamme aus zwei Schritten Entfernung ausblasen und *Jingle Bells* furzen.

Japans Antwort auf Le Pétomane trat 1980 in einer Fernsehshow auf. Der Künstler behauptete, 3000mal hintereinander furzen zu können. Er ließ die Hosen herunter und legte sich auf den Boden des Studios, während der Moderator das Mikrofon in Position brachte. Als weitere Attraktion hielt er ein Blasrohr vor sein Rektum und schoß, begleitet vom Studio-Orchester, zielgenau Dartpfeile in eine Scheibe.

10 fundamentale Fakten über Elvis

1 Bevor er Elvis entdeckte, waren die »Colonel Parker's Dancing Chickens« Colonel Tom Parkers größter Erfolg. Parker brachte die mitwirkenden Hühner seiner Show zum Tanzen, indem er sie auf eine heiße Herdplatte stellte.

2 Es gibt weltweit etwa 48000 Elvis-Imitatoren. Im islamischen Somalia ist es verboten, Elvis ohne Bart darzustellen.

3 Der Geist von Elvis wohnt in einer TV-Fernbedienung in Memphis, Tennessee. Phyllis Callas zufolge schaltet die Fernbedienung automatisch zu Übertragungen von Footballspielen, wenn sie den Fernseher anmacht. Darüber hinaus klappert die Toilette, und Türen schlagen zu. An der Tür zur Terrasse befindet sich ein Fleck, dessen Umriß wie Elvis aussieht. Das Haus gehörte Anfang der sechziger Jahre dem King und grenzt an den rückwärtigen Teil von Graceland an. Eine von Parapsychologen durchgeführte Energie-Untersuchung ergab, daß Elvis' Geist tatsächlich von Zeit zu Zeit vorbeischaut.

4 Zu sterben war Elvis' beste Entscheidung in seiner Karriere – hätte er weitergelebt, wäre er innerhalb von sechs Monaten bankrott gewesen.

5 Elvis hätte auch ein Problem mit der »Political Correctness« gehabt: Er ging einer Frau lediglich dann nicht an die Wäsche, wenn er wußte, das sie schon einmal mit einem Schwarzen geschlafen hatte.

6 1988 wurde in den Vereinigten Staaten die »First Presleyterian Church of Elvis the Divine« gegründet. Eines der 31 Gebote des Kings: Du sollst sechs Mahlzeiten am Tag essen.

7 Zu den Lieblingsspeisen des Kings gehörten unter anderem Sandwiches mit gebackenen Bananen und Erdnußbutter, verbrannter Speck, Zitronenkuchen mit Baiser und Maisbrot in Buttermilch. In Elvis' Schlafzimmer stand ein Kühlschrank mit seinen Lieblingssüßigkeiten. In den siebziger Jahren mußte die Küche rund um die Uhr besetzt sein. Am meisten zu tun hatte der Koch immer um 4.30 Uhr morgens, wenn der King drei Doppeldecker-Cheese-

burger und sechs oder sieben Bananansplits verdrückte. Da Elvis in der Regel durch seinen allabendlichen Cocktail aus Schlafmitteln und Beruhigungsmitteln ruhiggestellt war, mußten ihn seine Angestellten wiederholt vor dem Ersticken retten, indem sie in seiner Luftröhre steckengebliebene Nahrungsreste entfernten.

8 In den letzten zweieinhalb Jahren seines Lebens verschrieb ihm sein Leibarzt George Nichopoulos etwa 20 000 Dosen Narkotika, Stimulanzien, Beruhigungsmittel und Antidepressiva, aber Elvis beschaffte sich seine Medikamente noch aus einer ganzen Reihe anderer Quellen. Der Pathologe, der nach dem Tod des Kings 1977 den toxikologischen Bericht schrieb, sagte aus, daß er noch nie so viele Medikamente in einem Leichnam gesehen hatte.

9 Neben Sex und Essen vertrieb sich Elvis nachts die Zeit am liebsten im Leichenschauhaus von Memphis.

10 Im Juli 1993 verklagte der Texaner Bill Smith, Major der US-Luftwaffe im Ruhestand, in Fort Worth die Erben von Elvis Presley. Major Smith bezichtigte Presleys Erben des Betrugs, weil diese fortgesetzt behaupteten, der King sei 1977 gestorben. Der Major beklagte sich heftig darüber, daß dies seine Pläne durchkreuzt habe, ein neues Buch mit Informationen über den aktuellen Aufenthaltsort Presleys auf den Markt zu bringen.

9 Komponisten und deren Todesursache

1 Carl Philipp Emanuel Bach (1714-1788): Schlaganfall nach einer mißglückten Augenoperation

2 Alban Berg (1885-1935): Blutvergiftung nach einem Insektenstich

3 Johannes Brahms (1833-1897): Leberkrebs

4 Claude Debussy (1862-1920): Mastdarmkrebs

5 Franz Liszt (1811-1886): Lungenentzündung

6 Wolfgang Amadeus Mozart (1756-1791): Nierenentzündung

7 Sergej Rachmaninow (1873-1943): malignes Melanom

8 Franz Schubert (1797-1821): Typhus

9 Peter Iljitsch Tschaikowsky (1840-1893): Cholera

10 Hollywoodstars, die sich erschossen

1 Bobby Harron, Schauspieler, 1920

2 Karl Dane, Schauspieler, 1932

3 George Hill, Regisseur, jagte sich 1934 mit einem Jagdgewehr eine Kugel in den Kopf.

4 Aleta Freel, Schauspieler, 1935

5 Herman Bing, Komiker, 1948

6 James Cardwell, Schauspieler, 1954

7 George Reeves (spielte den ersten »Superman« im Fernsehen), 1959.

8 Pedro Armendariz, erschoß sich bei den Dreharbeiten zu *Liebesgrüße aus Moskau,* 1963.

9 Gig Young, 1971. Zwei Jahre, nachdem er einen Oskar für die beste Nebenrolle in *Nur Pferden gibt man den Gnadenschuß* erhalten hatte, schloß er mit seiner Frau einen Selbstmordpakt. Young erschoß drei Wochen nach seiner Hochzeit zuerst seine Frau und dann sich selbst.

10 Donald »Red« Berry, Schauspieler, 1980

10 Popstars, die an einer Überdosis Heroin starben

1 Frankie Lymon: 28. Februar 1968, 26 Jahre
2 Janis Joplin: 4. Oktober 1970, 27 Jahre
3 Vinnie Taylor: 17. April 1974, 36 Jahre
4 Tim Buckley: 29. Juni 1975, 28 Jahre
5 Brian Cole: 2. August 1975, 28 Jahre
6 Tommy Bolin: 4. Dezember 1980, 25 Jahre
7 Tim Hardin: 29. Dezember 1980, 39 Jahre
8 James Honeyman-Scott: 16. Juni 1982, 25 Jahre
9 Will Shatter: 9. Dezember 1987, 31 Jahre
10 Johnny Thunders: 23. April 1991, 38 Jahre

10 Musiker, die erschossen wurden

1 Der 25jährige Rapper Tupac Shakurs, dessen Liedtexte wegen Gewaltverherrlichung kritisiert wurden, wurde im September 1996 in Las Vegas bei einem Überfall aus einem fahrenden Auto heraus von vier Schüssen getroffen, als er nach dem Boxkampf zwischen Mike Tyson und Bruce Seldon auf dem Weg zu einer Party war. Shakur war gerade frei auf Bewährung, nachdem er wegen sexuellen Mißbrauchs acht Monate in einem New Yorker Gefängnis abgesessen hatte. Es war das zweite Mal innerhalb von zwei Jahren, daß auf Shakur geschossen worden war: 1994 wurde er bei einem angeblichen Raubversuch von fünf Kugeln getroffen.

2 Der berühmt-berüchtigte New Yorker Rapper Notorious B. I. G. wurde im März 1997 beim Verlassen einer Party erschossen, nachdem er eine Woche vorher eine Single aus seinem neuen Album vorgestellt hatte. Das Album enthielt einen Song mit dem Titel *You're Nobody ('Til Somebody Kills You)*, den der Rapper dem verstorbenen Tupac Shakur (siehe oben) gewidmet hatte.

3 John Lennon wurde im Dezember 1980 von Mark Chapman vor dem Eingang zu seinem New Yorker Appartement erschossen.

4 Marvin Gay wurde 1984, einen Tag vor seinem 45. Geburtstag, von seinem Vater erschossen, als er mit diesem eine Auseinandersetzung hatte.

5 Der Sänger Sam Cooke wurde mit 33 Jahren in einem Motel in Los Angeles bei einem Streit erschossen, nachdem er angeblich eine Frau angegriffen hatte.

6 Der Reggae-Musiker und linke Militarist Peter Tosh, der früher zu Bob Marleys Band The Wailers gehört hatte, wurde im September 1987 in seinem Haus auf Jamaika erschossen. Nach der offiziellen Version wurde er von Einbrechern getötet, obwohl es Hinweise darauf gab, daß es sich um einen politischen Mord handeln könnte.

7 Carlton Barrett, der ebenfalls Mitglied der Wailers war, wurde fünf Monate vorher auf Jamaika ermordet.

8 Terry Kath, der Gitarrist der US-Band Chicago, hielt sich 1978 auf einer Party in seinem Haus eine Pistole an den Kopf, die er irrtümlicherweise für nicht geladen hielt.

9 Larry Williams, amerikanischer Rock'n'Roll-Star der fünfziger Jahre, wurde mit Schußwunden tot aufgefunden.

10 Der New Yorker Rapper Scott la Rock wurde bei einer Bandenschießerei getötet.

Die 10 erfolglosesten Länder beim Grand Prix d'Eurovision de la Chanson

1 Litauen
2 Rumänien
3 Slowakei
4 Bosnien und Herzegowina
5 Marokko
6 Slowenien
7 Türkei
8 Estland
9 Island
10 Finnland

Seit 1993 werden die letzten Plätze der Grand-Prix-Tabelle fast ausschließlich von den tapferen neuen Teilnehmerländern aus Osteuropa und dem Balkan belegt. Litauens Debüt beim Grand Prix von 1994 (danach nahm das Land nicht mehr teil), *Lopsine Mylima* von Ovidijus Vysniauskas, ging mit dem glorreichen Ergebnis von null Punkten aus dem Wettstreit hervor. Rumäniens Beitrag im selben Jahr belegte unter 25 Ländern den 24. Platz. Der Debütbeitrag der Slowakei zum Grand Prix von 1994, *Nekonecna Piesen* von Martin Durinda und Martin Sirvas, landete auf dem 19. Platz. Das Land konnte bei der zweiten Teilnahme im darauffolgenden Jahr seine Plazierung verbessern und erreichte den 18. Platz. Eine recht kühne Interpretation der europäischen Geographie ermöglichte 1980 die Teilnahme Marokkos am Grand Prix, das mit dem Song *Bitaket hob (Message d'amour)* von Samira Bensaid den 18. von insgesamt 19 Plätzen erreichte. Finnland gab 1961 sein Debüt bei der paneuropäischen Sangesschlacht und versuchte es dann noch weitere 34mal mit Liedern, die eher wie ein Abschreckungsmittel für Elche klangen und das Land neunmal auf den letzten Platz brachten. Finnland erlebte seinen bisher größten Triumph beim Grand Prix 1973, als Marion Rung mit *Tom Tom Tom* den 6. Platz erreichte.

Paradies, wo bist du? Dreißig Lieder, die beim Grand Prix d'Eurovision de la Chanson mit »nul point« belohnt wurden*

1 *Llámame*, von Victor Balaguer, Spanien, 1962

2 *Ton nom*, von Fud Leclerc, Belgien, 1962

3 *Nur in der Wiener Luft*, von Eleonore Schwarz, Österreich, 1962

4 *Katinka*, von De Spelbrakers, Niederlande, 1962

5 *Een speeldoos*, von Annie Palmen, Niederlande, 1963

6 *Solhverv*, von Anita Thallaug, Norwegen, 1963

7 *Muistojeni Laulo*, von Laila Halme, Finnland, 1963

8 *En gång i Stockholm*, von Monica Zetterlund, Schweden, 1963

9 *Mann gewöhnt sich so schnell an das Schöne*, von Nora Nova, Deutschland, 1964

10 *Oraçào*, von Antonio. Calvario, Portugal, 1964

11 *Zivot je sklopio krug*, von Sabahudin Kurt, Jugoslawien, 1964

12 *I mille pensieri*, von Anita Traversi, Schweiz, 1964

13 *Que bueno, que bueno*, von Conchita Bautista, Spanien, 1965

14 *Paradies, wo bist du?*, von Ulla Wiesner, Deutschland, 1965

15 *Als het weer lente is*, von Lize Marke, Belgien, 1965

16 *Aurinko laskee länteen*, von Viktor Klimenko, Finnland, 1965

17 *Bien plus fort*, von Tereza, Monaco, 1966

18 *Dio, come ti amo*, von Domenico Madugno, Italien, 1966

---

* Aufgrund einer Besonderheit des Wahlsystems gab es bis zum siebten Grand Prix d'Eurovision 1962 keine »Nullpunktler«. Die Niederlande haben als einziges Land zweimal hintereinander null Punkte erreicht (1962 und 1963).
Österreich, Norwegen, Finnland und Spanien haben es jeweils dreimal geschafft, mit null Punkten aus dem Grand Prix hervorzugehen.

19 *Quel cœur vas-tu briser?*, von Géraldine, Schweiz, 1967

20 *Je suis tombé du ciel*, von David Alexander Winter, Luxemburg, 1970

21 *Mil etter mil*, von Jahn Tiegen, Norwegen, 1978

22 *Aldri i livet*, von Finn Kalvik, Norwegen, 1981

23 *Nuku Pommiin*, von Kojo, Finnland, 1982

24 *Opera*, von Cetin und The Shortwave, Türkei, 1983

25 *Quién manéja mi barca*, von Remedios Amaya, Spanien, 1983

26 *Sarkim sevgi Ustüme*, von Seyyal Taner und Locomotif, Türkei, 1987

27 *Lisa, Mona Lisa*, von Wilfried, Österreich, 1988

28 *Pa sem enginn sér*, von Daniel, Island, 1989

29 *Venedig im Regen*, von Thomas Forstner, Österreich, 1991

30 *Lopsine Mylima*, von Ovidjus Vysniauskas, Litauen

Die 20 furchtbarsten Hits aus den Hitparaden Großbritanniens und der USA

Ermittelt von fast 300 Leuten aus der Musikbranche – vor allem DJs und Musikjournalisten aus Großbritannien und den USA –, die gebeten wurden, ihre persönlichen »Haß-Favoriten« für die schlechtesten zehn Hitsingles aller Zeiten abzugeben. Um diese Liste zusammenstellen zu können, wurde eine »Hitsingle« folgendermaßen definiert: alles, was je in den beiden größten englischsprachigen Märkten – sowohl in den USA wie auch in Großbritannien – in die Hitparade gekommen ist und in mindestens einem dieser Länder unter den ersten 40 Singles der Hitparade gewesen ist. Daher hat es der 1967 erschienene Klassiker *Sing Along With Mao* leider nicht in diese Liste geschafft. Die Platte enthält Liveaufnahmen des chinesischen Parteiführers, der einige seiner Lieblingsaussprüche vorträgt, sowie Auszüge aus Diskussionen des großen Vorsitzenden mit Verteidigungsminister Lin Piao und Premierminister Tschu En Lai. Von diesem Werk wurde offenbar eine Million Platten verkauft, was vor allem deshalb so bemerkenswert ist, weil es 1967 noch gar keine Million Plattenspieler in China gab. Ebenfalls nicht in die Liste aufgenommen wurden Klassiker wie *There's No One Quite Like Grandma* (der Schulchor von St. Winifred), *Agadoo* (Black Lace) oder *Grandad* (Clive Dunn), die lediglich in Großbritannien erfolgreich waren. Auch für *I Remember Elvis Presley (The King Is Dead)* von Danny Mirror (1977), den persönlichen Favoriten des Autors, war deshalb leider kein Platz in dieser Liste.

1 *Dominique*, The Singing Nun, 1963.
Der Beweis dafür, daß der Teufel wirklich die besten Melodien hat. Der Überraschungshit des Jahres 1963 stammte von einer belgischen Nonne mit einer Akustikgitarre. Ihre Single eroberte die US-Charts im Sturm. Sie stand einen Monat lang auf Platz 1, bis der amerikanische Markt vor der Beatlemania kapitulierte. Die Nonne brachte außerdem ein sehr erfolgreiches Album mit Klassikern wie *Mets Ton Joli Jupon* und *J'ai Trouvé Le Seigneur* heraus, das sich eine Million Mal verkaufte. Die Single war der Aufhänger für einen nicht minder furchtbaren Film über die singende Nonne, der drei Jahre später mit Debbie Reynolds in der Haupt-

rolle gedreht wurde. Nachdem Schwester Luc-Gabrielle auf diese Weise zu Hollywoodruhm gekommen war, gab sie den Schleier zurück und schloß unter ihrem »bürgerlichen« Namen Jeanine Dekers einen Plattenvertrag mit Phillips. Anschließend hörte man nichts mehr von ihr, bis sie einige Jahre später Selbstmord beging. Mit Ausnahme der Weihnachtslieder, die jedes Jahr wieder neu aufgelegt werden, hatte Gott der Allmächtige allerdings nie großen Erfolg in den Hitparaden. Eine bemerkenswerte Ausnahme von dieser Regel ist das 1979 auf Platz 1 der britischen Hitparade gestürmte *One Day At A Time*, für das neben anderen Kris Kristofferson zur Verantwortung gezogen werden kann. Sängerin Lena Martell bat Gott in diesem Song, er möge ihr Kraft geben, den nächsten Tag durchzustehen,

2 *The Streak*, Ray Stevens, 1974.
Ray Stevens machte das britische Publikum zum ersten Mal 1970 auf sich aufmerksam, als er *Everything is Beautiful* sang – eine Aussage, die für einige doch recht schwer zu schlucken war. Offenbar hatte ihm noch nie jemand von Syphilis, Katzenklos oder dem Schweinebandwurm erzählt, der sogar von seinen eigenen Artgenossen gemieden wird. Die Single mußte gegen eine starke Konkurrenz ebenso übler Produktionen antreten, konnte sich dann aber durchsetzen und landete in den USA wie in Großbritannien auf Platz 1 der Hitparade.

3 *Sugar, Sugar*, The Archies, 1969.
Die Wombles, die Schlümpfe und die Muppets waren TV-Lieblinge aus Kindersendungen, die es bis auf die vorderen Plätze der Hitparaden schafften. Die Wombles waren pelzige kleine Wesen, die Abfall sammelten und Hits wie *Banana Rock, Remember You're a Womble* und *We Wish You a Wombling Merry Christmas* sangen. Die Schlümpfe wurden bei ihren ersten Hitsingles *The Smurf Song, Dippety Day* und *Christmas in Smurfland* von einem Holländer mit minimalen Englischkenntnissen angeführt. Die Muppets waren mit *Ma-Na-Ma-Na* und *Halfway Down The Stairs* erfolgreich. Der Vater dieser Songs war allerdings ein amerikanischer Zeitungscartoon mit dem Titel The Archies. Archie Andrews, Jughead Jones, Veronica Lodge, Reggie Mantle, Betty Cooper und Mr. Weatherbee wurden später auch als billig gemachte Zeichentrickserie auf den Fernsehbildschirm gebracht. Die Teenierock-Hymne war als Titelmelodie für die Serie geschrieben worden und entwickelte sich – gesungen von einigen Studiomusikern und

Leadsänger Ron Dante – zum größten Verkaufshit des Jahres 1969. *Sugar, Sugar* folgte *Honky Tonk Women* von den Stones auf Platz 1 der amerikanischen Hitparade und schaffte es dann auch in Großbritannien an die Spitze der Hitparade, wo der Song sensationelle acht Wochen lang die Nummer eins blieb.

4 *My Ding-A-Ling,* Chuck Berry, 1972.
Für Chuck Berrys Bankkonto war der Song ein wahrer Segen, sein Ruf als einer der Gründerväter des Rock'n'Roll dürfte wohl eher darunter gelitten haben. In Großbritannien empörte sich außerdem die Antiporno-Aktivistin Mary Whitehouse über den Song und wollte ihn verbieten lassen. Berry war allerdings nicht maßgeblich an der Entscheidung beteiligt, den peinlichen Hit auf Platte herauszubringen. Er hatte *My Ding-A-Ling* seit Jahren in seiner Bühnenshow gesungen (seine Originalaufnahme des Songs von 1958 hieß *My Tambourin*), aber niemand machte sich die Mühe, ihm zu sagen, daß der Song am 3. Februar 1972 bei einem Auftritt vor 35 000 Studenten in Coventry live aufgenommen wurde. Berry beschwerte sich hinterher darüber, daß er und seine Band sich mehr Mühe gegeben hätten, wenn seine Plattenfirma ihn vorher über die geplante Aufnahme informiert hätte. Als er erfuhr, daß die Platte über eine Million Mal verkauft worden war und auf beiden Seiten des Atlantiks ganz oben in den Hitparaden stand, hörte er allerdings mit dem Gejammer auf. Für den alten Rocker, der seit Jahren keinen richtigen Hit mehr gehabt und sich schon damit abgefunden hatte, es nie mehr bis nach ganz oben in die Hitparaden zu schaffen, war der Erfolg von *My Ding-A-Ling* eine Riesenüberraschung.

5 *Mandy,* Barry Manilow, 1975.
Bevor er unermüdlich Radio- und TV-Werbespots für Toilettenreiniger, Heftpflaster und Pepsi Cola schrieb, konzentrierte sich Manilow darauf, nichtssagende Hits hervorzubringen. Diese lösten bei seinen zahlreichen weiblichen Fans eine Art blinder Verehrung aus, die normalerweise für japanische Kampfpiloten des Zweiten Weltkriegs reserviert ist. Manilow verdiente sich seine ersten Sporen durch die Mitarbeit an einigen Albumprojekten für Bette Middler. Er begleitete sie auf einer Tournee musikalisch und konnte dabei auch einige seiner eigenen Songs singen. *Mandy,* das im Original von einem gewissen Scott English stammt und 1972 als *Brandy* herausgebracht worden war, schaffte es in der US-Hitparade bis auf Platz 1 und war die erste von Manilows 16 US-Hit-

singles in den siebziger Jahren. Zu denken geben sollte allerdings, daß 1980 in einer landesweit ausgestrahlten Radiosendung mit dem Titel The Weekly Top dreißig über 20000 Zuhörer *Mandy* zur zweitbesten Single aller Zeiten wählten.

6 *Je T'Aime … Moi Non Plus*, Jane Birkin und Serge Gainsbourg, 1969. Brigitte Bardot war die erste, die sich an der Stöhnorgie versuchte, aber als sie die Aufnahme hörte, bestand sie darauf, daß sie in der Schublade verschwand, da ihre Version viel zu unanständig für menschliche Ohren war. Jane Birkin und Serge Gainsbourg waren zwei der bekanntesten französischen Film- und Gesangsstars ihrer Zeit. Jane war zwar Engländerin, aber die kurze Reise über den Ärmelkanal machte aus ihr fast über Nacht ein französisches Sexsymbol. Die Stöhnnummer stammte von Gainsbourg selbst, und obwohl sie von fast allen Radiosendern sofort auf den Index gesetzt wurde, entwickelte sich die Single in ganz Europa – sie belegte Platz 1 in sechs Ländern – und schließlich auch einige Monate später in den Vereinigten Staaten zum Riesenhit. Die BBC betont bei solchen Gelegenheiten immer, daß sie keinen Index verbotener Singles führt: Der Sender spielt eine Platte einfach nicht, wenn die Gefahr besteht, daß jemand Anstoß daran nimmt oder die BBC der Meinung ist, daß niemand sie hören will. Selbst dann, wenn sie auf Platz 1 der Hitparade steht. *Je T'Aime … Moi Non Plus* kam erneut in die britische Hitparade, als die Single 1974 noch einmal auf den Markt gebracht wurde.

7 *I Think I Love You*, The Partridge Family, 1970. Anfang der siebziger Jahre wimmelte es im Kinderprogramm nur so von halbstündigen TV-Serien, in denen ausgelassene Teeny-Popgruppen über den Bildschirm hüpften: The Partridge Family (die gar keine richtige Band waren), The Jacksons und The Osmonds (die es wirklich gab), The Monkees (keine richtige Band) und The Bay City Rollers (die tatsächlich existierten, obwohl es uns lieber gewesen wäre, es hätte sie nie gegeben). Die Partridge Family bestand aus der Schauspielerin Shirley Jones und ihren vier Kindern – die typische amerikanische Durchschnittsfamilie. Wenn Mom nicht gerade in der Küche stand und Apfelkuchen backte oder sich mit Handarbeiten beschäftigte, veranstaltete sie improvisierte Jam Sessions in der Garage und schüttelte mit ihren etwas minderbemittelten Sprößlingen ab und zu eine Mega-Hitsingle aus dem Handgelenk. Plattenkäufer, die nicht zwischen TV-Serien und Realität unterscheiden konnten, brach-

ten den Titel *I Think I Love You* für drei Wochen an die Spitze der US-Hitparade. Die Partridge Family hatte noch einige weitere Hits, darunter *Breaking Up is Hard to Do, Looking Through the Eyes of Love* und *Walking in the Rain.* Der älteste Sohn dieser bemerkenswerten TV-Familie war ein gewisser David Cassidy – im wirklichen Leben der Stiefsohn von Shirley Jones. Zwischen 1972 und 1975 wetteiferte Cassidy mit Donny Osmond um die Plakate an den Schlafzimmerwänden der weiblichen Fans und brachte eine ganze Reihe von Singles heraus, darunter die Tophits *How Can I Be Sure* und *Daydreamer / The Puppy Song,* bis er sich recht abrupt aus der Popmusik »zurückzog«. Die Partridge-Ära war damit allerdings noch lange nicht am Ende, denn David kam 1985 in Top of The Pops mit *The Last Kiss* wieder. Die lange Pause hatte er offenbar unversehrt überstanden, aber er verbrauchte jetzt so viel Haarspray, daß Greenpeace auf ihn aufmerksam wurde.

8 *Annie's Song,* John Denver, 1974.
John Denvers richtiger Name war John Henry Deutschendorf. Die mit diesem Song für immer verewigte Annie, deren Name im Liedtext außer im Titel überhaupt nicht vorkommt, war natürlich Mrs. Deutschendorf. Langfristig gesehen haben die Treueschwüre den beiden allerdings eher geschadet – die Ehe wurde 1983 geschieden. Überraschenderweise tauchte »seelische Grausamkeit durch die Gesangskarriere des Ehemannes« als Scheidungsgrund nicht auf. Die Briten konnten sich nie so stark für Denver erwärmen wie dessen Landsleute. In Großbritannien war *Annie's Song* sein einziger Hit, der es unter die ersten zehn der Hitparade schaffte, während Millionen von Amerikanern so beeindruckt von seinen eher simplen Melodien waren, daß sie ihm mit *Sunshine on my Shoulders, Thank God I'm a Country Boy* und *I'm Sorry* noch zu drei weiteren Nummer-eins-Hits verhalfen. *Annie's Song* wurde 1978 noch einmal als Instrumentalnummer mit James Galway veröffentlicht und erreichte Platz drei der britischen Hitparade. Die einzige Version, die es wert ist, angehört zu werden, erschien 1980 auf Monty Pythons Album *Contractual Obligation.* Das Lied endet mit den erstickten Schreien von John Denver, der gerade erdrosselt wird. Mr. Denver fand das Ganze überhaupt nicht witzig und sorgte dafür, daß der Titel aus dem Album genommen wurde.

9 *Release Me,* Engelbert Humperdinck, 1967.
Der größte Hitparadenerfolg des Jahres 1967 stammte von einem Schnulzensänger, der aussah wie ein Lackaffe und über-

lange Koteletten trug. Engelbert Humperdinck war als Gerry Dorsey im indischen Madras geboren worden und hatte sich mit einer Gesangskarriere jahrelang mehr schlecht als recht über Wasser gehalten. Die Wende kam, als er sich den gleichen Manager wie Tom Jones und den gleichen Namen wie ein toter deutscher Komponist zulegte. Sein dramatischer Gesangsstil und die todesmutige Verachtung aktueller Modetrends machten ihn bald zum Liebling eines eher reiferen Publikums. Seine Version der schon etwas angestaubten Country-Ballade *Release Me* stand sechs Wochen lang an der Spitze der britischen Hitparade und bereitete den Weg für ein gutes Dutzend großer Hits zwischen 1967 bis 1976.

10 *Do The Clam,* Elvis Presley, 1965.
Der Beweis dafür, daß er vielleicht besser Lastwagenfahrer geblieben wäre. Angefangen mit *Pulverdampf und heiße Liebe* (*Love Me Tender*, 1956) hat Elvis immer wieder in immer schlechter werdenden Filmen mitgewirkt, die häufig auch von immer schlechteren Soundtracks begleitet wurden. *Do The Clam* war einer von fünf Titeln, die Elvis am 5. Juni 1964 für den Kinofilm *Kurven-Lilly (Girl Happy)* aufgenommen hatte, der ein Jahr später in die Kinos kam. Es war sein zwanzigster Film in neun Jahren. *Kurven-Lilly* war selbst am traurigen Standard der Elvis-Filme gemessen ein großer Fehler. Elvis mußte darin den Anstandswauwau für eine Gruppe von Collegeschülerinnen mimen, die er auf einer Reise nach Fort Lauderdale begleitete. Wie immer war der Film nur ein schlecht getarnter Vorwand dafür, daß Elvis seinen berühmten Hüftschwung anbringen und gelegentlich das eine oder andere Liedchen trällern konnte. *Do The Clam* ist zweifellos die schlechteste Schnulze, die Elvis je verbrochen hat. Sie kam sowohl in den USA als auch in Großbritannien unter die ersten zwanzig der Hitparade.

11 *Mull of Kintyre,* Paul McCartney & Wings, 1977.
1977 galt es als subversiv, wenn jemand in Großbritannien diese Platte nicht besaß – jeder Haushalt mußte sie mindestens in dreifacher Ausführung haben. Nachdem er eine Ewigkeit den ersten Platz der britischen Hitparade (eigentlich waren es nur neun Wochen) belegt hatte, wurde *Mull of Kintyre* zur bestverkauften britischen Single aller Zeiten. Sie ist noch heute vielen Briten so vertraut wie die Weihnachtsansprache der Königin. Im Video zum Song schlenderte Paul mit seiner Gruppe nachdenk-

lich über eine nebelverhangene Wiese in Kintyre. Als er den Song geschrieben hatte, war sich McCartney nicht mehr ganz so sicher, ob daraus eine Hitsingle werden konnte. Die Dudelsackspieler der Campbeltown Pipe Band, die er sich für die Aufnahmen ins Studio geholt hatte, waren jedoch ganz anderer Meinung. In der amerikanischen Hitparade schaffte es *Mull of Kintyre* nur bis auf Platz 33. Als meistverkaufte britische Single aller Zeiten wurde der Song erst 1984 abgelöst, als Bob Geldof und Midge Ure mit Band Aid und dem Titel *Do They Know It's Christmas* einen neuen Rekord aufstellten.

12 *Living Next Door To Alice,* Smokie, 1976.
Smokies sechste Single wurde von dem britischen Duo Mike Chinn und Micky Chapman geschrieben, die ein geradezu sadistisches Vergnügen daran fanden, populären Schwachsinn für Teenies zu schreiben. Smokie wirkte wie eine Kreuzung zwischen The Faces und The Wombles und hatte sich als Zielgruppe den eher minderbemittelten Pubertierenden ausgesucht, wobei sie allerdings gegen so starke Konkurrenten wie Mud, Sweet, The Rubettes, Suzi Quattro und Showaddywaddy ankämpfen mußten. »Chinnichap«, kurz für Chinn und Chapman, schrieben während ihrer kurzen, aber sehr lukrativen Karriere fünf britische Nummer-eins-Hits. Die Singles von Smokie zeichneten sich zwar alle nicht durch intellektuelle Höchstleistungen aus, aber *Living Next Door To Alice* war mit Abstand der dämlichste von allen: Es geht darum um die unerwiderte Liebe eines Typs zu einer Nachbarin, die nach 24 Jahren einfach verschwindet, ohne eine Nachsendeadresse zu hinterlassen. *Living Next Door to Alice* wurde 1977 zu Smokies einzigem US-Hitparadenerfolg.

13 *Save Your Kisses For Me,* Brotherhood of Man, 1976.
Dem Grand Prix d'Eurovision de la Chanson, dem alljährlich stattfindenden Sangeswettstreit der Verrückten, Tapferen und Hoffnungslosen, gelingt es zuweilen doch noch, für panikartige Zustände in Europa zu sorgen. Sandy Shaws *Puppet On A String* machte den Grand Prix in Großbritannien zu einer nationalen Institution, die nur noch von der Weihnachtsrede der Königin in den Schatten gestellt wird. Beim Grand Prix geht es im wesentlichen darum, den letzten Platz zu belegen – eine heißbegehrte Position, auf die die cleveren Finnen schon seit Jahren eine Art Abonnement haben. Miß Shaws Sieg stellte diese Theorie jedoch

auf den Kopf, und die Briten fingen an, den Grand Prix ernst zu nehmen. 1976 gelangte der Grand Prix zu traurigem Ruhm, als Brotherhood of Man mit *Save Your Kisses For Me* zum zweiten Mal den Siegerkranz für Großbritannien ersangen. Die Single war 1976 die am häufigsten verkaufte Platte in Großbritannien und schaffte es bis auf Platz 27 der US-Hitparade.

14 *Wand'rin' Star,* Lee Marvin, 1970.
Die Filmversion des Broadway-Musicals *Westwärts zieht der Wind (Paint Your Wagon)* wird allgemein als die schlechteste Filmbearbeitung der Kinogeschichte angesehen. Die Geschichte über das Leben in kalifornischen Städten zur Zeit des Goldrausches schleppte sich geschlagene drei Stunden dahin und war nach der Beschreibung eines Kritikers »erschreckend langweilig«. Lee Marvin und Clint Eastwood spielten die Hauptrollen, und Marvin mußte den Titelsong singen. Sein Gesang ist selbst dann noch entsetzlich, wenn man berücksichtigt, daß Marvin einen Betrunkenen spielt. Auf der B-Seite der Single werden Marvins unangenehmene Grunzgeräusche noch übertroffen, da Clint Eastwood in *I Talk To The Trees* wie ein sterbender Hund heult. Geradezu unglaublich ist, daß diese Single in der britischen Verkaufshitparade für dieses Jahr auf Platz 6 lag und sogar verhinderte, daß die Beatles mit ihrem Schwanengesang *Let It Be* auf Platz 1 kamen.

15 *My Way,* Elvis Presley, 1977.
Die Hymne aller Kneipenbesucher wurde von drei Franzosen geschrieben (Thibaut, François und Revaux) und hieß ursprünglich *Comme d'habitude*. Der englische Text stammt von Paul Anka. Die Liveaufnahme dieses Titels bescherte Elvis seinen 106. Top-40-Hit in den Vereinigten Staaten und seinen 38. (und zweiten posthumen) Top-10-Hit in Großbritannien. *My Way* wurde über eine Million Mal verkauft. Die Veröffentlichung einer derart schlechten Single so kurz nach seinem Tod zeugt entweder von gutem Geschäftssinn oder schamloser Ausbeutung. An der Aufnahme selbst war beim besten Willen nichts Positives zu finden – 1977 sah Elvis nicht nur aus wie mehrere Tonnen Kartoffelbrei, er sang auch so. In der Musikbranche geht sogar das Gerücht um, daß Phil Spector gerufen wurde, um die Rülpser auf der Aufnahme zu verdecken.

16 *In The Navy,* Village People, 1979.
Village People kam direkt aus der New Yorker Schwulenszene. Die Mitglieder der Gruppe verkleideten sich als Cowboy, India-

ner, Motorradfahrer, Soldat, Polizist und Bauarbeiter und eroberten mit *YMCA*, einer Single aus ihrem mit drei Platinplatten ausgezeichneten Album *Cruisin'*, Ende 1978 die Tanzflächen in den Discos. *YMCA* war ironisch gemeint, ein Faustschlag für den amerikanischen Mann – was durch die stereotypen Macho-Kostüme, die die Gruppe auf der Bühne trug, noch verstärkt wurde. Als die nächste Single-Auskopplung aus *Cruisin'* in die Hitparaden kam, war der Witz schon etwas abgegriffen. Der Text war banal – Zweideutigkeiten über Seeleute waren nicht gerade die originellste Idee der Welt –, und der Wirbel um die Gruppe legte sich dann auch sehr schnell. Der Komiker Billy Connolly konnte mit seiner Parodie *In The Brownies* einige Wochen später einen Hit in Großbritannien landen.

17 *The Laughing Gnome*, David Bowie, 1973.
Bowie in einer seiner vielen Verkleidungen, dieses Mal als Der-Mann-der-am-laufenden-Band-schlechte-Singles-herausbringt. Die Solokarriere des ehemaligen Leadsängers von Tin Machine begann mit einigen sehr zweifelhaften Produktionen. Bowies 1967 veröffentlichtes Debütalbum kam im selben Jahr heraus wie *The Laughing Gnome* und enthält ähnlich stilvolle Songs. Album und Single kann man nur als wunderlich bezeichnen, und nichts deutete auf den sensationellen Erfolg hin, den Bowie bald darauf haben würde. Sowohl Album als auch Single wurden von der Öffentlichkeit glücklicherweise ignoriert, so daß *The Laughing Gnome* für Bowie der elfte Flop in Folge war – es ist geradezu ein Wunder, daß er es danach wagte, noch eine Platte auf den Markt zu bringen. Sechs Jahre später, als Bowie bereits ein Star war, brachte Deram den Titel noch einmal heraus. *The Laughing Gnome* schoß auf Platz sechs der britischen Hitparade und verkaufte sich über 250 000mal. Nur wenige eingefleischte Bowie-Fans wollten zugeben, daß die Platte einfach nur peinlich war, und noch heute versuchen einige seiner glühendsten Bewunderer, den Titel als sehr gute Aufnahme für Kinder und weiteres Beispiel für die Vielseitigkeit ihres Helden hinzustellen.

18 *We Are The World*, USA for Africa, 1995.
Die Platte war zwar für eine gute Sache, aber trotzdem haarsträubend. Harry Belafonte war der Initiator für die Aktion, mit der Hungernden in Afrika geholfen werden sollte, aber die Idee dazu stammte eigentlich von Bob Geldof, der mit der britischen Band Aid und *Do They Know It's Christmas* bereits bewiesen

hatte, daß ein solches Projekt funktionieren konnte. Belafonte erzählte St. Bob später, er habe sich »geschämt«, weil ein paar weiße Jungs aus Großbritannien etwas zustande gebracht hatten, was die Schwarzen in den Vereinigten Staaten schon längst hätten tun sollen. Michael Jackson und Lionel Richie schrieben Text und Musik, und so gut wie jeder, der in den Vereinigten Staaten ein Star war, wurde zum Mitmachen überredet – alles in allem 45 Interpreten, darunter Stevie Wonder, Bob Dylan, Diana Ross, Tina Turner und Paul Simon. Aber selbst die Anwesenheit von Smokey Robinson konnte nicht verhindern, daß die Aufnahme grauenhaft wurde. Offenbar sorgte Stevie Wonder im Studio für eine kleine Aufregung, als er vorschlug, den Text, den er vorher hatte übersetzen lassen, in Suaheli zu singen.

19 *Ringo,* Lorne Greene, 1964.
1964 war ein schwieriges Jahr für die Ponderosa. So schwierig, daß Ben Cartwright und seine Söhne ihre kargen Einkünfte aus der Ranch durch Plattenaufnahmen für RCA aufbessern mußten. Auf dem zweiten Album, *Welcome To The Ponderosa,* findet sich auch die Geschichte darüber, wie Pa Cartwright dem berühmt-berüchtigten Revolverhelden Johnny Ringo das Leben rettete. Pa Cartwrights dramatische Monologe schlugen ein wie eine Bombe, und nach wenigen Wochen stand *Ringo* an der Spitze der US-Hitparade. Hoss und seine Brüder waren sehr überrascht, als sich die Single über eine Million Mal verkaufte. Lorne Greene nahm noch sieben weitere Alben für RCA auf. Er starb 1987 im Alter von 82 Jahren.

20 *Kung Fu Fighting,* Carl Douglas, 1974.
1974 war Bruce Lee ziemlich in. Er hatte zwar nichts davon, weil er schon tot war, aber zweit-, dritt- und viertklassige Kung-Fu-Filme wie *Bruce Lee – Der Mann mit der Todeskralle (Enter the Dragon)* und ähnliche Hau-drauf-Filme sorgten dafür, daß der Kult um ihn weiterging. Der Text der Disco-Eintagsfliege *Kung Fu Fighting,* der von Carl Douglas aus London gesungen wurde, war genauso lächerlich. *Kung Fu Fighting,* das es bis an die Spitze der internationalen Hitparaden schaffte und über neun Millionen Mal verkauft wurde, wurde in zehn Minuten geschrieben. Für den Nachfolger, *Dance The Kung Fu,* brauchte man dann allerdings ein paar Minuten länger.

IV
Gesundheit & Schönheit

10 haarige Geschichten

1 1993 lief ein 22jähriger Holländer in einem Friseursalon in Hengelo Amok und verursachte einen Schaden von 90 000 Mark. Er war aus der Fassung geraten, weil der Friseur die Anweisung »einmal Fönen bitte« etwas anders interpretiert hatte und ihm kurzerhand einen blies.

2 Der 56jährige Friseur Joseph Middleton aus Kalifornien wurde 1996 zu sechzig Tagen gemeinnütziger Arbeit verurteilt. Middleton hatte mit der einen Hand masturbiert, während er mit der anderen einer Kundin die Haare geschnitten hatte. Bei der Verhandlung wurde erwähnt, daß der Friseur tatsächlich beide Tätigkeiten zu Ende bringen konnte, weil die Kundin zuviel Angst hatte, um zu protestieren.

3 Die schottische Königin Maria Stuart hatte eine Glatze, ein Geheimnis, das sie selbst vor ihren engsten Vertrauten mit einer kastanienbraunen Perücke verbarg. Erst am Tag ihrer Exekution wurde ihr Geheimnis gelüftet: Nachdem ihr der Henker den Kopf abgehackt hatte, hob er ihn an den Haaren in die Luft, um ihn der Menge zeigen. Dabei löste sich die Perücke, und der Kopf fiel zu Boden.

4 1994 verklagten Hunderte von Uruguayern einen Shampooehersteller auf Schadensersatz, nachdem sie dessen patentiertes Antischuppenshampoo Dander-Ban benutzt hatten. Allerdings konnte keines der Opfer, unter denen sich Männer wie Frauen befanden, nachweisen, daß das Produkt des Unternehmens nicht gegen Schuppen half – innerhalb von wenigen Stunden nach dem Haarewaschen hatten nämlich alle eine Glatze.

5 Im März 1983 wurde der dänische Haarfetischist Luigi Longhi zu einer lebenslangen Gefängnisstrafe verurteilt, weil er eine deutsche Anhalterin entführt und getötet hatte. Luigi gestand, dem Mädchen viermal die Haare gewaschen zu haben, bevor er es erdrosselte.

6 Zur Herstellung von Perücken wurden über dreihundert Jahre lang die Haare von Toten verwendet, obwohl die Qualität der

Haare in der Regel sehr schlecht war. 1665, während der verheerenden Pestwelle in London, brach das Geschäft mit Perücken völlig zusammen. Niemand wollte eine neue Perücke kaufen, weil alle Angst hatten, daß das Haar von pestkranken Leichen stammte. Samuel Pepys schrieb einmal in sein Tagebuch, daß er eine nagelneue Perücke gekauft, diese aber gleich wieder zu seinem Barbier zurückgebracht habe, weil sie voller Kopfläuse war. »Es hat mich sehr verdrossen«, schrieb Pepys, »daß er mir so etwas in die Hand gedrückt hat.«

7 Der 33jährige Michael Potkul erhielt 1996 im amerikanischen Pittsburgh 400 000 US-Dollar Schmerzensgeld, weil seinem Chirurgen Dominic Brandy ein Kunstfehler unterlaufen war. Brandy hatte Potkul volles, dichtes Haar versprochen. Dazu dehnte er bei einer Operation die noch mit Haaren bewachsene Haut am Hinterkopf Potkuls und nähte sie über der kahlen Stelle auf der Kopfmitte fest. Nach sechs erfolglosen Operationen war Potkul so deprimiert, daß er einen Selbstmordversuch unternahm.

8 Ronnie Spector, in den Sechzigern Sängerin der Mädchenband The Ronettes, enthüllte in einer schwachen Stunde, daß ihr Mann Phil, ein berühmter Texter und Komponist, immer das Licht ausmachte, bevor sie zu Bett gingen, damit er sein Toupet im Dunkeln ablegen konnte. Anschließend rieb er mit viel Lösungsmittel den Klebstoff, der das Toupet tagsüber in Position hielt, von seinem Kopf herunter, so daß er für den Rest der Nacht hundsmiserabel stank.

9 In Denver gestand der 32jährige David Joseph Zaba, seine Frau beim Geschlechtsverkehr mit Nagellack übergossen zu haben, weshalb ihr dann später alle Haare ausgefallen waren. Bei der Gerichtsverhandlung stellte sich heraus, daß das Ehepaar seit sieben Jahren Nahrungsmittel als Sexspielzeug verwendete. Als die Sache mit dem Nagellack passierte, hatte Angela Zaba eigentlich Honig und Schokoladensirup erwartet.

10 1994 verklagten Ernestine und John Kujan den New Yorker Hundesalon Pet Pavilion, nachdem sie mit angesehen hatten, wie ihr Cockerspaniel aus Versehen in einem vollautomatischen Haartrockner gebraten wurde.

12 Mode- und Schönheitstips berühmter Persönlichkeiten

1 Die lesbische Gräfin Elisabeth Báthory, die im 17. Jahrhundert in Ungarn lebte, hielt nicht sehr viel von traditionellen Feuchtigkeitslotionen und Antifaltencremes und badete lieber im warmen Blut frisch getöteter Jungfrauen. Um ihren Teint zu bewahren, ließ sie mehr als 650 Mädchen abschlachten.

2 König Karl I. trug am Tag seiner Hinrichtung gleich zwei Westen.

3 Der Komponist Gioacchino Rossini litt in vorgerücktem Alter an krankhaftem Haarausfall, so daß er eine Perücke tragen mußte. Bei besonders kaltem Wetter trug er gleich zwei oder drei übereinander.

4 Königin Isabeau, die Gemahlin König Karls VI. von Frankreich, verfügte, daß keine ihrer Hofdamen eine Taille von mehr als 33 Zentimetern haben durfte. Bei dem Versuch, die geforderten Maße zu erreichen, hungerten sich einige von ihnen zu Tode.

5 Königin Annas Cousin Lord Cornbury, der 3. Graf von Clarendon, war von 1701 bis 1708 Generalgouverneur von New York und New Jersey. Cornbury war ein erfahrener britischer Parlamentarier und Transvestit. 1702 trug der große, kräftig gebaute Mann zur Eröffnung der New Yorker Volksvertretung ein mit Diamanten besetztes Ballkleid aus blauer Seide, Satinschuhe und einen extravaganten Kopfputz. Als sich Königin Annas amerikanische Untertanen über den Aufzug ihres Gouverneurs beschwerten, bezeichnete Cornbury die Einheimischen als »dumm«. Es sei doch völlig offensichtlich, so argumentierte er, daß er als Repräsentant Ihrer Majestät die Pflicht habe, seine Königin so perfekt wie möglich zu vertreten.

6 Um für seine Frau Gala noch reizvoller zu sein, rasierte sich Salvador Dalí so oft die Achselhöhlen, bis diese bluteten, und nebelte sich mit einem Parfüm aus Fischleim und Kuhmist ein.

7 Als der im 16. Jahrhundert lebende dänische Astronom Tycho Brahe durch Syphilis seine Nase verlor, ließ er sich eine neue aus Gold und Silber machen.

8 Der berühmte französische Rennfahrer Jean Behra (1921-1959) trug ein Plastikohr, nachdem er sein eigenes 1955 bei einem Unfall auf der Rennstrecke verloren hatte. Sicherheitshalber hatte er immer ein Ersatzohr in der Tasche.

9 Königin Elisabeth I. hatte immer einen Beutel mit Süßigkeiten bei sich, mit denen sie ihren starken Mundgeruch kaschierte. Im Elisabethanischen Zeitalter war Zucker so teuer, daß schwarze Zähne ein Zeichen für Wohlstand waren. Als sie keinen einzigen Zahn mehr im Mund hatte, stopfte sich Elisabeth Stoffetzen hinter die Lippen, damit ihr Gesicht nicht so eingefallen wirkte. Die Brüste der Königin waren stets mit einer dicken Schicht aus Puder und Bleiweiß bedeckt, auf der mit blauer Farbe die Äderchen nachgezeichnet waren. Bleiweiß war ein sehr beliebtes Bleichmittel, mit dem sich die Frauen im nördlichen Europa jahrhundertelang üble Narben und Vergiftungen zufügten. Elisabeth verwendete außerdem eine Haarpomade, die aus Äpfeln und dem Fett junger Hunde hergestellt wurde.

10 Mae West trug Schuhe mit 25 Zentimeter hohen Absätzen und künstliche Brustwarzen.

11 George Washington besaß mindestens vier Zahnprothesen, die er über Nacht in Port einweichte, damit sie besser schmeckten. Seine Zähne hatte er vermutlich deshalb verloren, weil er als junger Mann die Angewohnheit hatte, damit Paranüsse zu knacken. Als Washington Präsident wurde, hatte er noch nur einen Zahn im Mund. Er trug ein Gebiß aus Kuhzähnen, und später ließ er sich von einem bekannten Zahnarzt aus Philadelphia ein weiteres Gebiß anfertigen, das dieser nicht aus Holz, sondern aus den Eckzähnen eines Flußpferdes schnitzte. Als das neue Gebiß fertig war, wurde ein Loch für den einzigen noch verbliebenen Zahn des Präsidenten hineingebohrt. Leider paßte es nicht sehr gut und verursachte Washington starke Schmerzen, die er durch Laudanum zu mildern versuchte. Verständlicherweise gibt es kaum ein Porträt des amerikanischen Präsidenten, auf dem er lächelt.

12 Nachdem Diana, die Princess of Wales, 1996 die Vereinigten Staaten besucht hatte, berichtete der *New York Observer*, daß die Nachfrage nach Darmspülungen um das Zehnfache gestiegen sei.

Die 10 gefährlichsten Ärzte aller Zeiten

1 Der im 2. Jahrhundert lebende griechische Anatom Galen, Leibarzt des römischen Kaisers Marc Aurel, tötete indirekt mehr Menschen als jeder andere Vertreter seiner Zunft. Galen wurde von der Kirche mehr als 1000 Jahre lang als einzige offizielle Autorität für die menschliche Anatomie angesehen. Was er über den Aufbau des menschlichen Körpers sagte, war sozusagen heilig: Es genügte schon, Galens Autorität in Frage zu stellten, um wegen Ketzerei mit dem Tod bestraft zu werden. Die Kirche kümmerte es nicht im geringsten, daß Galen das Innere des menschlichen Körpers nie gesehen hatte und seine etwa hundert medizinischen Lehrbücher lediglich auf wilden Vermutungen beruhten, die er aus Beobachtungen toter Schweine und Hunde gezogen hatte. Obwohl Galen seiner Zeit zweifellos weit voraus war und einiges durchaus richtig geraten hatte, führten seine zahlreichen Fehler jahrhundertelang zum Tod unzähliger Menschen. Dank Galen lernten Generationen von Medizinstudenten, daß das Gehirn ein großer Schleimklumpen sei, das Herz aus zwei Kammern bestehe, Kopfschmerzen geheilt werden, indem man Löcher in den Schädel bohrt, ein hartnäckiger Husten durch Amputation des Gaumenzäpfchens verschwindet und postoperative Wunden mit Taubenblut bedeckt werden sollten. Das Verbot, anatomische Studien am Mensch selbst vorzunehmen, blieb noch Jahrhunderte nach Galens Tod bestehen. Nur ein Papst konnte die Genehmigung dafür geben, daß ab und zu ein verurteilter Verbrecher aus seinem Grab geholt und aufgeschnitten wurde, aber selbst dafür gab es strenge Vorschriften. Die Sektion selbst mußte von einem Diener vorgenommen werden, während der Arzt danebenstand, aus den Werken Galens vorlas und auf die beschriebenen Organe deutete. Wenn sich herausstellte, daß Galen sich geirrt hatte, was nahezu immer der Fall war, wurde das mit der Begründung entschuldigt, daß der Verstorbene ein Verbrecher und damit nicht normal war.

2 Dr. Fagon, der im 18. Jahrhundert als Leibarzt der königlichen Familie in Versailles sein Unwesen trieb, wurde auch »der Prinzenmörder« genannt. 1715 löschte er innerhalb von 14 Tagen fast

die gesamte königliche Familie inklusive Ludwig XIV. aus, als er eine Masernepidemie mit einer Roßkur aus Abführmitteln, Brechmitteln und Aderlässen behandelte. Ludwig XV., der damals noch ein Kind war, kam nur deshalb mit dem Leben davon, weil ihn seine Kinderfrau vor Dr. Fagon versteckte.

3 Die mittels eines Eispickels unter Lokalanästhesie durchgeführte »Fließbandlobotomie« (ein operativer Eingriff ins Gehirn) war die Spezialität von Dr. Walter Freeman, Professor für Neurologie an der George Washington University. Seine erste Patientin war eine manisch-depressive 63jährige aus Kansas, die sich lieber operieren lassen wollte, als den Rest ihres Lebens im Irrenhaus zu verbringen. Als sie auf dem Operationstisch lag und erfuhr, daß man ihr alle Haare abrasieren wollte, hätte sie es sich beinahe noch anders überlegt. Freeman versicherte ihr jedoch, daß sie ihre schönen Locken behalten könne, wohl deshalb, weil er wußte, daß es ihr nach dem Eingriff sowieso egal sein würde. In den vierziger und fünfziger Jahren reiste Freeman in einem speziell ausgestatteten Campmobil, das er »Lobomobil« nannte, in den Vereinigten Staaten umher und führte den Eingriff an mehr als 20 000 Patienten durch. Schwestern und Krankenhausmitarbeiter, die Freeman in Aktion sahen und miterlebten, wie er Hammer und Eispickel schwang und einen Patienten nach dem anderen bearbeitete, fielen oft in Ohnmacht. Seine berühmteste Patientin war die rebellische Hollywoodschauspielerin Frances Farmer, die erst 34 Jahre alt war, als Freeman sie »behandelte«. Freeman ließ sich fotografieren, während er die Lobotomie an ihr durchführte, und zeigte das Foto später seinen Freunden. Seine letzte Lobotomie führte er 1967 mit 72 Jahren durch.

4 John Richard Brinkley, »der Messias von Milford«, war der berühmteste Vertreter der Ziegenhodenwissenschaft. Brinkley wurde 1885 in Tennessee geboren und eröffnete in Milford im US-Bundesstaat Kansas eine kleine Landarztpraxis. Eines Tages kam ein älterer Farmer in die Sprechstunde, beklagte sich über seine nachlassende Libido und fragte Brinkley, ob man denn nichts dagegen tun könne. Brinkley fiel ein Buch über Endokrinologie ein, das er vor einiger Zeit gelesen hatte. Er entwickelte daraus die Theorie, daß er den männlichen Sexualtrieb wiederherstellen konnte, wenn er die Keimdrüsen einer Ziege in den Hoden transplantierte. Obwohl Brinkley kaum Erfahrung als Chirurg hatte, überredete er den Farmer zu einem Test, mit dem er seine

Theorie beweisen wollte – und ein Jahr später brachte dessen Frau einen Jungen namens Billy zur Welt. Für bescheidene 750 US-Dollar bot Brinkley seine Dienste jedem an, der bereit war, sich unter sein Messer zu legen – und das waren nicht gerade wenige. Die ersten Transplantationen, bei denen er Hoden der geruchlosen Toggenberg-Ziege verwendete, verliefen ohne Probleme. Die nächsten beiden Empfänger wurden mit Hoden von Angoraziegen ausgestattet. Brinkley zufolge rochen seine Patienten wie eine feuchte Scheune im Sommer, als sie den Operationssaal verließen. Von da an verwendete er nur noch Keimdrüsen von Toggenberg-Ziegen. Seine Patienten konnten sich ihren Spender sogar selbst aus der Herde aussuchen, die in einem Gehege neben der Klinik Brinkleys gehalten wurde. Nach einiger Zeit hörte auch Harry Chandler, der Besitzer der *Los Angeles Times*, von der Ziegenhodentherapie. Chandler ließ sich von Brinkley operieren und berichtete in seiner Zeitung von der Therapie, da er sehr zufrieden mit dem Ergebnis war. Die kostenlose Reklame machte Brinkley berühmt, zog aber auch die Aufmerksamkeit der kalifornischen Gesundheitsbehörde auf ihn, die ihm prompt die Zulassung als Arzt entzog und strafrechtlich gegen ihn vorging. Brinkley kehrte nach Kansas zurück, wo seine Operationen weiterhin reißenden Absatz fanden, was vor allem seinem Radiosender KFKB zu verdanken war, einer exzentrischen Mischung aus Medizinvorlesungen und Countrymusik. Aus allen Bundesstaaten strömten die Männer nach Kansas, so daß zeitweise bis zu vierzig Ziegen pro Woche per Eisenbahn an Brinkleys Klinik geliefert wurden. In den dreißiger Jahren dachte sich Brinkley eine zweite Masche aus, die er für weitaus lukrativer hielt als seine Ziegenhodenoperation. Er entwickelte für seinen Radiosender eine neue Sendung mit dem Titel *Doctor Brinkley's Medical Question Box*. Darin wurden die Zuhörer aufgefordert, ihm schriftlich von ihren gesundheitlichen Problemen zu berichten. In der Sendung wollte er die richtige Behandlungsmethode dafür vorschlagen. Dafür waren dann natürlich die von ihm entwickelten Arzneimittel erforderlich, die zum größten Teil aus gefärbtem Wasser bestanden. Die Gesundheitsbehörde von Kansas hatte damit endlich den Vorwand, den sie brauchte, um Brinkley die Sendelizenz zu entziehen: Verstoß gegen die ärztliche Berufsehre. Daraufhin verlegte Brinkley seine Aktivitäten ins texanische Del Rio und stellte auf der anderen Seite der mexikanischen Grenze einen leistungsstarken Sender auf. Sein neuer Radiosender XER war überall in den Vereinigten Staaten zu hören und sorgte dafür, daß der Patientenstrom nicht abriß. Ende der dreißiger Jahre verboten die mexikanischen Behörden Brinkley auf Druck der amerikanischen Regierung den Sendebetrieb, so daß dieser schließlich Konkurs anmelden mußte. 1942, als ihm die amerikanische Polizei wegen Betrugs dicht auf den Fersen war, entkam er einem Prozeß nur dadurch, daß er in San Antonio im US-Bundesstaat Texas starb. Seine erstaunliche Karriere veranlaßte die US-Regierung zu einer gründlichen Überarbeitung der Gesetze für niedergelassene Ärzte und Radiosender.

5 Im Februar 1995 sagte der 51 Jahre alte Diabetiker William King nur wenige Minuten vor einer Operation, bei der sein von Brand befallener rechter Fuß amputiert werden sollte, im Scherz zu einigen Mitarbeitern des University Community Hospital in Tampa, Florida: »Passen Sie bloß auf, daß Sie nicht den falschen erwischen.« Als King aus der Narkose aufwachte, stellte er fest, daß ihm der Chirurg Rolando Sanchez aus Versehen den linken Fuß abgenommen hatte. Einige Zeit später mußten ihm beide Beine bis unter das Knie amputiert werden. King erhielt von dem Chirurgen ein Schmerzensgeld in Höhe von 250 000 US-Dollar. Die Klinik führte nach dem Vorfall ein neues System ein, das Verwechslungen dieser Art in Zukunft vermeiden sollte: Bei allen Operationen wurde nun mit Filzstift das Wort »Nein« auf alle Gliedmaßen geschrieben, die nicht amputiert werden sollten.

6 Im Oktober 1788 wurde König Georg III. von heftigen Magenkrämpfen gequält und hatte Schaum vor dem Mund. Der Anfall war der erste einer ganzen Serie, die die Regierung davon überzeugte, daß der König an vorübergehendem Wahnsinn litt. Nach einiger Zeit kapitulierte die Armee der königlichen Leibärzte und erklärte sich widerwillig damit einverstanden, den König von Reverend Dr. Francis Willis, einem »Experten« für Geisteskrankheiten, behandeln zu lassen. Willis war Priester der Gemeinde St. John's in Wapping, wo er zusammen mit seinem Sohn John auch eine private Irrenanstalt leitete. Am 5. Dezember kamen Dr. Willis und John in Windsor an, ausgerüstet mit den modernsten Geräten zur Behandlung von Geisteskrankheiten: einer Zwangsjacke, eisernen Schraubzwingen, einem Stuhl und einem langen Seil. Die »Behandlung«, die König Georg über sich ergehen lassen mußte, war so bestialisch, daß sie vermutlich zu einem schweren Nervenzusammenbruch des Monarchen führte. Der kranke

König war für Vater und Sohn Willis eine wahre Goldgrube. Trotz der brachialen Behandlungsmethoden besserte sich Georgs Zustand zwischenzeitlich, was Willis und sein Sohn natürlich auf ihre ärztliche Kunst zurückführten. Das Parlament ließ Gedenkmünzen für die beiden prägen und gewährte ihnen eine sehr großzügige Rente auf Lebenszeit. Willis senior erhielt später eine Einladung nach Portugal, um die verrückte Königin Maria zu »heilen«. Das gelang ihm zwar nicht, aber er kehrte mit 10 000 Pfund in der Tasche und dem Ruf, der Arzt der gekrönten Spinner Europas zu sein, nach England zurück.

7 Dr. Theodor Morell war von Mitte der dreißiger Jahre an Adolf Hitlers Leibarzt. Morells bizarre Kur für die diversen Wehwechen des »Führers« bestand aus verschiedenen Medikamenten, die sich mit ziemlicher Sicherheit auf dessen Geisteszustand auswirkten. Da Hitler strikter Vegetarier war, litt er unter fürchterlichen Blähungen, ein Problem, dem Morell mit Dr. Kösters Magenpillen aus Strychnin und Tollkirschen zu Leibe rückte. Morell verschrieb Hitler auch seine »goldenen« Tabletten, die enorme Mengen an Koffein und ein süchtig machendes Amphetamin namens Pervitin enthielten. Inzwischen ist bekannt, daß hohe Dosen Pervitin zu Desorientierung, Halluzinationen, Krämpfen und komatösen Zuständen führen – Hitler war für seine schizophrenen Schübe und irrationalen Ausbrüche bekannt. Im September 1940 drohte er England einen Luftangriff an, bei dem Bomben mit einem Gewicht von einer Million Kilogramm geworfen werden sollten. Etwas später korrigierte er diese Zahl auf 400 000 Kilogramm, da ihm die Menge, die er unter dem Einfluß von Morells Pillen genannt hatte, viel zu hoch erschien. Dr. Geising, der in den letzten Kriegsjahren zu Hitlers Leibarzt ernannt wurde, stellte fest, daß der Führer über viele Jahre hinweg mit verschiedenen Drogen in »erschreckend hoher Konzentration« vergiftet worden war. Allerdings war Dr. Geising selbst nicht ganz unschuldig an dem erhöhten Drogenspiegel in Hitlers Blut: 1944 behandelte er eine Erkältung des Führers mit einer zehnprozentigen Kokainlösung, und kurz vor seinem Tod verabreichte er ihm große Mengen Kokaintropfen wegen eines Augenproblems.

8 Großbritanniens berüchtigster »Arzt« der jüngsten Zeit war Muhammed Saeed. Der praktische Arzt aus Bradford hatte eine Zulassung bekommen, als er von Pakistan nach Großbritannien emigriert war. Er arbeitete trotz wiederholt demonstrierter

Unfähigkeit und teilweise lächerlicher Behandlungsmethoden dreißig Jahre lang für den staatlichen britischen Gesundheitsdienst, bis er schließlich doch noch aufflog. »Dr.« Saeed wurde 1992 zu fünf Jahren Gefängnis verurteilt, nachdem er seinen 3000 Patienten gesagt hatte, sie sollten Shampoo schlucken, bei Zahnschmerzen das Desinfektionsmittel Kreosot verwenden, Schlaftabletten dreimal am Tag nehmen, sich mit Hustensaft einreiben und Zäpfchen oral einnehmen.

9 Der Ire Sir William Arbuthnot Lane, Chirurg am Londoner Guy's Hospital, löste die medizinisch gefährlichste Modewelle des Jahrhunderts aus – die chirurgische Entfernung des menschlichen Dickdarms. Lanes Leben wurde von zwei großen Leidenschaften bestimmt – Gesellschaftstänzen und dem menschlichen Verdauungsapparat. Der letztere war für ihn die Ursache aller bekannten medizinischen Probleme. Lane empfahl seinen Patienten, ihren Dickdarm täglich mit einem halben Liter Schlagsahne zu schmieren und flach auf dem Bauch zu schlafen. Darüber hinaus machte er die bemerkenswerte Entdeckung, daß rothaarige Frauen so gut wie nie an Verstopfung litten. Seinen größten Beitrag zur Medizin leistete er 1903, als er herausfand, daß der menschliche Dickdarm keinerlei Funktion hatte und lediglich eine nutzlose Röhre aus Gewebe und Muskeln war, die dazu noch übel roch. Lane machte sich daran, den Beweis für seine Hypothese zu erbringen, indem er die Dickdärme aus der Welt schaffte. Vor Lane war kein After sicher – Patienten, die wegen kleinerer Beschwerden zu ihm kamen, schnitt er routinemäßig den Dickdarm heraus. Nach kurzer Zeit kam seine Theorie in Mode, und überall in Großbritannien waren nun die Chirurgen der Meinung, daß der bescheidene Dickdarm die Ursache für eine ganze Reihe von Krankheiten sei, darunter auch Krebs und Tuberkulose. Nach etwa zehn Jahren wurden einige Ärzte mißtrauisch, und Lane geriet in Mißkredit.

10 Königin Viktoria verließ sich fast während ihrer gesamten Regierungszeit auf den miserablen Hofarzt Sir James Clarke, von dem Lord Clarendon einmal sagte, er sei »nicht einmal zur Pflege einer kranken Katze fähig«. 1839 war Clarke in einen Skandal bei Hofe verwickelt, der als »Flora-Hastings-Affäre« in die Geschichte einging. Flora Hastings, eine junge, unverheiratete Hofdame der Königin, litt unter einem stark geschwollenen Bauch, so daß mehrere Höflinge und auch die Königin fest davon

überzeugt waren, sie sei schwanger. Um ihre Unschuld zu beweisen, erklärte sich Miß Hastings mit einer äußerst peinlichen gynäkologischen Untersuchung durch den Arzt der Königin einverstanden. Clarke berichtete anschließend, daß er zwar keine Anzeichen für eine Schwangerschaft gefunden habe, aber auch kein anderer Grund für ihren geschwollenen Bauch festzustellen sei. Sodann verfaßte er einen äußerst merkwürdigen medizinischen Bericht, demzufolge Flora Hastings zwar noch Jungfrau sei, was aber nicht unbedingt heißen müsse, daß sie nicht schwanger sei. Er erklärte der Königin, daß er in seiner Laufbahn als Mediziner mehrere schwangere Jungfrauen gesehen habe. Der Königin genügte diese Erklärung, und sie begann, ihrer Hofdame das Leben so schwer wie nur möglich zu machen. Die Wahrheit kam einige Monate später ans Licht, als das arme Mädchen qualvoll an einem Lebertumor starb. Clarkes Karriere hätte damit eigentlich zu Ende sein müssen, aber Königin Viktoria behielt ihn in ihren Diensten. Als ihr Gemahl Prinz Albert im November 1861 krank wurde, war Dr. Clarke sofort zur Stelle und versicherte dem Premierminister Lord Palmerston und der Königin, daß der Prinzgemahl lediglich eine üble Erkältung hatte und absolut kein Grund zur Besorgnis bestand. Nach sechs Wochen war Prinz Albert tot. Clarke sagte später, daß er nachträglich der Meinung sei, Symptome von Typhus festgestellt zu haben. Er lag schon wieder falsch, denn der Prinzgemahl starb mit großer Sicherheit an Krebs.

10 etwas kurz geratene Staatsoberhäupter

1 König Pippin der Kurze – 1,08 Meter

2 Papst Gregor VII. – 1,25 Meter

3 Karl III. von Neapel – 1,35 Meter

4 Attila der Hunne – 1,38 Meter

5 Josef Stalin – 1,62 Meter

6 Napoléon Bonaparte – 1,62 Meter

7 US-Präsident James Madison – 1,62 Meter

8 General Franco – 1,62 Meter

9 Königin Anna – 1,45 Meter

10 Königin Viktoria – 1,48 Meter

Die 10 größten Modesünden aller Zeiten

1 Durchsichtige Kleidung: während der Herrschaft von Kaiser Nero der letzte Schrei in Rom. Brüste und Genitalien waren deutlich zu erkennen, was Seneca zu folgendem Kommentar veranlaßte: »Unsere Frauen können ihren Liebhabern im Schlafzimmer nichts mehr zeigen, was sie nicht auch schon auf der Straße zur Schau gestellt haben.«

2 Der Hosenbeutel: unerläßliches Accessoire für den modebewußten Mann der Renaissance. Er mußte so eng am Geschlechtsteil anliegen wie der Finger eines Handschuhs und wurde im 15. Jahrhundert in ganz Europa getragen. Der zeitgenössische Modekritiker Michel de Montaigne fragte sich: »Wozu ist jene Monstrosität eigentlich gut, die wir uns jeden Morgen an unsere Hosen heften und mit der wir durch allerlei Polster und Betrügereien einen falschen Eindruck zu schaffen suchen?« Der Hosenbeutel war ursprünglich wohl erfunden worden, um dem in seiner Rüstung steckenden Ritter ein dringendes menschliches Bedürfnis zu erleichtern.

3 Flohkragen: Ab dem 14. Jahrhundert trugen englische Damen etwa zweihundert Jahre lang spezielle Pelzkrägen. Das Accessoire sollte Flöhe anziehen, damit sich diese nicht auf dem Rest der Kleidung niederließen.

4 Falsche Augenbrauen: Im 18. Jahrhundert trugen sowohl Männer als auch Frauen Augenbrauen aus Mäusefell, die mit Fischleim aufgeklebt wurden.

5 Gebundene Füße: Die chinesische Sitte des Füßebindens stammt aus dem 13. Jahrhundert und wird auf die Kaiserin Taki zurückgeführt. Sie wurde mit einem Klumpfuß geboren, und ihre Höflinge wickelten sich Stoffstreifen um die Füße, um ihre Behinderung nachzuahmen. Es dauerte nicht lange, bis festgebundene, verkrüppelte Füße bei chinesischen Frauen zu einem Schönheitsmerkmal wurden. Die Ehemänner unterstützten das Füßebinden, weil ihnen ihre verkrüppelten Frauen dann nicht so schnell davonlaufen konnten.

6 Erektionsblocker: eine Art Body-Piercing, die nach Königin Viktorias Gemahl Prinz Albert benannt wurde und unter viktorianischen Gentlemen einmal sehr in Mode war. Dabei wurde mit Hilfe mehrerer kleiner Reifen eine Erektion unterdrückt.

7 Unbedeckte Genitalien: Bis 1548, als Eduard VI. ein Gesetz erließ, das es jedem Mann unterhalb des Ranges eines Lords verbot, »sein Gemächt und seinen Hintern« öffentlich zu zeigen, diktierte die Mode des mittelalterlichen England, daß man seine nackten Genitalien unter kurzen Tuniken zur Schau stellte. Wenn das gute Stück nicht groß genug war, konnte mit fleischfarbenen Polstern – »Braquettes« genannt – nachgeholfen worden.

8 Soliman's Water: Die beliebteste Schönheitslotion des 16. Jahrhunderts wurde auf die Haut aufgetragen, um Flecken, Sommersprossen und Warzen loszuwerden. Das Wässerchen funktionierte hervorragend, obwohl eine Lötlampe im Gesicht eine ähnliche Wirkung gehabt hätte. Soliman's Water bestand hauptsächlich aus Quecksilber. Dieses ätze die obere Hautschicht weg und zerfraß das Gewebe darunter. Eine der Nebenwirkungen bestand darin, daß einem die Zähne noch schneller als damals sowieso üblich ausfielen.

9 Schönheitsbehandlungen mit Röntgenstrahlen: In den zwanziger Jahren waren Röntgengeräte, die Schluß mit unerwünschter Gesichts- und Körperbehaarung machen sollten, der Renner in den Schönheitssalons der Vereinigten Staaten. Außerdem wurden Röntgenstrahlen als Allheilmittel für alle möglichen Krankheiten angepriesen: Es gab unter anderem radioaktive Zahnpasta für weißere Zähne und eine bessere Verdauung, radioaktive Gesichtscreme zur Aufhellung der Haut und mit Radium versetzte Schokoladenriegel. Bis in die dreißiger Jahre hinein wurde mit radioaktiven Medikamenten ein schwungvoller Handel betrieben. Eines der beliebtesten Präparate war damals Radiumwasser, das in den Vereinigten Staaten als Allheilmittel und »flüssiger Sonnenschein« vermarktet wurde. Mehrere tausend Menschen starben, nachdem sie es benutzt hatten. 1932 machte Frederick Godfrey, ein »bekannter britischer Haarspezialist«, Werbung für ein radioaktives Haarwasser, und noch 1953 pries eine Firma aus Denver ein radiumhaltiges Gel als Verhütungsmittel an.

10 Gefärbte Zähne: Im 16. Jahrhundert färbten modebewußte Damen in Italien ihre Zähne ein. Russinnen färbten ihre Zähne immer schwarz.

10 Phobien bekannter Persönlichkeiten

1 Harriet Martineau, Edmund Yates, Wilkie Collins und Giacomo Meyerbeer: Taphophobie (Angst davor, lebendig begraben zu werden). Im 19. Jahrhundert war die Angst, lebendig begraben zu werden, so verbreitet, daß über zweihundert Bücher zu diesem Thema geschrieben und Gesellschaften gegründet wurden, um dies zu verhindern. Die Schriftstellerin Harriet Martineau hinterließ ihrem Arzt zehn Pfund Sterling und gab ihm die Anweisung, er solle sich vor ihrer Beerdigung davon überzeugen, daß sie wirklich tot sei, indem er ihr den Kopf abschnitt. Der Romanschriftsteller Edmund Yates traf ähnliche Vorkehrungen und setzte zwanzig Guineen für den Chirurgen aus, der so nett war, ihm vor dem Begräbnis die Drosselvene aufzuschlitzen. Der Romanschriftsteller Wilkie Collins trug ständig einen Brief mit sich herum, in dem er denjenigen, der ihn »tot« auffinden würde, darum bat, den nächsten verfügbaren Arzt um einen zweiten Befund zu bitten.

2 Nicolae Ceauşescu und Marlene Dietrich: Bazillophobie (Angst vor Krankheitserregern). Der rumänische Ex-Diktator und seine Frau mußten sich einmal aus Publicitygründen »unters Volk mischen« und dabei einigen Kindern die Hand schütteln und sie küssen. Die Geheimpolizei wählte einige Freiwillige aus, die wochenlang eingesperrt und regelmäßig desinfiziert wurden, um für den großen Tag bereit zu sein. Marlene Dietrichs Phobie führte dazu, daß sie von Hollywood-Insidern »die Ajax-Königin« genannt wurde.

3 Natalie Wood, US-Schauspielerin: Hydrophobie (Angst vor Wasser). Sie ertrank 1981.

4 Sigmund Freud: Siderodromophobie (Angst vor Zügen).

5 Samuel Johnson: Lyssophobie (Angst davor, verrückt zu werden). Johnson bat seine Frau häufig, ihn in seinem Zimmer einzusperren und anzuketten, weil er fest davon überzeugt war, daß er verrückt wurde.

6 George Bernard Shaw: Koitophobie (Angst vor Sex). Shaw verlor seine Jungfräulichkeit im Alter von 29 Jahren an eine ältere

Witwe. Er war so schockiert von dieser Erfahrung, daß er es erst 15 Jahre später wieder probierte.

7 König Ludwig XV.: Venerophobie (Angst vor Geschlechtskrankheiten). Er schlief nur noch mit sehr jungen Mädchen zwischen 14 und 19 Jahren, weil bei diesen die Ansteckungsgefahr geringer war.

8 Maximilien de Robespierre: Hämatophobie (Angst vor Blut). Dank der Französischen Revolution war die Guillotine auf der Place de la Révolution in Paris fast ununterbrochen in Betrieb. Robespierre selbst war jedoch ausgesprochen zart besaitet und brachte es nicht über sich, die Blutlachen auf dem Kopfsteinpflaster anzusehen.

9 Robert Schumann: Metallophobie (Angst vor Metall). Schlüssel verabscheute der Komponist ganz besonders.

10 Königin Christine von Schweden: Entomophobie (Angst vor Flöhen). Die geistig ein wenig wirre Monarchin, die im 17. Jahrhundert lebte, ließ sich eine zehn Zentimeter große Mini-Kanone bauen, mit der sie in ihrem Schlafzimmer auf Flohjagd ging.

10 nach ihrem Entdecker benannte Körperteile

1. Alcock-Kanal (im Becken)
2. Scarpa-Dreieck (im Oberschenkel)
3. Poupart-Band (in der Leiste)
4. Santorini-Knorpel (im Kehlkopf)
5. Bell-Nerv (im Brustkorb)
6. Douglas-Raum (in der Bauchhöhle)
7. Willis-Kreis (im Gehirn)
8. Vater-Gefäßerweiterung (am Ende des Gallengangs)
9. Schwann-Scheide (im zentralen Nervensystem)
10. Lieberkühn-Drüsen (im Darm)

10 alarmierende Behandlungsmethoden von Zahnärzten

1 Die alten Ägypter kurierten Zahnschmerzen, indem sie einer Maus bei lebendigem Leib den Körper aufschlitzten und dem Patienten noch warm auf das Zahnfleisch legten. Hippokrates empfahl eine Zahnpasta, die aus drei Mäusen und dem Kopf eines Hasen angemischt wurde.

2 Der im 1. Jahrhundert n. Chr. lebende griechische Gelehrte Plinius behauptete, daß man keine Zahnschmerzen bekommt, wenn man jeden Monat zwei Mäuse ißt. Darüber hinaus empfahl er »gemeine grüne Frösche und verbrannte Hinterfüße von Ochse, Kröten und Würmern« als Mittel gegen üblen Mundgeruch. Die Römer behandelten Zahnschmerzen, indem sie sich Kröten auf den Kiefer banden. Zahnpasta und Mundwasser stellten sie aus Urin her. Die beste Pisse stammte angeblich von Portugiesen.

3 Im 17. Jahrhundert trug man bei Zahnschmerzen den Schweiß vom After einer Kuh, die um ein frisch gepflügtes Feld gejagt worden war, auf die schmerzende Stelle auf.

4 Dr. Money vom Chelsea Royal Hospital pflegte eine recht originelle Methode des Zähneziehens. Er nahm ein langes Stück Katzendarm, wickelte ein Ende um den Zahn des Patienten und zog das andere Ende durch eine Kugel, in die er vorher ein Loch gebohrt hatte. Die Kugel wurde in einen Revolver gesteckt und abgefeuert.

5 Die ersten britischen Gebisse bestanden aus Prothesen, die mit den Zähnen von Leichen bestückt waren. Die Mode, Gebisse aus echten menschlichen Zähnen zu tragen, ging Hand in Hand mit dem Anstieg der Leichenräuberei in der ersten Hälfte des 19. Jahrhunderts. »Zähne beschaffen« war damals ein lukratives Geschäft, und die Zähne der Toten wurden zu einer wertvollen Ware. Viele Leichenräuber waren gleichzeitig im Zahngeschäft tätig, um noch mehr Geld zu machen. Die Zähne der im Amerikanischen Bürgerkrieg gefallenen Soldaten wurden tonnenweise nach England verschifft, um dort von den Reichen und der

Schickeria getragen zu werden. Etwas später waren nicht nur Gebisse aus menschlichen Zähnen, sondern auch Transplantationen menschlicher Zähne von einem Gebiß ins andere große Mode. Obwohl die Operation sehr gefährlich war (und viele arme Leute dazu verleitete, ihr einwandfreies Gebiß für ein paar Pfennige zu verkaufen), erfreute sich dieses Verfahren bis kurz vor Ausbruch des Ersten Weltkrieges großer Beliebtheit. Künstliche Zahnprothesen wurden Ende des 19. Jahrhunderts von einem englischen Zahnarzt erfunden, der nur ungern mit den Zähnen von Toten arbeitete. Für kurze Zeit waren auch billige Zähne aus Zelluloid in Mode, aber sie konnten sich nie richtig durchsetzen, weil sie leicht entzündlich waren und häufig in Flammen aufgingen, wenn man rauchte.

6 Der im 18. Jahrhundert in London lebende Zahnarzt Martin Van Butchell versprach seinen Patienten »Gebisse, die ohne Zähneziehen oder Schmerzen geformt, angepaßt, poliert und verankert werden« – eine recht kühne Behauptung, da er seinen Patienten mit einem großen Stock auf den Kopf schlug oder ihnen Sekunden, bevor er einen Zahn zog, unvermutet mit einer Trompete ins Ohr blies. Van Butchell war jedoch vor allem durch seine tote Frau bekannt geworden. Nach ihrem Tod im Jahr 1775 war die verstorbene Mrs. Van Butchell mit Terpentin und Kampfer-Weingeist einbalsamiert und dann im Wohnzimmer ihres Gatten in einem Sarg mit Glasdeckel aufgebahrt worden.

7 Nachdem der russische Zar Peter der Große mitangesehen hatte, wie ein fauler Zahn gezogen wurde, überfiel ihn plötzlich der brennende Wunsch, sich als Amateurzahnarzt zu betätigen. Die 250 Höflinge des Zaren wurden über Nacht zu Opfern für dessen neues Hobby. Peter der Große führte Stichproben bei den Höflingen durch, die gerade in der Nähe waren, und wenn ein Zahn verdächtig aussah, wurde er kurzerhand gezogen. Niemand wagte es, sich dem Zaren zu widersetzen: Die Schreie seiner Patienten bestärkten ihn nur in seinem Wunsch, es das nächste Mal richtig zu machen. Der Zar war ein unglaublich starker Mann, und es kam häufig vor, daß er im Eifer des Gefechts nicht nur Zähne sondern auch gleich noch ein Stück Zahnfleisch entfernte. Die Zähne sammelte er in einem kleinen Säckchen und zeigte sie dann seinen Besuchern.

8 Der Schriftsteller Thomas De Quincey (1785-1879) begann während seiner Zeit in Oxford, Opium gegen seine Zahnschmer-

zen zu nehmen, was eine lebenslange Abhängigkeit auslöste. Als er Mitte Zwanzig war, nahm er 8000 bis 12000 Tropfen Opium täglich. Das Opium wirkte: Nach einiger Zeit fielen ihm alle Zähne aus, so daß er sich nur noch von Flüssigkeiten ernähren konnte.

9 1995 wurde der Zahnarzt Stephen Cobble nach dem Tod eines seiner Patienten wegen fachlicher Unfähigkeit vor Gericht gestellt. Ehemalige Patienten beschwerten sich außerdem darüber, daß er Untersuchungen durchführte, bei denen eine Zahnarzthelferin Rücken, Bauch und Arme des Patienten rieb, daß er Patienten narkotisierte, indem er Injektionen in Leistengegend und Nabel verabreichte, Gewebe einer Kaiserschnittnarbe transplantierte, um eine Kieferentzündung zu behandeln, und eine Ernährung aus Rindfleisch, Salz, Eiern und einem Viertelpfund Butter pro Tag empfahl.

10 Der 26jährige Walter Hallas hatte schreckliche Angst vor dem Zahnarzt. Als er im November 1997 von üblen Zahnschmerzen geplagt wurde, überredete er seinen Freund Mark Waldron dazu, ihm einen Faustschlag auf den Kiefer zu geben und damit den Zahn auszuschlagen. Der Freund schlug zu, und Hallas stürzte rückwärts zu Boden, wobei er sich einen Schädelbruch zuzog. Mr. Hallas starb sechs Tage später an seinen Verletzungen.

10 Radikalkuren gegen Glatzköpfe

1 1916 wurde der Wiener Professor Ludwig Steinach weltberühmt, nachdem er die revolutionäre Behauptung aufgestellt hatte, daß eine Sterilisation gegen Kahlheit und den Verlust der Manneskraft half. Tausende von Patienten strömten in Steinachs Klinik, darunter auch Sigmund Freud. Keinem von ihnen wuchs ein neuer Haarschopf, aber viele hatten mit schwerwiegenden psychologischen und gesundheitlichen Problemen, beispielsweise Hodenkrebs, zu kämpfen.

2 Die alten Ägypter versuchten den Verlust ihres Haupthaares mit Schlangenöl und Fledermausohren aufzuhalten.

3 Die Chinesen glaubten, Haarausfall durch den Genuß von Rattenfleisch verhindern zu können.

4 In der Tudorzeit rieb man sich den Schädel mit Hunde- oder Pferdeurin ein, was angeblich gegen Haarausfall helfen sollte.

5 Ein in Panama momentan sehr beliebtes Mittel mit dem Namen »Blasensirup« verspricht Abhilfe bei Kahlheit, Impotenz und schlechten Zähnen. Das Gebräu wird aus Affenblasen, grünem Tee und Honig hergestellt und kostet 4 US-Dollar pro dreißig Gramm.

6 Mexikaner reiben sich bei gesundheitlichen Problemen mit Wachs ein, das aus den Stöcken von Killerbienen stammt. Bei Kahlheit und Hämorrhoiden wird das Wachs einfach auf die Problemzonen aufgetragen.

7 Viele Bauern in Norwegen schwören bei Kahlköpfigkeit noch heute auf ein aus dem 19. Jahrhundert stammendes Rezept. Dabei wird der jeweilige Glatzkopf zweimal die Woche für zwanzig Minuten mit einer Packung aus Kuhmist behandelt.

8 Im 17. Jahrhundert, bevor Perücken für beide Geschlechter in Mode kamen, nähten sich kahlköpfige Männer in England Büschel falscher Haare auf die Innenseite ihrer Hutkrempe.

9 Der Gründer der Ford Motor Company, Henry Ford I., wusch sich die Haare grundsätzlich mit Wasser, in dem rostige Rasier-

klingen schwammen. Offenbar glaubte er, daß rostiges Wasser den Haarwuchs anregte.

10 Es gibt kein bekanntes Mittel gegen männliche Kahlköpfigkeit, das die Hoden ungeschoren läßt. Am Haarausfall beim Mann ist das männliche Sexualhormon Testosteron schuld, daher ist Kastration die einzige plausible Lösung. Zu den Nebenwirkungen einer Kastration gehören unter anderem der Verlust der Körperbehaarung, eine Fistelstimme, die Tendenz zur Fettleibigkeit, Schlaflosigkeit, eine schwache Blase und nachlassendes Sehvermögen.

12 Hobbychirurgen

1 Der 32jährige Italiener Armando Botalezzi wurde im Oktober 1994 ins Krankenhaus eingeliefert, nachdem er versucht hatte, mit einer Kombizange und einem Küchenmesser eine Nasenkorrektur bei sich durchzuführen. Botalezzi erklärte später, daß er beschlossen hatte, selbst ein bißchen an sich »herumzusäbeln«, weil er kein Geld für einen Schönheitschirurgen hatte. Er sagte, es wäre ihm wohl ganz gut gelungen, wenn er beim Anblick seines Blutes nicht dauernd in Ohnmacht gefallen wäre.

2 1994 beschloß ein 28jähriger Behinderter, der nicht länger warten wollte, bis ihm der staatliche britische Gesundheitsdienst sein linkes Bein amputierte, selbst etwas zu unternehmen. Dazu legte er sein verkümmertes Bein auf eine Eisenbahnschiene und wartete, bis der Zug kam. Der ehemalige Landschaftsgärtner Ian Hudson aus Winnall in Winchester hatte sich bei einem Motorradunfall sechs Jahre vorher das Bein verletzt. Trotz zwanzig Operationen mußte er immer noch mit einem Spezialschuh, einer Gehschiene und Krücken herumhumpeln. Nachdem er zugesehen hatte, wie ihm ein langsam fahrendes Wartungsfahrzeug der Bahn das Bein kurz über dem Knie abfuhr, sagte Mr. Hudson, daß es ihm überhaupt nicht leid tue und er sich darauf freue, endlich eine Beinprothese zu bekommen.

3 1995 baute sich der 26jährige Terry Grice aus Grand Rige im US-Bundesstaat Florida eine Schraubzwinge aus Holz und fixierte damit seinen Penis und seine Hoden. Danach schnitt er sich die Teile mit einer Kreissäge ab. Grice sagte später, er habe es getan, weil er unter Depressionen leide. Unmittelbar nach dem Eingriff erholte er sich jedoch so weit von seinen Depressionen, daß er die abgetrennten Teile in den Kofferraum seines Pickups werfen und achtzig Kilometer ins nächste Krankenhaus fahren konnte, damit man sie ihm wieder annähte.

4 Arbeitskollegen des 52jährigen brasilianischen Holzfällers Luciano Bastos waren höchst beeindruckt, als dieser 1994 nach einem Arbeitsunfall, bei dem er seine rechte Hand verloren hatte, jegliche ärztliche Hilfe ablehnte und sich selbst einen Haken bastelte.

Über den Unfall wurde nicht mehr gesprochen, bis Bastos einmal versuchte, den Hut abzunehmen und sich dabei aus Versehen ein Auge herausriß.

5 1994 hackte sich der 43jährige Miguel Arroya aus Barcelona mit einem Schlachtermesser beide Ohren ab, weil er seine ständig keifende Schwiegermutter nicht mehr ertragen konnte. Er mußte jedoch feststellen, daß er sie auch ohne Ohren noch hörte.

6 Im 18. Jahrhundert waren Aderlässe das Allheilmittel der Medizin und für die Chirurgen eine wahre Goldgrube. Im 19. Jahrhundert war damit nicht mehr soviel Geld zu machen, da inzwischen ein Do-it-yourself-Besteck erfunden worden war, mit dem sich die Patienten selbst eine Armvene öffnen konnten. Auch Königin Karoline von Bayern wollte sich das Honorar für einen Chirurgen sparen. Sie erwischte jedoch aus Versehen die Hauptschlagader und verblutete.

7 Großbritanniens erster Premierminister, Sir Robert Walpole, aß über einen Zeitraum von mehreren Jahren etwa 180 Pfund Seife, weil er dadurch einen Stein in seiner Blase loszuwerden hoffte.

8 Im Oktober 1992 verbrannte der 24jährige Student Norik Hakpisan in seiner Wohnung in Chelsea. Später stellte sich heraus, daß Hakpisan versucht hatte, seine Hämorrhoiden mit einem Kanister Benzin zu behandeln – seiner Familie zufolge ein traditionelles Heilverfahren.

9 1994 verblutete der französische Briefträger Jean Cellise in Toulouse, nachdem er sich selbst aufgeschnitten hatte, um nachzusehen, ob die Ärzte seinen Blinddarm richtig entfernt hatten.

10 Der im 19. Jahrhundert lebende britische Parlamentsabgeordnete und Landedelmann Jack Mytton aus Halston in Shropshire starb im Alter von 38 Jahren, nachdem er sein Nachthemd angezündet hatte, um sich selbst von einem hartnäckigen Schluckauf zu kurieren. Bevor der unter schrecklichen Verbrennungen leidende Mytton diese Welt verließ, bemerkte er noch: »Gott sei Dank, der Schluckauf ist weg.«

11 Der Massenmörder Jeffrey Dahmer aus Milwaukee gab bei seiner Verhandlung im Februar 1992 zu, daß er bei einigen seiner Opfer eine Lobotomie durchgeführt hatte, weil er hoffte, sie auf diese Weise zu »willenlosen Sexsklaven« machen zu können.

12 Der Deutsche Heinz Isecke kurierte 1975 seinen Schluckauf, indem er sich aus dem Fenster eines Krankenhauses in die Tiefe stürzte. Er litt an starken Depressionen, da er seit zwei Jahren von einem hartnäckigen Schluckauf gequält wurde, der einfach nicht aufhören wollte. Schätzungen zufolge war sein 36millionster Schluckauf auch sein letzter.

10 Verdauungsprobleme

1 König Edmund II., genannt *Ironside* (»der Eisenharte«): Seine Herrschaft fand ein vorzeitiges Ende, als jemand dem angelsächsischen König ein Langschwert in den After stieß.

2 König Eduard II.: Er fiel einem Attentat zum Opfer, bei dem ihm ein glühendheißes Eisen ins Rektum gestoßen wurde.

3 Samuel Pepys: Er beklagte sich in seinen Tagebüchern des öfteren über »starke Winde in den vier Buchstaben«.

4 König Ludwig XV.: Blähungen. Seiner Schwägerin, der Herzogin von Orléans, soll er seine Bewunderung dadurch ausgedrückt haben, daß er in ihrer Gegenwart herzhaft furzte.

5 Martin Luther: Er litt an chronischer Verstopfung.

6 König Ferdinand I. von Neapel: Verstopfung. Das tägliche Geschäft des im 18. Jahrhundert lebenden Monarchen war eine überaus ernste Angelegenheit, da Ferdinand darauf bestand, immer eine ganze Schar von Höflingen um sich zu haben, die sich dabei mit ihm unterhielten. Den bizarren Privataudienzen wohnte zuweilen auch sein Schwiegervater bei, der österreichische Kaiser Joseph. Dieser schrieb einmal: »Wir machten mehr als eine halbe Stunde lang Konversation, und ich glaube, er würde immer noch dort sitzen, wenn uns nicht ein fürchterlicher Gestank davon überzeugt hätte, daß alles vorbei war.« Ferdinand bot seinem Schwiegervater offenbar auch an, ihm das Ergebnis seiner Anstrengungen etwas näher vor Augen zu führen.

7 Kaiser Napoleon III. von Frankreich: Er litt gleich an mehreren Krankheiten, unter anderem an der Ruhr, Gonorrhöe und einem großen Blasenstein. 1870 kommandierte er seine Truppen in der Schlacht bei Sedan mit Handtüchern in der Hose, die ihm als Windeln dienten.

8 Königin Viktoria: Sie aß viel zu schnell, mixte Malt Whisky mit Rotwein und litt unter chronischen Blähungen.

9 Adolf Hitler: Verstopfung. Sein Leibarzt Theodor Morell verschrieb spezielle »Magenpillen«, damit der Führer nicht ständig in Verlegenheit geriet.

10 Elvis Presley: Er wurde süchtig nach Kaugummi der Sorte Freenamint. Er versuchte, damit seine chronische Verstopfung zu beheben.

7 Gründe, die nach Auskunft der Kirche den »Schwarzen Tod« verursachen

1 Ins Theater gehen

2 Olivenöl

3 Fleischeslust nach älteren Frauen

4 Würfel spielen

5 Über Sex reden

6 Mit Hexen Umgang pflegen

7 Spitze Schuhe tragen

10 zeitgenössische Heilmittel gegen die Beulenpest

1. Den Kranken im Urin von Ziegen baden
2. Dem Kranken die Eingeweide eines gerade geborenen Hundewelpen auf die Stirn legen
3. Menstruationsblut trinken
4. Sich die Hoden durchstechen
5. Die Dämpfe einer Latrine einatmen
6. Inzest auf dem Altar einer Kirche begehen
7. Tabak rauchen
8. Eine getrocknete Kröte auf die Pestbeulen legen
9. Die Eiterbeulen von Pestkranken essen
10. Nach einem Regenguß Zuckerrübensaft trinken

Die großen Ungewaschenen: 10 historische Stinker

1 Ludwig van Beethoven war Körperhygiene so egal, daß ihm Freunde die schmutzige Kleidung auszogen und diese wuschen, während er schlief.

2 Mao Tse-tung, der Vorsitzende der Kommunistischen Partei Chinas, beschloß schon zu Beginn seiner Karriere, daß er nie wieder baden oder sich die Zähne putzen wollte – das letztere mit der Begründung, daß sich Tiger schließlich auch nicht die Zähne putzten. Daraus entstand ein hygienisches Problem, das im Laufe der Jahre immer größer wurde. Als Siebzigjähriger ließ er sich von mehreren jungen Konkubinen den Körper mit heißen Handtüchern abreiben.

3 Der religiöse Mystiker Ramasubba Sitharanjan aus Bombay, der aus Glaubensgründen Enthaltsamkeit in puncto Körperhygiene pflegt, behauptet, er habe seit 65 Jahren weder gebadet, sich rasiert noch die Zähne geputzt.

4 Für den heiligen Franz von Assisi war ein ungepflegter Körper Ausdruck von Frömmigkeit. Hier ging er konform mit den frühen Lehren der christlichen Kirche, die die Meinung vertrat, Schmutz komme gleich nach Göttlichkeit. Baden wurde als Teufelswerk und gottlose Eitelkeit angesehen und mit ewiger Verdammnis in der Hölle bestraft. Eine Christin, die sich im 4. Jahrhundert auf Pilgerfahrt begab, prahlte damit, sich seit 18 Jahren nicht mehr das Gesicht gewaschen zu haben. Der heilige Antonius wusch sich nie die Füße, der heilige Abraham fünfzig Jahre lang weder Hände noch Füße. Die heilige Silvia reinigte nur ihre Fingerspitzen, sonst nichts.

5 Zar Peter der Große, der in ganz Europa für seine spärliche Körperhygiene bekannt war, wurde einmal als »Wolf im Schafspelz« beschrieben. Er war selbst für die Verhältnisse des 18. Jahrhunderts unglaublich schmutzig und stank zum Himmel, darüber hinaus besaß der Monarch keinerlei Tischmanieren und war zudem nicht einmal stubenrein. Als der Zar mit seinem Gefolge zu einem Staatsbesuch in London weilte, fiel Zuschauern auf, daß der Herrscher und sein Anhang beim Gehen abwechselnd Perlen und Läuse fallen ließen.

6 Der Preußenkönig Friedrich der Große wurde mit zunehmendem Alter immer exzentrischer, was sich auch auf seine Körperhygiene auswirkte. Er wechselte seine Kleidung jahrelang nicht und schlurfte in Lumpen gekleidet in seinem Palast herum, der zusehends verkam und an einigen Stellen knöcheltief vom Kot seiner heißgeliebten italienischen Windhunde bedeckt war. Als der König starb, roch das Hemd, das er auf dem Leib trug, so übel, daß ihm sein Kammerdiener für die Beerdigung eines seiner eigenen überzog.

7 Ludwig XIV. war ein großer Freund der Frauen, aber für jene mit einem empfindlichen Näschen waren seine Avancen eine Tortur. Als ihn seine Ärzte aus medizinischen Gründen zu einem Bad nötigten, versuchte der König sofort zu fliehen. Kaum war er im Wasser, behauptete er, unter fürchterlichen Kopfschmerzen zu leiden, und schwor, sich nie wieder einer solchen Folter zu unterwerfen. Während seines gesamten Lebens badete er nur dreimal – und jedes Mal unter heftigem Protest.

8 Die Mongolenkrieger Dschingis Khans waren ein abergläubischer Haufen und glaubten, daß Waschen ein Sakrileg sei. Für die mangelnde Körperhygiene der Mongolen gab es aber noch einen handfesteren Grund: Die dicke Dreckschicht auf ihrem Körper sorgte dafür, daß sie Temperaturen von bis zu minus zehn Grad aushalten konnten. Außerdem nutzten die Männer des Khan ihren Körpergeruch für psychologische Kriegsführung: Die Feinde konnten die mongolischen Horden schon riechen, bevor sie sie sahen, so daß viele von ihnen schon starr vor Angst waren, wenn die Mongolen eintrafen.

9 Der 11. Herzog von Norfolk war als einer der reichsten und übelriechendsten Männer Englands bekannt. Der »schmutzige Herzog« badete nicht ein einziges Mal freiwillig in seinem Leben. Wenn seine Bediensteten der Meinung waren, daß sie den Gestank nicht mehr länger aushalten konnten, machten sie den Herzog betrunken und badeten ihn schnell, bevor er wieder zu Bewußtsein kam.

10 Obwohl König Heinrich VI. von Frankreich regelmäßig seine Hemden wechseite, was für seine Zeit schon recht ungewöhnlich war, stank er »wie ein totes Tier«. Als ihn seine Verlobte Maria von Medici zum ersten Mal traf, fiel sie fast in Ohnmacht, weil er so stank.

7 xenophobische Bezeichnungen für Syphilis

1 Französische Pocken (England, Italien und Spanien)

2 Die Krankheit aus Neapel (Frankreich)

3 Die italienische Krankheit (Frankreich)

4 Die deutsche Krankheit (Polen)

5 Die polnische Krankheit (Deutschland und Rußland)

6 Holländische Pocken (Portugal)

7 Die portugiesische Krankheit (Persien und Japan)

14 exotische Phobien

1 Aeoronauseaphobie: Angst davor, sich bei Luftkrankheit übergeben zu müssen

2 Apotemnophobie: Angst vor Amputierten

3 Bolschephobie: Angst vor Bolschewiken

4 Bromidrosiphobie oder Bromidrophobie: Angst vor Körpergeruch

5 Defäkalosiephobie: Angst vor schmerzhaftem Stuhlgang

6 Eurotophobie: Angst vor den weiblichen Genitalien

7 Geniophobie: Angst vor dem Kinn

8 Ichthyophobie: Angst vor Fischen

9 Medomalacuphobie: Angst vor einer Erektionsstörung

10 Papaphobie: Angst vor dem Papst

11 Peladophobie: Angst vor Glatzköpfen

12 Taeniophobie: Angst vor Bandwürmern

13 Wallonophobie: Angst vor Wallonen

14 Zebrophobie: Angst vor Zebras

12 völlig überflüssige Heilmittel

1 Wilhelm Hilden, im 17. Jahrhundert ein Top-Chirurg, empfahl die Verwendung einer postoperativen Salbe aus pulverisiertem Mumiengewebe, Regenwürmern, Eisenoxid, Schweinehirn und Moos vom Schädel eines Mannes, der im Zeichen der Venus gehängt worden war. Der wahrhaft innovative Aspekt von Hildens Rezept bestand darin, daß die Mixtur nicht auf die Wunde, sondern auf die Waffe, die die Wunde verursacht hatte, aufgetragen werden sollte.

2 Im 16. Jahrhundert waren die meisten Gelehrten fest davon überzeugt, daß Bezoar- oder Magensteine – harte Absonderungen, die sich im Magen von Kühen oder in den Gallenblasen von Ziegen bilden – magische Fähigkeiten besitzen. Der für seine Zeit überaus moderne französische Barbier und Chirurg Ambroise Paré stieß viele Traditionalisten und besonders den französischen König Karl IX. (der ein großer Fan von Bezoarsteinen war) vor den Kopf, als er verkündete, daß die Steine vollkommen nutzlos seien. Paré beschloß, seine Behauptung durch ein Experiment zu beweisen. Ein Koch, der wegen Diebstahls verurteilt worden war und öffentlich erdrosselt werden sollte, wurde vor die Wahl gestellt: Entweder er erhielt die ihm zugedachte Strafe, oder er schluckte eine tödliche Dosis Gift zusammen mit einem Bezoarstein, der den Ruf hatte, ein wirksames Gegenmittel für alle Gifte zu sein. Der Koch entschied sich für das Gift und starb nach einigen Stunden unter qualvollen Schmerzen. König Karl folgerte aus dem Experiment, daß der Bezoarstein eine Fälschung gewesen sein mußte.

3 Jean Nicot, der französische Botschafter in Portugal, ging 1560 in die Geschichte ein, als er einer bemerkenswerten neuen Wunderdroge seinen Namen gab: Nikotin. Nikotin wurde als Antiseptikum und Allheilmittel angesehen, das Geschwüre, Bisse, Kopfschmerzen, Erkältungen und Rheumatismus heilen sollte. Ein bekannter englischer Arzt rühmte Monsieur Nicots Entdeckung als »eines der besten und sichersten Heilmittel der Welt« für Schlaganfälle und Schwindelanfälle. Tabak wurde gelegentlich auch zur Behandlung von Asthma, Gicht, Geburtswehen und sogar Krebs verwendet.

4 Anerkannte Heilverfahren für Syphilis waren früher unter anderem Geschlechtsverkehr mit einer Jungfrau, das Einreiben des männlichen Geschlechtsteils mit Mist und ein Bad in Pferdeurin. Im Elisabethanischen Zeitalter bestand die einzige Vorsichtsmaßnahme zur Verhütung von Geschlechtskrankheiten darin, die Genitalien mit Essig zu einzureiben. Im 18. Jahrhundert wurden Geschlechtskrankheiten unter anderem mit einer ordentlichen Tracht Prügel oder einer Penispackung aus den Innereien eines frisch geschlachteten Huhns behandelt.

5 Obwohl Morphium zu den Drogen gehört, die am schnellsten süchtig machen (20 bis 25 Tage reichen aus, um jemanden zum Junkie zu machen), wurde es bis ins 20. Jahrhundert hinein als schmerzstillendes Mittel für alle möglichen Wehwehchen verwendet, unter anderem auch für eher harmlose Beschwerden wie Erkältungen und leichte Kopfschmerzen. Zu Beginn unseres Jahrhunderts waren in etwa 3000 Geschäften der Vereinigten Staaten mehr als 50 000 verschiedene Arzneimittel auf Opiumbasis ohne ärztliches Rezept erhältlich. Im Amerikanischen Bürgerkrieg wurden Morphium und Opium so häufig verwendet – ersteres als Schmerzmittel, letzteres als »Freizeitdroge« –, daß Opiumabhängigkeit auch als die »Armeekrankheit« bezeichnet wurde. Als der US-Kongreß 1919 die Prohibition durchsetzte, empfahlen amerikanische Ärzte Morphium als idealen Ersatz für Alkohol. Während der Prohibition starben etwa 35 000 Amerikaner nach dem Genuß von schwarzgebranntem Schnaps und anderem illegal hergestelltem Alkohol. Für die Ehefrauen von Alkoholikern bot der Versandkatalog des Kaufhauses Sears ein Gebräu namens »White Star Liquor Cure« an, das eine hohe Dosis Morphium enthielt. Die liebende Gattin kippte ihrem Mann das »Medikament« in den Kaffee, so daß dieser bewußtlos wurde und nicht mehr in die Kneipe gehen konnte. Das Mittel gegen Alkoholsucht machte zwar morphiumsüchtig, aber das war weiter kein Problem. Auf derselben Katalogseite war nämlich auch »Sears Narcotic Cure« für Drogensüchtige zu bestellen.

6 Im England des 16. Jahrhunderts wurde ein an Mumps erkrankter Patient in das Halfter eines Esels gesteckt und dreimal um einen Schweinestall geführt.

7 Bis ins 17. Jahrhundert, als der französische Chirurg Ambroise Paré nachwies, daß es ganz und gar ineffizient war, wurden Männer mit einem Eingeweidebruch routinemäßig kastriert.

8 Im Mittelalter war das beliebteste Heilmittel für Lepra ein Bad in Hundeblut. Wenn kein Hund greifbar war, konnte man sich auch mit einem Kleinkind von zwei Jahren behelfen.

9 Als im 19. Jahrhundert die Röntgenstrahlen entdeckt wurden, erklärte man sie unverzüglich für harmlos und so heilsam wie das Licht der Sonne. Das führte dazu, daß selbst die kleinsten Wehwehchen mit Bestrahlungen behandelt wurden. Etwa vierzig Jahre lang, bis ins frühe 20. Jahrhundert hinein, wurden zahllose Menschen wegen eher harmloser Beschwerden wie Schuppenflechte und Akne einer tödlichen Strahlenbelastung ausgesetzt. Bei Frauen wurde eine postnatale Depression mit einer Bestrahlung der Eierstöcke behandelt.

10 Der im 19. Jahrhundert in New York lebende Arzt Dr. Thomas Spencer erfand ein Heilverfahren gegen Cholera, bei dem der After des Patienten mit Wachs verstopft wurde.

11 Amerikanische und britische Hersteller bewiesen beim Mischen ihrer Produkte äußerste Kreativität, bis Anfang des 20. Jahrhunderts Gesetze erlassen wurden, die falsche Angaben über die Zusammensetzung von Arzneimitteln verboten. Blei und Arsen wurden häufig mit Backpulver oder Gelatine kombiniert. Obwohl die Angehörigen derjenigen, die durch die Einnahme dieser »Heilmittel« gestorben waren, auf Schadensersatz klagten, entschieden die Gerichte in der Regel zugunsten der Hersteller und wälzten die Verantwortung auf den Käufer des Medikaments ab. Hustensaft für Säuglinge und Kleinkinder enthielt extrem gefährliche Narkotika und tötete jedes Jahr etwa 15 000 Kinder in England. »Dr. Rupert Welk's Radiated Fluid for Cancer« enthielt radioaktive Substanzen, die häufig zu einem qualvollen Tod führten.

12 Obwohl sich Terpentin eher zum Reinigen von Pinseln als zur Behandlung von Krankheiten eignet, wurde es im 18. Jahrhundert regelmäßig von den Ärzten verschrieben, nachdem diese entdeckt hatten, daß sich Blasensteine in Terpentin auflösen. Terpentin ist hochgiftig und führt bei innerer Anwendung zu Nierenschäden und dann zum Tod.

10 häßliche Berühmtheiten

1 Der griechische Philosoph Sokrates besaß eine geradezu frappante Ähnlichkeit mit einem Schwein. Eine Tatsache, mit der er nur zu gern kokettierte. Ein griechischer Zeitgenosse und Physiognom (Physiognomik ist die Wissenschaft, von der äußeren Erscheinung des Menschen Rückschlüsse auf dessen Charakter zu ziehen) folgerte einmal nach einer eingehenden Untersuchung von Sokrates' Gesicht, daß der Gelehrte ein Trunkenbold und Rohling sein müsse. Als die Anhänger von Sokrates diesen Behauptungen heftig widersprachen, mischte sich Sokrates ein und sagte, der Physiognom habe völlig recht.

2 Attila der Hunne, der im 5. Jahrhundert das bröckelnde Römische Reich angriff, war klein, gedrungen und häßlich wie die Nacht. Trotzdem heiratete er gleich zwölf Frauen. Er starb an einem Herzanfall, als er sich mit einer wunderschönen Jungfrau im Bett vergnügte.

3 Der berühmte »Habsburger Kiefer« war eine angeborene Fehlstellung des Kiefers, die Angehörige mehrerer katholischer Königsfamilien in Europa entstellte. Zum ersten Mal trat sie im 15. Jahrhundert bei Maximilian von Habsburg auf, dem Sohn des österreichisch-ungarischen Kaisers Friedrich III. Maximilian war ein auffallend häßlicher Mann, mit einer großen Hakennase, dicken Lippen und einem ausgeprägten Unterbiß. Unglücklicherweise heiratete er eine enge Verwandte, Prinzessin Maria, die ebenfalls durch dicke Lippen und einen ausgeprägten Unterbiß verunstaltet war. Aus diesen mißratenen Gesichtszügen entwickelte sich dann der für den spanischen und österreichischen Zweig der Habsburger charakteristische Kiefer – ein Merkmal, das durch die damals in den Königshäusern übliche Inzucht immer weiter vererbt wurde.

4 Der Auslöser für den allerersten sexistischen »Papiertüten«-Witz war vermutlich das unglückliche Fräulein Tannakin Skinker, das im frühen 17. Jahrhundert in Norddeutschland lebte. Sie war die Tochter wohlhabender Eltern und völlig gesund. Allerdings trugen ihr ihre Gesichtszüge den wenig schmeichelhaften Bei-

namen »das Mädchen mit dem Schweinegesicht« ein. Die entstellten Gesichtszüge des Mädchens wurden jahrelang von ihren Eltern verborgen gehalten, aber schließlich sickerten Einzelheiten über ihr Aussehen durch, was dazu führte, daß eine wahre Flut von Neugierigen zu ihrem Elternhaus strömte. Obwohl nur wenig Aussicht auf Erfolg bestand, versuchte die Familie, die Heiratschancen ihrer Tochter zu verbessern, indem sie das junge Mädchen in die schönsten und teuersten Gewänder kleidete und eine Mitgift von etwa 120 000 Mark anbot. Ein junger Mann, den die Geschichten über das Aussehen des Mädchens nicht abschrecken konnten, hatte ein gute Idee: »Wenn man ihr einen schwarzen Sack über den Kopf zieht, sieht sie genauso aus wie jede andere Frau!« Aber als sie den Schleier lüftete, wurde auch dieser potentielle Freier von Angst und Schrecken erfaßt und suchte schnellstens das Weite – wie alle anderen vor und nach ihm. Fräulein Tannakin beschloß ihr irdisches Dasein als unverheiratete Frau.

5 Der skrupellose französische Revolutionär Jean Paul Marat litt gleich unter mehreren entstellenden Hautkrankheiten, die aus der Zeit stammten, in der er sich in Kellern und Abwasserkanälen versteckt hatte. Marat badete fast ununterbrochen, um sich Erleichterung für seine juckende Haut zu verschaffen. Er lag auch gerade im Badezuber, als sein letztes Stündlein schlug: Charlotte Corday schlitzte ihm mit einem Messer die Aorta in der Herzgegend auf.

6 Die Hannoveraner-Könige Großbritanniens waren nicht nur für ihre Häßlichkeit, sondern auch für ihre durch und durch reizlosen Ehefrauen und Mätressen bekannt. Königin Charlotte von Mecklenburg-Strelitz, die Gemahlin Georgs III., war vom Äußeren her derart abstoßend, daß einige bei Hofe allen Ernstes behaupteten, der in Schüben auftretende Wahnsinn des Königs sei auf das Trauma zurückzuführen, das dieser beim Geschlechtsverkehr mit der Königin erlitten habe. Als Charlotte in England ankam, wurde sie von der Londoner Bevölkerung mit dem Ausruf »Mopsgesicht« begrüßt. Charlotte verlangte eine Übersetzung, und man sagte ihr, daß es »Gott schütze die Königin« bedeute. Einige Jahre später, als der König und die Königin in einer leichten Kutsche unterwegs waren, kippte diese um und brach der Königin die Nase. Nach Aussagen von Zeitzeugen sorgte die unfreiwillige Neugestaltung ihres Gesichts für eine erhebliche Verbesserung.

7 Frederick North, 2. Graf von Guildford und britischer Premierminister von 1770 bis 1782, galt als »häßlichster Mann in London«. North, ein großer, durch Wassersucht aufgedunsener Mann, wurde durch grotesk geschwollene Lippen und hervorquellende Augen verunstaltet. Seine äußere Erscheinung vernachlässigte er in der Regel so weit, daß Kleidung und Körperhygiene »ständig Ärgernis erregten«. Auf einer Reise nach Afrika fragte North den Herrscher von Algier, ob er einige Frauen in dessen Harem sehen könne. Eine ungewöhnliche Bitte, über die lange und ausgiebig nachgedacht wurde. Schließlich erhielt North folgende Antwort: »Er ist so häßlich – er kann alle sehen.«

8 Julia Pastrana, die Mitte des 19. Jahrhunderts in Mexiko lebte, gilt als häßlichste Frau aller Zeiten. Sie wurde von ihrem skrupellosen Ehemann und Manager, der sie nur geheiratet hatte, um das Exklusivrecht für ihre Vermarktung zu bekommen, in Freak-Shows auf Jahrmärkten ausgestellt. Als sie schwanger wurde, verkaufte er sogar Eintrittskarten für die Geburt. Das mißgebildete Kind wurde tot geboren, und die Mutter starb kurz danach. Für den Ehemann war der Verlust seiner Familie weitaus weniger schlimm als der Verlust seiner Einnahmequelle. Also ließ er Julia Pastrana und ihr Kind einbalsamieren, steckte die beiden in einen Schaukasten aus Glas und ging damit auf eine äußerst einträgliche Welttournee.

9 Joseph Biggar, ein im 19. Jahrhundert lebender britischer Parlamentarier, gilt als der häßlichste Tory-Abgeordnete aller Zeiten. Biggar hatte einen Buckel, »ein Gesicht wie ein Wasserspeier«, knochige Hände, enorm große Füße und zudem noch einen schweren Sprachfehler. Außerdem trug er im Unterhaus einen äußerst merkwürdigen, übelriechenden Rock, der aus dem Leder eines nicht näher bekannten Tieres gefertigt worden war. Als Biggar sich erhob, um seine Jungfernrede zu halten, drehte sich ein bestürzter Benjamin Disraeli zu einem Kollegen um und sagte: »Was ist das?«

10 Der »Elefantenmensch« Joseph »John« Merrick, der von dem berühmter Londoner Chirurgen Dr. Frederick Treves entdeckt und gepflegt worden war, könnte unter einer Kombination von genetisch bedingten Haut- und Knochenkrankheiten gelitten haben. Die nach ihm benannte Krankheit hatte er mit großer

Sicherheit jedoch nicht. Jahrelang wurde angenommen, daß Merrick an multipler Neurofibromatose gelitten hatte, die heute auch unter dem Begriff »Elefantenkrankheit« bekannt ist. Bei dieser genetisch bedingten Krankheit kommt es zu krankhaften Knochenwucherungen, die zu sogenannten »Knochenblasen« auf Schädel und Skelett eines Menschen führen. Erst kürzlich wurden dreidimensionale Betrachtungen der Knochenreste des unglücklichen Merrick angestellt, und man geht jetzt davon aus, daß er an einer extrem seltenen Krankheit mit dem Namen Proteus-Syndrom gelitten hat, von der weltweit nur hundert Fälle bekannt sind. Die erst in den siebziger Jahren entdeckte, nichtvererbbare Krankheit wird durch wuchernde Zellen verursacht, die in Schädel und einigen Gewebearten ein abnormes Knochenwachstum auslösen. Merricks Knochen, die im Museum des London College of Medicine ausgestellt sind, werden weiter wissenschaftlich untersucht.

12 nach ihrem Entdecker benannte Krankheiten

1 James Parkinson (Parkinsonsche Krankheit, 1817)
2 William Stokes und Robert Adams (Stokes-Adams-Anfall, 1826)
3 Sir Charles Bell (Bell-Lähmung, 1828)
4 Thomas Hodgkin (Hodgkin-Krankheit, 1832)
5 Sir Dominic Corrigan (Corrigan-Puls, 1832)
6 Prosper Menière (Menière-Krankheit, 1850)
7 Guillaume Dupuytren (Dupuytren-Kontraktur, 1851)
8 Thomas Addison (Addison-Krankheit, 1855)
9 John Hughlings Jackson (Jackson-Anfälle, 1875)
10 Sergej Korsakow (Korsakow-Syndrom, 1887)
11 Max Wilms (Wilms-Tumor, 1899)
12 Alois Alzheimer (Alzheimer-Krankheit, 1906)

Das Wunder Mensch: 10 erstaunliche Tatsachen über unseren Körper

1 Der menschliche Körper besteht aus so viel Fett, daß man daraus sieben Stück Seife machen könnte, so viel Eisen, daß man daraus einen mittelgroßen Nagel fertigen könnte, so viel Kalium, daß man damit eine Spielzeugkanone abfeuern könnte, so viel Kalk, daß man damit ein kleines Hühnerhaus anstreichen könnte, so viel Zucker, daß man damit ein Marmeladenglas füllen könnte, und so viel Schwefel, daß man damit einen Hund von seinen Flöhen befreien könnte.

2 Für ein menschliches Skelett zahlt ein Medizinstudent etwa 7500 bis 12 000 Mark. Der Schädel allein kostet etwa 750 Mark.

3 Der menschliche Mund produziert etwa einen Liter Speichel pro Tag.

4 Die *Demodex folliculorum*, auch unter dem Namen Haarbalgmilbe bekannt, besitzt acht Beinstümpfe und einen Schwanz, ist etwa 0,3 Millimeter lang und hält sich mit Vorliebe in der warmen, fettigen Höhlung des menschlichen Haarfollikels auf. Die meisten Erwachsenen tragen diese Milbe mit sich herum, in der Regel auf dem Kopf und den Wimpern, oft auch in den Brustwarzen.

5 Der Mensch hat etwa 4000 Wachsdrüsen in jedem Ohr.

6 Der Stuhl eines erwachsenen Menschen wiegt im Durchschnitt etwa 113 Gramm. Die menschlichen Exkremente bestehen zur Hälfte aus den toten Bakterien, die aus dem Darm des Menschen kommen.

7 Der männliche Fuß sondert im Durchschnitt einen Viertelliter Schweiß pro Tag ab.

8 Wenn er nicht mit einer höchst widerstandsfähigen Schleimhaut ausgekleidet wäre, würde sich der Magen des Menschen selbst verdauen.

9 Ein Mensch produziert während seines Lebens durchschnittlich 4200 Liter Urin.

10 Ein Mann, der 150 Pfund wiegt, würde genug Fleisch liefern, um 75 Kannibalen satt zu bekommen.

Nobody is perfect: 10 historische Mißbildungen

1 Moses sprach nur ungern in der Öffentlichkeit und hielt sich selbst für einen schlechten Redner. Er hatte einen schweren Sprachfehler und vermutlich eine Gaumenspalte. In Exodus 6,12,30 sagt Moses von sich selbst, er sei »ungeschickt im Reden«.

2 Anne Boleyn hatte sechs Finger an der linken Hand und drei Brustwarzen. Wenn König Heinrich III. mit der Anklage wegen Ehebruch und Inzest nicht durchgekommen wäre, hätte er sie aufgrund ihrer Mißbildung als Hexe verbrennen lassen.

3 Marschall Talleyrand hatte ein verkrüppeltes Bein, da ihn seine Amme als Kleinkind fallen ließ.

4 John Keats hatte einen ungewöhnlich kleinen Kopf.

5 Lord Byron hatte einen Klumpfuß, der wie ein Pferdefuß aussah.

6 Napoleon hatte nur einen Hoden.

7 Kaiser Wilhelm II. hatte einen verkümmerten Arm, die Folge einer schwierigen Zangengeburt.

8 Josef Stalin hatte Schwimmhäute an den Zehen seines linken Fußes, außerdem war sein linker Arm deutlich kürzer als sein rechter.

9 Josef Goebbels hatte einen Klumpfuß. Sein rechtes Bein war acht Zentimeter kürzer als sein rechtes. Er war bereits mit dieser Behinderung geboren worden, aber nach der offiziellen Version war sie die Folge einer Kinderkrankheit. Die Vorstellung, daß einer der wichtigsten Vertreter der Nazi-Bewegung einen genetischen Defekt hatte, paßte einfach nicht zur Ideologie der Nationalsozialisten.

10 Nach medizinischen Berichten der Sowjets hatte Adolf Hitler nur einen Hoden.

10 berühmte Drogenabhängige

1 Admiral Horatio Nelson: Opium

2 William Wilberforce, britischer Politiker und Abolitionist: Opium

3 Lord Liverpool, britischer Premierminister: Äther

4 Robert Clive: Opium

5 Sigmund Freud: Kokain

6 Zar Nikolaus II., der letzte russische Zar, stand in den beiden letzten Jahren seiner Herrschaft ständig unter Drogen. Er nahm Kokain gegen Erkältung, Opium und Morphium gegen Magenbeschwerden sowie Halluzinogene, die er von einem Kräuterdoktor bekam. Wenn ihn Besucher zu Gesicht bekamen, waren sie entsetzt über die glanzlosen Augen, die erweiterten Pupillen, die hohlen Wangen und das offensichtliche Desinteresse des Monarchen am politischen Geschehen in seinem Lande.

7 Sir Winston Churchill: Barbiturate. Sein Leibarzt Lord Moran versorgte ihn mit erschreckend vielen chemischen Stimulanzien und Beruhigungsmitteln, ohne je ein Wort über die Nebenwirkungen zu verlieren. In den fünfziger Jahren war Churchill völlig abhängig von Barbituraten, was sich nach seinem Schlaganfall 1953 noch verschlimmerte. Churchill nahm seine Medikamente immer mit reichlich Alkohol ein und dachte sich Spitznamen für sie aus – die Großen, die Kleinen, die Roten, die Grünen und die Lord Morans.

8 Anthony Eden: Amphetamine. Der britische Premierminister wurde wahrscheinlich Anfang der fünfziger Jahre abhängig, als er an einem langwierigen und sehr schmerzhaften Gallenleiden litt. Er trug ständig ein Pillendöschen mit verschiedenen Chemikalien bei sich, unter anderem auch Morphium. Eden gab später zu, daß er sich während der gesamten Suez-Krise »praktisch nur noch von Benzedrin ernährt« habe. Engen Beratern fiel auf, daß Eden permanent »in einer Art Drogenrausch« zu sein schien. Im September 1956 berichtete der israelische Botschafter, daß Eden beim Mittagessen pausenlos geredet hätte. Sein medizinischer Berater sagte einmal zu einem Kabinettsmitglied ganz im Ver-

trauen, daß der Premierminister »mehr als nur Stimulanzien« brauche. Auf Dauer sind Amphetamine sehr gefährlich, und selbst kleine Dosen können zu einer paranoiden Psychose führen. 1956 war Eden völlig besessen von dem Gedanken, daß der ägyptische Präsident Nasser die Reinkarnation Hitlers war. Er bekam hysterische Anfälle, wenn dessen Name nur erwähnt wurde.

9 Hermann Göring, Oberbefehlshaber der deutschen Luftwaffe, war sein ganzes Leben lang drogenabhängig und verbrachte den größten Teil des Zweiten Weltkriegs »in einem schon fast komatösen Drogenrausch«. 1925 war Göring von den schwedischen Behörden als gefährlicher Drogenabhängiger eingestuft und in eine Anstalt gesperrt worden. Dort griff er eine Krankenschwester an, weil sie ihm kein Morphium geben wollte. 1937 war er süchtig nach Kodein, einem Morphiumderivat, das in der Regel in Schmerztabletten und Hustensaft enthalten ist. Als er 1945 in Gefangenschaft geriet, nahm er pro Tag etwa hundert Tabletten. Vor dem Krieg war Kokainschnupfen bei den Reichen und Mächtigen des nationalsozialistischen Deutschland weitverbreitet. Einige Historiker haben Verbindungen zwischen dem Größenwahn und der Paranoia von Kokainabhängigen und ähnlichen Eigenschaften von Nazi-Führern angestellt. Es wird sogar darüber spekuliert, ob sich Hitler gerade auf einem Kokaintrip befand, als er den Einmarsch in Rußland befahl.

10 Leonid Breschnew, Generalsekretär der Kommunistischen Partei der Sowjetunion, war in den letzten zehn Jahren seines Lebens von Beruhigungsmitteln und Schlaftabletten abhängig. Der Tablettenmißbrauch beschleunigte seinen Alterungsprozeß und verursachte massive Schäden an seinem zentralen Nervensystem. Bei seinen Auftritten in der Öffentlichkeit wirkte Breschnew so apathisch, daß das Gerücht umging, er sei schon längst tot. Seine Mitarbeiter gaben später zu, daß sie den unter Medikamenteneinfluß stehenden Präsidenten 1979 bei einem Staatsbesuch in der DDR »anschieben« mußten, damit er sich überhaupt noch bewegte.

12 kranke US-Präsidenten

1 George Washington war Anfang Sechzig, als er seine zweite Amtszeit als Präsident antrat, die bis 1797 dauerte. Er litt an fortschreitendem Altersschwachsinn und wurde von seiner Umgebung als emotional labil, verwirrt und ohne Bezug zur Realität beschrieben. Washington hatte panische Angst davor, lebendig begraben zu werden, und hinterließ Anweisungen, nach seinem Tod drei Tage lang aufgebahrt zu werden – nur, um ganz sicherzugehen.

2 Andrew Jackson litt lebenslang an einer juckenden Hautkrankheit.

3 Vor dem Aufkommen von Anästhesie und antiseptischer Behandlung überlebte James K. Polk im Alter von 17 Jahren eine Harnsteinoperation. Danach war er allerdings zeugungsunfähig.

4 Zachary Taylor wurde während einer Gedenkfeier zum 4. Juli plötzlich krank und starb wenige Tage später. Die offizielle Todesursache war Gastroenteritis (Magen-Darm-Entzündung). Einige Historiker waren jedoch der Meinung, daß Taylor ermordet worden sei – vermutlich mit Arsen. Daher wurde er 141 Jahre nach seinem Tod exhumiert, um anhand von Haar- und Fingernägelproben eine entsprechende Untersuchung durchführen zu können. Die Mordtheorie wurde durch die Ergebnisse allerdings widerlegt.

5 Chester A. Arthur, der wegen seines Beinamens »der elegante Arthur« in Erinnerung blieb – er besaß insgesamt achtzig Hosen und zog sich mehrmals am Tag um –, stellte nach einem Jahr im Amt fest, daß er an der Brightschen Krankheit litt, einer Nierenerkrankung mit tödlichem Ausgang. Er trat 1886 von seinem Amt zurück und starb ein Jahr später.

6 Grover Cleveland litt an einer großen Krebsgeschwulst am oberen Gaumen, die er heimlich operieren ließ. Nicht einmal der Vizepräsident wußte, was passiert war. Als Erklärung für die Sprachprobleme des Präsidenten nach der Operation wurden »starke Zahnschmerzen« genannt.

7 William Howard Taft litt an chronischer Fettleibigkeit. Er wog 153 Kilo, als er das Amt des Präsidenten übernahm. Seine Badewanne war eine Sonderanfertigung, in der vier Männer Platz gehabt hätten. Am Tag seiner Amtseinführung blieb Taft darin stecken und mußte von mehreren Männern herausgewuchtet werden. Tafts Frau Helen fand seine Fettleibigkeit abstoßend und weigerte sich, das Bett mit ihm zu teilen.

8 Woodrow Wilson bekam 1919 während einer Vortragsreise einen schweren Schlaganfall, der schwere Hirnschäden und Lähmungen verursachte und sein strahlendes Lächeln in ein leeres Grinsen verwandelte. Wilson war mehrere Monate lang nicht in der Lage, die Amtsgeschäfte zu führen, was von der Regierung jedoch vertuscht wurde. In dieser Zeit wurden 28 Gesetze ohne die Unterschrift des Präsidenten verabschiedet. Wenn Wilson Besucher empfangen mußte, wurde er in einen Stuhl gesetzt, den gelähmten linken Arm unter einer Decke versteckt. Einer seiner Mitarbeiter flüsterte ihm die Namen seiner Gäste ins Ohr, damit er sie begrüßen konnte. Der amerikanischen Öffentlichkeit wurde Wilsons Krankheit noch Jahre nach seinem Tod verheimlicht.

9 Als junger Mann erlitt Warren G. Harding mehrere Nervenzusammenbrüche. Er starb während seiner Amtszeit an einer Herzmuskelentzündung.

10 Franklin D. Roosevelts Kinderlähmung war ein Riesenbetrug, den die Presse tatkräftig unterstützte. In Wochenschauen war Roosevelt nie im Rollstuhl zu sehen, und nur auf zwei von insgesamt 35 000 Fotos in der Präsidentenbibliothek sitzt er darin.

11 Dwight D. Eisenhower litt an Arteriosklerose und chronischer Verstopfung. 1955, 18 Monate nach seinem Amtsantritt, hatte er einen schweren Herzanfall, von dem er sich anscheinend wieder vollständig erholte. 1957 bekam er dann einen Schlaganfall, der zu Sprachstörungen führte.

12 John F. Kennedy pflegte das Image des strahlenden, kerngesunden Amerikaners, um zu vertuschen, daß er an der Addison-Krankheit litt, einer Unterfunktion der Nebennierenrinde, die zu Erschöpfungszuständen, Gemütsschwankungen und Depressionen führte. Er wurde jahrelang mit bestimmten Steroiden behandelt, die Nebenwirkungen wie Depressionen, Psychosen, geistige Verwirrtheit und Desorientierung haben können. Wei-

tere Nebenwirkungen von hohen Steroiddosen sind Heißhungeranfälle und gesteigerter Sexualtrieb – Anzeichen dafür gab es auch bei Kennedy. Außerdem litt er an starken Rückenschmerzen und wurde wiederholt mit Lokalanästhesien aus einem Kokainderivat behandelt. Vermutlich war Kennedy auch von Amphetaminen abhängig. Neun Jahre nach Kennedys Tod wurde seinem Leibarzt Max Jacobson, der von seinen bekannten Patienten aus Politik und Gesellschaft auch »Dr. Feelgood« genannt wurde, die ärztliche Zulassung entzogen. Jacobson waren 48 Fälle von standeswidrigem Verhalten nachgewiesen worden, bei denen es vor allem um unberechtigt ausgestellte Rezepte für Amphetamine oder »Speed« ging. Die Kennedy-Familie hat ungewöhnliche Maßnahmen ergriffen, um sicherzustellen, daß Unterlagen über die Gesundheit des ehemaligen Präsidenten noch viele Jahre lang geheim bleiben werden.

Die 10 häufigsten Ursachen für Geisteskrankheiten im 18. Jahrhundert*

1. Umzug in ein neues Haus
2. Ausquetschen eines Pickels
3. Das Alter
4. Entbindung eines Kindes
5. Der Menstruationszyklus
6. Schrumpfen von Hämorrhoiden
7. Falsche Verwendung von Quecksilber
8. Liebeskummer
9. Masturbation
10. Aderlässe**

---

* Aus einem Lehrbuch über Geisteskrankheiten, verfaßt von dem führenden französischen Arzt Jean Esquirol.

** Besonders widersprüchlich, da Aderlässe damals auch zur Behandlung von Geisteskrankheiten durchgeführt wurden.

20 berühmte Persönlichkeiten, die von Hämorrhoiden geplagt wurden

1. Alexander der Große
2. Charles Dickens
3. König Eduard VII.
4. T. S. Eliot
5. Gerard Manley Hopkins
6. Francis Kilvert
7. Martin Luther
8. Marilyn Monroe
9. Kaiser Nero
10. Napoleon
11. Edgar Allan Poe
12. Alexander Pope
13. Thomas De Quincey
14. Viv Richards, Kricketspieler von den Westindischen Inseln
15. Percy Bysshe Shelley
16. Sokrates
17. Lytton Strachey
18. Königin Viktoria
19. Evelyn Waugh
20. Der Herzog von Wellington

Sie sagten, sie seien krank: 6 Ex-Hypochonder

1 Florence Nightingale

2 Königin Viktoria rief ihren Hofarzt bis zu sechsmal am Tag zu sich. Selbst in seinen Flitterwochen erhielt er ein Telegramm von der Königin, in dem sie ihn darüber informierte, daß sie »kräftigen Stuhlgang« gehabt habe.

3 Otto von Bismarck

4 König Georg IV. beklagte sich bei seinen Leibärzten häufig darüber, daß er im Sterben liege.

5 Charles Darwin blieb manchmal monatelang im Bett liegen, weil er angeblich an Kopfschmerzen und Schwindelanfällen litt.

6 Howard Hughes lagerte seinen Urin in Einmachgläsern, die numeriert und katalogisiert wurden.

8 gesundheitliche Probleme, die mit schuld daran waren, daß Napoleon sein Waterloo erlebte

1 Unterentwicklung der Hirnanhangdrüse

2 Hämorrhoidenvorfall

3 Verstopfung

4 Syphilis

5 Übermüdung

6 Kolik

7 Magengeschwür

8 Blasenentzündung

10 Operationen, die in die Geschichte eingingen

1 1881 wurde US-Präsident Garfield von zwei Schüssen des Attentäters Charles Guiteau getroffen. Eine Kugel hatte ihn lediglich am Arm gestreift, die andere war jedoch irgendwo in Garfields Körper steckengeblieben. Der Präsident war noch bei Bewußtsein, als man ihn ins Weiße Haus brachte. Im Laufe der nächsten 80 Tage wurden 16 Ärzte gerufen, die den Präsidenten behandeln sollten. Der erste, Willard Bliss, stieß einen Finger in die Wunde und führte dann eine nichtsterile Sonde ein, um die Kugel zu finden. Die Kugel konnte Bliss nicht auftreiben, dafür richtete er mit seiner Sonde so viel Schaden an, daß Ärzte, die etwas später hinzugezogen wurden, der Meinung waren, daß dies der Einschußkanal der Kugel sei. Die Ärzte kamen zu dem Schluß, daß das Geschoß die Leber durchschlagen habe und eine Operation daher sinnlos sei. Ein Stabsarzt der Armee steckte seinen ungewaschenen Finger so tief wie möglich in das Einschußloch, anschließend bohrte ein Stabsarzt der Marine seinen Finger so tief in die Wunde, daß er dabei die Leber punktierte – die von der Kugel überhaupt nicht getroffen worden war. Beide waren fest davon überzeugt, daß der Präsident innerhalb der nächsten 24 Stunden sterben würde. Garfield bekam hohes Fieber, woraufhin man ihm eine Mischung aus Milch und Brandy einflößte. Währenddessen bohrten die beiden Ärzte noch mehrmals mit ihren Fingern im Körper des Präsidenten herum. Schließlich wurde Alexander Graham Bell herbeigerufen, der die Kugel mit Hilfe eines primitiven Metalldetektors finden sollte. Nach mehreren erfolglosen Versuchen verkündete Bell schließlich, daß er die Kugel gefunden habe, woraufhin die Ärzte beschlossen, Garfield aufzuschneiden und die Kugel herauszuholen – aber Bell hatte mit seinem Gerät lediglich eine eiserne Sprungfeder unter der Matratze aufgespürt. Die Kugel war einfach nicht zu finden. Die tiefe Wunde, die sich nach einiger Zeit entzündete, und vermutlich auch eine Blutvergiftung führten dazu, daß Garfield später einen schweren Herzanfall bekam, an dem er dann auch starb. Die stümperhaften Ärzte führten den Tod des Präsidenten auf ein

geplatztes Blutgefäß im Magen zurück. Bei der Obduktion des Präsidenten wurde festgestellt, daß die Kugel ein Stück von der Wirbelsäule entfernt feststeckte und der Präsident vermutlich überlebt hätte, wenn ihn die Ärzte einfach in Ruhe gelassen hätten. Charles Guiteau brachte bei seinem Prozeß vor, daß er den Präsidenten nicht getötet hatte und die Ärzte schuld an seinem Tod seien. Er wurde trotzdem zum Tod verurteilt und am 30. Juni 1882 gehängt.

2 Im 17. Jahrhundert wurden heroische Versuche mit Bluttransfusionen unternommen – lange bevor jemand auf die Idee kam, die Verträglichkeit der verschiedenen Blutgruppen zu untersuchen. Am 23. November 1667 wurden mehrere Mitglieder der Königlichen Akademie der Wissenschaften in London Zeuge eines solchen Experiments, bei dem der bedauernswerte Reverend Arthur Coga eine Transfusion aus 0,4 Liter Schafsblut erhielt. Samuel Pepys schrieb später in sein Tagebuch: »Der Patient spricht und sagt, daß es ihm viel besser gehe und er sich wie ein neuer Mensch fühle ... allerdings hat er einen geistigen Schaden.« Der arme Coga starb kurze Zeit später.

3 Samuel Pepys mußte die einzige innere Operation über sich ergehen lassen, die es vor dem 19. Jahrhundert gab – eine chirurgische Entfernung eines Blasensteins. Der Schriftsteller mußte sich auf den Rücken legen, seine Handgelenke wurden an den Fußknöcheln festgebunden. Dann machte sich der Chirurg an die Arbeit. Er führte zuerst einen Katheter und dann eine etwas dickere Sonde in die Harnröhre ein, um den Stein zu finden. Nach einem großen Schnitt in der Leistengegend schnitt er das Perineum durch, faßte in die Blase und holte den Stein heraus. Die Operation dauerte in der Regel mindestens eine Stunde, und fast die Hälfte der Patienten überlebte sie nicht. Pepys war erst 22 Jahre alt, als er von Thomas Holister, dem führenden Lithotomisten seiner Zeit, operiert und von einem Stein »so groß wie ein Tennisball« befreit wurde. Pepys war sehr zufrieden mit dem Ergebnis der Operation, obwohl er danach zeugungsunfähig war und oft Harngrieß im Urin hatte, den er durch das Trinken von reinem Terpentin zu behandeln versuchte.

4 Als Karl II. von England 1685 während der Rasur einen Anfall bekam, konnte er bei den nachfolgenden Behandlungen von den modernsten medizinischen Erkenntnissen seiner Zeit profitieren. Er wurde von 14 Ärzten behandelt, die ihn zur Ader ließen, ihn

dazu brachten, sich zu übergeben, und ihm ein starkes Abführmittel verabreichten. Dann schoren sie ihm die Haare ab, schmierten ihm blasenziehende Substanzen auf die Kopfhaut, klebten ihm Pflaster aus Taubenkot auf die Fußsohlen, gaben ihm Bezoarsteine (Gallensteine aus der Blase von Ziegen, die damals als Heilmittel verwendet wurden) zu essen und verabreichten ihm 40 Tropfen eines Extrakts aus dem Schädel eines Toten. Zwei Tage später war er tot.

5 1686 mußte sich König Ludwig XIV. von Frankreich einer sehr schmerzhaften Operation unterziehen, bei der ihm Fisteln am After entfernt wurden. Der König wurde gleich zweimal ohne jede Betäubung aufgeschlitzt, aber aus dem Palast in Versailles war zu vernehmen, daß er die Operation wie ein Held über sich hatte ergehen lassen. Französische Nonnen im Kloster von Saint-Cyr komponierten daraufhin das Lied *Dieu Sauve le Roi*, um die Genesung des Königs zu feiern. Ein Engländer, der gerade in Frankreich auf Reisen war, hörte das Lied, schrieb es auf und ließ es später in England zu *God Save the King* übersetzen. Die britische Nationalhymne entwickelte sich also aus einem Kirchenlied, mit dem die erfolgreich verlaufene Operation an den Hämorrhoiden eines französischen Königs gefeiert wurde.

6 Admiral Horatio Nelson hatte während seiner gesamten Marinelaufbahn furchtbare Angst davor, seekrank zu werden. Außerdem war er opiumsüchtig. Das Problem rührte von der Amputation seines rechten Arms her, der ihm am 25. Juli 1797 an Bord der *Theseus* ohne jede Betäubung abgenommen wurde. Nelson war derart entsetzt, als er das kalte Skalpell auf seinem Fleisch spürte, daß er befahl, fortan alle Amputationen auf Schiffen unter seinem Kommando mit angewärmten Skalpellen durchzuführen. Nach der Amputation verabreichte man Nelson eine Opiumpille und eine Ration Rum, damit er sich wieder erholte.

7 1846 verschluckte der berühmte Ingenieur Isambard Kingdom Brunel aus Versehen eine Zehn-Schilling-Münze aus Gold, die in seiner Luftröhre steckenblieb und erst nach sechs Wochen wieder entfernt werden konnte. Nachdem man ihm erfolglos verschiedene Brechmittel verabreicht hatte, versuchte es ein Chirurg mit einem Luftröhrenschnitt, aber auch dies brachte nicht das gewünschte Ergebnis. Um die Münze doch noch herauszuholen, wurde Hand an Brunel gelegt: Der Ingenieur wurde auf einem Tisch festgebunden und im 45-Grad-Winkel nach vorne gekippt,

dann erhielt er einen kräftigen Schlag auf den Rücken. Brunel war sehr erleichtert, als mit einem Mal die Münze herausrutschte und klirrend gegen seine Zähne stieß.

8 Vor der Entdeckung der Anästhesie brauchte ein Chirurg im Grunde genommen nur zwei flinke Hände und einen guten Magen. Oft war nicht ganz eindeutig, wer mehr unter der Operation litt, der Chirurg oder der Patient. Im großen und ganzen waren Chirurgen sehr humane Menschen, denen bewußt war, daß sie ihren Patienten trotz bester Absichten furchtbare Schmerzen zufügten. Sir Astley Cooper, der berühmteste englische Chirurg seiner Zeit, brach zuweilen in Tränen aus, wenn ihn ein krankes Kind anlächelte, das er gleich operieren sollte. William Chiselden, der Leibarzt von Königin Karoline, mußte sich vor jeder Operation übergeben und drückte seinem Helfer stets eine Uhr in die Hand, damit die Operation möglichst nicht länger als drei Minuten dauerte. Obwohl viele Operationen ungefähr eine Stunde dauerten, konnte Dominique Lorrey, Napoleons berühmter Chirurg, ein Bein in weniger als 15 Sekunden amputieren. Der im 19. Jahrhundert lebende schottische Chirurg und Freizeit-Leichenräuber Robert Lister galt als »der beste Chirurg Europas«. Listers persönlicher Rekord für eine Beinamputation waren 28 Sekunden, allerdings mußten dabei auch noch zwei Finger seines Helfers und der linke Hoden des Patienten dran glauben.

9 Wenn man den offiziellen Angaben Glauben schenken kann, waren Patienten mit königlichem Blut in den Adern nicht nur sehr viel tapferer als der Rest der Menschheit, wenn sie sich unter das Messer des Chirurgen begaben, sondern auch noch höflicher. Nachdem Georg IV. 1821 ohne jede Betäubung eine Haarbalgzyste am Kopf entfernt worden war, fragte er den Chirurgen Astley Cooper ganz zwanglos: »Und wie nennt man diese Geschwülste?« Aus Dankbarkeit ernannte der König den bürgerlichen Astley dann zu Sir Astley. Als man Königin Viktoria wegen eines besonders üblen Abszesses unter der Achsel operierte, sagte sie, nachdem sie aus der Narkose mit Chloroform erwacht war: »Eine äußerst unangenehme Aufgabe, mein lieber Professor Lister, aber Sie haben sie glänzend gelöst.«

10 Die erste unter Narkose durchgeführte Amputation fand am 7. November 1846 im General Hospital von Massachusetts

statt. Dabei wurde dem 21jährigen Dienstmädchen Alice Mohan das rechte Bein abgenommen. Die Operation wurde von Dr. George Haywood durchgeführt, assistiert von Andrew Morton und dessen neuer Erfindung, dem Äther-Inhalationsapparat. Nach der erfolgreich verlaufenen Operation war Haywood verständlicherweise sehr stolz auf sich und konnte es sich nicht verkneifen, ein wenig zu prahlen. Er beugte sich über das Mädchen und sagte: »Ich glaube, du hast geschlafen, Alice.« Die Patientin erwiderte: »Ja, das glaube ich auch, Sir.« – »Nun, du weißt doch sicher noch, weshalb man dich hergebracht hat?« sagte Haywood. Als das Mädchen nickte, griff er nach dem amputierten Bein und schwenkte es triumphierend vor ihm hin und her, wobei er sagte: »Es ist schon alles vorbei, Alice!« Die Reaktion des Mädchens ist uns leider nicht überliefert.

12 weitverbreitete Parasiten

1 Der Parasit *Cryptosporidium* lebt im britischen Leitungswasser und verursacht schwere Durchfälle. Pro Jahr werden etwa 10 000 Fälle gemeldet, von denen etwa ein Fünftel stationär behandelt werden müssen.

2 Mehrere Wurmarten, die fast immer in rohem Fisch zu finden sind – vor allem in Sushi – gedeihen auch im menschlichen Gehirn prächtig.

3 Der menschliche Körper kann ohne weiteres mit einem bis zu zehn Meter langen Bandwurm leben. Allerdings muß der Bandwurm seinen Wirt verlassen und ihn dann wieder aufsuchen, um sich fortzupflanzen.

4 *Pediculus capitis* (Kopflaus), *Pediculus humanus* (Kleiderlaus) und *Phthirus pubis* (Filzlaus oder Schamlaus) sind die drei Lausarten, die sich in menschlicher Gesellschaft am wohlsten fühlen.

5 Auf der menschlichen Haut existieren bis zu 155 verschiedene Hefekulturen gleichzeitig. Ein einziger Mensch hat in etwa so viele Bakterien und andere Organismen auf Haut und Haaren, wie es Menschen auf der Welt gibt. Eine der am weitesten verbreiteten Arten, die *Pityrosporum ovale,* lebt in und um die Nase herum und weist eine Bevölkerungsdichte von bis zu einer halben Million pro Quadratzentimeter auf. Es gibt inzwischen 25 bekannte Arten von Geschlechtskrankheiten, die für den Menschen gesundheitsschädlich sind und unter anderem durch Viren, Bakterien, Parasiten, Milben, Hefepilze, Chlamydien und Pilze verursacht werden. Nahe Verwandte der Gonorrhöe leben in Mund und Rachen des Menschen.

6 Fußpilzerkrankungen werden durch parasitäre Pilze ausgelöst. Bei besonders hartnäckigem Befall müssen die Zehen amputiert werden.

7 Mehr als neunzig Prozent aller Menschen sind mit dem Herpes-Virus infiziert.

8 Filzläuse werden über Geschlechtsverkehr, Toilettensitze, Bettwäsche oder ausgefallene Schamhaare übertragen.

9 Parasiten können praktisch in jedem Teil des menschlichen Körpers überleben, einige Spezies haben es jedoch auf ganz bestimmte Regionen abgesehen. Guineawürmer leben unter der Haut, Spulwürmer sind vor allem in Lungen oder Muskelgewebe zu finden, und Leberegel halten sich am liebsten in Blutkreislauf, Leber, Dünn- und Dickdarm oder Lunge auf.

10 Finnen entstehen im Larvenstadium des Bandwurms. Sie suchen sich in der Regel Hunde als Wirte, allerdings können sie über den Speichel des Hundes auf den Menschen übertragen werden. Im Innern des menschlichen Wirts kann die Zyste auf Fußballgröße anschwellen.

11 Mit dem Bakterium *Streptococcus* sind etwa zehn Prozent aller Menschen infiziert. Bei einigen Menschen entwickelt sich das Bakterium aus nicht bekannten Gründen zur nekrotischen Fasciitis, bei der in einer Stunde mehrere Zentimeter subkutanes Fett zerstört werden. In einem solchen Fall sind in der Regel größere chirurgische Eingriffe erforderlich.

12 Eine Guineawurminfektion, auch Drakunkolose genannt, entwickelt sich innerhalb eines Jahres nach Aufnahme von Wasserflöhen, die mit den Larven des Wurms infiziert sind, durch den Wirt (in diesem Fall der Mensch). Bei dieser Krankheit treten bis zu acht Zentimeter lange Würmer aus schmerzhaften Blasen aus.

V
Heilige & Sünder

10 heilige Reliquien

1 Die Exkremente eines tibetanischen Lamas waren so heilig, daß seine Anhänger kleine Mengen davon als Reliquie um den Hals trugen. Auch sein Urin galt als starkes Prophylaktikum und wurde von den Höflingen unter das Essen gemischt.

2 Weltweit behaupten mindestens 13 Kirchen, die Vorhaut von Jesus Christus zu besitzen. Papst Innozenz III. lehnte es ab, als Schiedsrichter zu fungieren und festzulegen, welche Reliquie echt sei. Er sagte, daß nur Gott allein die Wahrheit kenne.

3 König Heinrich VII. wurde das linke Bein des heiligen Georg als Geschenk vermacht.

4 Auf Sri Lanka steht ein Tempel, der einem Zahn Buddhas geweiht ist.

5 Im 19. Jahrhundert wurden gleichzeitig zwei heilige Bauchnabel von Christus in den Kirchen von Rom und Châlons-sur-Marne ausgestellt.

6 Mehrere Jahrzehnte lang wurde über einem Altar in Genf das Gehirn des Heiligen Petrus aufbewahrt. Allerdings stellte sich irgendwann heraus, daß es ein Bimstein war.

7 In etwa einem Dutzend europäischer Kirchen werden abgeschnittene Fingernägel des Heiligen Petrus aufbewahrt.

8 Der Körper des walisischen Heiligen Teilo wurde einmal wie durch ein Wunder an drei verschiedenen Orten aufbewahrt.

9 Mindestens 60 Kirchen behaupten von sich, die Muttermilch der heiligen Maria in ihrem Besitz zu haben.

10 Dem Nachttopf des im späten 14. Jahrhundert lebenden Heiligen Giovanni Columbini wurden wundertätige Eigenschaften nachgesagt. Nach seinem Tod strömte der Topf einen wohlriechenden Duft aus. Eine junge Dame mit furchtbar entstellten Gesichtszügen schmierte sich den Inhalt ins Antlitz und wurde geheilt.

10 Politiker, für die »Political Correctness« ein Fremdwort war

1 Heinrich IV., Kaiser des Heiligen Römischen Reiches, unterhielt seine Truppen gern dadurch, daß er Nonnen ausziehen und mit Honig beschmieren ließ. Anschließend wurden die unglücklichen Frauen mit Federn beworfen, auf Pferde gesetzt und durch die Menge der johlenden Männer getrieben.

2 Idi Amin, Ex-Präsident von Uganda (sein vollständiger Titel lautete »Herr aller Tiere auf der Erde und Fische im Meer und Eroberer des britischen Weltreiches in Afrika im allgemeinen und Uganda im besonderen«), ließ von seiner Machtergreifung 1971 bis zu seinem Sturz 1979 über 250000 Menschen ermorden. Eines der beiden Hobbys von Idi Amin bestand darin, überall in Uganda Statuen seiner beiden größten Vorbilder, Königin Viktoria und Adolf Hitler, aufzustellen. Sein zweitliebster Zeitvertreib bestand darin, Gefangenen mit der bloßen Hand die Genitalien zu zerquetschen. Um Zeit zu sparen, erteilte Amin seiner Privatpolizei, die aus unerklärlichen Gründen Nationales Forschungsamt hieß, einen Pauschalauftrag zum Massenmord. Das Forschungsamt trieb die Opfer auf und ermordete sie, anschließend wurden die Familien informiert, daß man sie für etwa 450 Mark zu den Leichen führen würde. Die Methode war so erfolgreich, daß sich die Nachbarn über den Lärm der pausenlos im Forschungsamt ratternden Maschinengewehre beschwerten. Um das Töten etwas leiser zu gestalten, bestach Amin seine Gefangenen, so daß sich diese mit Vorschlaghämmern gegenseitig den Schädel einschlugen. Amins Terrorkampagne nahm derart gigantische Ausmaße an, daß sie zum logistischen Problem wurde. Francis Kalimazo, ein ehemaliger Staatsbediensteter, war gerade auf einer Hochzeitsfeier, als er ihm Radio von seinem »Tod« erfuhr. Er floh auf der Stelle, als ihm klar wurde, daß er Teil des Auftragsrückstands war. Gäste eines Staatsdinners, das im August 1972 in Amins Residenz in Entebbe stattfand, staunten nicht schlecht, als Amin zwischen zwei Gängen kurz in der Küche verschwand und mit dem eingefrorenen Kopf seines ehemaligen Oberbefehlshabers Brigadier Hussein unter dem Arm wieder zurückkam. Amin beschimpfte

den Kopf und warf mit Besteck nach ihm, dann befahl er seinen Gästen zu gehen. Für 1978 plante Amin eine großangelegte Invasion im benachbarten Tansania, aber zuerst wollte er Tansanias Präsidenten Julius Nyerere in Sicherheit wiegen. Er schickte Nyerere ein Telegramm mit den Worten: »Ich liebe dich so sehr, daß ich dich heiraten würde, wenn du eine Frau wärst.« Amin war ehemaliger ugandischer Landesmeister im Schwergewicht-Boxen. Als sein Land von den tansanischen Truppen überrannt wurde, machte er den Vorschlag, daß er und Julius Nyerere den Krieg durch einen Zweikampf im Ring entscheiden sollten, mit Muhammad Ali als Schiedsrichter. Zum Jahrestag seines Militärputsches von 1977 lud Idi Amin den ehemaligen britischen Premierminister »mit seiner Band« nach Uganda ein, damit ihm dieser während der Feierlichkeiten aufspielte. Einmal weigerte er sich, an den Commonwealth-Spielen teilzunehmen, für den Fall, daß ihm die britische Königin nicht ein Paar neue Stiefel Größe 46 schickte.

3 Joaquin Balaguer wurde 1966 durch tatkräftige Unterstützung der US-Marine Präsident der Dominikanischen Republik, weil die Vereinigten Staaten kein zweites »Kuba« dulden wollten. Dank konsequent betriebenen Wahlbetruges blieb er die nächsten dreißig Jahre im Amt. Balaguer bereiste das Land in einem Fahrzeug, das mit einem gläsernen Turm ausgestattet war. Aus diesem Turm heraus bedachte er die Bevölkerung mit Geschenken, die von Süßigkeiten und Fahrrädern bis hin zu Geld und Landparzellen reichten. Balaguer, der von ausländischen Diplomaten »der Zauberer von Id« gekannt wurde, ließ anläßlich des 500. Jahrestages von Christoph Kolumbus' Landung auf der Insel einen riesigen, weißen Leuchtturm in Form eines Kreuzes errichten, was Unsummen von Geld verschlang. Als der Leuchtturm zum ersten Mal eingeschaltet wurde, brach die Stromversorgung des Landes zusammen (allerdings merkten die 60 Prozent der Bevölkerung, die immer noch keinen Strom hatten, überhaupt nichts davon). 1996 – er war mittlerweile 89 Jahre alt und blind – forderte Balaguer einen Staatsbeamten, den er des Betruges verdächtigte, zum Duell heraus. In letzter Minute besann er sich jedoch anders und hielt statt dessen eine Rede im Parlament.

4 Die Ideen des chinesischen Parteiführers Mao Tse-tung, auch Mao der Weise genannt, wurden beim siebten Kongreß der Chinesischen Kommunistischen Partei, der im Frühjahr 1945 in Yanan stattfand, zur offiziellen Ideologie erklärt. Im selben Jahr

erhielt Mao auch den Titel »großer Vorsitzender«. Auf Befehl Maos wurden ältere Leute, die man zum Klassenfeind erklärt hatte, in Zügen, Bussen und auf der Straße zu Tode geprügelt. Auf dem Höhepunkt von Maos Schreckensherrschaft lag das Babaoshan Krematorium in Peking drei Tage mit dem Verbrennen der Leichen zurück. Die gesamte Verwaltung der Zongshan Universität wurde mitten in der Nacht zum Haupteingang des Campus getrieben und dort an Bäumen aufgehängt. Viele von Maos Morden wurden so inszeniert, daß es aussah, als hätten die Opfer Selbstmord begangen. Die häufigste Selbstmordmethode bestand darin, in großer Höhe aus dem Fenster zu springen, aber es wurden auch andere Methoden angewendet, bei denen sich der »Selbstmörder« in einem See oder Fluß ertränkte, erhängte, vor einen Zug sprang oder konzentriertes Insektenschutzmittel trinken mußte. Darüber hinaus war Mao für die schlimmste Hungersnot der Geschichte verantwortlich, bei der etwa 43 Millionen seiner Landsleute umkamen. Der sogenannte »Große Sprung nach vorn« Ende der fünfziger Jahre war nichts anderes als ein selbstmörderisches sozialistisches Programm für den Landwirtschaftssektor. Josef Stalin, der ganz ähnliche Pläne gehabt hatte, hatte diese erfolgreich in den Sand gesetzt. Auch als die Hungersnot andauerte, wollte Mao einfach nicht glauben, daß seine Pläne nicht funktionieren wollten. Einmal verdoppelte er sogar die Getreideexporte des Landes. Als Mao die chinesische Bevölkerung mobilisierte und ihr befahl, sämtliche chinesischen Spatzen auszurotten – mit der Begründung, daß die Spatzen die Getreideernte des Landes vernichteten –, verschlimmerte er das Problem nur noch weiter. Innerhalb von 48 Stunden gingen etwa achtzig Millionen Chinesen auf die Straßen und Felder und trommelten so lange auf Woks und Gongs herum, bis die Vögel vor Erschöpfung tot vom Himmel fielen. Die Aktion war ein voller Erfolg, da gebratene Spatzen für Chinesen eine Delikatesse sind. Aber da es nun keine Spatzen mehr gab, die Würmer und andere Insekten dezimierten, kam es zu einer Öko-Katastrophe. Die natürliche Nahrungskette sah plötzlich ganz anders aus, so daß in den nächsten drei Jahren noch mehr Menschen verhungerten. Maos Leibarzt Dr. Li zufolge war der große Vorsitzende mit ziemlicher Sicherheit während der gesamten Zeit als Parteiführer geisteskrank. Im Gegensatz zu seinen jungen Jahren, als er einen bewußt spartanischen Lebensstil pflegte, wurde Mao im Laufe der Zeit fett. Er rauchte wie ein Schlot und kam selten vor Mittag aus dem Bett. Häufig rief er seine Minister mitten in der Nacht zu einer Sitzung zusammen. Mao machte sich bald nicht mehr die Mühe, sich anzuziehen, und lief meistens nur im Bademantel herum. Seine offizielle »Mao-Uniform« trug er nur, wenn Kameras in der Nähe waren. Ende der sechziger Jahre sagte er einmal zu seinen Beratern, daß es ihm am liebsten wäre, wenn die Vereinigten Staaten eine Atombombe über einer chinesischen Provinz abwerfen und zehn bis zwanzig Millionen Menschen töten würden. Das würde dem Rest der Welt nämlich beweisen, so Mao, wie verrückt die Amerikaner seien.

5 Der haitianische Präsident »Papa Doc« Duvalier war Experte für Gewalt und Einschüchterung, aber seine Spezialität war Wahlbetrug. Als seine Landsleute 1961 zur Wahl gingen, stellten sie fest, daß ganz oben auf jedem Stimmzettel »Docteur François Duvalier, Président« aufgedruckt war. Als die Stimmen ausgezählt waren, wurde bekanntgegeben, daß Papa Doc einstimmig wiedergewählt worden sei, da auf jedem Stimmzettel nur sein Name stand. Einige Jahre später bediente er sich einer ähnlichen Taktik, um seine Amtszeit *ad infinitum* zu verlängern. Bei der Wahl wurden die Haitianer gefragt: »Soll der Präsident auf Lebenszeit im Amt bleiben?« Als Antwort war nur ein kräftiges »Ja« möglich, da der Stimmzettel kein Kästchen für »Nein« enthielt. Duvalier ließ auch das Vaterunser für die haitianischen Schulen umschreiben: »Doc unser, der Du bist im Nationalpalast für immer, geheiligt werde Dein Name jetzt und für immer, Dein Wille geschehe, wie in Port-au-Prince so in den Provinzen. Unser neues Haiti gib uns heute. Und vergib nicht die Schuld jener Antipatrioten, die täglich auf unser Land spucken ...«
»Papa Doc« behauptete, die Zukunft voraussagen zu können, da er sich nachts immer mit einem abgetrennten menschlichen Kopf unterhielt, den er in einem Schrank im Präsidentenpalast aufbewahrte. Er gehörte einem seiner ehemaligen Armeeoffiziere, Blucher Philogenes, der 1963 eine von der CIA unterstützte, kläglich gescheiterte Invasion in Haiti geleitet hatte. Wenn Duvalier Rat in Staatsangelegenheiten brauchte, setzte er sich mit einem schwarzen Zylinder auf dem Kopf in die Badewanne und »las« in den Eingeweiden einer toten Ziege. »Papa Doc« starb 1971. Sein Nachfolger wurde sein Sohn »Baby Doc«.

6 Francisco Lopez, von 1862 bis 1870 Präsident von Paraguay, war unter den zahlreichen südamerikanischen Diktatoren vermutlich

die schillerndste Persönlichkeit. Lopez war ein auffallend häßlicher und sehr beleibter Mann – »eine Woge menschlichen Fleisches« war noch eine der schmeichelhafteren Beschreibungen. Sein großes Vorbild war Napoleon, und deshalb steckte er immer eine Hand ins Jacket. Bei seinen politischen Entscheidungen ließ er sich vor allem von Eliza Lynch, seiner irischen Frau, beeinflussen. Lopez war in jeder Hinsicht skrupellos. Er ließ sogar seine siebzigjährige Mutter öffentlich auspeitschen und hinrichten, weil sie ihm gestanden hatte, daß er unehelich geboren worden war. Die meiste Zeit seiner Herrschaft verbrachte er mit einem völlig sinnlosen Krieg gegen Paraguays Nachbarländer Argentinien, Brasilien und Uruguay, für den er seine Truppen so hart trainieren ließ, daß viele der Männer schon vor dem Kampfeinsatz starben. Der unselige Krieg, verbunden mit dem strikten Befehl an die Soldaten, sich auf keinen Fall zu ergeben, dezimierte die männliche Bevölkerung Paraguays um neun Zehntel. Aufgrund der Unfähigkeit von Lopez verschlechterte sich die militärische Lage zusehends, daher führte er ein Spitzelsystem ein, das jeden dritten Soldaten der Truppe aufforderte, seine Kameraden auszuspionieren und jeden – auch die Offiziere – zu erschießen, der Anzeichen von Feigheit zeigte. Daraus entstand eine Art Massenparanoia, so daß viele seiner Männer rückwärts in den Kampf marschierten, weil sie ihre Kameraden mehr fürchteten als den Feind. Als der Oberbefehlshaber der Truppen vom Feind umzingelt war und vor der sicheren Niederlage stand, jagte er sich lieber eine Kugel durch den Kopf, als dem Präsidenten unter die Augen zu treten. Der Schuß ging allerdings daneben, so daß er lediglich ein Auge verlor. Als die Situation eskalierte, ordnete Francisco Lopez einen Massenselbstmord an und befahl allen Einwohner der Hauptstadt Asunción, mit ihm zusammen in den Dschungel zu marschieren. In letzter Minute besann sich Lopez anders und ordnete an, statt dessen den Nationalschatz von einem hohen Felsen aus in den Dschungel zu werfen. Damit die ganze Sache geheim blieb, mußten sämtliche Zeugen dem Schatz hinterherspringen. 1870 sprach sich Lopez selbst heilig. Als er die Bischöfe von Paraguay um ihre Meinung fragte und 23 von ihnen sagten, daß sie von der Idee ganz und gar nicht begeistert seien, ließ er sie kurzerhand erschießen. Kurz darauf wurde der »heilige« Francisco geweiht und das Datum seiner Heiligsprechung im christlichen Kalender eingetragen.

7 Der nordkoreanische Staatspräsident Kim Il Sung war der letzte große Diktator in Südostasien, der einen nationalen Kult um seine Person aufbaute. Er zwang die gesamte Bevölkerung Nordkoreas dazu, Ansteckabzeichen mit seinem Porträt zu tragen. Außerdem wurde auf jeder nordkoreanischen Straße eine Extraspur eingerichtet, die nur Kim Il Sung benutzen durfte.

8 Der ehemalige Mönch Pol Pot, Anführer der berüchtigten kambodschanischen Guerillatruppe Rote Khmer, verfolgte die extremsten Grundsätze der kommunistischen Ideologie. Er versuchte, Kambodscha von sämtlichen Einflüssen des dekadenten Westens zu befreien und aus dem Land einen Bauernstaat zu machen. Er schaffte Geld, Städte und alles andere ab, was er für kapitalistisch und damit für schlecht hielt. Von 1975 an, dem »Jahr eins« seiner Schreckensherrschaft, ließ er innerhalb von drei Jahren zwischen zwei und drei Millionen Menschen umbringen. Einige von ihnen wurden mit Schaufeln erschlagen, weil sie eine Brille getragen und damit ein dekadentes, imperialistisches Verbrechen begangen hatten.

9 Colonel Mengistu Haile Mariam gehörte 1974 zu den Anführern eines Militärputsches in Äthiopien und wurde drei Jahre später zum Präsidenten des Landes ernannt. 1977 richtete er seinen »roten Terror« gegen sogenannte Konterrevolutionäre, die vor allem aus Kindern und jungen Studenten bestanden. Bei den Säuberungsaktionen wurden Hunderte von Menschen getötet. Haile Mariam erlaubte den Eltern, die Leichen ihrer getöteten Kinder für die Beerdigung zurückzukaufen – was auch »Bezahlung für die Kugel« genannt wurde –, und ließ die übel zugerichteten Leichen seiner gefolterten Gegner im Fernsehen zur Schau stellen. 1991 mußte er zurücktreten und außer Landes flüchten. Ein Jahr später fand die Polizei die sterblichen Überreste des ehemaligen äthiopischen Kaisers Haile Selassie, die unter dem Fußboden von Haile Mariams Büro vergraben worden waren.

10 Jean-Bedel Bokassa, selbsternannter Kaiser der ehemaligen französischen Kolonie Zentralafrikanische Republik, gehörte ebenfalls zu den Diktatoren, die Napoleon nacheiferten. Er kam 1965 durch einen Putsch an die Macht, und obwohl die Zentralafrikanische Republik offiziell zu den ärmsten Ländern der Welt gehörte, gab er Unsummen für seine persönlichen Spielereien aus. Allein seine bizarre, 48 Stunden dauernde Krönungszeremonie,

mit der er 1977 seine »Beförderung« vom Präsidenten zum Kaiser feierte, kostete etwa dreißig Millionen Mark – ungefähr ein Drittel des Staatshaushaltes für ein Jahr. Obwohl Bokassa sämtliche führenden Politiker und Staatsoberhäupter der Welt eingeladen hatte, gaben ihm die meisten einen Korb. Zu den Krönungsfeierlichkeiten in der Hauptstadt Bangui kamen dann aber doch zahlreiche ausländische Würdenträger, darunter auch die Botschafter Italiens und der Bundesrepublik Deutschland. Sie wußten allerdings nicht, daß Bokassa zwölf Insassen des Gefängnisses von Bangui hatte schlachten lassen und seinen Gästen zum Essen vorsetzte.

Die 20 unkonventionellsten Päpste aller Zeiten

1 Papst Damasus I. (366-384) wollte bei seiner Wahl zum Papst nichts dem Zufall überlassen. Er heuerte eine Killergang an, die die Julianische Kapelle stürmte und den größten Konkurrenten für den Posten samt seiner Anhänger beseitigte. Damasus galt als Weiberheld und trug den Spitznamen »Ohrkitzler«, aber sein Gefolge bestand aus sexuell ehrgeizigen jungen Männern. Damasus wurde 378 von einer Synode aus 44 Bischöfen wegen Ehebruchs zum Tode verurteilt, aber danach vom Kaiser begnadigt.

2 Papst Johannes XII. (955-963), der auch Johannes der Schlechte genannte wurde, war bisexuell und angeblich ein überzeugter Atheist. Er hatte Dutzende von Geliebten beiderlei Geschlechts, darunter auch eine ehemalige Konkubine seines Vaters. Aus dem Lateranpalast machte er ein Bordell, was ihm dann auch den Vorwurf einbrachte, während einer seiner zügellosen Orgien den Teufel eingeladen zu haben. Johannes und seine Freunde machten sich einen Spaß daraus, weibliche Pilger in der Peterskirche zu belästigen. Als einer der Kardinäle darauf hinwies, daß dies nicht gerade eine gängige theologische Praxis sei, ließ ihn der Papst kastrieren. Ein Tribunal sprach Papst Johannes *in absentia* verschiedener Verbrechen schuldig, darunter Inzest, Ehebruch und Mord, woraufhin er exkommuniziert wurde. Seine Heiligkeit wurde schließlich von einem in Rage geratenen Ehemann mit einem Hammer erschlagen, nachdem dieser den Ex-Papst in flagranti mit seiner Frau erwischt hatte. Als die Nachricht vom Tode Johannes' Rom erreichte, witzelte man, daß er Glück gehabt hatte, im Bett zu sterben – selbst wenn es nicht sein eigenes gewesen war.

3 Papst Stephan VI. (896-897) machte nach seiner Wahl unmißverständlich klar, daß er mit seinem Vorgänger, Papst Formosus, nicht gerade auf gutem Fuße gestanden hatte. Als Formosus schon neun Monate in seinem Grab gelegen hatte, rief Papst Stephan einige römische Geistliche zu einer Synode zusammen und ließ Formosus' bereits stark verweste Leiche in den Saal bringen. Sie

wurde in vollem Papstornat in einen Stuhl gesetzt, ein zu Tode erschrockener Diakon stand als Verteidiger daneben und hörte zu, wie eine Reihe von Anklagen gegen den verstorbenen Papst vorgelesen wurden. Danach verurteilte die »Leichensynode« den ehemaligen Papst, erklärte dessen Ordination für ungültig und ließ ihm die drei Finger abschneiden, mit denen normalerweise der päpstliche Segen erteilt wird. Anschließend wurde die Leiche auf einem Pilgerfriedhof eingegraben, später jedoch wieder ausgegraben und in den Tiber geworfen. Stephan überlebte Formosus jedoch nicht sehr lange. Einige Monate später wurde er bei einer Revolte seines Amtes enthoben, in eine Mönchskutte gesteckt und in einem Kerker erdrosselt.

4 Papst Sergius III. (904-911) hatte eine Vorliebe für Sex mit minderjährigen Mädchen und war dem Historiker Baronius zufolge »jedem nur denkbaren Laster verfallen«. Mit 45 Jahren nahm sich Sergius eine 15jährige Mätresse namens Marozia. Aus der Beziehung ging ein Sohn hervor, der später Papst Johannes XI. wurde.

5 Papst Johannes XIII. (965-972) nutzte die Reiterstatue des früheren Kaisers Marc Aurel – weltweit die größte römische Bronzestatue – als Galgen und hängte 965 einen Stadtpräfekten an den Haaren daran auf. Johannes wurde als Ehebrecher verurteilt, der »die Konkubine seines Vaters und seine eigene Nichte schändete«. Dieser Papast wurde wie sein Vater, Johannes XII., von einem wütenden Ehemann umgebracht, der ihn in flagranti mit seiner Frau erwischte.

6 Päpstin Johanna. Die Legende vom weiblichen Papst macht seit dem 13. Jahrhundert die Runde. Aus verschiedenen Quellen erfahren wir, daß im 11., 12. oder 13. Jahrhundert aus Versehen eine Frau, die vermutlich Engländerin war und sich als Mönch verkleidet hatte, zum Papst gewählt wurde. Die nächsten zwei Jahre regierte sie als Papst Johann, und ihr Geheimnis flog erst auf, als sie während einer Prozession vor der Peterskirche in Rom eine Frühgeburt erlitt. Entsetzte Kirchenälteste erklärten daraufhin die Straße zum verbotenen Terrain für den Papst, woran sich alle späteren Päpste auch weitgehend gehalten haben. Einzelheiten der Legende von der Päpstin Johanna wurden im Laufe der Jahrhunderte immer weiter ausgeschmückt, aber die Tatsache, daß es einen weiblichen Papst gegeben hat, wurde von der katholischen Kirche bis zum 19. Jahrhundert tatsächlich anerkannt. Danach wurde die Legende von Protestanten benutzt, um das Papsttum in Verruf zu bringen.

Bezeichnenderweise wies der aus rotem Marmor gefertigte Thron des Papstes, auf dem die gerade gewählten Päpste feierlich in ihr Amt eingeführt wurden, ein Loch in der Sitzfläche auf. Gerüchten zufolge wurde der Thron absichtlich so konstruiert, damit der neue Papst auf sein Geschlecht untersucht werden konnte – nach einer Papstwahl legte sich einer der Kirchenoberen unter den »Fummelstuhl« und tastete von dort aus nach den Hoden des Pontifex Maximus. Der Test wurde angeblich in der Zeit nach der Päpstin Johanna eingeführt, aber es könnte genausogut möglich sein, daß dadurch überprüft werden sollte, ob der neue Papst kastriert worden war, denn das Kirchengesetz schrieb vor, daß das Geschlecht des Pontifex Maximus »unversehrt« sein müsse.

7 Johannes XXI. (1276-1277) war der einzige portugiesische Papst und auch der einzige Arzt, der je zum Pontifex Maximus gewählt worden ist. Mitte des 13. Jahrhunderts wurde er zum Hofarzt des Vatikans berufen, was er vor allem einer von ihm verfaßten medizinischen Abhandlung zu verdanken hatte, in der er Salatblätter gegen Zahnschmerzen, Salatsamen zur Dämpfung des Geschlechtstriebs und Schweinekot zur Behandlung von Nasenbluten empfahl. Versehen mit seinen ärztlichen Ratschlägen starben kurz hintereinander drei Päpste, Gregor X. (1271-1276), Innozenz V. (1276) und Adrian V. (1276). Danach wurde der Arzt selbst zum Papst gewählt, wohl in der Hoffnung, daß er es mit seiner ärztlichen Kunst schaffen würde, etwas länger zu leben als seine drei Vorgänger. Zwölf Monate nach seiner Wahl stürzte jedoch das Dach des neuen Papstpalastes ein und begrub Johannes unter sich, der sechs Tage später an seinen schweren Verletzungen starb. Die Nachricht von dem Unfall wurde in einigen Kreisen des Vatikans mit großer Erleichterung vernommen, da er dort für den Antichristen gehalten wurde.

8 Papst Benedikt IX. war gleich dreimal Papst (1032-1044, 1045, 1047-1048), das erste Mal mit zwölf Jahren. Dante schreibt, das Papsttum habe unter der Herrschaft von Papst Benedikt seinen absoluten Tiefpunkt erreicht und wurde zum Synonym für Sittenlosigkeit und Ausschweifungen. Benedikt war ein Mörder, der sich angeblich in Hexenkunst und Satanismus übte und bisexuelle Orgien veranstaltete. Mit 23 Jahren überlebte der Papst ein Attentat, bei dem man ihn während einer Messe vor dem Altar erdrosseln wollte. Benedikt heiratete schließlich seine Cousine und verkaufte den Papsttitel an seinen Patenonkel, Gregor VI.

9 Der kleinwüchsige Papst Gregor VII. (1073-1085) versuchte, die Sünde in der Kirche mit der Wurzel auszureißen und mißbilligte unter anderem die gängige Praxis, daß Priester heirateten oder sich eine Mätresse hielten. Seine Kampagne gegen lockere Moralvorstellungen und Häresie erhielt erheblichen Auftrieb, als er verkündete, es sei schlecht für das Volk, wenn es in der Bibel lese. Denn dies könne zum Nachdenken anregen, so Gregor, und Gedankenfreiheit führe zu Häresie. In seinem Privatleben war er jedoch nicht ganz so sittenstreng. Er hatte eine Vorliebe dafür, sich auspeitschen zu lassen, und sah auch gerne zu, wenn andere ausgepeitscht wurden. Außerdem hatte er eine Mätresse, Gräfin Mathilda. Deren deutscher Ehemann, Gottfried der Bucklige, rächte sich, indem er überall herumerzählte, daß der Papst ein Atheist sei. Urban II., Papst von 1088-1099, führte den *Callagium* ein, eine Art Sexsteuer, mit der sich Geistliche eine Mätresse halten konnten, wenn sie eine jährliche Gebühr an den Papst entrichteten. Das Verbot der Konkubinen führte zu einem starken Anstieg der Homosexualität in der katholischen Kirche. Dreihundertfünfzig Jahre später bekam Papst Innozenz VIII. den Beinamen »der Ehrliche«, weil er zugab, mehrere uneheliche Kinder gezeugt zu haben. Damit wollte er allerdings nur das Gerücht widerlegen, er sei eine als Mann verkleidete Frau. Papst Alexander III. (1159-1181) versuchte das Mätressenverbot erneut durchzusetzen, hatte aber insbesondere in England recht wenig Erfolg damit. Der Papst wollte unbedingt einen keusch lebenden Erzbischof von Canterbury haben, aber schließlich stellte sich heraus, daß der Mann, den er sich für dieses hohe Amt ausgesucht hatte – ein Mönch namens Clernbald – allein in einem Dorf 17 uneheliche Kinder hatte. Der Bischof von Lincoln sorgte sich um die Moral in den Klöstern Englands, weshalb er auch eine eigene Methode entwickelte, um festzustellen, ob eine Nonne ihr Keuschheitsgelübde einhielt: Er ging in die Klöster, faßte den Nonnen an die Brust und beobachtete ihre Reaktion.

10 Papst Anacletus (1130-1138) hielt sich eine Prostituierte als Mätresse, beging Inzest mit seiner Schwester und einigen anderen weiblichen Verwandten und vertrieb sich die Zeit damit, Nonnen zu vergewaltigen.

11 Papst Bonifaz VII. (1294-1305) wurde seinen Vorgänger Papst Zölestin V. los, indem er diesen in das Schloß von Fumone sperrte und dort verhungern ließ. Bonifaz war Atheist und hielt

sich zahlreiche homosexuelle Liebhaber. Er wurde später wegen Häresie, Vergewaltigung, Sodomie und Fleischgenuß während der Fastenzeit in Abwesenheit verurteilt und entkam seiner Strafe. Bonifaz verfiel jedoch bald danach dem Wahnsinn und beging Selbstmord. Papst Klemens V. ließ die Leiche von Bonifaz später ausgraben und ihn als Ketzer verbrennen.

12 Klemens VI. (1342-1352) pflegte einen zügellosen, ausschweifenden Lebensstil und wurde von Petrarca als »kirchlicher Dionysos mit schändlichen und niederträchtigen Listen« beschrieben. Als der Beichtvater des Papstes ihm nahelegte, seine zahlreichen Mätressen aufzugeben, entgegnete Klemens, daß er schon in jungen Jahren angefangen habe, mit Huren zu schlafen, und es auf Anraten seiner Ärzte auch weiterhin tun müsse. Als Klemens starb, beteten fünfzig Priester neun Tage lang ununterbrochen um das Heil seiner Seele, aber alle waren der Meinung, daß selbst das nicht verhindern konnte, daß der tote Papst schnurstracks in die Hölle fuhr.

13 Papst Johannes XXIII. (1410-1415) war ein ehemaliger Pirat, der erst am Tag vor der Papstwahl zum Priester geweiht worden war. Er verschaffte sich die Papstkrone mit roher Gewalt und regierte auch dementsprechend. Auf dem Konzil von Konstanz 1415 wurde Papst Johannes 54 Vergehen bezichtigt, darunter Piraterei, Mord, Vergewaltigung, Sodomie und Inzest. Von den ursprünglich vorgebrachten siebzig Anklagen waren 16, die »von geradezu unglaublicher Verderbtheit« waren, bereits fallengelassen worden – nicht aus Respekt vor dem Papst, sondern im Interesse der öffentlichen Moral.

14 Papst Pius II. (1458-1464) war ein bekannter Autor von erotischer Literatur und zeugte etwa zwölf uneheliche Kinder.

15 Papst Sixtus IV. (1471-1484) ging als Erbauer der Sixtinischen Kapelle in die Geschichte ein. Zu seinen nicht ganz so künstlerischen Leistungen gehören unter anderem sechs uneheliche Söhne – einer von ihnen aus einer inzestuösen Verbindung mit seiner Schwester – und der Erlaß der päpstlichen Bulle, mit der die spanische Inquisition und später die Verbrennung zahlloser Ketzer legitimiert wurde.

16 Papst Alexander VI. (1492-1503), mit bürgerlichem Namen Rodrigo Borgia, beging seinen ersten Mord angeblich mit zwölf Jahren. Er führte auch als Papst ein lasterhaftes, sexuell aus-

schweifendes Leben und protegierte unverhohlen vier seiner unehelichen Kinder. Er starb an Gift, das vermutlich von seinem Sohn Cesare stammte und eigentlich für die Kardinäle gedacht war, mit denen sie gerade speisten – Alexander griff versehentlich zum falschen Pokal. Nach dem Tod des Borgia wurden seine Gemächer im Vatikan versiegelt und erst im 19. Jahrhundert wieder geöffnet.

17 Papst Julius II. (1503-1513), der Michelangelo mit der Ausmalung der Sixtinischen Kapelle beauftragte, war pädophil veranlagt und verbrachte fast seine ganze Zeit mit »Callboys« und männlichen Prostituierten.

18 Papst Leo X. (1313-1321) war ein großer Mäzen von Michelangelo und Raphael und hielt sich zahllose männliche Mätressen. Als er zum Papst gewählt wurde, litt er unter schmerzhaften Geschwüren am After, so daß man ihn auf einer Bahre in die Konklave tragen mußte. Papst Leo reizte Martin Luther so lange, bis dieser seine 95 Thesen an die Tür der Kirche von Wittenberg nagelte und damit die Spaltung der Christenheit auslöste.

19 Papst Paul III. (1534-1549) ging in die Geschichte ein, weil er den englischen König Heinrich VIII. exkommunizierte und über England das Interdikt verhängte. Darüber hinaus vergiftete er mehrere Verwandte – unter ihnen seine Mutter und seine Nichte –, um das Familienvermögen an sich zu reißen, und unterhielt eine inzestuöse Beziehung zu seiner Tochter. Er tötete einige Kardinäle und einen polnischen Bischof, um einen theologischen Disput beizulegen, und war vermutlich der größte römische Zuhälter aller Zeiten: Papst Paul führte eine Liste mit etwa 45 000 Prostituierten, die ihm eine monatliche Abgabe zahlten.

20. Papst Julius III. (1550-1555) hatte eine Vorliebe für Geschlechtsverkehr mit Knaben und ernannte mehrere hübsche Teenager zu Kardinälen. Er setzte neue Maßstäbe für schlechten Geschmack, als er seinen unehelichen Sohn Bertuccino zu sich ins Bett holte. Kardinal della Casas berühmtes Gedicht *Zum Lobe der Sodomie* war Papst Julius gewidmet.

10 Sekten, die genau wissen, wann die Welt untergeht

1 Die Panacea-Gesellschaft wurde gegründet, um die Schriften der Anfang des 19. Jahrhunderts in London lebenden Seherin Joanna Southcott zu verbreiten. 1814 verkündete die 64jährige Jungfer und Hobby-Hellseherin Miß Southcott, daß sie schwanger sei und den neuen Messias namens Shiloh zur Welt bringe. Bald nach der Geburt gehe die Welt unter, und nur ihre Anhänger würden gerettet werden. Miß Southcott ließ sich in ihrem Haus in der Manchester Street von Marylebone von 21 Ärzten untersuchen. 17 von ihnen waren der Meinung, daß die Seherin schwanger oder »vermutlich« schwanger sei. Vor der Haustür kampierten Dutzende von Menschen, die auf das bevorstehende Wunder warteten. Leider kam der neue Messias nicht zum angegebenen Datum auf unsere Welt. Zehn Tage später starb die arme Miß Southcott. Ihre Anhänger ließen sich dadurch jedoch nicht beeindrucken und waren der Meinung, daß das Kind in den Himmel gegangen sei und später wiederkommen werde. Helen Exeter, die Gründerin der Panacea-Gesellschaft, kündigte die Rückkehr des Messias für das Jahr 1914 an, konnte aber nicht mehr feststellen, ob sie recht gehabt hatte, da sie Anfang 1914 ertränkt wurde. Die Gesellschaft setzt nun alle Hoffnungen auf einen versiegelten Kasten, der einst Miß Southcott gehörte und angeblich enthüllen würde, wann Christus zu uns zurückkehrt. Leider darf der Kasten nur in Gegenwart von sämtlichen Bischöfen der Anglikanischen Kirche geöffnet werden. 1997 rief die Panacea-Gesellschaft in mehreren Zeitungsanzeigen ebenjene Bischöfe auf, sich zu versammeln und den Kasten zu öffnen.

2 Edgar Cayce (1877-1945) war ein amerikanischer Nostradamus, der auch unter dem Namen »schlafender Prophet« bekannt war. Er versetzte sich in Trance, um die Zukunft vorherzusagen oder Kranke zu heilen. Obwohl seine Prophezeiungen nicht sehr zuverlässig waren und Cayce daher seinen Hauptberuf als Verkäufer von Fotoartikeln nie aufgegeben hat, lag er 1929 vor dem großen Börsenkrach an der Wall Street erstaunlich richtig, als er einem Kunden riet, nicht an der Börse zu investieren, da er »eine

anhaltende Abwärtsbewegung« sehe. Cayce hat angeblich auch den Ersten und Zweiten Weltkrieg, die Unabhängigkeit Indiens, die Gründung des Staates Israel und die Ermordung Präsident Kennedys vorausgesehen. Außerdem prophezeite er, daß der Kommunismus in China zusammenbrechen, Kalifornien 1969 im Meer versinken und Christus nach dem dritten Weltkrieg 1999 zurückkehren würde. Darüber hinaus war Cayce der Meinung, daß sich im Jahr 2000 die Erdachse verschiebt und die Menschheit durch Überschwemmungen und Erdbeben ausgerottet wird. Von Cayces ehemaligem Haus in Virginia aus halten seine Anhänger und die Gesellschaft für Forschung und Erleuchtung das Andenken an diesen großen Mann hoch.

3 1957 erschien Reverend Mark Prophet aus Washington D. C. ein heiliger Geist, der ihm befahl, eine Organisation namens Summit Whitehouse zu gründen, eine recht abenteuerliche Mischung aus Urchristentum und östlichem Mystizismus. Als Prophet 1967 starb, wurde die Organisation von seiner Frau Elizabeth Wulf – oder Guru Ma, wie sie von ihren Jüngern auch genannt wird – weitergeführt. Das neue Oberhaupt der Sekte gab ihr einen neuen Namen – Church Universal and Triumphant – und verlagerte den Hauptsitz auf eine entlegene Ranch in Montana, auf der bewaffnete Sicherheitskräfte patrouillieren. Von Mitgliedern der Bewegung wird erwartet, daß sie der Organisation ihren gesamten Besitz überschreiben und sich einem strengen Verhaltenskodex unterwerfen, der sogar den Geschlechtsverkehr von verheirateten Paaren regelt. Ex-Mitglieder behaupten, daß die Sekte Menschen gegen ihren Willen auf der Ranch festhält und Gehirnwäschen durchführt. In den achtziger Jahren baute die Sekte einen Bunker und fing an, Waffen zu horten, um einen von Guru Ma für das Jahr 1990 vorausgesagten Atomkrieg überleben zu können. Als das Jahr verstrich, ohne daß die prophezeite Apokalypse eintrat, leugnete sie, ein bestimmtes Datum für die Katastrophe festgesetzt zu haben, und behauptete, lediglich darauf hingewiesen zu haben, daß die Welt von einer großen Gefahr bedroht werde. Bunker und Waffenarsenal werden nach wie vor von der Sekte gepflegt.

4 Die Zeugen Jehovas wissen mehr als alle anderen über Weltuntergänge: Sie prophezeien die ultimative Katastrophe nun seit 1872, dem Jahr ihrer Gründung durch den Geschäftsmann Charles Russel. Seine Anhänger – weltweit etwa vier bis fünf Millionen,

in Deutschland etwa 166 000 – glauben, daß sich die Schlacht des Armageddon schon in nächster Zeit ereignet und Gottes Königreich auf Erden nach sich zieht. Natürlich werden alle Menschen dabei sterben, mit Ausnahme der Zeugen Jehovas, die mit Christus zusammen die nächsten 1000 Jahre leben werden. Nach dieser Zeit werden die Toten auferstehen, und die 144 000 Gerechtesten von ihnen werden in den Himmel aufsteigen, während der Rest im Paradies auf Erden leben wird. Russell benutzte eine komplizierte mathematische Formel, um das Datum für das Armageddon auf 1874 festzulegen. Als 1874 ohne größere Zwischenfälle verstrich, korrigierte er das Datum zwei Jahre später auf 1914. Nach Russels Tod 1916 wurde »Judge« Rutherford sein Nachfolger, der den Zeugen als neues Datum für den Weltuntergang 1925 nannte und dieses später auf 1975 korrigierte. Da Anfang 1976 viele Zeugen Jehovas der Gemeinschaft den Rücken kehrten, hat die Kirche bis heute kein neues Datum festgelegt.

5 Die Morris Cerullo World Evangelism Organization in den Vereinigten Staaten arbeitet mit Satelliten- und Kabelfernsehen, um die Botschaft zu verkünden, daß im Jahr 2000 Christus auf die Erde zurückkehrt, die Zivilisation dann ein Ende haben wird und alle Sünder vernichtet werden. Die Sekte hat es sich zum Ziel gesetzt, eine Milliarde Seelen zu retten, und ruft dazu in Morris Cerullos TV-Show *Victory* regelmäßig zu Spenden auf (anscheinend kostet es 10 US-Dollar, um eine jüdische Seele zu bekehren). Die Bewegung hat weltweit etwa 800 000 Anhänger.

6 Die japanische Endzeitsekte Aum-Shinri-Kyo (japanisch »höchste Wahrheit«), eine von derzeit 183 000 Sekten in Japan, wurde 1987 gegründet und prophezeite das Ende der Welt für 1997. Shoko Asahara, der blinde Guru der Sekte, ist ein Fan von Adolf Hitler und rechtfertigt Massenmord durch den Glauben an *Poa*, eine tibetanisch-buddhistische Bezeichnung für die Reinkarnation auf einer höheren Ebene. Asahara lehrte seine Anhänger, daß ein *Poa*-Mord das Opfer von seiner mühseligen, irdischen Existenz befreit und die Akkumulation schlechten Karmas verhindert. Sektenmitglieder im Kindesalter durften sich nur einmal in der Woche waschen, bekamen nicht genug zu essen und wurden vom Rest der Gemeinschaft isoliert, wenn sie böse waren. Einige Mitglieder ließen sich die Augenbrauen grün färben und wurden gezwungen, batteriebetriebene Kopfbedeckungen zu tragen, die angeblich die Hirnwellen ihres Führers reproduzierten. Auf Asa-

haras Befehl hin bauten seine Anhänger eine chemische Fabrik, in der siebzig Tonnen des Giftgases Sarin – ein von den Nazis erfundenes, absolut tödlich wirkendes Gift – produziert wurden. Außerdem ließ er Barbiturate, Wahrheitssera und andere Drogen herstellen und ordnete die Produktion von 1000 automatischen Gewehren und einer Million Kugeln an, die er für seinen apokalyptischen Krieg gegen die japanische Regierung brauchte. Am Morgen des 20. März 1995 wurde das tödliche Toxin in fünf U-Bahn-Stationen in Tokio freigesetzt. Elf Menschen starben, mehr als 5000 wurden verletzt. Die Sekte wird auch für einen ähnlichen Giftgasanschlag verantwortlich gemacht, der 1994 in dem nördlich von Tokio gelegenen Matsumoto verübt wurde und sieben Menschenleben und 144 Verletzte forderte. Man geht davon aus, daß beide Anschläge nur Tests für einen Anschlag weitaus größeren Ausmaßes waren, bei dem die gesamte Bevölkerung von Japans Großstädten ausgelöscht werden sollte.

7 Claude Vorilhon war ein völlig normaler, 27 Jahre alter französischer Sportreporter, bis ihm 1972 Außerirdische oder »Elohim« offenbarten, daß er bei der Vergewaltigung seiner Mutter Marie durch eine Bande Außerirdischer gezeugt wurde und der letzte in einer langen Reihe außerirdischer Propheten war, zu denen unter anderem auch Buddha, Mohammed und Jesus gehört hatten. Vorilhon, der sich von nun an Raël nannte, wurde der Auftrag erteilt, seine Anhänger aus dem »Zeitalter der Apokalypse« zu retten, das 1945 (dem Jahr von Raëls Geburt) begonnen hatte und vermutlich bald in einem Atomkrieg enden würde. Die Raëlianer hoffen, ein »höheres planetarisches Bewußtsein« zu erreichen, und bauen dazu eine Botschaft in Israel, wo sich die Elohim den Regierungen dieser Welt offenbaren wollen. Für die Apokalypse wurde zwar kein genaues Datum festgelegt, aber die Raëlianer gehen davon aus, daß es verheerende Folgen haben wird, wenn die Botschaft nicht bis 2030 fertig ist. Die Bewegung erhält zehn Prozent des Einkommens ihrer weltweit 30 000 Mitglieder.

8 In den siebziger Jahren glaubte »Reverend« Jim Jones, daß er die Reinkarnation von Jesus und Lenin sei. Er machte sich daran, seine Vision von einem nuklearen Holocaust im Jahr 2000 zu verkünden, der mit Ausnahme von einigen Regionen Zentral- und Südamerikas die Erde fast völlig zerstören würde. Jones errichtete in San Francisco einen Tempel, legte die Hände in den Schoß und wartete auf den Weltuntergang. Seine Anhänger bereitete er auf

einen »revolutionären Selbstmord« vor. 1977 verlegte er seine »Kirche« in das südamerikanische Guana, wo er mitten im Dschungel seine eigene Stadt gründete – Jonestown. Im November 1978 kam der US-Kongreßabgeordnete Leo Ryan nach Jonestown, um Gerüchten über angebliche Menschenrechtsverletzungen nachzugehen. Jones ließ Ryan und seine Begleiter umbringen und ordnete den rituellen Selbstmord seiner 900 Anhänger an, die daraufhin einen tödlich wirkenden Cocktail aus Zyanid und Beruhigungsmitteln tranken. Reverend Jim jagte sich eine Kugel durch den Kopf.

9 Die Reorganized Church of Jesus Christ of the Latter-Day Saints bestand aus sechs amerikanischen Familien, die von Jeffrey Lundgren – oder Jeb7, wie er sich zu nennen pflegte – angeführt wurden. 1987 ließ sich Lundgren mit seiner Sekte auf einer Farm in Ohio nieder und trainierte seine Jünger für den heiligen Krieg. Während er über die bevorstehende Apokalypse predigte, ließ er sich am ganzen Körper mit Exkrementen beschmieren. Schließlich wurde eine der Familien als Opfer ausgesucht, um Gott zu besänftigen. Sämtliche Mitglieder der Familie Avery wurden in eine Grube unter der Scheune der Ranch geworfen und mit einem 45er Colt erschossen. Nach dem Mord floh Lundgren mit seiner Familie und ließ sich dann in Jackson County, Missouri, nieder. Zwei Jahre später meldete eines der Sektenmitglieder der Polizei von Kansas City den Mord. Am 7. Januar 1990 wurden Lundgren, sein Sohn Damon und seine Frau Alice in einem Motel im kalifornischen National City verhaftet, wo die Polizei auch ein ganzes Arsenal an Waffen entdeckte. Lundgren wurde zum Tode verurteilt, seine Frau und sein 19jähriger Sohn erhielten fünfmal lebenslänglich für die Morde.

10 1990 wurde der ukrainischen Journalistin Marina Tsygun klar, daß sie die Inkarnation von Christus auf Erden war. Sie änderte ihren Namen in Maria Devi Christos und begann einen Kreuzzug gegen den verderblichen Einfluß von Strichcodes in Rußland. Marina Tsygun wies darauf hin, daß alle Strichcodes aus drei Gruppen von Strichen bestehen, von denen jede die Zahl sechs und alle zusammen die biblische Zahl für den Antichristen darstellen würden. Außerdem prophezeite sie den Weltuntergang für das Jahr 2000. Sie und viele ihrer Anhänger wurden festgenommen und wegen Sachbeschädigung und Störung der öffentlichen Ordnung verurteilt.

10 Große

1. Xerxes der Große (519-465 v. Chr.), König von Persien: grausamer Herrscher, der von seinen Untertanen bis zu seiner Ermordung während einer Palastrevolte aus tiefstem Herzen gehaßt wurde.
2. Pompeius der Große (106-48 v. Chr.): römischer General, der einen Bürgerkrieg anzettelte, als er sich gegen Julius Cäsar stellte. Floh später nach Ägypten, wo er ermordet wurde.
3. Herodes der Große (73-4 v. Chr.): Herrscher von Palästina zur Zeit von Christi Geburt. Vor allem wegen seines harten Kurses gegenüber erstgeborenen Babys bekannt geworden und bei den Christen so unbeliebt, daß er »von Gott gestraft und von Würmern aufgefressen« wurde.
4. Mithridates der Große (starb 63 v. Chr.), König von Pontus: skrupelloser Herrscher, der eine römische Invasion in Kleinasien verhinderte.
5. Alexander der Große (356-323 v. Chr.), König von Mazedonien: eroberte den größten Teil der damals bekannten Welt. Berühmt für seine beispiellose Grausamkeit: Als er einmal eine Brücke brauchte, ließ er ein Dorf in der Nähe abreißen und in den Fluß werfen, damit er ihn überqueren konnte. Er starb mit 32 Jahren an einem fieberhaften Infekt.
6. Chlodwig der Große (466-511), König der Franken: massakrierte die Römer, verstümmelte die Westgoten und verdrosch die Alemannen, um ein vereinigtes fränkisches Königreich aufzubauen.
7. Otto der Große (983-1002): wurde mit drei Jahren Kaiser des Heiligen Römischen Reiches und nicht einmal 22 Jahre alt.
8. Katharina die Große (1684-1727), deutschstämmige Kaiserin von Rußland: führte ein ausschweifendes Sexualleben und machte jungen Soldaten selbst dann noch Avancen, als sie schon weit über sechzig war.
9. Peter der Große (1672-1725), Zar von Rußland: brillanter, aber grausamer Despot, der seinen eigenen Sohn zu Tode foltern ließ. Er war sein ganzes Leben alkoholabhängig und starb schließlich an Syphilis.

10 Friedrich der Große (1712-1786), König von Preußen: als dritter Sohn seiner Eltern geboren, aber der erste Friedrich, der seine Kindheit überlebte. Zwei seiner ebenfalls Friedrich genannten Brüder waren gestorben, der erste, weil man ihm bei der Taufe eine zu kleine Krone auf den empfindlichen Schädel gedrückt hatte, der zweite, weil er einen Schock erlitten hatte, als die Kanonenschüsse aus Anlaß seiner Geburt zu nah an der Wiege abgefeuert wurden. Friedrich zettelte zahlreiche Kriege an und stand im Ruf, ein skrupelloser Feldherr zu sein. Außerdem war er für seine zweifelhaften Sexualpraktiken und seinen üblen Körpergeruch bekannt.

Sie waren Gott auch im Tode nicht näher: 25 tote Atheisten

1 Diagoras, der »Atheist« von Melos, ein im 5. Jahrhundert v. Chr. lebender griechischer Dichter, warf ein hölzernes Abbild eines Gottes ins Feuer und sagte, daß die Gottheit ein Wunder vollbringen und sich selbst retten solle. Die Athener ächteten ihn und setzten eine Belohnung auf seine Festnahme aus – tot oder lebendig. Er beschloß sein Leben auf spartanischem Gebiet.

2 Sokrates, griechischer Philosoph.

3 Christopher Marlowe, englischer Dramatiker und Dichter (1594-1593): »Ich sehe Religion als Spielerei an und gehe davon aus, daß es keine Sünde, sondern nur Unwissenheit gibt.«

4 David Hume, schottischer Philosoph und Historiker (1711-1776): »Wenn ich höre, daß ein Mann religiös ist, folgere ich daraus, daß er ein Halunke ist.«

5 Thomas Jefferson, amerikanischer Präsident, Schriftsteller, Wissenschaftler und Architekt (1743-1826): »Ich kann am orthodoxen Christentum kein einziges aussöhnendes Moment feststellen«; »Religionen sind alle gleich – sie sind auf Fabeln und Mythologien gegründet«; »Der Tag wird kommen, an dem die geheimnisvolle Zeugung Jesu durch den Heiligen Geist im Leib einer Jungfrau genauso eingestuft wird wie die Zeugung der Minerva im Kopf des Jupiter«.

6 James Madison, amerikanischer Präsident (1751-1836): »Religiöse Zwänge belasten und schwächen den Geist und machen den Menschen untauglich für jegliche edelmütige Unternehmung.«

7 Napoléon Bonaparte, französischer Kaiser (1769-1821): »Religion eignet sich hervorragend dazu, das gemeine Volk ruhigzustellen.«

8 Lord George Gordon Noel Byron, englischer Dichter (1788-1824).

9 Percy Bysshe Shelley, englischer Dichter (1792-1822): Wurde von der Oxford University verwiesen, weil er 1811 die Streitschrift

The Necessity of Atheism geschrieben hatte: »Wenn Gott zu uns gesprochen hat, warum ist die Welt dann immer noch nicht überzeugt?«

10 Karl Marx, deutscher Philosoph und Nationalökonom, (1818-1883): Religion ist »Opium fürs Volk, das dessen Leiden erträglich macht«.

11 Marion Evans (George Eliot), englischer Romanschriftsteller (1819-1890).

12 Samuel Clemens (Mark Twain), amerikanischer Schriftsteller und Humorist (1835-1910): »Religion heißt, an etwas zu glauben, von dem man weiß, daß es nicht wahr ist«; »Gegen die Teile der Bibel, die ich nicht verstehe, habe ich ja gar nichts. Was mich stört, sind die Teile, die ich verstehe«; »Wenn es einen Gott gibt, dann ist er ein übler Halunke«.

13 Thomas Hardy, englischer Schriftsteller (1840-1928): »Nach zweitausend Jahren Messelesen haben wir es lediglich geschafft, Giftgas zu erfinden.«

14 Friedrich Nietzsche, deutscher Philosoph (1844-1900): »Gott ist tot.«

15 Thomas Edison, amerikanischer Erfinder (1847-1931): »Religion ist nur Humbug«; »Ich habe niemals auch nur den geringsten wissenschaftlichen Beweis dafür gesehen, daß es Himmel und Hölle, ein Leben nach dem Tod oder einen Gott gibt«.

16 Sigmund Freud, österreichischer Arzt und Pionier der Psychoanalyse (1856-1939): »Es wäre gut, wenn es einen Gott geben würde, der die Welt erschaffen hat und als wohlwollende Vorsehung fungiert, wenn es eine moralische Ordnung im Universum und ein Leben nach dem Tod geben würde, aber es fällt auf, daß das alles genau so ist, wie wir es uns wünschen würden«; »Langfristig gesehen kommt nichts gegen Verstand und Wissen an, und es ist offensichtlich, daß Religion im Widerspruch zu beidem steht«.

17 George Bernard Shaw, irischer Dramatiker (1856-1959): »Die Tatsache, daß ein Gläubiger glücklicher ist als ein Skeptiker, ist genauso irrelevant wie die, daß ein betrunkener Mann glücklicher ist als ein nüchterner.«

18 Clarence Seward Darrow, amerikanischer Rechtsanwalt (1857-1938).

19 Herbert George Wells, englischer Schriftsteller (1866-1946).

20 Wladimir Iljitsch Lenin, russischer Revolutionsführer (1870-1924).

21 Bertrand Russell, britischer Philosoph, Mathematiker und Sozialkritiker (1812-1970): »Ich selbst lehne alle bekannten Religionen ab und hoffe, daß jegliche religiöse Anschauung letztlich aussterben wird«; »Religion beruht (...) vor allem auf Angst (...) Angst vor dem Unbekannten, Angst vor einer Niederlage, Angst vor dem Tod. Angst ist der Vater der Grausamkeit, und daher ist es kein Wunder, daß Grausamkeit und Religion Hand in Hand gehen (...) Mit der Religion halte ich es wie Lukrez. Ich sehe sie als ein Übel an, das aus der Angst geboren wurde und die menschliche Rasse in unsägliches Elend gestürzt hat.«

22 Albert Einstein, aus Deutschland stammender Physiker (1879-1955): »Ich glaube nicht an Gott, und das habe ich nie geleugnet. Ich habe es immer klar und deutlich gesagt. Wenn man etwas an mir als religiös bezeichnen könnte, dann die grenzenlose Bewunderung für die Struktur unserer Welt, soweit sie von der Wissenschaft entschlüsselt werden kann.«

23 Sir Charles Chaplin, aus England stammender Schauspieler, Regisseur und Produzent (1889-1977): »Mein gesunder Menschenverstand sagt mir, daß ich nicht an Gott glauben soll – an keinen.«

24 Jean-Paul Sartre, französischer Philosoph und Schriftsteller (1905-1980).

25 Gene Roddenberry, Vater von *Raumschiff Enterprise* (1921-1991): »Für die meisten Menschen ist Religion nur Ersatz für einen schlecht funktionierenden Verstand.«

10 Tatsachen über die Kirche, die sie am liebsten unter den Teppich kehren würde

1 Das Buch Esther ist das einzige Buch der Bibel, in dem Gott nicht erwähnt wird.

2 Obwohl die Kirche Ehebruch von Anfang an verurteilte, hat sie Sex mit Tieren erst 314 auf dem Konzil von Ankara verboten.

3 Der moderne Beichtstuhl wurde im Mittelalter erfunden, um zu verhindern, daß Frauen von ihren Beichtvätern vergewaltigt werden konnten.

4 Die frühe christliche Kirche glaubte, daß die Jungfrau Maria durch das Ohr geschwängert worden war. Daraus entstand eine krankhafte Angst vor »Ohrensex«, und das nackte Ohr galt als obszön – daher auch die für diese Zeit typischen enganliegenden Schleier.

5 Die katholische Kirche hält Kannibalismus für gerechtfertigt, wenn dadurch ein Menschenleben gerettet werden kann.

6 Onan, der Sohn des Juda, »ließ den Samen zur Erde fallen« (Genesis 38,8-10) und war damit der einzige Mann in der Bibel, der masturbierte. Aufgrund dieser Bibelstelle wurde Masturbation jahrhundertelang von der Kirche verurteilt. Auch der Ausdruck »Onanismus«, der im Viktorianischen Zeitalter weitverbreitet war, und unser Wort »Onanie« entwickelte sich aus diesem Eigennamen.

7 Das Buch Jesus Sirach im Alten Testament empfiehlt, vor oder während einer großen Mahlzeit den Magen durch Erbrechen zu entleeren, um mehr essen zu können.

8 In der Bibel wimmelt es geradezu von Leprakranken. Sie wurde zu einer Zeit geschrieben, in der jede Hautveränderung – sogar eine starke Akne – für Lepra gehalten wurde und zum Ausschluß des Betroffenen aus der Gesellschaft führte. Die meisten »Leprakranken« litten vermutlich an Syphilis. Da auch diese Unglücklichen sofort abgeschrieben wurden, ließ man eine Totenmesse für sie lesen, was auch bei Leprakranken üblich war.

9 Im 12. und 13. Jahrhundert startete die Kirche einen Kreuzzug gegen Katzen, die als Botschafter des Teufels galten. Nach zwei Jahrhunderten der Verfolgung war der Katzenbestand in Europa dezimiert, was zu einer Rattenplage führte und Pestepidemien auslöste. Die katholische Kirche revidierte flugs ihre Haltung gegenüber Katzen und drohte nun jedem mit Exkommunikation, der bei der Mißhandlung einer Katze erwischt wurde.

10 Früher konnte man für das Tragen einer Perücke exkommuniziert werden.

10 besonders grausame Sadisten

1 Die Eroberungen von Dschingis Khan, der über weite Teile der damals bekannten Welt herrschte, waren von beispielloser Grausamkeit begleitet. Als er die Stadt Termez stürmte, ließ er alle Einwohner niedermetzeln. Eine alte Frau bat einen Soldaten des Khan um Gnade und wollte ihm dafür eine Perle geben, die sie verschluckt hatte. Prompt schlitzte er der Greisin den Bauch auf und fand gleich mehrere Perlen. Als der Khan davon hörte, befahl er, alle Toten aufzuschlitzen und nachzusehen, ob sie etwas verschluckt hatten. Aber auch er verspürte zuweilen Mitleid: Bei der Gefangennahme eines Feindes stellte sich heraus, daß dieser ein ehemaliger Spielkamerad von ihm war. Der Khan ersparte seinem Freund eine blutige Hinrichtung und ließ ihn statt dessen in einen Teppich rollen und tottrampeln. Als der Khan im Kampf starb, folgten seine Anhänger den ihnen erteilten Anweisungen und hielten seinen Tod geheim, bis sein Sohn Ogatai auf dem Thron saß. Die letzten Opfer des Khan waren die Menschen, die zufällig den Trauerzug bei seiner Beerdigung sahen. Sie wurden alle mit dem Schwert niedergemetzelt.

2 Der verrückte Radscha von Akalkot herrschte Mitte des 19. Jahrhunderts über den indischen Staat Porbandor. Den britischen Kolonialherren kamen Zweifel an seinem Geisteszustand, als er einem seiner Höflinge aus einer Laune heraus Nase und Ohren abschnitt.

3 Tamerlan, ein (angeblicher) Nachkomme Dschingis Khans, galt als der brutalste der Mongolenführer. 1383 feierte er die Eroberung von Sabzwar dadurch, daß er 2000 Gefangene bei lebendigem Leib begraben ließ. Im gleichen Jahr ließ er 5000 Menschen in Zirih köpfen und baute aus ihren Köpfen eine Pyramide. In Indien schlachtete er mit seinen Truppen 100000 Gefangene ab, und 1400 ließ er 4000 Christen lebendig begraben. Seine Zeitgenossen hielten Tamerlan für ziemlich humorlos: Jeder, der einen Witz erzählte, wurde sofort hingerichtet. Tamerlan eroberte sich ein Reich, das sich von der Türkei bis nach Indien erstreckte und im Norden bis nach Moskau reichte, aber bereits kurze Zeit nach seinem Tod wieder auseinanderfiel.

4 Als der König von Siam befahl, einige seiner Verwandten beiseite zu schaffen, erinnerte man ihn an eine alte siamesische Tradition, nach der die Erde nicht mit königlichem Blut getränkt werden durfte. Daraufhin ließ der König seine unliebsamen Verwandten in einen großen Mörser werfen und mit einem Stößel zerquetschen.

5 Der indische Maharadscha von Jaipur verfügte, daß im Umkreis von zwanzig Kilometern nur er allein jagen durfte. Wilderer wurden gefoltert, indem man ihnen scharfe Chilischoten ins Rektum steckte.

6 Der König von Fidschi dachte sich einmal eine ganz besondere Strafe für eine Dienerin aus: Sie mußte zusehen, wie er ihren gebratenen Arm aß, den man ihr zuvor amputiert hatte.

7 Mitte des 19. Jahrhunderts ließ der Maharadscha des indischen Staates Baroda Verbrecher hinrichten, indem er Elefanten auf ihre Köpfe stellte.

8 Obwohl der im Evangelium geschilderte Tod Christi die bekannteste Kreuzigungsszene aller Zeiten ist, war diese Hinrichtungsart damals nichts Besonderes. Der qualvolle Tod durch Ersticken am Kreuz wurde in der Regel noch etwas grausamer gestaltet, da dem Opfer je nach Laune des Henkers oder der Zuschauer weitere Torturen zugefügt wurden. Man brach ihm beispielsweise die Beine, peitschte es aus oder bewarf es mit Steinen. Kaiser Nero ließ seine Opfer gern in verschiedenen Positionen ans Kreuz schlagen – mit dem Kopf nach unten gefiel ihm am besten.

9 Zar Iwan IV., genannt der Schreckliche, kam 1547 an die Macht und legte nach einer schweren Krankheit im Alter von 23 Jahren eine beispiellose Grausamkeit an den Tag: Er erfand originelle Hinrichtungsmethoden für seine Feinde. Als der Erzbischof von Nowgorod verdächtigt wurde, eine Revolte gegen ihn anzuzetteln, ließ Iwan alle 50 000 Einwohner der Stadt mitten im Winter in einen Fluß werfen. Der Erzbischof wurde in ein Bärenfell eingenäht und von einem Rudel Hunde zu Tode gehetzt. Seinen Schatzmeister ließ er in einem Kessel zu Tode kochen, der Finanzminister wurde aufgehängt und dabei von Iwans Freunden in Stücke gehackt. Als der Zar Withenstein eroberte, ließ er den Anführer der Finnen an einen Bratspieß binden und über dem Feuer braten. Auf dem Totenbett bereute Iwan all seine Sünden und wurde Mönch.

10 Der indische Maharadscha Jay Singh von Alwar, ein bekennender Päderast und enger Freund von König Georg V., benutzte Säuglinge und ältere Witwen als lebende Köder für Tiger. 1933 machte der Maharadscha sein Pferd, das gestolpert war und ihn abgeworfen hatte, für seine schlechte Leistung bei einem Polospiel verantwortlich. Vor den Augen zahlreicher britischer Prominenter übergoß er das Polopony mit Benzin und zündete es an.

12 Wege zur Heiligsprechung

1 Der heilige Denis ist der Schutzheilige von Paris. Er schützt vor der Syphilis. Der Legende nach lief er nach seiner Enthauptung noch eine Weile mit dem Kopf unter dem Arm in der Gegend herum. Er ist nicht zu verwechseln mit dem heiligen Fiacre, der als Schutzheiliger für Geschlechtskrankheiten aller Art wirkt und sich auch gleich noch um all jene kümmert, die unter Hämorrhoiden leiden. Nach einer heftigen Auseinandersetzung mit einem Ungläubigen setzte sich der heilige Fiacre auf einen Felsen, auf dem der Abdruck seiner Pobacken zu sehen war, nachdem er wieder aufgestanden war. Von Hämorrhoiden befallene Christen stellten später fest, daß sie sich Erleichterung verschaffen konnten, wenn sie sich auf die Stelle setzten, an der sich der heilige Fiacre ausgeruht hatte.

2 Die heilige Agatha ist die Schutzheilige Maltas und der Glockenmacher und hilft auch bei Brustkrankheiten, Erdbeben, Feuer und Unfruchtbarkeit. Sie verteidigte im 3. Jahrhundert ihre Jungfräulichkeit gegen die zudringlichen Avancen eines römischen Konsuls, der sie daraufhin ins Gefängnis werfen ließ, wo man ihr die Brüste abschnitt. Sie wuchsen später nach göttlicher Intervention wieder nach. Anschließend steckte man sie in ein Bordell, wo ihre Jungfräulichkeit wie durch ein Wunder völlig unversehrt blieb. Als man sie auf dem Scheiterhaufen hinrichten wollte, brannte sie einfach nicht, so daß man ihr schließlich den Kopf abhacken mußte. An ihrem Namensfest tragen die Sizilianer ihr zu Ehren eine Nachbildung ihrer Brüste durch die Straßen.

3 Das Namensfest des heiligen Laurentius wird am 10. August gefeiert. Er wurde der Legende nach auf einem glühenden Rost verbrannt und sagte zu seinen Peinigern lediglich: »Ihr könnt mich umdrehen – auf dieser Seite bin ich jetzt gar.« Der heilige Laurentius ist der Schutzheilige der Feuerwehrmänner.

4 Die heilige Apollonia ist die Schutzheilige der Zahnärzte. Sie wurde zur Märtyrerin, als ihr von Ägyptern ein Zahn nach dem anderen gezogen wurde, weil sie sich weigerte, ihrem Glauben abzuschwören.

5 Die heilige Dympna ist die Schutzheilige gegen Geisteskrankenheiten. Sie wurde von ihrem Vater vergewaltigt und dann ermordet, als sie flüchten wollte. Ihr Leichnam ruht in einer Gruft im belgischen Gheel. Mehrere Geistesgestörte und geistig Behinderte, die ihr Grab besuchten, wurden geheilt.

6 Der seliggesprochene Mönch Wilhelm von Fenoli, dessen Namensfest am 19. Dezember gefeiert wird, lebte im 13. Jahrhundert. Als er eines Tages mit seinem Maulesel vom Feld heimkehrte, wurde er von einigen Räubern angegriffen. Wilhelm verteidigte sich, indem er dem Maulesel ein Bein ausriß und die Räuber damit in die Flucht schlug. Anschließend steckte er das Bein wieder dahin, wo es hingehörte, und ritt weiter.

7 Das Namensfest der heiligen Eulampius und Eulampia wird am 10. November gefeiert. Das Geschwisterpaar wurde in siedendes Öl gestoßen, stieg aber unversehrt wieder aus dem Kessel heraus, woraufhin die zweihundert verblüfften Zuschauer auf der Stelle zum Christentum übertraten. Unmittelbar darauf wurden alle zweihundert Konvertierten geköpft.

8 Der heilige Nikolaus ist der Schutzheilige Rußlands, der Kinder, Pfandleiher, unverheirateten Mädchen, Parfumeure und Matrosen. Nikolaus lebte im 4. Jahrhundert und war Bischof im Südwesten der Türkei. Der Legende nach hat er drei geköpfte Kinder wiederauferstehen lassen. Außerdem war er angeblich ein so frommes Baby, daß er sich weigerte, mittwochs und freitags an der Brust seiner Mutter zu trinken.

9 Die heilige Katharina ist die Schutzheilige der Stellmacher und Philosophen. Nach ihr wurde auch das Katharinenrad benannt. Sie lebte im 4. Jahrhundert im ägyptischen Alexandria und protestierte dagegen, daß Kaiser Maxentius Christen mißhandeln ließ. Der Kaiser verurteilte sie zum Tode und ließ sie auf einem mit Spitzen und Haken bewehrten Rad hinrichten. Gott der Herr hatte ein Einsehen und ließ das Rad brechen, so daß einige der Spitzen durch die Luft schossen und ihre Peiniger töteten. Der Kaiser ließ sie vom Rad nehmen und köpfen, woraufhin Milch aus den durchtrennten Arterien floß.

10 Der Namenstag des heiligen Swithun wird am 2. Juli gefeiert. Um zu beweisen, über welche eiserne Selbstbeherrschung er verfügte, schlief er des öfteren zwischen zwei wunderschönen Jungfrauen.

11 Der Namenstag des heiligen Simeon der Stylite wird am 5. Januar begangen. Der erste und berühmteste der »Säulenheiligen« war für seine Sparsamkeit bekannt und lebte dreißig Jahre lang auf einer Säule. Als Zeichen seines tiefen Glaubens stand er ein Jahr lang auf einem Bein und band sich ein Seil so fest um die Mitte, daß sein Unterkörper anfing zu faulen und von Maden befallen wurde. Simeon aß die Maden und sagte dabei: »Iß, was Gott dir gegeben hat.« Anschließend fiel er in Ohnmacht, konnte aber mit ein paar Salatblättern wieder ins Leben zurückgeholt werden. Eines Tages verbeugte er sich während eines Gebets und stürzte von seiner Säule herab in den Tod.

12 Der Namenstag der heiligen Katharina von Siena ist der 29. April. Sie überwand ihre Angst vor Kranken, die an der Beulenpest litten, indem sie eine mit Eiter gefüllte Schüssel austrank.

Die 10 verrücktesten Sultane im Osmanischen Reich

1 Mahomet III. (1595-1603) ließ seine 19 Brüder (alle jünger als elf Jahre) ermorden und warf die Leichen der schwangeren Mätressen seines Vaters in den Bosporus, woraufhin dieser fast verstopfte. Wenn er gerade nichts zu tun hatte, ließ er Frauen mit rotglühenden Eisen die Brüste wegbrennen.

2 Osman II. (1618-1622) übte sich im Bogenschießen, indem er junge Pagen als lebende Ziele verwendete.

3 In den ersten fünf Jahren seiner Herrschaft ließ Murad IV. (1623-1640) über 25 000 Männer hinrichten, von denen er viele eigenhändig ins Jenseits beförderte. Murad setzte es sich zum Ziel, zehn Menschen am Tag umzubringen. Er ließ jeden köpfen, der ihn ärgerte, egal, wie groß oder klein das Vergehen war, und veranstaltete mit seiner Flinte Schießübungen auf nichtsahnende Passanten, die dem Fenster seines Schlafzimmers zu nahe kamen. Einmal traf er zufällig auf eine Gruppe von Frauen, die gerade ein Picknick veranstalteten. Murad ließ sie alle ertränken, weil sie ihm zu laut waren. Einen seiner Ärzte zwang er, eine Überdosis Opium zu schlucken, und ein Musiker mußte sein Leben lassen, weil er eine persische Melodie summte. Er zerschlug geheime Versammlungen, indem er den Genuß von Tabak oder Alkohol nach Einbruch der Dunkelheit verbot (ein Verstoß dagegen wurde durch sofortiges Erhängen oder Pfählen geahndet). Die Toten ließ er als Warnung auf der Straße liegen, damit auch wirklich jedem die Lust darauf verging, abends noch einen trinken zu gehen oder zu rauchen. Legte er auf seinen Reisen einmal eine Pause ein, war dies daran zu erkennen, daß er sofort alle Raucher hinrichten ließ. Nikotinabhängige waren selbst auf dem Schlachtfeld nicht vor ihm sicher. Murad ließ seine eigenen Soldaten köpfen, hängen oder vierteilen. Manchmal zerquetschte er ihnen Hände und Füße und ließ sie im Niemandsland zwischen den Fronten liegen.

4 Ibrahim (1640-1648) ließ in einem Anfall von Wahnsinn seinen gesamten Harem in Säcke stecken und ertränken.

5 Mahomet IV. (1648-1687) beauftragte einen Historiker namens Abdi damit, eine Biographie über seine Herrschaft zu schreiben. Eines Abends fragte der Sultan Abdi, was er denn über diesen Tag geschrieben habe. Abdi erwiderte, daß er überhaupt nichts geschrieben habe, da nichts Bemerkenswertes passiert sei. Mohammed griff in aller Ruhe zu einem Jagdspeer und spießte seinen Biographen auf. »Jetzt«, sagte er dann zu Abdi, »hast du etwas, worüber du schreiben kannst.«

6 Ahmed III. (1703-1730) war besessen von Tulpen. Dies ging so weit, daß seine Herrschaft als das Tulpenzeitalter in die türkische Geschichte einging. Es fing ganz harmlos an: Ahmed ließ aus der Mongolei 1200 verschiedene Tulpenzwiebeln für seine Gärten importieren. Am Ende waren ihm seine Tulpen mehr wert als das Leben eines Menschen. Seinen Gästen verbot er bei Todesstrafe, Kleidung zu tragen, deren Farbe nicht zu seinen Tulpen paßte. Die herrschende Klasse der Türkei, die ihrem Sultan in jeder Hinsicht nacheifern wollte, wetteiferte miteinander im Tulpenanbau, und einige der reichsten Männer der Türkei gingen bankrott, weil jeder von ihnen die spektakulärste Tulpenfeier veranstalten wollte. Gartenbauliche Geheimnisse wurden so streng gehütet wie Staatsgeheimnisse. Seltene Zwiebeln wurden zum kostbarsten Besitz der Reichen und für die Bestechung von Staatsbediensteten benutzt. Ahmeds Tulpenmanie war für die Staatskasse der Türkei eine derart große Belastung, daß der Sultan 1730 abgesetzt wurde.

7 Als Mahmud I. (1730-1754) auf den Thron kam, war er schon vollkommen verrückt. Er ging schnurstracks in seinen Harem und verbrachte dort fast die gesamte Zeit seiner 24jährigen Herrschaft. Der Mann, der jede Frau in seinem Reich hätte haben können, spielte allerdings lieber Voyeur und versteckte sich hinter einem Gitter, um den Mädchen beim Baden zuzusehen.

8 Abdul Aziz (1861-1876), ein großer, schwerer Mann mit einem übersteigerten Sexualtrieb, war geistesgestört und größenwahnsinnig. Als erste Amtshandlung nach seiner Thronbesteigung bestellte er ein größeres Bett und ließ die Anzahl der Frauen im Harem auf 900 aufstocken. Zu Beginn seiner Herrschaft gab er das Geld mit vollen Händen aus: Allein seine persönlichen Ausgaben machten 15 Prozent des gesamten türkischen Staatshaushaltes aus. Abdul Aziz war der erste türkische Sultan, der nach Großbritannien reiste und von der königlichen Familie empfan-

gen wurde. Als er in England war, bestellte er Dutzende von Pianos, die er seinen Dienern später auf den Rücken schnallen wollte, damit er überall Klavier spielen konnte. Er kaufte Lokomotiven, obwohl es in der Türkei nicht einmal Schienen gab, und mehrere gepanzerte Schiffe, die er nie benutzte. Der Sultan ließ die Geschichte der Türkei umschreiben, wobei sämtliche militärischen Niederlagen der Türkei sowie alle Hinweise auf das Christentum und die Französische Revolution gestrichen wurden. Als er herausfand, daß einer seiner Bediensteten ebenfalls Aziz hieß, erließ er ein Gesetz, das es jedem in der Türkei verbot, seinen zweiten Vornamen zu tragen (was sich mit dem Verbot des Namens Brown in England oder Müller in Deutschland vergleichen ließe). Später entwickelte er eine Abneigung gegen schwarze Tinte und ließ sämtliche Regierungsdokumente noch einmal in Rot abschreiben. Abdul Aziz verbrachte immer mehr Zeit damit, mit seinen Truppen Schaukämpfe durchzuführen, die er nachts auf dem Palastgelände kämpfen ließ, während er durch ein Fenster zuschaute. Der Sultan, der im Krimkrieg Großbritanniens Verbündeter gewesen war, wurde endgültig von Königin Viktorias Weihnachtskartenliste gestrichen, als er anfing, Christen abzuschlachten. Bis dahin waren die völlig willkürlichen Massaker, die er unter seinen eigenen Untertanen anrichtete, als wilde Übertreibungen angesehen worden, aber dieses Mal war der Sultan zu unvorsichtig gewesen und hatte die Morde sozusagen vor den Augen der Weltpresse begangen.

9 Murad V. (1876) saß von allen osmanischen Herrschern am kürzesten auf dem Thron. Er war geistig labil, alkoholabhängig und nicht in der Lage, in der Öffentlichkeit aufzutreten, geschweige denn ein öffentliches Amt auszuüben. Nach drei Monaten unterzeichneten ein österreichischer Mediziner und ein türkischer Hofarzt ein Dokument, in dem sie den Sultan für geistesgestört erklärten. Murad wurde abgesetzt und weggesperrt.

10 Abdul Hamid III. (1876-1909) war auch unter dem Namen »Der rote Sultan« (wegen des vielen Blutes, das er vergoß), »Das Ungeheuer von Yilditz Kiosk« (nach seinem Versteck in der Festung über der Stadt) oder »Abdul der Verdammte« bekannt. Der Sultan verlor seinen Thron wegen eines Völkermordes: Er hatte die systematische Abschlachtung von mindestens einer Million Männer, Frauen und Kinder in Bulgarien und Armenien

angeordnet. Einzelheiten über das Massaker wurden über die Grenzen der Türkei hinaus bekannt, aber als das Blutvergießen auch auf den Straßen von Konstantinopel begann, wurde der Sultan von seinen eigenen Untertanen abgesetzt. Die Jungtürken gingen jedoch mit gutem Beispiel voran und beschlossen, den Ex-Führer des türkischen Reiches seinem hohen Rang entsprechend zu behandeln. Abdul Hamid wurde mit einigen jungen Konkubinen, die ihm Gesellschaft leisten sollten, in den Ruhestand geschickt.

10 Propheten

1 Der Herzog von Edinburgh. Einige Bewohner der Neuen Hebriden, einer Inselgruppe im Pazifik, verehren Prinz Philip. Die Inselbewohner glauben, daß der Ehemann Königin Elisabeths II. eines Tages alle bekannten Krankheiten heilen und ihnen ewige Jugend verleihen wird. Die 200 Jünger des Herzogs gehen davon aus, daß Philip nach seiner Rückkehr seinen rechtmäßigen Platz in ihrer Gemeinschaft einnehmen, den traditionellen Penis-Köcher anlegen und das Paradies auf Erden errichten wird. Darüber hinaus glauben sie, daß Philip der geheime Führer des Commonwealths ist und seine wahre Identität bis jetzt vor seiner Frau geheimgehalten hat.

2 1757 gründete Andrej Iwanow in Rußland die Sekte der Skopzen. Die Sekte glaubte an die Vorteile der Kastration und begründete dies mit Matthäus 19,12: »Manche sind von Geburt an zur Ehe unfähig, manche sind von den Menschen dazu gemacht, und manche haben sich selbst dazu gemacht – um des Himmelreiches willen.« Iwanow ließ sich und 13 seiner Jünger kastrieren. Obwohl der Sektenführer später verhaftet und nach Sibirien verbannt wurde, konnte der Staat die Ausbreitung der Skopzen-Sekte nicht mehr aufhalten. 1875 gab es noch mindestens 5000 männliche Mitglieder der Sekte.

3 Baghwan Shree Rajneesh. Der indische Mystiker war berühmt für seine Rolls-Royce-Flotte, interessante Theorien über Sex, Habgier und Steuerhinterziehung. Baghwan (der Name bedeutet »Meister der Vagina«) studierte und lehrte Philosophie an der Universität des indischen Jabalpur, wo er eine spezielle Form der Meditation entwickelte. 1974 gründete er in Poona einen Ashram, übersiedelte jedoch 1981 auf ein über dreihundert Quadratkilometer großes Grundstück in Oregon, wo er vor allem wegen seines verschwenderischen Lebensstils und zweifelhafter Sexpraktiken bekannt wurde. Für seinen geistigen Frieden brauchte er einen Swimmingpool mit computergesteuerter Heizung, ein Privatflugzeug und zeitweise bis zu 96 Rolls-Royces. Er starb 1990, vermutlich an Aids, aber zu dieser Zeit war die Bewegung schon in »Osho« umbenannt worden. Die Sekte wird heute

von geschäftstüchtigen Opportunisten geführt, die daraus mehr oder weniger eine Urlaubsanlage für gestreßte Manager aus dem Westen gemacht haben.

4 David Koresh (ehemals Vernon Howell). Die Davidianersekte war eine Splittergruppe der sehr viel größeren Bewegung der Siebenten-Tags-Adventisten. Genau wie die Adventisten glaubten auch die Davidianer an einen unmittelbar bevorstehenden Weltuntergang, waren aber enttäuscht, als das Ereignis nicht wie vorgesehen 1959 eintraf. 1986 machte sich Koresh zum Führer der Sekte, nachdem er von einer Pilgerfahrt nach Jerusalem zurückgekehrt war und sich »sündiger Messias« nannte. Im Februar 1993 wurde das Hauptquartier der Davidianer im texanischen Waco von Angehörigen einer Bürgerwehr belagert, die nach einiger Zeit das Feuer auf die Davidianer eröffneten. Bei dem Schußwechsel wurden vier Männer der Bürgerwehr getötet. Als FBI-Agenten am 51. Tag der Belagerung das Gelände stürmen wollten, gingen plötzlich sämtliche Gebäude in Flammen auf. 86 Menschen wurden getötet. Die US-Regierung geht davon aus, daß Koresh den Brand gelegt hat und das Gelände mit Sprengladungen verkabelt war, so daß alles bei einem Angriff in Flammen aufgehen mußte.

5 Joseph Smith. In den zwanziger Jahren des 19. Jahrhunderts erschien dem Landarbeiter aus dem Bundesstaat New York ein Engel namens Moroni. Dieser sagte ihm, wo geheime Schrifttafeln aus Gold vergraben waren, auf denen geschrieben stand, daß Christus nach seiner Kreuzigung seinen Jüngern in Amerika erschienen war. Smith übersetzte die Tafeln und schrieb das Buch Mormon. Danach erschien ihm Johannes der Täufer, der Smith zum Priester des Melchisedek weihte. Smith gründete eine eigene Sekte, die Kirche der Heiligen der Letzten Tage, wurde aber 1844 ermordet. Sein Nachfolger, Brigham Young, wurde wegen der Glaubensgrundsätze der Sekte – zu der auch die Polygamie gehörte – heftig verfolgt, so daß er einen Exodus der Mormonen in Richtung Westen anordnete. Sie ließen sich schließlich in Salt Lake City nieder, und inzwischen gehören den Mormonen fast ganz Utah, große Teile Hawaiis und Grundstücke in Kanada, außerdem die Hotelkette Marriott, die Versicherungsgesellschaft Beneficial Life Assurance, einige Radio- und Fernsehsender und mehrere Millionen Fahrräder.

6 Joseph di Mambro. Der Franzose behauptete, in einem früheren Leben Mitglied des Templerordens gewesen zu sein, einer mit-

telalterlichen Vereinigung, die von französischen Kreuzrittern in Jerusalem gegründet worden war. Di Mambro gründete in Kanada eine New-Age-Sekte, der er den Namen »Orden der Sonnentempler« gab. Bei den verschiedenen Zeremonien der Sekte trugen die Mitglieder Gewänder, die jenen der Kreuzritter ähnelten, und verehrten ein Schwert, daß di Mambro angeblich vor 1000 Jahren übergeben worden war. Bei Untersuchungen der Polizei stellte sich später heraus, daß der 69jährige di Mambro wegen Steuerhinterziehung in Frankreich nach Kanada gezogen und mehrfach wegen Betruges verurteilt worden war. Er behauptete, seine Tochter Emanuelle sei ein »kosmisches Kind« und ohne Geschlechtsverkehr gezeugt worden. Als ein Ehepaar der Sekte seinen Sohn Emmanuel nannte, erklärte ihn di Mambro zum Antichristen und ordnete an, alle Mitglieder der Familie zu töten. Der Mord wurde ausgeführt, und kurze Zeit später verließen sämtliche Mitglieder der Sekte Kanada und ließen sich in der Schweiz nieder. Di Mambros Sekte hat bis heute 69 Menschenleben bei zwei rituellen Massenselbstmorden gefordert. In den Zeitungen wurden zum ersten Mal im Oktober 1994 über die Sekte berichtet, als sich 53 Menschen in der Schweiz und in Kanada zur selben Zeit das Leben nahmen. Die Opfer, unter ihnen auch Kinder, waren durch Kopfschüsse getötet, mit schwarzen Plastiktüten erstickt oder vergiftet worden. Es wird angenommen, daß di Mambro bei einem Brand gestorben ist, um seine Anhänger nach deren Tod zum Planeten Sirius führen zu können. Allerdings gibt es Gerüchte, nach denen er seinen Tod nur vorgetäuscht hat. Der zweite rituelle Massenselbstmord ereignete sich 1995 kurz vor Weihnachten. Die Schweizer Polizei und ihre französischen Kollegen zogen die Möglichkeit eines rituellen Selbstmordes in Betracht, als 16 namentlich bekannte Sektenmitglieder plötzlich verschwanden. Einige von ihnen hatten Abschiedsbriefe hinterlassen, in denen sie ihren Freitod ankündigten. Am 23. Dezember fand die Polizei in einem abgelegenen Teil der französischen Alpen 16 verkohlte Leichen, die in Form eines Sterns auf dem Boden lagen, mit den Füßen zu einem erloschenen Feuer. Die Opfer waren erstochen, erstickt, erschossen oder vergiftet worden. Unter den Toten befanden sich auch die Frau und der Sohn des französischen Skifahrers und millionenschweren Geschäftsmannes Jean Vuarnet. Aufgrund von Computeraufzeichnungen, die von der kanadischen Polizei in Montreal beschlagnahmt worden waren, stellte sich heraus, daß einige Sektenmitglieder bis zu einer Million US-Dollar an di Mambro gespendet hatten.

7 Adolfo de Jesús Constanzo. Der kubanische Sektenführer, nebenberuflich männliches Model für Modeaufnahmen, leitete im mexikanischen Matamoros eine Drogenschmuggler-Bande, mit der er und seine Partnerin Sara Aldrete höchst erfolgreich waren. Dies war vor allem darauf zurückzuführen, daß sie ihre Konkurrenten im Drogenhandel bei rituellen Zeremonien als Menschenopfer verwendeten. Über die vermißten Drogendealer machte sich kaum jemand Gedanken, da allgemein davon ausgegangen wurde, daß sie bei einem Krieg unter den Drogenhändlern ums Leben gekommen waren. Dies änderte sich jedoch, als die Sekte beschloß, einen weißen Amerikaner zu opfern. Die Sektenmit glieder entführten den Collegestudenten Mark Kilroy, der gerade Urlaub in Mexiko machte, und töteten ihn auf der Ranch Santa Elena in der Nähe der Grenze. Kilroys Leiche wurde zerstückelt und aus Herz, Genitalien und Wirbelsäule ein »magischer Eintopf« gekocht. Der vermißte Student löste eine großangelegte Suchaktion an der Grenze aus, und bald kamen der Polizei Gerüchte zu Ohren, daß auf Santa Elena bizarre Rituale durchgeführt wurden. Bei Grabungen auf dem Gelände der Ranch fand man zahlreiche zerstückelte Leichen. Mehrere Sektenmitglieder wurden daraufhin verhaftet. Constanzo und Aldrete versteckten sich zu dieser Zeit in einem Appartement in Mexico City. Die Polizei entdeckte das Versteck und umzingelte das Haus. Nach einem Schußwechsel wurden Constanzo und ein Liebhaber von einem Sektenmitglied erschossen, kurz bevor die Polizei zugreifen konnte.

8 Ervil LeBaron, ein unzufriedener Ex-Mormone, gründete eine Konkurrenzorganisation – die »Kirche vom Lamm Gottes«. LeBaron ermordete zwischen 1970 und 1980 mindestens zwanzig Menschen. Die meisten der Opfer waren konkurrierende Polygamisten und Mormonen. Obwohl LeBaron 1981 im Gefängnis starb, wurden von seinen Anhängern noch Jahre nach LeBarons Tod Morde in seinem Namen verübt.

9 Jahwe Ben Jahwe (Gott, Sohn Gottes, ehemals Hulon Mitchell). Mitchell war ein millionenschwerer Geschäftsmann und geachtetes Mitglied der Handelskammer von Miami. Er gründete die extrem rassistische Sekte »Kirche der Liebe«, die predigte, daß amerikanische Schwarze die wahren Juden seien und im Land des

»weißen Teufels« lebten. Die Sektenmitglieder trugen weiße Kutten, nahmen den Nachnamen Israel an und ernährten sich koscher. Um in die »Bruderschaft« – eine Elitegruppe innerhalb der Sekte – aufgenommen zu werden, mußte das Sektenmitglied einen »weißen Teufel« töten. Die Sekte wird für mindestens 14 Morde – darunter die Enthauptung eines Ex-Mitgliedes – sowie für einen Bombenanschlag in Delray Beach verantwortlich gemacht. Viele Informationen über die Aktivitäten der Sekte stammen von Robert Razier, einem ehemaligen Footballspieler, der 1986 in Zusammenhang mit vier Morden aus jener Serie festgenommen worden war.

10 George King. 1954 erhielt der Taxifahrer aus Shropshire Besuch von Außerirdischen, die ihn darüber informierten, daß Jesus noch am Leben sei und auf dem Planeten Venus lebe. Außerdem sei er von den »Verborgenen Herren« zur »Stimme des interplanetarischen Parlaments« auserwählt worden. Kings Auftrag auf Erden sei es, den Geist im Kampf gegen den Materialismus zu verkörpern. Bei seiner Arbeit würde er von den Verborgenen Herren unterstützt werden, die den Menschen in ihren fliegenden Untertassen ab und zu einen Besuch abstatten. King änderte seinen Namen und hieß fortan Sir George King, OSP, PhD, ThD, DD, Erzbischof der Himmlischen Kirchen, Fürstlicher Großmeister des mystischen Ordens des heiligen Petrus, HRH Prinz De George King De Santori und Gründer der Himmlischen Gesellschaft. Er lebt heute in Los Angeles, zusammen mit seiner Frau, Lady Monique King, Bischöfin der amerikanischen Diözese.

Die 8 grausamsten römischen Kaiser

1 Tiberius (14-37) besaß einen derart guten Ruf als Folterknecht, daß viele seiner Gefangenen gar nicht erst bis zur Verhandlung warteten, wenn man ihnen etwas vorwarf, sondern lieber gleich Selbstmord begingen. Mit der Zeit wurden Tiberius die damals üblichen Foltermethoden zu langweilig, daher dachte er sich neue aus. Eine seiner Lieblingsvariationen bestand darin, dem Opfer Unmengen von Wein einzuflößen, so daß sich der Druck auf die Blase stark erhöhte, und ihm dann die Genitalien mit einem Stoffstreifen abzubinden. In seiner Freizeit trieb er es am liebsten mit jungen Knaben. Wenn diese etwas dagegen hatten, ließ er ihnen die Beine brechen.

2 Gaius Caligula (37-41) wuchs im Heerlager seines Vaters auf und war der Liebling aller Soldaten. Seinen Beinamen »Caligula« (lateinisch »Soldatenstiefelchen«) erhielt er wegen der kleinen Militärstiefel, die er im Lager trug. Als Junge entwickelte er eine sexuelle Fixierung auf seine Schwester Drusilla, mit der man ihn auch einmal im Bett erwischte. Nach einer schweren Krankheit – vermutlich eine Gehirnentzündung – wurde er geisteskrank. Ab diesem Zeitpunkt war seine Herrschaft von Grausamkeiten und persönlichen Marotten bestimmt. Caligula waren schon früh alle Haare ausgegangen, und er reagierte so empfindlich auf seine Kahlköpfigkeit, daß er ein Gesetz erließ, nach dem jeder ein Kapitalverbrechen beging, der von einer höhergelegenen Stelle herabsah, wenn der Kaiser vorbeiging. Als ihm das Geld ausging, erfand er neue Methoden, um die Staatsfinanzen aufzubessern, unter anderem machte er aus seinem Palast ein Bordell und zwang hochrangige Mitglieder des Senats, 1000 Goldstücke zu zahlen, um mit seinen Schwestern zu schlafen. Anschließend wurde ihnen befohlen, ihre Frauen und Töchter in das Palastbordell zu schicken, damit diese dort arbeiteten. Caligula verlangte, als Gott verehrt zu werden, und ließ sich einen Tempel mit einer lebensgroßen Goldstatue von sich selbst errichten. Seine Herrschaft war zu Ende, als ihm eine seiner Wachen ein Schwert in die Genitalien stieß. Ein anderer ermordete seine Frau und seine neugeborene Tochter, indem er sie mit dem Kopf gegen eine Wand schlug.

3 Nero (54-68) ließ in Teer getauchte Christen ans Kreuz schlagen und anzünden. Auf diese Weis bildete er ein Spalier aus menschlichen Fackeln für die Zuschauer, die zu den Spielen, in denen Christen gegen Löwen kämpfen mußten, gingen. Im Gegensatz zu Tiberius, Caligula und Claudius, die vor ihm regiert hatten, sah Nero gar nicht gern zu, wenn jemand starb – er konnte nämlich kein Blut sehen. Er zog es vor, seine Feinde zum Selbstmord aufzufordern (was diese in der Regel auch befolgten). Nachdem er seine erste Frau hatte ermorden lassen, betete er seine zweite Frau Poppäa an und schrieb ein Lied über ihr langes, kastanienbraunes Haar. Drei Jahre nach der Hochzeit hatte Nero mit seiner schwangeren Frau allerdings eine heftige Auseinandersetzung, in deren Verlauf er sie zu Tode prügelte. Der Kaiser war gramgebeugt, tröstete sich aber recht schnell mit einem männlichen Sklaven namens Sporus, der nach Ansicht Neros seiner verstorbenen Gattin sehr ähnlich sah. Der Kaiser ließ ihn kastrieren, und fortan lebten die beiden als Mann und Frau zusammen. Um die Christen aus Rom zu vertreiben, schob ihnen Nero die Schuld an einem Großfeuer in die Schuhe, bei dem große Teile der Stadt abbrannten, das aber vermutlich von ihm selbst gelegt worden war. Die Bürger von Rom ließen sich jedoch nicht täuschen. Der Senat verurteilte Nero dazu, wie ein gemeiner Verbrecher zu sterben. Da Nero sich nicht nackt ausziehen, an einen Pfosten binden und zu Tode peitschen lassen wollte, stieß er sich lieber einen Dolch in die Kehle.

4 Domitian (81-96) preßte Gefangenen, die er eines gegen ihn gerichteten Komplotts bezichtigte, ein Geständnis ab, indem er eine brennende Fackel unter die Genitalien der Unglücklichen hielt. Höflinge, die auch nur die leiseste Kritik am Kaiser übten, wurden mit dem Kopf nach unten ans Kreuz geschlagen. Die Ermordung Domitians im Jahr 96 ähnelt frappant Caligulas Tod – er wurde in die Genitalien gestochen.

5 Der transsexuelle Commodus (180-192) war vermutlich der psychotischste und mordlüsternste aller römischen Kaiser und verfiel gelegentlich dem Wahn, Herkules zu sein. Er sammelte alle Zwerge, Krüppel und Mißgeburten, die er in Rom finden konnte, und ließ sie ins Kolosseum bringen, wo sie mit Hackmessern aufeinander losgehen mußten. Commodus trug immer einen Knüppel bei sich, mit dem er gefesselten Gefangenen den Schädel einschlug. Außerdem stellte er sich ab und zu auch selbst in die

Gladiatorengrube, wo er natürlich aus jedem Kampf als Sieger hervorging. Darüber hinaus hatte er die Angewohnheit, die Köpfe seiner abgeschlachteten Opfer mit in den Senat zu nehmen, als Warnung für all jene, die vielleicht ein Komplott gegen ihn ausheckten.

6 Heliogabal (218-222) war ein geisteskranker, transsexueller Teenager, der Tausende von Jungen und Mädchen als Menschenopfer abschlachten ließ und rituelle Kastration übte. Er war Mitglied einer Sekte, die den syrischen Sonnengott Elagabal anbetete und sexuelle Praktiken propagierte, die sogar die römischen Senatoren schockierten. Heliogabal ließ einen riesigen Phallus aus Stein errichten und zwang die Römer, diesen anzubeten. Für die Vergabe wichtiger Stellen gab es nur ein einziges Kriterium – wie groß das Geschlechtsteil des jeweiligen Bewerbers war. Obwohl Heliogabal in vier Jahren fünfmal heiratete, lebte er seine sexuellen Phantasien aus, in denen er sich als weibliche Prostituierte sah. Er ließ sich dazu einen Raum in seinem Palast herrichten, in dem er sich hinter einem Vorhang versteckte und Vorbeigehende ansprach. Seine unglücklichen »Freier« mußten ihm nicht nur zu Willen sein, sondern für dieses Privileg auch noch kräftig zahlen. Als Vorsichtsmaßnahme für den Fall eines Attentats ließ Heliogabal überall im Palast Giftphiolen und Waffen verstecken, mit denen er sich jederzeit das Leben nehmen konnte. Heliogabal trieb es schließlich zu weit, als er das heiligste Gesetz Roms brach und die Vestalinnen vergewaltigte, die Priesterinnen der Göttin Vesta, die Keuschheit geschworen hatten. Nach vierjähriger Herrschaft wurde er von seiner Leibwache ermordet, als er gerade auf der Toilette saß. Sein Körper wurde mit Gewichten beschwert und in den Tiber geworfen.

7 Konstantin (306-337). Der erste christliche Kaiser Roms war fast sein ganzes Leben lang Anhänger des Sonnengottes Elagabal und ließ sich erst auf dem Totenbett taufen, als er schon zu alt war, um noch groß zu sündigen. Konstantin heiratete zweimal, ließ seinen Sohn Crispus, der aus seiner ersten Ehe stammte, hinrichten und seine zweite Ehefrau in der Badewanne umbringen. Außerdem befahl er, seinen Schwager und seinen elfjährigen Neffen zu beseitigen. Die christliche Kirche freute sich über ihr neues Schäfchen und nahm es mit dem Privatleben und den Ehebrüchen des Kaisers nicht allzu genau. Sie vertrat den Standpunkt, daß es vollkommen in Ordnung war, wenn ein Mann ein oder zwei Mätres-

sen hatte, falls seine Ehefrau unfruchtbar war. Keine von Konstantins zwei Ehefrauen war unfruchtbar, und der Kaiser beschränkte sich auch nicht auf eine Mätresse, aber der Kompromiß stellte sowohl Konstantin als auch den Papst zufrieden. Allerdings legte Konstantin den Titel Pontifex Maximus als Oberhaupt der heidnischen römischen Staatsreligion nie ab.

8 Valentinian I. (364-378) wurde nach dem Tod von Jovian zum Kaiser ausgerufen. Er ernannte seinen Bruder Valens zum Mitregenten und nahm den westlichen Teil des Römischen Reiches für sich in Anspruch. Valentinian schlug die einfallenden Germanen mit großem Erfolg zurück und legte dabei eine schon fast an Wahnsinn grenzende Grausamkeit an den Tag – so ließ er seine Feinde beispielsweise in einen Käfig mit zwei Bärinnen werfen. Er brach oft in unerklärliche Wutanfälle aus. Schließlich platzte ihm bei einem dieser Wutanfälle ein Blutgefäß, was dann zum Tode des Kaisers führte.

VI
Dies & Das

10 übereifrige Beamte

1 1994 wurde dem Leichenbestatter Robert Miller von der staatlichen Kontrollbehörde für Bestattungsunternehmen für zwei Jahre die Lizenz entzogen. Vorausgegangen waren Beschwerden, daß Miller zwei eingeäscherte Leichen wieder ausgegraben hatte, weil die Verwandten der Verstorbenen die Rechnung nicht sofort bezahlt hatten.

2 Im Januar 1994 prügelten fünf Kontrolleure im litauischen Riga einen 33jährigen Mann namens Smits zu Tode, weil dieser keine Busfahrkarte vorweisen konnte.

3 1994 mußte ein Stripteaselokal in Los Angeles auf Anordnung der Stadt die Bühne entfernen, auf der sich die Tänzerinnen auszogen. Die Stadt hatte bemängelt, daß es keine Rollstuhlrampe für behinderte Stripteasetänzerinnen gab. Gleichzeitig gestand sie, daß bis dahin noch keine Beschwerde von einer behinderten Stripteasetänzerin eingegangen war.

4 1996 ließen Beamte der Strafvollzugsanstalt von Delaware vor der Hinrichtung von William Bailey – der ersten Hinrichtung seit 50 Jahren – auf jeder der 23 Stufen, die zu dem im Freien stehenden Galgen führte, einen Antirutschbelag anbringen.

5 Im Februar 1994 erstattete die Kontrollbehörde für Maße und Gewichte in Philadelphia Anzeige gegen die Oben-ohne-Tänzerin Crystal Storm. Die Beamten hatten festgestellt, daß Miß Storms Oberweite statt der in einer Anzeige genannten »127« lediglich 50 Inches betrug. Miß Storm behauptete später, die in der Anzeige genannten Maße seien Zentimeter gewesen.

6 1992 schickte das Sozialamt von South Carolina folgenden Brief an einen kurz vorher verstorbenen Mann: »Die Ausgabe Ihrer Essensmarken wird zum März 1992 eingestellt, da wir darüber informiert wurden, daß Sie von uns gegangen sind. Möge Gottes Segen mit Ihnen sein. Sollten sich Ihre Lebensumstände ändern, können Sie einen Wiederantrag stellen.«

7 Als 1770 die Stadt Kirtipor auf Ceylon an den König von Gorka fiel, ordnete der siegreiche König eine Volkszählung an. Seine

Beamten führten den Befehl aus und amputierten der gesamten Bevölkerung die Nasen, die anschließend gezählt wurden.

8 Im Februar 1996 beschwerte sich ein amerikanischer Gerichtsmediziner darüber, daß die Fahrer von Rettungsambulanzen eindeutig tote Menschen ins Krankenhaus brachten, um dem Bezirk den Transport in Rechnung stellen zu können. Als Beispiel führte er einen Fall an, bei dem ein Mann, der sich mit einer Schrotflinte das Leben genommen hatte, ins Krankenhaus gebracht wurde, obwohl er sich dabei beide Augen aus dem Schädel geschossen hatte.

9 Im 9. Jahrhundert zwangen indische Steuereintreiber säumige Zahler zur Begleichung ihrer Schulden, indem sie ihnen so lange Büffelmilch mit Salz einflößten, bis die Opfer halbtot vor Durchfall waren.

10 1988 verhandelte ein US-Steuergericht über den Fall von Cynthia Hess, die im US-Bundesstaat Indiana unter dem Künstlernamen »Chesty Love« arbeitete. Miß Hess hatte einen Steuerabzug in Höhe von 2088 US-Dollar für die Abschreibung der Implantate beantragt, mit denen sie ihre Brüste auf Körbchengröße 90F vergrößert hatte. Die Beamten urteilten, die Implantate seien so außergewöhnlich groß – jedes wog etwa fünf Kilo –, daß eindeutig eine hundertprozentige berufliche Nutzung vorliege und ein privater Vorteil unwahrscheinlich sei.

12 tierische Objekte der Begierde

1 Auf einem der am seltensten abgebildeten Beispiele für Höhlenmalereien der Eiszeit ist ein Mann auf Skiern zu sehen, der es gerade mit einem Elch treibt. Höhlenmalereien aus dem Nahen Osten zeigen außerdem, daß Männer früher daran glaubten, Sex mit weiblichen Krokodilen würde ihnen zu Erfolg im Leben verhelfen.

2 Die Inkas erließen Gesetze, um zu verhindern, daß Lamatreiber Geschlechtsverkehr mit ihren Tieren hatten. Um die Einhaltung der Gesetze zu gewährleisten, mußten Lamatreiber immer von einer »Anstandsdame« begleitet werden.

3 Friedrich der Große, der kein einziges Mal mit seiner Frau schlief, hat gegen Ende seines Lebens angeblich eine überaus innige Liebe zu den Hündinnen seines Rudels italienischer Windhunde entwickelt.

4 Der Dichter Algernon Charles Swinburne behauptete von sich, einmal mit einem Schwein kopuliert zu haben.

5 1857 wurde Warren Drake, der als Soldat der Bürgerwehr von Utah in Echo Canyon diente, einer sexuellen Beziehung mit seiner Stute angeklagt und schuldig gesprochen. Ein Kriegsgericht verurteilte sowohl Drake als auch die Stute zum Tode. Der Schuldspruch des Soldaten wurde später in Verbannung aus Utah umgewandelt. Die Stute hatte nicht soviel Glück und wurde hingerichtet.

6 1952 wurde ein Mann aus Nigeria beschuldigt, im Londoner Hyde Park unzüchtige Handlungen mit einer Taube begangen zu haben. Sein einfallsreicher Verteidiger erinnerte den Richter an einen ähnlichen Fall aus den dreißiger Jahren, bei dem ein Mann wegen Unzucht mit einer Ente angeklagt worden war. Der Angeklagte war damals ungeschoren davongekommen, nachdem er darauf hingewiesen hatte, daß eine Ente kein Säugetier, sondern ein Vogel und der Tatbestand der Sodomie daher nicht erfüllt sei. Die Anklage gegen den Nigerianer wurde fallengelassen, allerdings mußte er eine Geldstrafe von etwa 30 Mark zahlen, weil er die Taube mit nach Hause genommen und gegessen hatte.

7 Im Dezember 1993 wurde der 33jährige James Humfleet des Mordes an seinem Onkel Samuel Humfleet angeklagt. Er sagte aus, er sei wütend geworden, nachdem er seinen Onkel beim Geschlechtsverkehr mit einem der beiden Pit Bulls erwischt hatte, die dem Besitzer des Wohnwagens gehörten, in dem sie eine Party gefeiert hatten.

8 Im Mai 1996 erhielt Mohammed Pervez aus dem Londoner Stadtteil East Ham, Vater von vier Kindern, wegen Unzucht mit einem Pferd eine Bewährungsstrafe von zwei Jahren. Als die Polizei den Tatort erreichte, traf sie auf den Angeklagten, der mit heruntergelassener Hose vom Feld zu flüchten versuchte. Das Pferd wies »eindeutige Spuren« auf.

9 In Key West im US-Bundesstaat Florida rief Patricia Wyatt die Polizei, weil ein streunendes Hängebauchschwein versuchte, mit der brandneuen Harley Davidson ihres Mannes zu kopulieren. Bei dem Versuch, das Vorderrad des Motorrads zu begatten, zerkratzte das 25 Kilo schwere Schwein den Lack und verursachte einen Schaden von mindestens hundert US-Dollar. Die herbeigerufenen Polizisten waren unschlüssig, wie sie weiter gegen das Schwein vorgehen sollten. Walter Wyatt, der Eigentümer des Motorrads, kommentierte den Vorfall folgendermaßen: »Hier geht es um den sexuellen Mißbrauch einer Harley durch ein Schwein. Wir wissen nicht einmal, ob das strafbar ist.«

10 Ein Mann aus Silver Spring im US-Bundesstaat Maryland infizierte sich 1996 mit Tollwut. Er gab zu, mit einem toten Waschbär kopuliert zu haben. Der Mann wurden wegen Tierquälerei vor Gericht gestellt.

11 Im Libanon kann ein Mann ungestraft Geschlechtsverkehr mit einem Tier haben, sofern dieses weiblich ist.

12 Im August 1996 klagte ein Gericht in Eagleville im US-Bundesstaat Tennessee einen Mann wegen Erregung öffentlichen Ärgernisses an, weil es festgestellt hatte, daß es kein Gesetz gab, das den Geschlechtsverkehr mit einem Pony verbot.

10 paranoide Herrscher

1 Im 3. Jahrhundert v. Chr. vereinigte Kaiser Qin Shi Huangdi China in der Chin-Dynastie. Chinas erster Kaiser sicherte seine Herrschaft einerseits durch einen eifrigen Mauerbau, mit dem Feinde von außen ferngehalten werden sollten, anderseits durch das Abhacken von Zungen, Händen, Füßen und Genitalien seiner Widersacher im Lande selbst. Um sicherzustellen, daß Vergleiche zwischen seinem und früheren Regimen immer zu seinen Gunsten ausfielen, ließ er sämtliche Geschichtsbücher Chinas verbrennen und 160 Gelehrte köpfen. Der außergewöhnlich skrupellose Kaiser bevorzugte eine ganz bestimmte Hinrichtungsmethode – er ließ seine Opfer in der Mitte auseinandersägen. Sein gigantisches Mausoleum wurde von 8000 lebensgroßen Terrakottasoldaten bewacht, die die Geister der vielen tausend Menschen abwehren sollten, denen er zu seinen Lebzeiten Unrecht zugefügt hatte.

2 Kaiser Nero war berühmt für seine Eitelkeit und Grausamkeit – und dafür, daß er in ständiger Angst vor Verschwörungen gegen sich lebte. Er ließ Hunderte von Verdächtigen ermorden, darunter auch seine Mutter Agrippina. Daß seine Angst berechtigt war, zeigte sich, als er bei einer Militärrevolte gestürzt wurde – Nero schlitzte sich lieber die Kehle auf, als vom Mob gelyncht zu werden.

3 Paranoia war für russische Zaren eigentlich etwas ganz Normales, aber bei Iwan dem Schrecklichen war sie noch deutlicher ausgeprägt als bei seinen Kollegen. Die späten Jahre seiner Herrschaft waren von grausamen Strafaktionen gekennzeichnet, bei denen echte und eingebildete Feinde niedergemetzelt wurden. Ein russischer Adliger, der verdächtigt wurde, den Zar verhext zu haben, wurde von diesem eigenhändig verbrannt. Seinen Schatzmeister ließ der Zar abwechselnd in kochendes und kaltes Wasser tauchen, bis sich die Haut vollkommen geschält hatte. Einmal schüttete Iwan seinem Hofnarren eine Schüssel mit heißer Suppe über den Kopf und durchbohrte ihn dann mit dem Schwert, weil er vor Schmerz laut geschrien hatte.

4 Zar Paul I. witterte überall ein Komplott, sogar in der Art und Weise, wie sich sein Volk kleidete. 1797 erließ er ein Gesetz, das

es seinen Untertanen verbot, runde Hüte, lange Stiefel, gerade Hosen oder Schuhe mit Spitzen zu tragen – jene moderne Kleidung, die der Zar mit der Französischen Revolution und einer fortschrittlichen politischen Ideologie verband. Um das Gesetz durchzusetzen, schickte er bewaffnete Truppen auf die Straßen von St. Petersburg, die jeden ergreifen sollten, der die Kleidervorschriften mißachtete. Verstöße wurden an Ort und Stelle geahndet, die Missetäter bis auf das Unterhemd ausgezogen, Schuhe, Hüte, Kniebundhosen und Röcke wurden in Fetzen gerissen oder konfisziert. Der Zar zensierte die Korrespondenz seiner Familie, ließ alle privaten Druckerpressen beschlagnahmen und strich die Wörter »Bürger«, »Club«, »Gesellschaft« und »Revolution« aus der russischen Sprache. Seine Polizeispitzel waren überall zu finden, auf Partys und Konzerten, ja sogar in Privathäusern. Paul ließ alle Droschkenkutscher aus St. Petersburg verbannen, weil man bei einem von ihnen eine Waffe gefunden hatte. Er erließ ein weiteres Gesetz, nach dem jeder aus seiner Kutsche aussteigen mußte, wenn der Zar sich näherte. Die meisten Menschen versteckten sich, wenn sie ihn kommen sahen. Unter seiner Mutter, Katharina der Großen, war St. Petersburg zu einer eleganten, europäisch geprägten Metropole geworden, Paul machte daraus eine Geisterstadt. Er führte eine Ausgangssperre ab neun Uhr ein und blockierte sämtliche Ausfallstraßen der Stadt. Es war so gut wie unmöglich, sich durch die Stadt zu bewegen, ohne von der Polizei des Zaren schikaniert zu werden. Auf Pauls Befehl hin wurde der neue Sommerpalast abgerissen, eines der schönsten Gebäude St. Petersburgs, um dort eine neue Residenz zu bauen – den Michael-Palast, eine häßliche Trutzburg mit Zinnen, einem Wassergraben und einer Zugbrücke. Kurz nach Einzug in sein neues Heim wurde Paul bei einer Palastrevolte erdrosselt.

5 König Erich XIV. von Schweden litt an Schizophrenie und hochgradiger Paranoia. Er war fest davon überzeugt, daß der schwedische Adel gegen ihn intrigierte, und pflegte mit gezücktem Schwert in seinem Palast herumzuschleichen, um sich mit jedem zu schlagen, der ihm in die Quere kam. Er witterte überall ein Komplott – eine schnelle Bewegung oder ein Husten konnte zu einem blutigen Tod führen. Als Erich Verdacht schöpfte, daß gutaussehende Diener seine Hofdamen verführten, ließ er sie kurzerhand hinrichten. Erich ließ Hunderte von schwedischen Adligen wegen angeblichen Hochverrats zum Tode verurteilen und

erstach sogar seinen früheren Lehrer, weil er glaubte, daß dieser hinter seinem Rücken über ihn redete. Als zahllose Adlige in den schwedischen Gefängnissen auf ihre Hinrichtung warteten und das Land allmählich im Chaos versank, stellte sich heraus, daß Erichs Mißtrauen berechtigt war – seine beiden jüngeren Brüder Johann und Karl verbündeten sich, ließen den König festnehmen und später vergiften.

6 König Henri Christophe von Haiti bestand darauf, der Welt das wichtigste Exportgut seines Landes vor Augen zu führen, und ließ sich einmal von Kopf bis Fuß mit Schokoladensirup einschmieren. Er war geradezu besessen von seiner persönlichen Sicherheit und ordnete an, daß seine Leibwache ihre Loyalität ihm gegenüber beweisen sollte, indem sie sich von einer sechzig Meter hohen Klippe in den sicheren Tod stürzen sollte. Alle, die sich weigerten, wurden gefoltert und hingerichtet. Der König beschloß daraufhin, die Sicherheitsmaßnahmen zu verschärfen, und ließ sich dazu ein neues Schloß auf dem Gipfel eines hohen Berges bauen, das mit zwanzig Kanonen bewacht wurde. Die Männer, die die riesigen Kanonen den Berg hinaufziehen sollten, fielen nacheinander vor Erschöpfung um und wurden auf der Stelle hingerichtet. Alles in allem kosteten die zwanzig Kanonen 20 000 Männer das Leben. Als die Untertanen des verrückten Königs 1820 schließlich gegen ihn rebellierten, jagte sich Henri Christophe eine Kugel durch den Kopf, um nicht vom Mob gelyncht zu werden.

7 Sultan Abdul Hamid II. war der letzte Sultan aus dem Geschlecht der Osmanen. Da seine beiden Vorgänger ermordet worden waren, bestieg er den Thron als überaus nervöser Mann. Obwohl er sich mit einer Leibwache aus mehreren tausend großgewachsenen Albanern umgab, hielt er die Sicherheitsmaßnahmen in seinen Palästen für ungenügend und machte sich daran, einen neuen, uneinnehmbaren Palast zu errichten. Um sein neues Versteck zu bauen, ließ er auf einem Hügel in Yilditz zwei christliche Friedhöfe abräumen und nahm ein Dutzend Architekten unter Vertrag. Jeder Architekt wurde beauftragt, ein Zwölftel des Palastes zu bauen, wobei keiner wußte, was der andere machte. Im Grunde genommen ließ sich der Sultan das luxuriöseste Gefängnis der Welt bauen. Jede Wand war verspiegelt, damit Abdul Hamid die Leute um sich herum aus jedem Winkel sehen konnte, jede Tür mit Stahl beschlagen, jedes Zimmer mit einem Geheimgang unter

dem Palast verbunden, von dem nur der Sultan wußte. Er ließ tausend geladene Revolver im Palast verstecken, unter anderem je einen zu beiden Seiten der Badewanne. Viele Räume waren mit Fallen versehen – wurde ein Schalter umgelegt, öffneten sich Schränke gegenüber der Tür, aus denen mechanisch gesteuerte Revolver abgefeuert wurden. Der Palast war von einer Geisterstadt umgeben, ein Labyrinth aus Gebäuden komplett mit »falschen« Geschäften, in denen die Spione des Sultans saßen. Die Festungsstadt Yilditz wurde mit etwa 20 000 Geheimagenten überschwemmt, die die Leibwache des Sultans und ihresgleichen bespitzeln sollten. Die einzigen Spione, denen der Sultan voll und ganz vertraute, waren Hunderte von Papageien, die in Käfigen auf der Straße aufgehängt wurden und sofort zu krächzen begannen, wenn sich ein Fremder näherte. Abdul Hamid hatte panische Angst davor, vergiftet zu werden. Er trank kein Wasser, es sei denn, es stammte aus seiner privaten Geheimquelle und wurde ihm in einem versiegelten Behälter überbracht. Milch war genauso heikel – die Kuhherde des Sultans war vermutlich die einzige der Welt, die rund um die Uhr von Leibwächtern im Auge behalten wurde. Das Essen für ihn wurde hinter Gitterstäben und verriegelten Türen zubereitet. Anschließend wurde jedes Gericht in drei Portionen geteilt – die erste wurde vom Haushofmeister, dem »Wächter der Gesundheit und des Lebens des Sultans« gekostet, die zweite bekam ein Hund oder eine Katze. Wenn beide überlebten, wurde die dritte Portion auf einem versiegelten Tablett zum Sultan gebracht. Allerdings rührte dieser das Essen meistens gar nicht an, denn eigentlich traute er nur seinen Vitaminpillen. Abdul Hamid war Kettenraucher und ließ sogar seine Zigaretten vorkosten. Tabak wurde an verschiedenen Orten und zu einem günstigen Preis eingekauft, für den Fall, daß sich jemand an den für den Sultan reservierten feinen Tabakblättern zu schaffen gemacht hatte. Seine Zigaretten ließ er von seinem Lieblingseunuchen von Hand rollen, dieser mußte auch als erster an einer Zigarette ziehen. Jedes Kleidungsstück, das der Sultan trug, mußte zuerst von einem Eunuchen »vorgewärmt« werden, denn es hätte ja vergiftet sein können. Abdul Hamid trug stets einen Revolver mit einem Griff aus Perlmutt bei sich. Er war ein nervöser, schreckhafter kleiner Mann, der nur selten danebenschoß – eine tödliche Kombination. Wenn er in der Nähe war, wagte es niemand, die Hand in die Tasche zu stecken – der Sultan hätte sofort geschossen. Als sich einer seiner Gärtner einmal zu schnell verbeugte, jagte ihm Abdul Hamid eine Kugel in den Kopf. Eine seiner Töchter gab ihm einmal einen Schubs von hinten. Er drehte sich um und erschoß das Mädchen, bevor er erkannte, wer sie war. Wagte er sich einmal aus Yilditz heraus, trug er immer einen mit Stahl gefütterten Fez und ein Kettenhemd und kauerte sich in seiner gepanzerten Kutsche auf den Boden, mit einem seiner jungen Söhne als »menschlichen Schutzschild« auf den Knien. Schließlich verbrachte er die meiste Zeit in Gesellschaft seiner Konkubinen, aber selbst im Harem konnte er seine Paranoia nicht gänzlich ablegen. Er ließ aus Wachs ein lebensgroßes Abbild von sich selbst anfertigen und hinter einen dünnen Vorhang stellen, damit es so aussah, als würde er die Frauen ständig beobachten. Erreichten ihn Nachrichten über Attentatsversuche in Europa, nahm er das sehr persönlich und verbot den Zeitungen, auch nur ein einziges Wort darüber zu schreiben – was geradezu lächerliche Folgen hatte. Als 1903 der serbische König und seine Gemahlin ermordet und aus einem Schlafzimmerfenster gestürzt wurden, wurde in der türkischen Presse berichtet, das Königspaar sei an einer Verdauungsstörung gestorben.

8 Nachdem er Lenin 1924 als Führer der Sowjetunion gefolgt war, hielt sich Joseph Stalin die nächsten dreißig Jahre an der Macht, indem er ohne jede Skrupel alle politischen Konkurrenten aus dem Weg räumte und mit Hilfe seiner Geheimpolizei uneingeschränkt über Partei und Staat herrschte. 1934 und 1939 ließ er praktisch die gesamte Elite der kommunistischen Partei exekutieren und verbannte Millionen von Menschen in Arbeitslager. Im Dezember 1938 unterschrieb »Onkel Joe« an einem Tag 3182 Todesurteile. Nach dem Tod seiner zweiten Frau wurde er extrem paranoid und traute selbst seinen engsten persönlichen und politischen Freunden und nahen Verwandten nicht mehr. Stalin zog sich in seine Wohnung im Kreml zurück und ließ sich nur noch selten in der Öffentlichkeit sehen. Er war gerade dabei, eine weitere große Säuberungsaktion zu planen, als er am 5. März 1953 ganz plötzlich an einer Gehirnblutung starb.

9 König Karl II. von Rumänien, ein deutscher Cousin von Königin Elisabeth II., ernannte sich 1938 selbst zum »Königsdiktator« Rumäniens. Kurze Zeit später schaffte er sämtliche Parteien im Lande ab und hob die rumänische Verfassung auf. Er verdächtigte seine eigene Mutter, ein Komplott gegen ihn geschmiedet zu haben, und ließ sie rund um die Uhr beobachten. König Karl ließ

zahlreiche Gebäude abreißen – unter anderem auch große Teile des Königspalastes –, damit seine MP-Schützen eine gute Schußlinie auf alle hatten, die sich der Residenz näherten. Dabei kümmerte es ihn recht wenig, daß nach dieser Aktion fast nichts mehr vom Palast übrig war.

10 Präsident Francisco Macías Nguema war von 1968 bis 1979 Präsident von Äquatorialguinea und brachte in dieser Zeit mehr als zehn Prozent der 350 000 Einwohner des Landes um. Echte oder eingebildete Feinde ließ er systematisch hinrichten, darunter auch zehn von zwölf Kabinettsmitgliedern. Das ergab etwa einen politischen Mord pro Woche. Nguema ließ den Botschafter der Vereinten Nationen ermorden, einen Priester in einem Kühlwagen erfrieren, einen prominenten Intellektuellen gefesselt und geknebelt in der Sahara aussetzen und die Finger des Regierungsstatistikers amputieren, weil »er nicht zählen konnte«. Er ließ einen Elektrozaun um den Präsidentenpalast ziehen, verbot den Katholizismus und ließ auf allen Altären des Landes sein Portrait aufstellen. 1976 verkündete er, daß sämtliche Einwohner Äquatorialguineas innerhalb von sechs Monaten ihre christlichen Namen aufgeben und einen afrikanischen Namen annehmen mußten. Nguema wurde 1979 gestürzt und hingerichtet.

10 königliche Hoheiten und ihre Beinamen

1 Konstantin Kopronymus, byzantinischer Kaiser. Er erhielt diesen Beinamen, weil er bei seiner Taufe 718 ein kleines Häufchen ins Taufbecken machte.

2 Pippin der Bucklige war ein fränkischer Prinz, der im 9. Jahrhundert lebte.

3 Alfons der Dicke war im 13. Jahrhundert König von Portugal.

4 Peter der Grausame war im 14. Jahrhundert König von Kastilien und León.

5 Ethelred der Unberatene, König von England. Bei seiner Taufe urinierte Ethelred in das Taufbecken und besudelte das Weihwasser. Dies wurde als böses Omen dafür gedeutet, daß er als König ungeeignet sei.

6 Stephan der Eitle war im 14. Jahrhundert Herzog von Bayern.

7 Ludwig der Dicke, französischer Thronfolger, Sohn König Ludwigs XIV. von Frankreich.

8 Otto der Faule, König von Preußen, war nicht ein einziges Mal in seinem Königreich und wollte es einmal sogar verkaufen.

9 Heinrich der Impotente, Prinz von Kastilien und León, erhielt seinen Beinamen, weil er aufgrund einer Vorhautverengung nicht in der Lage war, die Ehe mit seiner Frau zu vollziehen.

10 Selim der Grausame, türkischer Sultan.

Die 10 verrücktesten Monarchen Europas

1 König Christian VII. von Dänemark zeigte Symptome einer Geisteskrankheit, die auf Schizophrenie schließen lassen. Er könnte allerdings auch einen Hirnschaden durch die tertiäre Syphilis erlitten haben, die er von seinem Vater, König Friedrich V., geerbt hatte. Der kleine, schwächliche Christian war Sadomasochist. Er verstümmelte sich selbst und schlug oft so lange mit dem Kopf gegen die Wand, bis Blut floß. Er war fasziniert von öffentlichen Hinrichtungen und verfolgte sie heimlich zu Dutzenden. Christian führte Scheinhinrichtungen durch und ließ sich eine Art Folterbank bauen, auf der ihn sein Freund Conrad Holcke so lange schlug, bis er bewußtlos war. In Begleitung einiger Höflinge machte er nachts die Straßen von Kopenhagen unsicher. Er führte dann einen mit Nägeln gespickten Knüppel mit sich. Die letzten zwanzig Jahre seines Lebens verbrachte er völlig zurückgezogen und in geistiger Umnachtung. Wenn wichtige Staatsangelegenheiten es erforderten, mußte er sich hin und wieder in der Öffentlichkeit zeigen, aber die restliche Zeit über wurde er im Palast eingesperrt. Die Dänen wußten lange nicht, daß ein Verrückter auf dem Thron saß. Außerhalb des Hofes war nur wenig über den Geisteszustand des Königs bekannt, und die meisten Dänen glaubten, daß er sich nur deshalb so selten in der Öffentlichkeit sehen ließ, weil man ihn gefangenhielt und unter Drogen setzte oder mißhandelte. Selbst als Jahre später die Wahrheit ans Licht kam, stand in den dänischen Geschichtsbüchern, daß König Christian VII. ein bißchen wunderlich geworden war, nachdem er als Kind von einigen Pagen sexuell mißbraucht worden war. Trotz allem verliehen ihm die Universitäten Oxford und Cambridge die Ehrendoktorwürde.

2 König Ludwig II. von Bayern war der berühmteste Sohn des Hauses Wittelsbach, einer altehrwürdigen Königsfamilie mit einer ganzen Reihe von psychisch labilen Mitgliedern. Ludwigs Herrschaft wurde von zwei fixen Ideen beherrscht: die mehr als großzügige Förderung des Komponisten Richard Wagner und das noch teurere Hobby, phantastische Märchenschlösser zu bauen,

die als Ludwigs »kranke Kinder« in die Geschichte eingingen. Nachdem Ludwig das Geld für seine Schlösser ausgegangen war, schickte er Bettelbriefe an sämtliche gekrönten Häupter Europas, was allerdings nicht viel einbrachte, so daß er statt dessen mehrere große Banküberfälle plante. Völlig verzweifelt wollte er 1873 Bayern verkaufen und schickte einen Regierungsbeamten los, der ein paar tausend Quadratkilometer Land finden sollte, auf dem Ludwig ein neues Königreich errichten und ungestört leben konnte, »unabhängig von Jahreszeiten, Menschen und sonstigen Unannehmlichkeiten«. Als der bayrische Staatshaushalt kurz vor dem Bankrott stand, verkündete die Regierung, daß der König unter fortgeschrittener Paranoia leide, unheilbar geisteskrank sei und seine Pflichten nicht mehr ausüben könne. Ludwig sollte abgesetzt und in einer Anstalt untergebracht werden. Der König entging diesem lebenslangen Aufenthalt in einer Anstalt jedoch dadurch, daß er kurz nach seiner Festnahme im Starnberger See ertrank.

3 Otto I. von Bayern wurde König, als sein älterer Bruder Ludwig II. für geisteskrank erklärt und abgesetzt wurde. Otto war psychisch noch labiler als Ludwig II., aber während sein älterer Bruder in die Geschichte einging, weil er europaweit Banküberfälle organisierte und Märchenschlösser baute, zeigte sich Ottos Geisteskrankheit in weniger bemerkenswerten Aktivitäten. Otto bellte wie ein Hund, brüllte Unflätigkeiten und schoß gelegentlich mit einem Gewehr von seinem Schlafzimmerfenster aus auf Passanten. Nach Ludwigs Absetzung regierte Otto pro forma von seiner Zelle in Schloß Fürstenried aus, wo er 27 Jahre lang von einigen Pflegekräften bewacht wurde, während sein Onkel Luitpold als Regent die bayrischen Staatsgeschäfte führte. Einige Monate vor Ausbruch des Ersten Weltkriegs wurde Otto abgesetzt. Sein Nachfolger war sein Cousin, der als Ludwig III. regierte.

4 König Karl VI. von Frankreich war die meiste Zeit seiner dreißigjährigen Herrschaft, die darüber hinaus auch mit dem Hundertjährigen Krieg zusammenfiel, geistig verwirrt. Zu Beginn seiner Herrschaft erkrankte er an einem mysteriösen Leiden, durch das ihm alle Haare und Fingernägel ausfielen. Körperlich erholte er sich zwar wieder, aber sein Geisteszustand hatte offensichtlich schweren Schaden genommen, so daß er oft aus nichtigem Anlaß gewalttätig wurde. Er war fest davon überzeugt, daß seine Beine und sein After aus Glas seien, und weigerte sich deshalb auch, in

eine Kutsche zu steigen, weil er Angst hatte, daß sie dabei zu Bruch gingen. Karl wurde schließlich so labil, daß es seine Frau Isabeau für zu riskant hielt, weiterhin das Bett mit ihm zu teilen. Sie befahl einer ihrer Dienerinnen, Odette de Champdivers, ihren Platz an der Seite des Königs einzunehmen. Dieser schlief regelmäßig mit ihr, bemerkte aber nie einen Unterschied. Als der König jedoch herausfand, daß sich seine Frau einen Liebhaber genommen hatte, ließ er diesen in der Seine ertränken. Trotz vieler kreativer Versuche seiner Hofärzte, die von Schädeloperationen bis hin zu wüsten Schocktherapien so gut wie alles unternahmen, um den König zu heilen, blieb Karl VI. bis ans Ende seines Lebens geisteskrank.

5 König Georg III., der als der »verrückte« britische Monarch in die Geschichte einging, war während seiner sechzigjährigen Herrschaft nur drei- oder viermal für einen verhältnismäßig kurzen Zeitraum geisteskrank. Georg war offensichtlich von 1788 bis 1789, dann 1801, erneut 1804 und schließlich von 1810 bis zu seinem Tod 10 Jahre später psychisch gestört. Zunächst nahm man an, daß der König an der »fliegenden Gicht« erkrankt war, einem mysteriösen Gebrechen, das für das Georgianische Zeitalter typisch und an und für sich harmlos war, solange man nicht das Pech hatte, daran im Kopf zu erkranken. Viele der Geschichten über das sonderbare Verhalten des Königs stammen aus einem Flugblatt, das 1789 von Philip Withers geschrieben wurde und viele politisch motivierte Lügen über die verschrobenen Einfälle des Monarchen enthielt. Einige der Geschichten erzählt man sich heute noch, darunter jene, in der Georg einer Eiche die Hand gab, weil er den Baum mit Friedrich dem Großen verwechselte. Seinen letzten Anfall hatte der 72jährige König im Oktober 1810, kurze Zeit nach den Feierlichkeiten zu seinem goldenen Kronjubiläum. Obwohl er sich von den ersten drei Zusammenbrüchen offenbar vollständig wieder erholt hatte, mußten die Ärzte des Königs 1811 eingestehen, daß Georg III. unheilbar geisteskrank war. Welche Krankheit der König wirklich hatte, ist bis heute nicht ganz klar, obwohl immer wieder von »Wahnsinn« gesprochen wird. Inzwischen mutmaßt man aber, daß er mit großer Sicherheit an Altersschwachsinn starb, und der hatte mit seinen früheren Anfällen überhaupt nichts tun.

6 Königin Maria I. von Portugal zeigte schon in jungen Jahren Anzeichen einer beginnenden Geisteskrankheit, was vermutlich auf die

jahrhundertelange Inzucht in der portugiesischen Königsfamilie der Bragança zurückzuführen war. Bei einer Pockenepidemie starben mehrere Vertraute Königin Marias, darunter ihr Beichtvater und einige nahe Familienangehörige, aber am schlimmsten traf sie der Tod ihres Sohnes José. Man nimmt an, daß dies der Auslöser für den Ausbruch ihrer Geisteskrankheit war. Sie begann, Kinderkleidung zu tragen, und wurde mit der Zeit völlig unberechenbar. Als der englische Schriftsteller William Beckford 1794 am portugiesischen Hof eintraf, hatte die Königin gerade wieder einen ihrer Anfälle. Beckford berichtete von »fürchterlichen, herzerweichenden Schreien (...) die ein solches Entsetzen bei mir auslösten, wie ich es mir nie hätte vorstellen können«. Die Familie Bragança ließ aus London einen Spezialisten für Geisteskrankheiten, Reverend Francis Willis, kommen, der gerade die höchst dilettantische, aber offenbar erfolgreiche Behandlung von Georg III. abgeschlossen hatte. Obwohl keiner seiner Ratschläge Besserung brachte, kehrte Willis mit einem Honorar von 10 000 Pfund in der Tasche nach England zurück. Dem portugiesischen Volk wurde der Geisteszustand der Königin verheimlicht. 1807 wurde Maria schließlich nach Brasilien gebracht, damit ihre Untertanen nicht herausfanden, daß schon wieder ein Mitglied der Königsfamilie verrückt geworden war.

7 König Friedrich Wilhelm I. von Preußen, der »Soldatenkönig«, ist der Nachwelt wegen seiner Armee aus Riesen und der Art und Weise, in der er seine Umgebung und auch seine eigene Familie terrorisierte, in Erinnerung geblieben. Er war mit König Georg III. verwandt und litt an einer ganzen Reihe ähnlicher Krankheiten wie dieser, darunter Gicht, Hämorrhoiden, Migräne und fürchterlichen Magenkrämpfen. Im Gegensatz zu Georg, der immer nur vorübergehend krank wurde, war Friedrich Wilhelm sein ganzes Leben lang ein pathologischer Tyrann. Die Lieblingswaffe des Königs war der allgegenwärtige Rohrstock, mit dem er auf alle einzudreschen pflegte, die sich in seine Nähe wagten. Alle wurden gleich behandelt, auch die Mitglieder seiner Familie. Bei den Mahlzeiten warf er mit Tellern und Besteck um sich und griff die Diener an. Seine Kinder ließ Friedrich Wilhelm fast verhungern, manchmal spuckte er ihnen auch ins Essen. Sein Sohn Prinz Friedrich, der später als Friedrich der Große regierte, wurde von ihm regelmäßig geschlagen und gedemütigt. Als der Prinz sich gegen seinen Vater auflehnte, zwang ihn Friedrich Wilhelm, der Hin-

richtung seines besten Freundes beizuwohnen, anschließend ließ er den abgetrennten Kopf und den Körper stundenlang unter dem Fenster seines Sohnes liegen. Friedrich Wilhelm hatte ursprünglich auch seinen Sohn hinrichten wollen, war aber aufgrund des internationalen Widerstandes wieder davon abgekommen. Im Laufe der Jahre wurde der König immer gewalttätiger. Er trug stets zwei mit Salz geladene Pistolen bei sich, mit denen er auf die Dienerschaft feuerte, wenn diese nicht schnell genug war. Einem Kammerdiener schoß er die Augen aus, einen anderen schlug er zum Krüppel. Seine Höflinge hatten so große Angst vor ihm, daß einer von ihnen vor Schreck tot umfiel, als er in die Privatgemächer des Königs zitiert wurde. Auf dem Exerzierplatz war der König noch gefürchteter. Ein Major, der von ihm vor seinen Soldaten eine Tracht Prügel bezogen hatte, zog seine Waffe und jagte sich eine Kugel in den Kopf.

8 Zar Paul I. von Rußland, dessen vierjährige Herrschaft Rußlands Übergang ins 19. Jahrhundert markierte, war wohl der verrückteste aller russischen Monarchen. Er war klein und außerordentlich häßlich, mit einem unverhältnismäßig großen Kopf und einer Sattelnase, die für angeborene Syphilis typisch ist. Erst einige Monate nach seiner Thronbesteigung, im Alter von 43 Jahren, erkannte man, daß er geistesgestört war. Seine erste Staatshandlung als Zar bestand darin, den Leichnam Peters III. aus einer Gruft in der Alexander-Newski-Kathedrale ausgraben zu lassen, den er fälschlicherweise für seinen Vater hielt. Zu dieser Zeit war Peter III. schon 34 Jahre tot. Der verweste Leichnam wurde in eine von Peters Militäruniformen gesteckt, in einen Hermelinmantel gehüllt und in den Thronraum des Winterpalastes gebracht. Dort setzte man ihn auf den Thron und drückte ihm eine Krone auf den Schädel. Höflingen und Staatsbeamten wurde befohlen, dem »wahren Zaren«, der von seiner bösen Frau Katharina vom Thron gestoßen worden war, ihre Ehrerbietung zu erweisen. Danach wurde feierlich ein Doppelbegräbnis begangen – die Leichen von Peter III. und Katharina wurden Seite an Seite beigesetzt. Zar Paul war zwar nicht mit Peter III. verwandt, aber genau wie dieser besessen vom preußischen Militärwesen. Mit der Zeit fürchteten die Offiziere seine Unberechenbarkeit so sehr, daß sie ihren Frauen und ihrer Familie jedesmal, wenn sie zur Parade anrücken mußten, endgültig Lebewohl sagten. Der Zar schickte einmal aus keinem ersichtlichen Grund ein ganzes Regi-

ment auf einen 4000 Kilometer langen Marsch, der erst nach zwei Jahren endete. Hunderte von Pferden kamen dabei um. Gegen Ende seiner verhältnismäßig kurzen Herrschaft verschlimmerte sich Pauls Wahnsinns zusehend, so daß er immer häufiger unter seinen »schwarzen Schmetterlingen« litt, wie er sie nannte. Paul I. wurde 1801 bei einer Palastrevolte erdrosselt.

9 König Friedrich Wilhem IV. von Preußen, der Großonkel Kaiser Wilhelms II., war der einzige »Soldatenkönig« aus dem Hause Hohenzollern, der nicht reiten konnte. Er kam 1840 auf den Thron und litt bereits zu Beginn seiner Herrschaft an psychischen Störungen, was sich nach 1850 noch verschlimmerte, nachdem er mehrere Schlaganfälle erlitten hatte. Als das Verhalten des Königs immer unberechenbarer wurde, übernahm sein jüngerer Bruder Wilhelm die Regentschaft. 1858 wurde klar, daß die »Gehirnerweichung« des Königs unheilbar war. Friedrich Wilhelm IV. wurde für geistesgestört erklärt. Die nächsten zwei Jahre verbrachte der inzwischen extrem kurzsichtige König damit, im Park von Schloß Sanssouci spazierenzugehen und dabei gegen Bäume zu laufen. Die letzte offizielle Amtshandlung von König Friedrich Wilhelm IV. bestand darin, 13 Todesurteile zu unterzeichnen.

10 Nach jahrhundertelanger Inzucht in der Königsfamilie bestieg die spanische Königin Johanna die Wahnsinnige bereits mit schweren psychischen Störungen den Thron. Sie wanderte tagelang im Palast herum und murmelte wie ein Kind sinnlos vor sich hin. Vollends in den Wahnsinn getrieben wurde sie von ihrem treulosen und meist abwesenden Gemahl Philipp dem Schönen. Als ihr geliebter Philipp mit 28 Jahren starb, wollte sie seinen Anblick nicht missen. Johanna ließ den Leichnam einbalsamieren und behielt ihn mehrere Wochen lang an ihrer Seite, sogar zu den Mahlzeiten und nachts im Bett. Die nächsten 46 Jahre war die Leiche ihres Mannes immer in der Nähe, da sie genau unter den Fenstern der königlichen Gemächer begraben war, wo Johanna stundenlang saß und mit leerem Blick auf das Grab starrte. Die letzten drei Jahrzehnte ihrer Herrschaft wurde sie in ihrem Schloß gefangengehalten, da sie als Gefahr für sich selbst und die Dienerschaft galt, die von der Königin des öfteren angegriffen wurde. Johanna starb im Alter von 76 Jahren während der Regentschaft ihres Sohnes Karl.

10 schwule Monarchen

1 König Eduard II. (1308-1327). Seine Frau, Königin Isabella, war äußerst verärgert darüber, daß ihr Mann seinen Liebhaber Piers Gaveston völlig hemmungslos begünstigte, und bekam einen Wutanfall, als er seinem Freund ihren schönsten Schmuck schenkte. Nachdem Gaveston von englischen Adligen ermordet worden war, begann Eduard eine Affäre mit dem Sohn eines Grafen, Hugh Despenser. Der König wurde schließlich von Gefolgsleuten der Königin gefangengenommen und starb, als ihm ein glühendheißes Eisen ins Rektum gestoßen wurde.

2 König Richard II. (1377-1399) war bekannt für seinen »weibischen« Hof und seine prächtigen, mit Edelsteinen besetzten Ballkleider. Er hatte in aller Öffentlichkeit eine Affäre mit Robert de Vere, dem Grafen von Oxford. Als de Vere starb, brach der König zusammen und verfiel in Depressionen. Er wurde abgesetzt und später ermordet.

3 König Heinrich III. von Frankreich (1574-1589) trug Ballkleider und machte hübschen Knaben im Palast Avancen. Seine Anhänger, eine Gruppe junger Höflinge, die unter dem Namen »Les Mignons« bekannt waren, kopierten ihn bis ins letzte Detail – alle von ihnen schminkten sich und trugen das lange Haar zu einer Hochfrisur aufgetürmt auf dem Kopf.

4 König Jakob I. (1603-1625) ging den jungen Männern, die in seinem Schlafzimmer als Kammerdiener arbeiteten, ständig an die Hosen. Ein Schreiber am Hofe bemerkte einmal, daß der König mit einem seiner Freunde spazierenging, wobei seine Finger »am Hosenbeutel herumfummelten«. Der König war ein sehr kleiner Mann, der sich nie wusch und häufig betrunken war, unter einem schweren Sprachfehler litt und schließlich an der Ruhr starb.

5 Der russische Zar Peter der Große (1682-1725) war ein Sexualprotz, der Angehörige beiden Geschlechts beglückte. Bei Hofe war immer mindestens ein junger Mann anwesend, mit dem sich der Zar »vergnügte«. Peter beauftragte den sächsischen Künstler Danhauer, ein Aktportrait seiner Lieblingspagen anzufertigen.

Abraham Hannibal, ein schwarzer Sexsklave, wurde bei Hofe »der Neger von Peter dem Großen« genannt.

6 König Gustav III. von Schweden (1771-1792) wurde 1792 von seinem ehemaligen Pagen und Liebhaber Johan Ankartstrom in der Oper erschossen.

7 König Wilhelm III. von Oranien (1689-1702) war Englands letzter König, der ganz offiziell homosexuell war. Er war bekannt für seine Launenhaftigkeit und seine Affären mit Höflingen. In Holland hatte er sich mit einem exklusiven Zirkel aus jungen Beratern umgeben. Königin Maria stand der sexuellen Orientierung ihres Gemahls gleichgültig gegenüber, was als Beweis dafür angeführt wurde, daß sie lesbisch war. Allerdings ist es wahrscheinlicher, daß sie ihren kleinen, häßlichen Gatten einfach nur widerlich fand. Die beiden starben, ohne Nachkommen in die Welt gesetzt zu haben.

8 König Ludwig XVIII. von Frankreich (1814-1824) war ein korpulenter Bourbone, der ein Auge auf den Hauptmann seiner Leibwache geworfen hatte, einen 34jährigen Soldaten namens Antoine. Ludwig verliebte sich bis über beide Ohren in Antoine und überschüttete ihn mit Geschenken und Titeln. Später hatte er eine weitere enge Beziehung zu einem Rechtsanwalt aus der Gascogne namens Elie Decazes, über den Talleyrand schrieb, er würde aussehen wie »der recht passabel aussehende Gehilfe eines Friseurs«. Die beiden waren unzertrennlich, und der König nannte seinen Geliebten immer sein »liebes Kind«.

9 König Ludwig II. von Bayern (1863-1886). Der »Schwanenkönig« zog sich gern eine silberne Rüstung an und alberte dann mit seinem Freund Prinz Paul von Thurn und Taxis herum. Er hatte auch eine langjährige Affäre mit dem Diener Alfons Wecker, der Ludwig später schmählich hinterging – er erzählte der Kommission, die den Geisteszustand des Königs untersuchte, daß Ludwig gerne zusah, wenn junge Soldaten ausgepeitscht wurden.

10 Zar Ferdinand I. von Bulgarien (1908-1918), der erste Monarch des gerade unabhängig gewordenen Landes, war väterlicherseits mit dem britischen Königshaus Sachsen-Coburg-Gotha verwandt und ein Großcousin Königin Viktorias. Der rauschebärtige Ferdinand war über einsachtzig groß, puderte sich das Gesicht und schlief in einem rosafarbenen, mit Brüsseler Spitzen besetzten Nachthemd. Obwohl er zweimal heiratete und einen

Sohn und Erben, Prinz Boris, zeugte, verbrachte er seine Zeit damit, Schmetterlinge zu fangen oder seinen Kutschern Avancen zu machen. Die Tatsache, daß der Zar schwul war, wurde seiner zweiten Frau, Prinzessin Eleonore von Reuss-Köstritz, erst in der Hochzeitsnacht bewußt. Als ihr frisch angetrauter Ehemann feststellte, daß sie in einem Doppelzimmer übernachten sollten, bekam er einen Wutanfall und tobte so lange, bis zwei Einzelzimmer hergerichtet wurden.

10 Experten

1 Der angesehene römische Arzt Plinius lehrte, daß die Seelen der Toten in Bohnen wohnen.

2 »Ich sage Ihnen, Wellington ist ein schlechter General, die Engländer sind schlechte Soldaten – die Angelegenheit werden wir bis zum Mittagessen erledigt haben.« Napoleon vor der Schlacht von Waterloo, 1815.

3 Mrs. Beetons *Book of Cookery and Household Management* galt nach seinem Erscheinen im Jahr 1841 lange Zeit als die Bibel der Hausfrau. Es enthält mehrere Rezepte, die unter Umständen tödlich sein können, darunter eines für Mayonnaise mit rohen Eiern. Mrs. Beeton starb mit 28 Jahren. Von Salmonellen hatte sie noch nie etwas gehört.

4 Florence Nightingale weigerte sich, an die Existenz von Bakterien zu glauben – selbst dann noch, als die Hälfte ihrer Patienten daran gestorben war.

5 »Alles, was erfunden werden kann, hat man bereits erfunden.« Charles H. Duell, Leiter des US-Patentamtes, 1899.

6 Ernest Rutherford war der erste Mann, der die Atomspaltung nachweisen konnte. Obwohl seine Arbeiten bis heute die Grundlage für die moderne Forschung in der Kernphysik sind, hielt Rutherford sie für völlig nutzlos.

7 1928 weigerte sich MGM-Chef Louis B. Mayer, dem jungen Zeichner Walt Disney einen Vertrag für dessen Schöpfung Micky Maus zu geben, weil nach dessen Meinung ein drei Meter großes Nagetier auf der Kinoleinwand einfach entsetzlich sei und schwangere Frauen erschrecken werde.

8 1943 prophezeite IBM-Chef Thomas Watson: »Ich glaube, wir werden etwa fünf Computer auf dem Weltmarkt verkaufen können.«

9 1962 lehnte ein Manager der Plattenfirma Decca die Beatles ab und sagte zu ihrem Manager Brian Epstein: »Die Musik gefällt uns nicht, und Gitarren sind sowieso bald wieder aus der Mode.«

10 1963 nahm der BBC-Produzent Andrew Loog Oldham den Manager der Rolling Stones, die gerade vorgespielt hatten und abgelehnt worden waren, zur Seite und sagte zu ihm: »Die Band ist eigentlich ganz okay, aber wenn ich Sie wäre, würde ich versuchen, den Sänger mit den dicken Lippen loszuwerden.«

10 sexuell aktive Senioren

1 Im September 1996 starb ein männlicher Bewohner eines Seniorenheims im australischen Brisbane an einem Herzanfall, und fünf weitere mußten wegen Herzrhythmusstörungen behandelt werden, nachdem eine 79 Jahre alte Frau einen Striptease vor ihnen hingelegt hatte.

2 1993 stellte sich bei einer Razzia in einem Massagesalon in Oregon heraus, daß zwei Schwestern im Alter von siebzig und 73 Jahren einen Call-Girl-Ring leiteten.

3 1994 suchte die Polizei in Los Angeles nach einem Spanner. Der Mann kostümierte sich offenbar als Gevatter Tod, marschierte mit der Sense in der Hand zu Altersheimen und beobachtete die Bewohner durch ein Fenster.

4 1981 verurteilte ein französisches Gericht eine achtzigjährige Prostituierte zu einer Haftstrafe von zehn Monaten auf Bewährung. Bei der Verhandlung stellte sich heraus, daß Madame Marie Louise Soccodato ihren Beruf seit 1941 ausübte – allerdings war das Geschäft in letzter Zeit nicht mehr so gut gelaufen.

5 Ein 72 Jahre alter Arzt sorgte 1889 für Aufregung, als er vor der Französischen Gesellschaft für Biologie einen Vortrag hielt, in dem er behauptete, das Elixier der ewigen Jugend gefunden zu haben. Dr. Charles Brown-Séquard beschrieb bis ins Detail, wie er die Hoden von jungen Hunden und Meerschweinchen abhackte, zu Pulver verrieb und sich die Substanz dann injizierte. Er verkündete, daß er körperlich dreißig Jahre jünger sei und seine junge Frau jeden Tag »beglücken« könne. In medizinischen Kreisen war die Vorlesung eine Sensation, die allerdings nicht lange währte: Kurze Zeit danach verließ ihn seine Frau wegen eines jüngeren Mannes, und wenig später starb der gute Doktor an einer Gehirnblutung.

6 Die russische Zarin Katharina die Große war Nymphomanin und litt an Schlaflosigkeit, was für die zahllosen gutaussehenden, jungen Soldaten, die sie sich auch nach ihrem 70. Geburtstag noch ins Bett holte, recht anstrengend war. Sie wollte sechsmal am Tag

Geschlechtsverkehr, hatte 21 »offizielle« Liebhaber und beschäftigte einen Arzt eigens dafür, jeden neuen Bewerber zu untersuchen.

7 Als der russische Chirurg Sergej Woronow Eunuchen am ägyptischen Hof betrachtete, fiel ihm auf, daß die meisten von ihnen für ihr Alter recht gut aussahen. Er folgerte daraus, daß der Körper durch männliche Sexualdrüsen verjüngt werden könne. 1920 führte er ein Experiment durch, um seine Theorie zu beweisen: Er schnitt einem Schimpansen die Hoden ab und pflanzte sie einem 73jährigen Mann ein. Woronow berichtete, daß sein Experiment nur »vorübergehend Wirkung« gezeigt hätte.

8 Die im Elisabethanischen Zeitalter herrschende Mode schrieb vor, daß unverheiratete Frauen ihre Brüste entblößt tragen mußten – ein Modediktat, das Königin Elisabeth bis weit in ihre Siebziger hinein befolgte.

9 Der große Vorsitzende Mao holte sich immer wieder Geschlechtskrankheiten, weigerte sich aber, sich behandeln zu lassen oder seine sexuellen Aktivitäten einzustellen, bis die Infektion auskuriert war. Die jungen Mädchen, mit denen er bis weit in die Siebziger hinein schlief, sahen es als eine Ehre und einen Beweis für ihre vertraute Beziehung zu Mao an, wenn sie sich bei dem Parteiführer ansteckten.

10 1994 beantragte der 105 Jahre alte Mohammad Esmail al-Bahrami aus dem Iran die Scheidung von seiner hundert Jahre alten Frau Fatemeh Razavi.

So baut man eine bessere Mausefalle: 10 Erfindungen, die die Welt beinahe im Sturm eroberten

1 Der angesehene Wissenschaftler Sir Francis Galton, ein Cousin von Charles Darwin, erfand Phantombilder, das Abnehmen von Fingerabdrücken und die Eugenik (die Erbgesundheitslehre). Darüber hinaus ertüftelte er ein Taschenzählgerät, mit dem er zählte, wie vielen attraktiven Frauen er auf der Straße begegnete. Nach Jahren hingebungsvoller Forschung konnte Galbon einen »Schönheitsatlas« Großbritanniens erstellen, wobei sich herausstellte, daß Großbritanniens häßlichste Frauen in Aberdeen lebten. Galbon erfand später noch einen Apparat, mit dem er das Gesäß von Afrikanerinnen vermessen konnte, und einen Hut mit Lüftung, der den Kopf kühlte und sich dazu automatisch hob und wieder senkte. Er führte auch Selbstversuche mit Medikamenten durch – in alphabetischer Reihenfolge –, hörte aber gleich beim Buchstaben A wieder auf, als er feststellte, welch durchschlagende Erfolge verschiedene Abführmittel haben.

2 1786 erfand der deutsche S. G. Vogel einen käfigähnlichen Apparat, der Masturbation verhindern sollte. Zwischen 1856 und 1932 wurden beim US-Patentamt 33 Geräte eingetragen, die Männern Masturbation unmöglich machen sollten, darunter so einfallsreiche Patente wie Handschellen, Ketten und gepanzerte Hosenbeutel.

3 1959 erkannte Bertha Dlugi aus Milwaukee als erster Mensch die kommerzielle Verwertbarkeit einer Vogelwindel, mit der Vögel frei im Haus herumfliegen konnten, ohne überall ihren Kot zu hinterlassen.

4 Das Museum für zweifelhafte medizinische Geräte in Minneapolis im US-Bundesstaat Minnesota beherbergt die weltweit größte Ausstellung von Kurpfuschern, Quacksalbern und Scharlatanen sowie deren Handwerkszeug. Zu den Ausstellungsobjekten gehört eine Maschine zur Elektroschockbehandlung, die die Potenz steigert und Prostataprobleme kuriert, ein Brustvergrößerungsapparat mit Fußantrieb, Seife zur Gewichtsabnahme und eine Diätbrille.

5 Am 14. November 1854 ließ der Arzt Alpheus Myers aus Indiana seine »Falle zur Entfernung von Bandwürmern aus dem Magen und den Gedärmen« patentieren. Myers' Erfindung bestand aus einer »Falle mit Köder, die an einem Faden befestigt ist und vom Patienten nach längerem Fasten geschluckt wird, damit der Wurm hungrig ist. Der Wurm schnappt nach dem Köder, dessen Kopf wird in der Falle gefangen. Dann wird der Wurm in seiner ganzen Länge an dem Faden, der aus dem Mund herausragt, aus dem Magen des Patienten herausgezogen.«

6 1994 ließ sich ein Italiener ein Kondom patentieren, das eine Melodie von Beethoven spielt, wenn es beim Geschlechtsverkehr platzt oder reißt. Lini Missios Präservativ ist mit einem Spezialmaterial beschichtet, dessen elektrische Leitfähigkeit sich im Falle eines Malheurs ändert und einen Mikrochip startet, der die Melodie spielt.

7 Um 1860 herum ließ das britische Patentamt einen Toilettenfaltstuhl patentieren, »um kleingewachsenen Personen beim Stuhlgang behilflich zu sein«.

8 Eine der ersten Erfindungen, die beim britischen Patentamt eingetragen wurde, war ein Elektroschockapparat, mit dem man das Monster von Loch Ness aus seinem Versteck treiben wollte.

9 1914 ließ Natalie Stolp aus Philadelphia ein Gerät patentieren, das Männer daran hindern sollte, sich in überfüllten Zügen an jungen Damen zu vergreifen und ganz bestimmte Körperteile an ihnen zu reiben. Ihre mit Sprungfedern besetzte Unterwäsche reagierte prompt auf den unerwünschten Kontakt und stieß dem Übeltäter einen Stachel aus Metall in den Oberschenkel.

10 1994 ließ sich das amerikanische Unternehmen Kimberley-Clark synthetische Exkremente für Tests mit Babywindeln und Inkontinenzwäsche patentieren, die sich chemisch absolut naturgetreu verhalten. Das Unternehmen hatte die Entwicklung synthetischer Testsubstanzen in Auftrag gegeben, nachdem es festgestellt hatte, daß die bisher als Ersatzstoff verwendete Mischung aus Kartoffelpüree, Erdnußbutter und Kürbiskuchen aus der Dose ungeeignet war und sich schneller in flüssige und feste Bestandteile auflöste als das Naturprodukt.

10 Menschen, die es einfach nicht besser wußten

1 Der 39jährige Amerikaner Bruce Jensen aus Bountiful im US-Bundesstaat Utah beantragte 1986 die Annullierung seiner Ehe wegen »unvereinbarer Gegensätze« – er hatte dreieinhalb Jahre nach der Heirat festgestellt, daß seine Frau ein Mann war. Das Paar hatte sich in der Universitätsklinik von Utah kennengelernt, wo sich die zukünftige Mrs. Jensen, die in Wirklichkeit Felix Urioste hieß, als Ärztin ausgab. Jensen heiratete Urioste, nachdem dieser nach einer gemeinsam verbrachten Nacht angeblich Zwillinge erwartete. Urioste sagte später, die Zwillinge seien tot zur Welt gekommen. Er zeigte sich Jensen nie nackt, und der Schwindel flog erst auf, als Jensen eine Vermißtenanzeige aufgab. Die Polizei stellte daraufhin fest, daß die vermißte Mrs. Jensen in Las Vegas wegen Kreditkartenbetruges verhaftet und verurteilt worden war und im Festnahmeprotokoll als »bärtiger Mann« beschrieben wurde. »Ich bin mir ziemlich dumm vorgekommen«, gab Jensen später zu.

2 Am 4. Juli 1776, dem Tag der amerikanischen Unabhängigkeitserklärung, schrieb der englische König Georg III. in sein Tagebuch: »Heute ist nichts Wichtiges passiert.«

3 1955 verkaufte Sam Phillips, der eine kleine Plattenfirma in Memphis besaß, den Exklusivvertrag mit einem unbekannten jungen Sänger namens Elvis Presley für 35 000 US-Dollar an RCA Records. Phillips büßte dadurch Tantiemen für über eine Milliarde Platten ein.

4 1898 bewarb sich der junge Albert Einstein um einen Studienplatz an der Technischen Universität München, wurde aber mit der Begründung zurückgewiesen, daß er »kein Potential« habe.

5 1880 schrieb ein Lehrer in Harrow über den jungen Winston Churchill: »Er ist vergeßlich, nachlässig, unpünktlich und in jeder Hinsicht ungebührlich. Wenn es ihm nicht gelingt, seine Schlampigkeit zu überwinden, wird er nie Erfolg in der Schule haben.«

6 1889 veröffentlichte der *San Francisco Examiner* einen Artikel von Rudyard Kipling, druckte dann aber keine weiteren Beiträge mehr

von ihm mit der Begründung: »Es tut mir leid, Mr. Kipling, aber Sie wissen einfach nicht, wie man mit der englischen Sprache umgeht.«

7 1886 beschloß Sors Hariezon, ein für allemal Schluß mit der Goldsucherei zu machen, die ihm nur Schulden eingebracht hatte, und verkaufte seinen Goldclaim in Südafrika für zwanzig US-Dollar. Bis heute wurden aus Minen auf oder in der Nähe seines Claims über tausend Tonnen Gold pro Jahr gefördert, was etwa 70 Prozent der Goldproduktion in der westlichen Welt ausmacht.

8 1983 verkauften Joe Shuster und Jerry Siegel für je 65 US-Dollar alle Rechte an der Zeichentrickfigur Superman an ihren Verleger.

9 1994 drehte ein chinesisches Filmteam in Hongkong einen Dokumentarfilm über die erste Operation am offenen Herzen, die jemals im Weifang-Krankenhaus in Shangdong durchgeführt wurde. Dem Filmteam wurde später gesagt, daß sämtliche Aufnahmen wiederholt werden müßten. Mitarbeiter des Krankenhauses hatten leider zu spät bemerkt, daß der am offenen Herzen operierte Patient eigentlich ein Junge war, dem die Mandeln herausgenommen werden sollten.

10 Im ersten Kreuzzug marschierte eine Gruppe religiöser Spinner hinter einer Gans her, von der sie glaubten, daß sie vom Heiligen Geist erfüllt sei.

10 militärische Exzentriker

1 Der Konföderiertengeneral »Stonewall« Jackson war ein strenggläubiger Presbyterianer, der als Deacon (»Diakon«) Jackson bekannt war, bevor er in der ersten Schlacht von Bull Run seinen neuen Beinamen bekam. Sein Verhalten war höchst exzentrisch. Der General glaubte zum Beispiel, daß die eine Seite seines Körpers schwerer war als die andere, daher hob er beim Gehen immer einen Arm hoch, um nicht das Gleichgewicht zu verlieren. Außerdem aß er prinzipiell nur im Stehen. Als junger Offizier zog er seinen dicken Armeemantel in einem langen und sehr heißen Sommer nicht aus, weil ihm niemand den Befehl dazu gegeben hatte. Außerdem verbot ihm sein Glaube, an einem Sonntag zu kämpfen. Bei der Schlacht von Mechanicsville 1862 verbrachte Jackson den Tag allein im Gebet auf einem Hügel in der Nähe und weigerte sich, mit jemandem zu sprechen, während seine Truppen schwere Verluste hinnehmen mußten. 1863 wurde er aus Versehen von seinen eigenen Leuten angeschossen. Jackson starb eine Woche später.

2 Sir William Erskine, einer von Wellingtons ranghöchsten Kommandeuren während der britischen Expedition in Portugal und Spanien, wurde zweimal in Irrenanstalten eingewiesen. Als Wellington von der Ernennung Erskines erfuhr, wollte er es zuerst nicht glauben. Er schrieb sofort an den Verteidigungsminister in London und bat um eine Erklärung. Der Minister erwiderte: »Er ist zuweilen sicherlich ein wenig verrückt, aber in seinen klaren Momenten ein außergewöhnlich intelligenter Mann, und ich vertraue darauf, daß er während des Feldzuges keinen Anfall bekommt, obwohl ich sagen muß, daß er schon etwas verrückt aussah, als er an Bord des Schiffes ging.« In einem seiner weniger klaren Momente saß er beim Essen, obwohl er eigentlich eine strategisch wichtige Brücke hätte verteidigen sollen. Schließlich schickte er doch noch fünf Männer los, die sie verteidigen sollten. Als ein Offizier seine Entscheidung in Frage stellte, überlegte es sich Erskine anders und entsandte ein ganzes Regiment, aber leider steckte er den Befehl dazu in die Tasche und vergaß ihn dort. Sir Williams Geisteszustand war allerdings nicht sein einziges

Problem. Er war so kurzsichtig, daß ihm ein Soldat vor einem Kampf zeigen mußte, in welcher Richtung das Schlachtfeld lag. Schließlich beging er in Lissabon Selbstmord, indem er aus einem Fenster sprang. Als ihn Passanten sterbend auf dem Bürgersteig liegen sahen, fragte er sie: »Warum in aller Welt habe ich das getan?«

3 Der griechische Befehlshaber General Hajianestis, der die Armee seines Landes 1921 im Krieg gegen die Türkei anführte, war zu diesem Zeitpunkt schon völlig wahnsinnig. Zudem besaß er einen sehr ausgeprägten Selbsterhaltungstrieb. Er stand morgens nicht auf, um seine Truppen in den Kampf zu führen, sondern blieb einfach im Bett liegen und stellte sich tot. Manchmal behauptete er auch, daß er nicht aufstehen konnte, weil seine Beine aus Glas seien und zerspringen könnten, wenn er sich bewege.

4 Der preußische König Friedrich der Große war als genialer Feldherr bekannt, allerdings war ihm der Verlust von Menschenleben – sein eigenes eingeschlossen – völlig egal. Verwundete mußten sich selbst vom Schlachtfeld retten und versuchen, das nächste Lazarett zu erreichen, und hatten keinen Anspruch auf Verpflegung. Da von fünf Soldaten, die in ein preußisches Militärhospital eingeliefert wurden, nur einer wieder herauskam, desertierten Tausende von Männern, und viele hundert begingen Selbstmord. Als die Staatskasse Friedrichs Feldzüge nicht mehr finanzieren konnte, sparte der König am Stoff für die Uniformen seiner Soldaten, die so eng geschnitten waren, daß sie nicht mehr zugeknöpft werden konnten, weshalb viele seiner Männer erfroren. Vor einer Schlacht ließ Friedrich immer einen Aderlaß an sich vornehmen, um seine Nerven zu beruhigen. Für den Fall, daß sich das Blatt gegen ihn wendete, trug er stets eine Phiole mit Gift bei sich, damit er im Ernstfall Selbstmord begehen konnte. Er trank mehrere Wochen lang bis zu vierzig Tassen Kaffee am Tag, weil er wissen wollte, ob man auch ohne Schlaf auskam. Sein Magen brauchte drei Jahre, um sich von diesem Experiment zu erholen. Eines Tages fand Friedrich einen seiner besten Soldaten in Ketten vor. Als er nach dem Grund dafür fragte, sagte man ihm, der Soldat habe Unzucht mit seinem Pferd betrieben. »Ihr Dummköpfe – steckt ihn nicht in Ketten, steckt ihn in die Infanterie«, sagte Friedrich. Dann entschuldigte er sich bei dem Soldaten dafür, daß er ihm sein Pferd habe wegnehmen lassen.

5 General S. Ewell oder »der alte Glatzkopf«, wie ihn die Truppen der amerikanischen Konföderierten nannten, war ein tapferer Kommandeur, der aber einen kleinen Tick hatte – er glaubte, ein Vogel zu sein. Sein Problem war nicht mehr zu verheimlichen, als er den Kopf zur Seite legte, in seinem Essen herumpickte und zwitschernde Laute von sich gab. Zu allem Überfluß hatte Ewell auch noch eine spitze, vorstehende Nase.

6 Der mexikanische General Antonio López de Santa Anna ließ sich durch nichts und niemanden von seiner Siesta abhalten. 1836 hielten sich Santa Anna und seine Truppen in der Nähe eines Waldes auf, von dem sie wußten, daß sich dort texanische Soldaten versteckt hatten. Der General ordnete trotzdem die obligatorische Siesta an, und während er und seine Männer friedlich schliefen, griffen die Texaner an und besiegten die gesamte mexikanische Armee in weniger als zwanzig Minuten. Santa Anna entkam, aber zwei Jahre später wurde ihm in einem Gefecht mit den Franzosen ein Bein abgerissen. Als der General später zum mächtigsten Mann in Mexiko aufstieg und Präsident wurde, bekam das Bein ein feierliches Staatsbegräbnis.

7 Als Oberbefehlshaber der russischen Armee konnte Zar Paul seine kindliche Bewunderung für seinen Helden Friedrich den Großen voll ausleben. Er steckte seine Truppen in Uniformen, die nach Angaben aus einem preußischen Militärhandbuch geschneidert wurden und die Originale bis ins letzte Detail kopierten – bis hin zu den altmodischen Gamaschen und gepuderten Zopfperücken, die militärisch gesehen völliger Unsinn waren. Die Uniformen saßen so eng, daß die Soldaten kaum atmen, geschweige denn kämpfen konnten. Unter der Uniform steckte eine Art Zwangsjacke, um eine aufrechte Haltung zu erzwingen, und auf dem Kopf trugen die Soldaten dicke, schwere Perücken mit eingenähten Eisenstangen, die für einen korrekten Sitz des Haarteils sorgen sollten. Damit seine Soldaten beim Paradeschritt die Beine nicht beugten, ließ ihnen der Zar Stahlplatten auf die Knie schnallen. In der Nacht vor einer Parade arbeiteten die Männer bis zum Morgengrauen, um ihre Perücken mit Fett und Kalk herzurichten. Sie wußten alle, daß sie verhaftet, ausgepeitscht oder deportiert würden, wenn auch nur ein einziges Haar nicht am richtigen Platz saß.

8 Königin Viktorias psychopathischer Vater Edward, der Herzog von Kent, war der grausamste und am meisten gehaßte Mann der

britischen Armee. Der Herzog war der Meinung, daß man einen Soldaten Gehorsam nur mit der Peitsche lehren konnte, außerdem erregte es ihn sexuell, wenn er Männer sah, die ausgepeitscht wurden. Er hatte daher schon nach kurzer Zeit den Ruf eines brutalen und rücksichtslosen Zuchtmeisters, der seine Soldaten beim geringsten Vergehen auspeitschen ließ. Der Herzog wurde als Oberst der Königlichen Füsiliere nach Gibraltar geschickt, wo man ihn bald nur noch »das Tier« nannte. Von fünf Uhr morgens an ließ er seine Männer pausenlos marschieren und exerzieren und unzählige von ihnen auspeitschen. Als die Regierung in England erfuhr, daß die Garnison auf Gibraltar kurz vor einer Meuterei stand, wurde der Herzog still und leise seines Kommandos enthoben und nach Kanada geschickt. Auch auf seinem neuen Posten ging Edward mit unnötiger Grausamkeit vor und brachte seine Truppen wieder einmal an den Rand der Meuterei, weil er pausenlos schwere Strafen verhängte. 1802 machte man den Fehler, den Herzog nach Gibraltar zurückzuschicken, dieses Mal als Generalgouverneur. Auf dem kahlen Felsen blieb den entmutigten Soldaten der Königlichen Füsiliere kaum etwas anderes übrig als zu trinken, daher führte der Herzog ein Alkoholverbot ein und ignorierte die Tatsache, daß dies zu einer Meuterei führen konnte. Eines Tages wurde einer der zahlreichen Deserteure aus der Garnison erwischt, und der Herzog verurteilte ihn zu der maximalen Anzahl von Peitschenhieben, die das Vorschriftenbuch der Armee zuließ – 999. Diesmal meuterten die Truppen tatsächlich, und es gab unzählige Tote und Verwundete. Drei der Anführer wurden hingerichtet, viele andere ausgepeitscht. Der Herzog, der wie durch ein Wunder mit dem Leben davongekommen war, wurde schleunigst nach England zurückberufen.

9 Der Herzog von Wellington mußte in Waterloo nicht nur Napoleon besiegen, sondern sich noch mit ganz anderen Problemen herumschlagen. Wellingtons Verbündeter, der berühmte preußische Feldmarschall Gebhard Leberecht von Blücher, zeigte erste Anzeichen von Altersschwachsinn und litt des öfteren unter bizarren Wahnvorstellungen. Blücher vertraute Wellington einmal an, er sei schwanger und würde bald einen kleinen Elefanten zur Welt bringen, und daß der Schurke, der ihn vergewaltigt hatte, ein französischer Soldat sei. Darüber hinaus ging Blücher in geschlossenen Räumen nur noch auf Zehenspitzen, weil er glaubte,

die Franzosen wollten ihm die Füße verbrennen, indem sie den Boden aufheizten.

10 Vlad Țepes »der Pfähler«, historisches Vorbild für Graf Dracula, war wegen seiner außerordentlichen Grausamkeit bekannt, galt in seinem Land aber als Kriegsheld, nachdem er mit seinen Truppen die Türken besiegt hatte. Țepes herrschte von 1456 bis 1476 über die Walachei, die heute zu Rumänien gehört. Er ließ etwa 20 000 seiner Feinde auf hölzernen Pfählen aufspießen und trank des öfteren das Blut seiner Opfer. Er zwang Frauen dazu, das gekochte Fleisch ihrer Männer zu essen, und Eltern mußten ihre eigenen Kinder verzehren. Als sich einmal einige Tataren in sein Land verirrten, ließ er drei von ihnen braten und zwang den Rest der Truppe, ihre Kameraden zu essen. Abgesandten der Türken, die in seinen Palast kamen, um Friedensverhandlungen mit ihm zu führen, ließ er Kleidung und Hüte auf den Körper nageln.

10 Meilensteine der Geschichte »halbstarker« Grausamkeiten

1 323 v. Chr: Alexander der Große erobert fast die gesamte damals bekannte Welt und erliegt dann mit 32 Jahren einem fiebrigen Infekt .

2 211: Der junge römische Kaiser Heliogabal läßt einige Gäste, die er zum Essen eingeladen hat, nur so zum Spaß in Rosenblättern ersticken.

3 1544: Der junge Iwan der Schreckliche vertreibt sich die Zeit, indem er lebende Hunde vom Dach des Kremls wirft, »um ihre Schmerzen zu sehen«.

4 1561: Don Carlos, Sohn des Königs Philipp II. von Spanien, ein geistig zurückgebliebener Psychopath, der schließlich enterbt, weggesperrt und beseitigt wird, läßt junge Mädchen auspeitschen und Tiere bei lebendigem Leib rösten. Außerdem bringt er mindestens sechs Männer um, die ihn angeblich beleidigt haben. Als ihm ein Paar für ihn angefertigte Stiefel nicht gefällt, läßt er sie in Stücke hacken und zwingt den Schuster, sie zu essen. Als er einmal an einem Haus vorbeigeht, von dessen Balkon jemand einen Eimer Wasser leert, das neben ihm auf den Boden klatscht, läßt er sämtliche Bewohner des Hauses hinrichten.

5 1712: Alexander, der Sohn Peters des Großen, reist nach Dresden, um dort eine deutsche Prinzessin zu heiraten. Kurfürst Ernst August von Hannover vermerkt, daß der Zarewitsch seine Notdurft im Schlafzimmer verrichtet und sich den Hintern mit den Vorhängen abwischt.

6 1741: Der Comte de Charolais, ein Cousin des französischen Königs Ludwig XV., befiehlt seinem Kutscher, einige Mönche auf der Straße zu überfahren, und erschießt spaßeshalber einen Mann, der gerade auf einem Dach arbeitet. Der König erläßt seinem psychopathischen Cousin die Strafe mit der Warnung: »Damit eins klar ist, ich werde auch jedem die Strafe erlassen, der Euch erschießt.«

7 1793: Der russische Großherzog Konstantin, ein Enkel Katharinas der Großen, vertreibt sich die Zeit, indem er Husaren zu Tode prügelt und lebende Ratten aus Kanonen abfeuern läßt.

8 1813: Der 25jährige Lord Byron schwängert seine Halbschwester Augusta.

9 1828: König Miguel von Portugal schleudert lebende Ferkel in die Luft und fängt sie mit der Spitze seines Schwertes wieder auf.

10 1909: Prinz Georg von Serbien, ältester Sohn und Erbe von König Peter I., verliert seinen Anspruch auf den Thron, als er seinen Kammerdiener zu Tode prügelt.

10 kreative Verwendungsmöglichkeiten für Formaldehyd

1 Dr. Honoré Fragonard, im 18. Jahrhundert lebender Anatom und Cousin des französischen Malers Jean-Honoré Fragonard, der für seine Landschaftsgemälde und pausbäckigen Engelchen bekannt war, fertigte Skulpturen aus menschlichen Leichen und Tierkadavern. Seine Werke, die in Formaldehyd konserviert sind, werden heute im Fragonard Museum ausgestellt, drei Räumen der tiermedizinischen Fakultät in Maisons-Alfort am östlichen Stadtrand von Paris. Das Museum wurde 1766 von Fragonard gegründet, der dort als Lehrer arbeitete. Die Schulbehörde sah das seltsame Hobby ihres Angestellten gar nicht gerne und feuerte ihn 1771, das Museum behielt sie jedoch. Fragonard erlangte in den aristokratischen Kreisen Frankreichs Berühmtheit, da diese eine Schwäche für Kuriositäten hatten. Als der Anatom 1799 mit 66 Jahren starb, wurden Hunderte seiner Skulpturen in den besten Häusern Frankreichs als Schocker bei langweiligen Dinnerpartys aufgestellt.

2 Als Eva Perón 1952 an Krebs starb, stand schon 14 Tage vor ihrem Tod ein angesehener Pathologe bereit, der sie einbalsamieren sollte. Kurz nach Evas Tod leitete er zuerst Alkohol und dann Glyzerin in ihre Adern, so daß ihre inneren Organen intakt blieben und ihre Haut fast durchsichtig wirkte. Bei ihrer Beerdigung gab es Tote – als zwei Millionen Argentinier an ihrem Sarg vorbeidrängten, wurden sieben Menschen zu Tode gequetscht. Evas Mann Juan wollte ihren Leichnam in einem riesigen neuen Mausoleum beisetzen lassen, kam aber nicht mehr dazu, weil er das Land verlassen mußte. Der Leichnam verschwand und blieb mehre Jahre lang unauffindbar, bis Juan und Eva 1971 wieder vereint wurden. Nach einem Augenzeugenbericht war Evas Leiche bei einem Essen anwesend, das Juan und seine neue Frau Isabel gaben.

3 1994 waren bei Damien Hirsts preisgekrönter Ausstellung in der Londoner Serpentine Gallery seine berühmten Tierobjekte zu sehen, darunter *Away from the Flock*, ein einbalsamiertes Lamm in einer Glasvitrine. Zu den frühen Werken des Künstlers gehörten *Mother and Child Divided*, eine Kuh mit einem Kalb, die in je zwei Hälften gesägt worden waren und in einem mit Formaldehyd

gefüllten Glaskasten schwammen, des weiteren ein Kuhkopf, der von Maden zerfressen war. Bei diesem Objekt mußte der Kopf alle 36 Stunden gegen einen neuen ausgetauscht werden.

4 Der berühmte Duellant Brian Maguire war ein Nachkomme der altehrwürdigen Familie Fermanagh und diente als Offizier in der Ostindischen Gesellschaft. Als sein Sohn George 1830 mit zwölf Jahren starb, beschloß Maguire, sich ein bleibendes Andenken an ihn zu verschaffen: Er balsamierte den Jungen eigenhändig ein und steckte ihn in einen Glaskasten, den er ständig mit sich herumschleppte, bis er fünf Jahre später an einem Herzanfall starb.

5 Als Enrico Caruso 1921 starb, wurde der große italienische Opernsänger in einem Glassarg ausgestellt, so daß ihn fünf Jahre lang ganze Horden von Fans anglotzen konnten. Fünf Jahre und mehrere neue Anzüge später war seine Witwe bereit, ihm eine würdevollere Ruhestätte zu geben, und ließ ihn in einer privaten Gruft bestatten.

6 Aufgrund eines Fehlers bei der Einbalsamierung schrumpft der Leichnam des großen Vorsitzenden Mao pro Jahr um etwa fünf Prozent. Der Direktor des Mausoleums behauptet jedoch, es handele sich dabei lediglich um eine optische Täuschung, die durch die Beleuchtung der Halle entsteht, in der der Leichnam aufgebahrt ist.

7 Die alten Ägypter beerdigten ihre toten Verwandten nicht sofort, wenn der Leichnam einbalsamiert war. Häufig behielten die Familien den Leichnam noch eine Weile bei sich zu Hause, damit dieser an den Mahlzeiten »teilnehmen« konnte, und manchmal blieb er jahrelang über der Erde. Für diese Sitte gab es einen ganz praktischen Grund: Abgesehen davon, daß man damit allen den Appetit verderben und die Kinder erschrecken konnte, waren die mumifizierten Leichen toter Verwandter sozusagen bares Geld, da die Mumien als Sicherheit für Kredite verwendet werden konnten. Jedem, der einen solchen Kredit nicht zurückzahlte, wurde das Recht auf eine Beerdigung verweigert.

8 Nachdem Bonnie Parker und Clyde Barrow in ihrem Wagen von der Polizei umzingelt und erschossen worden waren, brachte man ihre Leichen zu einem Bestattungsunternehmer, der das Hinterzimmer eines Möbelgeschäfts für sein Gewerbe angemietet hatte. Die Menschenmassen, die die Leichen des Verbrecherpaares sehen wollten, gerieten derart außer Kontrolle, daß der Leichenbestatter Formaldehyd auf sie spritzen mußte, um sie sich vom Leib zu halten.

9 Die meisten Russen sind nur dann bereit, sich in eine Schlange zu stellen, wenn es am anderen Ende etwas Eßbares zu kaufen gibt, aber bei Wladimir Iljitsch Lenin machen sie eine Ausnahme. Auch in seinem neuen Mausoleum in St. Petersburg erweist sich der Leichnam des Revolutionärs immer noch als Publikumsmagnet, obwohl weder sein Ruf noch die Schlange vor dem Eingang das sind, was sie einmal waren. Lenin hat zwar seit 1924 nicht mehr viel gesagt, aber dafür mehrere Dutzend Anzüge durchgelegen. Unter dem blauen, maßgeschneiderten Dreiteiler aus Acryl trägt der Vater des Kommunismus einen Gummianzug, in den regelmäßig die Lösung gegossen wird, die ihn am Auseinanderfallen hindert. Zweimal pro Woche werden die sichtbaren Teile der Leiche – Hände und Gesicht – mit Einbalsamierungsflüssigkeit bestrichen, und alle 18 Monate wird der Leichnam aus dem Sarg herausgehoben und gründlich eingeweicht. Alle vier Jahre wird ein Stück von Lenin abgekratzt und unter dem Mikroskop nach Anzeichen für Verwesung untersucht. Inzwischen bestehen etwa sechzig Prozent seines Körpers und seine Ohren aus Wachs – da die erste Einbalsamierung nicht ganz ordentlich erfolgt war, sind leider einige Teile »abgegangen«. Außerdem weist er am Hals und am Hinterkopf Pilzbefall auf, der garantiert noch nicht da war, als er 1917 die Bolschewiken an die Macht brachte. Als der Kommunismus noch populär war, mußte Lenin mit einer Anlage aus einer deutschen Fischfabrik gekühlt werden, damit er durch die Körperwärme der vielen Touristen nicht zum Schmelzen gebracht wurde.

10 Als Viktor Emmanuel II., der erste König des vereinigten Italiens, starb, erschien in der römischen Tageszeitung *Opinione* ein »Augenzeugenbericht« über den aufgebahrten König: »Er liegt mit leicht nach links gewandtem Gesicht da. Seine Augen sind geschlossen, seine Gesichtszüge, die einen gewissen Stolz erahnen lassen, zeugen von Ruhe und Frieden, was durch die natürliche Blässe des Gesichts noch verstärkt wird. Um neunzehn Uhr heute abend wird man mit der Einbalsamierung der königlichen Leiche beginnen.« In dem Bericht wurde den Lesern der Zeitung versichert, der Einbalsamierungsprozeß würde dafür sorgen, daß »die sterblichen Überreste unseres geliebten Herrschers für die Nachwelt erhalten bleiben«. Dieser Schluß war leider etwas voreilig: Aufgrund eines Fehlers bei der Einbalsamierung verrottete der König in seiner neuen Generalsuniform ziemlich schnell, so daß sich Besucher ein Taschentuch vor die Nase hielten und schleunigst die Flucht ergriffen.

10 Frauen, die sich ganz und gar nicht anständig benahmen

1 Als 1603 über 30000 Einwohner Londons an der Pest starben, reagierte Königin Elisabeth I. auf die nationale Krise, indem sie mit ihrem Gefolge nach Schloß Windsor floh, wo sie einen Galgen aufstellen ließ und drohte, jeden daran aufzuhängen, der ihr zu folgen versuchte.

2 Königin Henriette, die Gemahlin des belgischen Königs Leopold II., hielt sich ein Lama als Haustier. Sie brachte ihm bei, jedem ins Gesicht zu spucken, der es streicheln wollte.

3 Die russische Kaiserin Anna erfand gerne interessante neue Strafen, die zum jeweiligen Verbrechen paßten. Als sie zwei schwergewichtige Adlige für gierig befunden hatte, ließ sie die beiden so lange mit Kuchen vollstopfen, bis die beiden fast an ihrem Erbrochenen erstickt waren. Klagen über eine solch derbe Behandlung gab es kaum, da die Kaiserin den Verurteilten als erstes die Zunge herausreißen ließ.

4 Kaiserin Katharina I. von Rußland war eine chronische Alkoholikerin, die fast die ganze Zeit ihrer Herrschaft über betrunken war. Als einmal ein Attentat auf sie mißlang, war sie viel zu betrunken, um etwas davon mitzubekommen: Während Katharina ein Wachregiment abschritt, flog eine Kugel an ihr vorbei und tötete einen in ihrer Nähe stehenden Zuschauer. Die Kaiserin ging ohne mit der Wimper zu zucken weiter.

5 Messalina, die Frau des römischen Kaisers Claudius, stellte einen Weltrekord in ehelicher Untreue auf, als sie innerhalb von 24 Stunden mit 25 Männern schlief. Abends schlich sie sich oft verkleidet aus dem Palast und arbeitete in einem nahegelegenen Bordell unter dem Namen Lycisca als Prostitutierte.

6 Königin Kleopatra probierte die Wirksamkeit ihrer Gifte an Sklaven aus.

7 Elisabeth Báthory, eine Ende des 16. Jahrhunderts lebende ungarische, lesbische Gräfin, glaubte, daß sie den Alterungsprozeß auf-

halten könne, wenn sie im warmen Blut von Jungfrauen bade. Nachdem zahllose Gerüchte über ihr Treiben an die Öffentlichkeit gedrungen waren, wurde ihr Schloß 1612 von bewaffneten Truppen gestürmt und die Gräfin sozusagen auf frischer Tat ertappt. Ihre Dienerschaft wurde hingerichtet und verbrannt, die Gräfin selbst sperrte man in ihrem Schlafzimmer ein und ließ sie dort verhungern.

8 Die russische Kaiserin Elisabeth war außerordentlich eitel. Sie duldete keine Konkurrenz, und niemand bei Hofe durfte ihre Lieblingsfarbe Rosa tragen. Elisabeth war eigentlich blond, färbte sich ihr Haar aufgrund der damals herrschenden Mode aber schwarz. Als sich die Mode änderte, wollte die Kaiserin wieder ihre natürliche Haarfarbe haben, bekam aber die schwarze Farbe nicht wieder heraus. Sie bekam einen Wutanfall und rasierte sich sämtliche Haare ab. Natürlich mußten sich daraufhin auch alle ihre Hofdamen eine Glatze scheren lassen.

9 Königin Maria Luisa von Spanien hatte 24 Entbindungen und Fehlgeburten, die alle nichts mit ihrem Mann König Karl IV. zu tun hatten. Dieser ahnte in keinster Weise, daß seine Frau während ihrer gesamten Ehe zahllose Liebhaber und Affären hatte. Der geistig etwas minderbemittelte König ernannte einen langjährigen Liebhaber seiner Frau – einen Wurstfabrikanten, der halb so alt war wie sie – sogar zum Gesandten Spaniens.

10 Manuela, die verwitwete Schwiegermutter des französischen Kaisers Ludwig Napoleon III., brachte die Königsfamilie ständig in Verlegenheit. Als sie nach einem Sexskandal ihre Stellung als Haushaltsvorsteherin am Hofe Königin Isabellas von Spanien verlor, bot sich Manuela britischen Ministern, die zu Besuch in Madrid weilten, gegen Bezahlung als Bettgespielin an. Am meisten wurde jedoch über die Orgien getratscht, die sie regelmäßig mit Männern veranstaltete, die halb so alt waren wie sie. Sie und einige andere Aristokratinnen mittleren Alters kidnappten junge Männer, an denen sie Gefallen gefunden hatten, und zwangen die Gefangenen, nackt auf allen vieren auf dem Boden herumzukriechen, währen die Damen auf ihrem Rücken saßen und so taten, als würden sie ein Turnier veranstalten.

VII
Verbrechen & Bestrafung

15 letzte Worte von verurteilten Mördern

1 »So komme ich wenigstens noch in den Genuß einer Hochschulausbildung.« – US-Mörder John W. Deering vor dem Erschießungskommando, nachdem er seinen Körper der Universität von Utah vermacht hatte.

2 »Jetzt bekommt ihr bald einen Bratappel zu sehen.« – George Appel, Polizistenmörder aus New York, als er 1928 auf den elektrischen Stuhl geschnallt wurde.

3 »Ich bin Jesus Christus.« – Aaron Mitchell, Polizistenmörder, als er 1967 in San Quentin auf seine Hinrichtung in der Gaskammer wartete.

4 »Wird das Gas schädlich für mein Asthma sein?« – Luis José Monge, als er 1967 im Staatsgefängnis von Colorado auf seine Hinrichtung in der Gaskammer wartete. Er war wegen Mordes an seiner Frau und seinen drei Kindern zum Tode verurteilt worden.

5 »Wärter, ich hätte gern etwas Natron. Ich glaube, das Gas wird bei mir zu Blähungen führen.« – Charles de la Roi, der 1946 in Kalifornien wegen Mordes an einem Mitgefangenen zum Tod in der Gaskammer verurteilt worden war.

6 »Jetzt beeil dich schon, du Idiot. In der Zeit, in der du hier herumtrödelst, hätte ich schon ein Dutzend Männer gehängt.« – Massenmörder Carl Panzram, als er 1930 im Gefängnis von Leavenworth auf seine Hinrichtung durch den Strick wartete.

7 »Das ist mal wieder typisch … nicht mal die Sonne scheint.« – Frank Negran zu Alex Carrion, als die beiden Mörder 1933 in Sing Sing auf ihre Hinrichtung warteten.

8 »Was Sie vorlesen, ist mir völlig egal.« – Alan Adam, als man ihm 1881 sagte, daß der Sheriff von Northampton im US-Bundesstaat Massachusetts das Todesurteil verlesen würde, bevor Adam aufgehängt wurde.

9 »Sind Sie sicher, daß das Ding hier funktioniert?« – Dr. William Palmer, als man ihn 1855 zur Falltür des Galgens führte. Er war wegen Mordes an 14 Menschen zum Tode verurteilt worden.

10 »Ich möchte mich bei meiner Familie für all ihre Liebe bedanken, und dafür, daß sie sich um mich gekümmert hat … und der Rest der Welt kann mich mal.« – Robert Alton Harris, als er am 21. April 1992 in der Gaskammer hingerichtet wurde.

11 »Ich wäre jetzt lieber angeln gegangen.« – Jimmy Glass, als er am 12. Juni 1987 auf dem elektrischen Stuhl hingerichtet wurde.

12 »Ich bin immer noch wach.« – Robin Leroy Parks, nachdem man ihm am 10. März 1992 die Giftspritze gegeben hatte.

13 »Wandelt die Todesstrafe in lebenslänglich um oder tötet mich. Aber beeilt euch endlich.« – Jesse Bishop, als man ihn am 22. Oktober 1979 in der Gaskammer hinrichtete.

14 »Jetzt wird wohl niemand mehr anrufen.« – Edward Earl Johnson, als er am 20. Mai 1987 in der Gaskammer hingerichtet wurde.

15 »Ich möchte mich beschweren … die Suppe, die ich heute zum Abendessen hatte, war viel zu heiß.« – Charles Fithina vor seiner Hinrichtung auf dem elektrischen Stuhl in New Jersey.

Die 10 originellsten Verteidigungen der Strafprozeßgeschichte

1 Diana Smith aus Kinsey im US-Bundesstaat Alabama bekannte sich im Dezember 1993 schuldig, das Grab eines Mannes geschändet zu haben. Ihr Verteidiger erklärte, daß man der 37jährigen 1990 die Schuld am Tod des Mannes gegeben hatte. Sie hatte den Sarg nur deshalb ausgegraben, weil sie beweisen wollte, daß er seinen Tod vorgetäuscht hatte.

2 Die mexikanischen Schwestern Delfina und Maria Gonzalez wurden 1964 festgenommen und des Mordes angeklagt, als die Polizei auf dem Gelände ihres Bordells die sterblichen Überreste von mindestens 80 Mädchen fand. Als man sie um eine Erklärung dafür bat, antwortete die eine der beiden: »Vielleicht haben sie das Essen nicht vertragen.«

3 Ein Gericht im Prince William County im US-Bundesstaat Virginia ließ eine Anklage wegen Vergewaltigung und Unzucht gegen einen 45jährigen an Schizophrenie erkrankten Mann fallen. Die Verteidigung hatte es mit ihrer Beweisführung davon überzeugt, daß die eine der multiplen Persönlichkeiten des Opfers dem Geschlechtsverkehr mit einer der multiplen Persönlichkeiten des Täters zugestimmt hatte. Der Staatsanwaltschaft wurde nachgewiesen, daß die beiden sich in einer Gruppentherapie kennengelernt und sich einige ihrer »verschiedenen Ichs« ineinander verliebt und sogar von Heirat gesprochen hatten.

4 Der 1996 in Chicago verurteilte Pädophile Robert Ellison, 65, bat den Richter um die sofortige Rückgabe seiner beschlagnahmten Kinderpornos. Er argumentierte, daß er sicher mehr Kinder mißbrauchen würde, wenn er nicht die Möglichkeit hätte, seinen Trieb mittels gedruckter Pornographie auszuleben. Der Richter wollte sich auf eine solche Therapie nicht einlassen und brachte Ellison statt dessen hinter Gitter.

5 Der dreißigjährige Frederick Treesh war einer der drei Männer, die nach einer Mordserie im Gebiet der Great Lakes in Nordamerika während des Sommers 1994 festgenommen wurden. Treesh beklagte sich später: »Außer den beiden, die wir umge-

bracht haben, den beiden, die wir verletzt haben, der Frau, der wir mit der Pistole eins übergezogen haben und den Glühbirnen, die wir den Leuten in den Mund gesteckt haben, haben wir eigentlich niemandem etwas getan.«

6 Die Anwälte des in der Todeszelle eines Gefängnisses von Seattle einsitzenden Mitchell Rupe legten Berufung gegen seine Hinrichtung ein, weil diese eine »grausame und unübliche Bestrafung« sei. Sie argumentierten, daß dem 121 Kilogramm schweren Rupe durch den Druck seines Gewichts auf das Seil der Kopf abgerissen werden würde. Der Berufung wurde nicht stattgegeben, so daß Rupe am 11. Juli 1994 gehängt wurde.

7 1996 gab Anthony St. Laurent im amerikanischen Providence zu, daß er an organisiertem Verbrechen beteiligt gewesen war. Nachdem er zu einer Gefängnisstrafe von zehn Monaten verurteilt worden war, ließ er dem Gericht mitteilen, daß er unschuldig sei und nur deshalb auf schuldig plädiert habe, weil er aufgrund einer Krankheit vierzig bis fünfzig Einläufe pro Tag brauchte und ein langer Prozeß daher sehr schwierig für ihn gewesen wäre.

8 1995 verhaftete die Polizei von Baltimore den 34jährigen Saladin Ishmael Taylor wegen Mordes an einer Nachbarin. Neben der Leiche einer Frau war ein etwa 2,5 Zentimeter langes Stück von Taylors Zunge gefunden wurden, das ihm offenbar im Kampf mit dem Opfer abgebissen worden war. Bei seiner Verhandlung lispelte Taylor, daß er mit dem Mord nichts zu tun habe. Er gab jedoch zu, daß er vor kurzem bei einem Unfall auf der Straße ein Stück seiner Zunge verloren hatte, könne sich aber nicht vorstellen, wie es neben die Leiche der Frau gekommen sei.

9 Der 28jährige Israel Zinhanga sagte 1996 vor einem Gericht in Zimbabwe aus, daß er Geschlechtsverkehr mit einer Kuh hatte, weil er Angst gehabt habe, sich bei einem menschlichen Sexualpartner mit Aids anzustecken.

10 1996 lehnte das oberste Gericht der USA die Berufung eines in Arizona verurteilten Drogensüchtigen ab, der behauptete, keinen fairen Prozeß bekommen zu haben, weil kein fettleibiger Mensch unter den Geschworenen gewesen sei.

12 Verbrechen aus Leidenschaft

1 Patricia Orionno war Frankreichs unfähigste Mörderin. 1988 beschloß sie, ihren Ehemann umzubringen, weil dieser zu oft Sex mit ihr haben wollte. Sie versuchte, ihn mit Schlaftabletten umzubringen, verschätzte sich aber in der Dosierung, so daß er lediglich etwas länger als sonst schlief. Sie schlitzte ihm die Pulsadern auf, vergiftete ihn mit Gas und versuchte dann, ihn mit einem Kissen zu ersticken. Erst der fünfte Versuch war erfolgreich – sie stach achtmal mit dem Messer auf ihn ein. Madame Orionno fand einen verständnisvollen Richter, der den Mord zum Verbrechen aus Leidenschaft erklärte und sie freisprach.

2 Als König Johann von England herausfand, daß seine Frau Isabella einen Liebhaber hatte, ließ er diesen töten und seine Leiche auf Isabellas Seite über das Bett hängen.

3 Regina Chatien, 43, und Melvin Hoffman, 53, erhielten jeder eine Geldstrafe von 1000 US-Dollar, weil sie 1995 während eines Footballspiels im Dodger Stadium von Los Angeles, das sie mit ihren vier Kindern zusammen besuchten, Oralverkehr hatten.

4 Im Juli 1996 wurde die 47jährige Gail Murphy aus Brooklyn, New York, festgenommen. Sie hatte ihren Mann erschossen, weil dieser zu einem sechsstündigen Angelausflug aufgebrochen war, während sie sich von einer Hämorrhoidenoperation erholte. Ein Untersuchungsbeamter der Polizei sagte gegenüber der *New York Times*: »Sie war der Meinung, daß er an diesem besonderen Tag etwas mehr Rücksicht auf sie hätte nehmen müssen.«

5 Der 24jährige Jeffrey Watkins wurde 1994 wegen Einbruch in fünf New Yorker Mausoleen verurteilt. Bei einem der Einbrüche hatte er den Schädel einer Frau gestohlen, die bereits seit 1933 tot war. Watkins gab zu, bei den Leichen im Sarg geschlafen zu haben. »Ich fühle mich bei den Toten sicher, und ich kann ihnen vertrauen. Ich brauche ihre Gesellschaft, damit ich meinen inneren Frieden finde«, sagte er.

6 Um seine untreue Ehefrau zu einem Geständnis zu bewegen, ließ der russische Zar Peter der Große den Kopf ihres angeblichen

Liebhabers in Alkohol einlegen und in einem Glasbehälter auf ihren Nachttisch stellen.

7 Nachdem die Frau des Polen Boris Paveharik 1994 eine Packung Kondome in der Tasche ihres Mannes gefunden hatte, füllte sie diese mit gemahlenem Pfeffer. Als Paveharik seine Geliebte das nächste Mal besuchte, mußte er danach wegen schwerer Schwellungen und Entzündungen in ein Krankenhaus eingeliefert werden.

8 Der 67 Jahre alte Amerikaner Marland Maynard wurde 1995 wegen Totschlag an seiner Frau Maybel verurteilt. Maynard war von der Arbeit nach Hause gekommen und hatte seine Frau dabei überrascht, wie sie mit einer Handfeuerwaffe Selbstmord begehen wollte. Als die Waffe blockierte, half ihr Marland beim Laden.

9 Drei Monate nach der Beerdigung seiner Verlobten grub der 21jährige Roberto Carlos da Silva aus Socorcaba in Brasilien ihre Leiche aus, die das Hochzeitskleid trug, und mißbrauchte sie. »Ich war verzweifelt und brauchte sie«, sagte er später zur Nachrichtenagentur Estado.

10 Als der buddhistische Mönch Sayan Duryalak aus Thailand herausfand, daß sein 67 Jahre alter Abt das Keuschheitsgelübde brach und eine Affäre mit einer 51 Jahre alten Nonne hatte, ging er mit einer Axt auf das Paar los, das gerade miteinander schlief. Dabei enthauptete er den Abt und verletzte die Nonne schwer. Sayan sagte der Polizei, daß er die Tat wie eine Hinrichtung aussehen lassen wollte, die er vor kurzem in einer Krimiserie im Fernsehen gesehen hatte.

11 1895 wurde ein New Yorker Arzt namens Buchanan wegen Mordes an seiner Frau angeklagt. Bei der Verhandlung versuchte die Staatsanwaltschaft zu beweisen, daß Buchanan seine Frau hoch versichert und dann mit Morphium umgebracht hatte, um seine Spielsucht finanzieren zu können. Um die Symptome für eine Morphiumvergiftung zu verschleiern, hatte er ihr nach der Tat angeblich Belladonna in die Augen geträufelt, um die Pupillen zu weiten. Um ihre Theorie zu beweisen, ließ die Staatsanwaltschaft eine Katze im Gerichtssaal mit Morphium töten. Die Jury ließ sich überzeugen, und Buchanan wurde in Sing Sing auf dem elektrischen Stuhl hingerichtet.

12 Der Texaner John Celinski wurde 1994 zu einer Geldstrafe von 2000 US-Dollar und zwei Jahren Haft auf Bewährung verurteilt, nachdem er zugegeben hatte, die beiden Katzen seiner Ex-Freundin in der Mikrowelle gekocht zu haben. Celinski sagte bei der Verhandlung aus, daß er auf die beiden Katzen mit Namen Sugar Ray und Bonnie eifersüchtig gewesen sei.

Die 10 stümperhaftesten Hinrichtungen aller Zeiten

1 Die längste Hinrichtung in der französischen Geschichte fand 1626 statt, als Graf Henri de Chalais wegen seiner Beteiligung an einer Verschwörung gegen den König zum Tode verurteilt wurde. Als der Graf öffentlich mit einem Schwert geköpft werden sollte, war der Scharfrichter, der die Hinrichtungen sonst immer durchführte, nirgends zu finden. In letzter Minute fand sich ein noch unerfahrener Ersatzhenker. Dieser brauchte 29 Hiebe, um dem Grafen den Kopf abzuschlagen. Beim zwanzigsten Hieb mit dem Schwert hatte der Graf noch geatmet.

2 James Scott, der Herzog von Monmouth und unehelicher Erstgeborener von Karl II., war am 15. Juli 1685 Opfer der schlampigsten Hinrichtung im Tower von London. Obwohl der gutaussehende und allseits beliebte Herzog sich vor seiner Hinrichtung noch darüber beschwerte, daß die Klinge der Henkersaxt doch sehr stumpf aussehe, schenkte ihm niemand Beachtung. Der Henker brauchte schließlich fünf Hiebe, um dem Grafen den Kopf abzuhacken, der nach dem vierten Hieb stöhnte: »Ich habe es euch doch gesagt.« Die Zuschauer waren entsetzt und hätten den Henker fast gelyncht. Nach der Hinrichtung stellte man fest, daß der Herzog nie ein Porträt von sich hatte anfertigen lassen, obwohl er eine Person von großer historischer Bedeutung gewesen war. Also wurde ihm sein Kopf wieder angenäht, die Naht verdeckt und ein Porträt angefertigt. Dieses hängt heute in der National Portrait Gallery in London.

3 1740 wurde der 17jährige William Duel wegen Vergewaltigung gehängt. Als er nach der Hinrichtung aus einem tiefen Koma erwachte, stellte er fest, daß sein Körper der Wissenschaft vermacht worden war und ein Chirurg gerade ein Skalpell in seinen Magen bohrte. Duel überlebte. Das Todesurteil wurde später in lebenslange Verbannung umgewandelt.

4 Es gibt zwei Männer, die jeweils drei Hinrichtungsversuche durch Erhängen überlebt haben. Die Hinrichtung des Mörders Joseph Samuels wurde 1803 ausgesetzt, nachdem das Seil beim ersten

und zweiten Versuch gerissen war und beim dritten Versuch die Falltür klemmte. Der Falltür hat auch der 1884 verurteilte Mörder John Lee sein Leben zu verdanken. Obwohl die Tür bis dahin jedes Mal funktioniert hatte, klemmte sie später dreimal innerhalb von sieben Minuten. Lees Todesstrafe wurde in eine lebenslängliche Haftstrafe umgewandelt.

5 Amerikas stümperhafteste Hinrichtung auf dem elektrischen Stuhl war auch eine der ersten. 1893 wurde William Taylor zum Tod auf dem elektrischen Stuhl verurteilt, weil er im Gefängnis von Auburn einen Mitgefangenen umgebracht hatte. Als der erste Stromstoß durch seinen Körper fuhr, zuckten seine Beine und rissen den Stuhl mit den Fußfesseln auseinander. Der Strom wurde abgeschaltet, dann versuchte man, den Stuhl notdürftig zu reparieren. Als der Schalter wieder umgelegt wurde, floß kein Strom, weil der Generator durchgebrannt war. Taylor wurde auf den Boden gelegt und erhielt eine Morphiuminjektion, um seine eventuellen Schmerzen zu lindern. Als es wieder Strom gab, war Taylor bereits tot. Da das Gesetz jedoch eine Hinrichtung auf dem elektrischen Stuhl verlangte, wurde er noch einmal auf den Stuhl geschnallt und der Strom für weitere dreißig Sekunden eingeschaltet.

6 1903 wurde der junge Amerikaner Frederick van Wormer auf den elektrischen Stuhl geschickt, weil er seinen Onkel ermordet hatte. Van Wormer wurde hingerichtet und für tot erklärt. Als man ihn nach der Hinrichtung obduzieren wollte, bemerkte jemand, daß eines seiner Augenlider flatterte und eine Hand zitterte. Der eilig herbeigerufene Gefängnisarzt bestätigt, daß zwei Stromstöße nicht ausgereicht hatten, um den Gefangenen zu töten. Van Wormer wurde wieder auf den Stuhl geschnallt, anschließend schickte man mehrere Stromstöße durch seinen Körper, bis sein Tod außer Frage stand.

7 Der Mörder James Bullen wurde 1932 in Sing Sing auf den elektrischen Stuhl geschickt. Auf dem Weg zum Friedhof erholte er sich jedoch wieder, sprang aus dem Sarg und lief davon. Bullen hatte jedoch Pech – er wurde erwischt und ein zweites Mal auf den elektrischen Stuhl gesetzt.

8 Der amerikanische Kannibale und Kindermörder Albert Fish sollte 1936 in Sing Sing auf dem elektrischen Stuhl hingerichtet werden. Der erste Stromstoß zeigte keine Wirkung, da es angeb-

lich wegen der vielen Nadeln, die sich Fish unter die Haut gestochen hatte, einen Kurzschluß gab. Ärzte fanden später 29 Nadeln in seinen Genitalien.

9 Bei der Hinrichtung von John Evans 1983 im Staatsgefängnis von Alabama waren in einem Zeitraum von 14 Minuten drei Stromstöße von je 1900 Volt erforderlich, um den Verurteilten zu töten. Nach Augenzeugenberichten rang Evans verzweifelt nach Luft, während aus den Elektroden an seinem Kopf und einem seiner Beine Rauch aufstieg. Bei der Obduktion von Evans Leiche stellte sich heraus, daß er Verbrennungen vierten und zweiten Grades erlitten hatte, als er noch lebte.

10 Als der vierunddreißigjährige Müllwagenfahrer Billy White im April 1992 im Gefängnis von Huntsville durch eine Giftspritze hingerichtet wurde, brauchten die Krankenpfleger vierizg Minuten, um eine Vene zu finden. White brauchte neun Minuten, um zu sterben.

Die 10 »originellsten« Mordmotive

1 1979 ermordeten die beiden Brasilianer Waldir de Souza und Maria de Conceicao in Cantigulo sechs Kinder, darunter einen zweijährigen Jungen. Sie gestanden später, daß die Morde rituelle Menschenopfer gewesen seien, mit denen sie sich einen erfolgreichen Start ihrer neugegründeten Zementfirma sichern wollten.

2 Der 44jährige François Gueneron wurde 1995 von seiner Frau erschossen, weil sie seine ständigen Blähungen nicht mehr ertragen konnte. Madame Catherine Gueneron zufolge pupste ihr Mann, der als Bauleiter arbeitete, acht Jahre lang morgens, mittags, abends und nachts. Die 35jährige Catherine schoß ihm schließlich mit einer Pistole in die Brust, nachdem er ihr nachts im Bett ins Gesicht gefurzt hatte. »Ich konnte einfach nicht mehr«, sagte sie zu dem Richter Gilbert St. Jacques in Marseille.

3 1993 gab der 36jährige Ge Yunbao aus Peking zu, einen sechsjährigen Schüler zu Tode geprügelt und den abgetrennten Kopf des Kindes in einem Bus liegengelassen zu haben. Als Tatmotiv gab Yunbao an, daß er verärgert gewesen sei, weil man ihn bei einer Beförderung übergangen hatte.

4 Im Oktober 1987 wollte der chinesische Schweinezüchter Chen Bohong aus Liuzhou gerade ein Schwein schlachten, als er dabei von dem Finanzbeamten Sun Taichang unterbrochen wurde, der ihm einen Steuerbescheid zustellen wollte. Chen war so verärgert über die Störung, daß er statt des Schweins den Finanzbeamten schlachtete.

5 Der empfindsame russische Zar Paul, der eine Stupsnase und eine Glatze hatte, ließ einen Soldaten zu Tode peitschen, weil ihn dieser »Glatzkopf« genannt hatte. Paul ließ später die Worte »Stupsnase« und »Glatzkopf« bei Todesstrafe verbieten.

6 Während der Weltbevölkerungskonferenz, die 1994 in Kairo abgehalten wurde, berichtete die ägyptische Zeitung *Al-Wajd*, daß ein Delegierter seine Frau erstochen hatte, weil sie nicht mit ihm schlafen wollte.

7 Der liberianische General Gray Allison wurde im August 1989 wegen Mordes an einem Polizisten zum Tode verurteilt. Er erklärte, daß er das Blut des Polizisten brauchte, um ein magisches Ritual durchzuführen, mit dem er Liberias Diktator Samuel Doe stürzen wollte.

8 Der selbsternannte Kaiser der ehemaligen Zentralafrikanischen Republik, Jean-Bedel Bokassa, ließ in den siebziger Jahren zweihundert Schulkinder von seiner Leibwache zu Tode prügeln. Sie hatten das schwere Verbrechen begangen, die Richtlinien für Schuluniformen zu mißachten.

9 Im März 1984 wurde ein 16jähriger malaysischer Junge in Kuala Lumpur von einem Chinesen geköpft, weil dieser ein Menschenopfer brauchte, um in der staatlichen Lotterie zu gewinnen. Der Mord war vergebens – in der Woche gab es gar keinen Hauptgewinner.

10 Im September 1994 erschoß ein Patient, der wegen Paranoia behandelt wurde, im italienischen Messina seinen Psychiater. »Er konnte mich sowieso nie leiden«, sagte der Mörder nach der Tat.

10 Strafrichter der etwas anderen Art

1 Richter Roy Bean sprach zwanzig Jahre lang Recht in Texas. Sein Gerichtssaal war der Saloon Jersey Lily in der Stadt Langtry. Bean war bekannt für seine exzentrische Art – zuweilen ließ er die Verhandlung unterbrechen und gab allen Anwesenden einen aus. Wenn er eine Trauung durchführte, schloß er mit den Worten »möge Gott Erbarmen mit deiner Seele haben«. 1882 ließ er eine Mordanklage gegen einen seiner Saufkumpane fallen, »weil es dem Verstorbenen ganz recht geschah, vor die Pistole zu geraten«. Die Anklage gegen einen anderen Stammgast des Jersey Lily wurde ebenfalls fallengelassen, weil das Opfer ein Chinese war. Als Begründung führte Bean die texanische Gesetzgebung an, in der seiner Meinung nach »keine einzige verdammte Zeile steht, die es einem verbietet, einen Chinesen zu töten«.

2 Sir George »Bloody« Jeffreys aus Wem (1648-1689) war der grausamste Oberrichter Großbritanniens aller Zeiten. Er sprach 331 Todesurteile aus und ließ Hunderte von Verbrechern deportieren – was für viele noch schlimmer war als der Tod am Galgen. Eines seiner berühmtesten Urteile war der Schuldspruch an Lady Alice de Lisle, die er lebendig auf einem Rost braten lassen wollte. Die Kirche war entrüstet und verlangte Milde. Das Urteil für Lady Alice wurde in einem Berufungsverfahren umgewandelt, so daß sie nur geköpft wurde. Bei seinen Verhandlungen ließ Jeffreys kein Wort der Verteidigung zu und schloß das Verfahren immer in Höchstgeschwindigkeit ab. Die Ursache dafür war ein schmerzhafter Blasenstein – Jeffreys mußte jede Stunde seine Blase erleichtern und brachte sämtliche Prozesse so schnell wie möglich hinter sich, um aufs Klosett zu können.

3 Der exzentrische, im 19. Jahrhundert lebende Lord Monboddo, der als »der gelehrteste Richter seiner Zeit« galt, glaubte zeit seines Lebens, daß Babys mit einem Schwanz geboren werden und die Hebammen sich verschworen hatten, strenges Stillschweigen darüber zu wahren, daß sie die Schwänze nach der Geburt abschneiden. Monboddo ließ sich auch nicht von seiner Idee abbringen, als er die Geburt seiner Kinder miterlebt hatte. Er war

der Meinung, daß die geschickten Hebammen ihn getäuscht und das Corpus delicti vernichtet hatten.

4 Raynor Goddard war einer der strengsten Vertreter des Rechts auf dem Posten eines britischen Oberrichters und verhängte zahllose Todesurteile. Zeitgenossen behaupteten, es hätte ihn sexuell erregt, junge Männer zum Tod zu verurteilen, und daß er beim Verkünden eines Todesurteils einen Orgasmus bekommen hätte. Goddard verurteilte 1953 den 19jährigen Derek Bentley zum Tod durch Erhängen. Bentley war dabeigewesen, als ein Freund von ihm einen Polizisten erschoß.

5 Richter Alan King-Hamilton teilte den Geschworenen 1977 mitten in einem wichtigen Strafprozeß mit, daß »die Australier gerade in Führung gegangen sind«.

6 Das Rechtssystem des 17. Jahrhunderts benachteiligte weniger gut aussehende Zeitgenossen – Häßlichkeit galt als eindeutiges Zeichen dafür, daß der oder die Betreffende schuldig war. Der französische Rechtsexperte Henri Boguet erklärte, daß ein abstoßendes Gesicht Grund genug sei, einen Mann der Folter zu unterziehen und ein Geständnis aus ihm herauszupressen. Im Mittelalter herrschten Gesetze, die davon ausgingen, daß, wenn zwei Menschen des gleichen Verbrechens verdächtigt wurden, immer derjenige unschuldig war, der besser aussah.

7 1986 sagte der Richter Michael Argyle während eines Verfahrens zu den Geschworenen, daß es für einen orthodoxen Juden Grund genug sei, »Mitglied der Nazi-Partei zu werden«, wenn internationale Vergleichsspiele im Kricket nicht im Fernsehen übertragen werden.

8 Der kalifornische Bezirksstaatsanwalt William Tingle ließ vor einem Mordprozeß drei Geschworene von der Liste streichen: Den ersten, weil er »stark übergewichtig« war, den zweiten, weil er einen Zopf trug, was Tingle für »etwas radikal« hielt, und den dritten, weil er etwas gegen desse »Zöpfe, Fettleibigkeit, Größe und Kleidung« hatte.

9 Der persische König Kambyses II. zeigte Sinn für ausgleichende Gerechtigkeit, als einer seiner Richter der Korruption für schuldig befunden wurde. Der König ließ ihm bei lebendigem Leib die Haut abziehen und den Sessel des Richters damit beziehen. Schließlich ernannte er noch den Sohn des toten Richters zu des-

sen Nachfolger, so daß dieser quasi auf seinem Vater richten mußte.

10 1992 wurde im US-Bundesstaat Pennsylvania der Richter Charles Guyer entlassen, nachdem durch Videoaufnahmen mit einer versteckten Kamera bewiesen werden konnte, daß er eine völlig neue Form der Urteilsabsprache einführen wollte: Er versprach mehreren Angeklagten eine geringere Strafe, wenn sich diese von ihm die Haare waschen ließen.

Das soll ihnen erst mal einer nachmachen: 10 berühmte Scharfrichter und Henker

1 Die Scharfrichter in Konstantinopel verwendeten während der Herrschaft der Osmanen zahlreiche Hinrichtungsmethoden, um die ihnen Anvertrauten zu töten. Eine der beliebtesten Methoden bestand darin, das Opfer langsam zu ertränken, bei einer anderen wurde es gezwungen, gemahlenes Glas zu schlucken. Der fleißigste aller Scharfrichter war Souflikar, der unter dem Sultan Mahomet IV. Dienst tat. Er zog schlichtes Strangulieren vor und erdrosselte in einem Zeitraum von fünf Jahren über 5000 Menschen.

2 Der psychopathische Herzog von Alba, der König Philipp von Spanien als Scharfrichter diente, kam während der Inquisition zu seinem Posten, weil er die Ketzer äußerst rationell vernichtete. Bei seiner Lieblingsmethode wurde dem Opfer mit einem eisernen Knebel, durch den nur noch die Zunge paßte, der Mund verschlossen. Diese wurde mit einem glühendheißen Eisen verbrannt, so daß sie heftig anschwoll und nicht mehr zurückgezogen werden konnte. Anschließend wurde das Opfer bei lebendigem Leib verbrannt. In Antwerpen richtete der Graf einmal 8000 Menschen auf einmal hin. König Philipp erließ 1586 das logistisch anspruchvollste Todesurteil aller Zeiten, als er verkündete, sämtliche Einwohner der Niederlande – etwa drei Millionen Menschen – seien Ketzer und müßten hingerichtet werden. Das war selbst für den Herzog von Alba eine harte Nuß, aber er machte gute Fortschritte und tötete allein in der Karwoche achthundert Menschen.

3 Richard Brandon, der Sohn des obersten Scharfrichters Gregory Brandon, war dazu prädestiniert, Englands berühmtester Scharfrichter zu werden. Er war unter dem Namen »der junge Gregory« bekannt und perfektionierte schon als Kind seine Axttechnik, indem er Katzen und Hunde enthauptete. Später brüstete er sich, daß er nur einen Schlag brauchte, um jemanden zu enthaupten. Der Höhepunkt seiner steilen Karriere war die Enthauptung von König Karl I. am 30. Januar 1649, obwohl Brandon an diesem

Tag etwas unbehaglich zumute war und er und seine Helfer darauf bestanden, Masken und falsche Bärte zu tragen, um eventuellen Racheakten vorzubeugen. Fünf Monate später wurde Brandon krank und starb – »aus Reue« darüber, so sagte man damals, »den König getötet zu haben«.

4 Der im 19. Jahrhundert lebende englische Henker William Marwood erfand eine neue Methode für die Hinrichtung durch den Strang. Bis dahin bedeutete eine Hinrichtung durch den Strang in der Regel einen sehr kurzen Fall und langsames Ersticken am Ende des Seils. Der Henker mußte das Ganze oft dadurch beschleunigen, daß er sich an die Füße des Hingerichteten hängte. Daß jemand seine Hinrichtung überlebte, kam verhältnismäßig oft vor. 1871 perfektionierte Marwood seine Methode, bei der das Opfer etwa zwei bis drei Meter durch eine Falltür in die Tiefe stürzte. Durch den Sturz wurden die Halswirbel gebrochen und das Rückenmark durchtrennt, so daß der Tod sofort eintrat und für den Hingerichteten erheblich schmerzloser war als bei dem traditionellen Verfahren. Allerdings hatte auch Marwoods System seine Nachteile, da es häufig vorkam, daß dem Verurteilten dabei der Kopf abgerissen wurde.

5 Der im 18. Jahrhundert in London lebende Scharfrichter John Thrift gilt bis heute als der unfähigste Vertreter seiner Zunft. Thrift war ein verurteilter Mörder, der unter der Bedingung freigelassen wurde, daß er als Scharfrichter für die Regierung arbeitete. Er war denkbar ungeeignet für seine Arbeit: Thrift war hochgradig nervös, konnte die Axt nicht richtig führen und brach häufig im falschen Moment in Tränen aus, vor allem dann, wenn er gerade jemandem den Kopf abschlagen sollte. Sein größtes Problem war jedoch, daß er kein Blut sehen konnte. Als er 1745 den Jakobitenrebellen Lord Balmerino im Tower von London hinrichten sollte, fiel er in Ohnmacht und lag dann schluchzend auf dem Boden, während die Zuschauer ihn zum Weitermachen anfeuerten. Als Thrift schließlich zur Axt griff, brauchte er fünf Hiebe, um Lord Balmerino zu enthaupten. Thrift hatte den Dreh nie richtig heraus, aber irgendwie schaffte er es doch, sich 17 Jahre lang als Dilettant durchzumogeln. Beim Volk war er wegen seiner stümperhaften Arbeitsweise nicht gerade beliebt, und als er 1752 starb, bewarf eine jubelnde Menge seinen Sarg und die Träger mit Steinen und den verwesten Kadavern toter Katzen.

6 Charles Henri-Sanson war der berühmteste Scharfrichter der Französischen Revolution. Er stammte aus einer bemerkenswerten Familie, die zwischen 1635 und 1889 sechs Generationen von Scharfrichtern stellte. Sanson wurde dank der vielen Übung, die er mit den Hälsen französischer Aristokraten hatte, zu einem Meister seiner Zunft und konnte in 13 Minuten zwölf Opfer hinrichten. Auf dem Höhepunkt der blutigen Revolution rollten in drei Tagen die Köpfe von dreihundert Männern und Frauen. Seine Guillotine auf der Place de la Révolution war ununterbrochen in Betrieb, so daß sich Anwohner in einer nahegelegenen Straße darüber beschwerten, daß der Gestank des Blutes auf dem Kopfsteinpflaster ein gesundheitliches Risiko sei und den Wert ihrer Häuser mindere. Am 16. Oktober 1793 versammelten sich 200 000 Menschen auf dem Platz, um zu sehen, wie Marie Antoinette ihren Kopf verlor. Sie mußten allerdings eine Weile warten, da Sanson der Königin die Hände losband, damit sie hinter einer Wand ihre Notdurft verrichten konnte.

7 Der Rechtsanwalt und Revolutionär Jean-Baptiste Carrier aus Nantes hielt die Guillotine für zu langsam und ineffektiv. Er ließ seine Opfer lieber auf Lastkähne bringen, diese auf die Seine hinausschleppen und dort versenken. Ehepaare wurden bis auf die Haut ausgezogen und mit dem Gesicht zueinander gefesselt. Carriers Gehilfen am Ufer erschlugen jeden, der zu entkommen versuchte, mit einer Axt. Mit der Zeit schwammen so viele Leichen im Fluß, daß das Angeln verboten wurde. Darüber hinaus stellte Carrier fest, daß die Guillotine für die Enthauptung von Kleinkindern nicht geeignet war. Der Hals von kleinen Kindern war viel zu dünn, um von der Klinge richtig durchtrennt zu werden, was oft zur Folge hatte, daß bei ihnen der Schädel in zwei Teile gespalten wurde. Einer der Scharfrichter starb an einem Herzanfall, nachdem er vier kleine Schwestern auf diese Art und Weise hingerichtet hatte. Carrier löste das Problem, indem er fünfhundert Kinder auf einem Feld zusammentrieb, Befehl zum Schießen gab und dann alle, die noch lebten, mit Knüppeln zu Tode prügeln ließ.

8 Großbritanniens letzer und berühmtester Henker, Albert Pierrepoint, richtete während seiner 25jährigen Berufslaufbahn 450 Mörder und Verräter hin. Nachdem er in Pension gegangen war, schrieb er: »Ich glaube nicht, daß auch nur eine einzige der vielen hundert Hinrichtungen, die ich durchgeführt habe, als Abschreckung für einen Mord gedient hat. Die Todesstrafe hat mei-

ner Meinung nach nur Rachsucht ausgelöst.« Für die Hinrichtung von Ruth Ellis, der letzten in Großbritannien gehenkten Frau, bekam Pierrepoint knapp 16 Pfund Sterling.

9 Der erfahrenste Henker des 20. Jahrhunderts war John C. Woods aus dem amerikanischen San Antonio. Er henkte 347 Männer und Frauen, darunter auch zehn Nazigrößen, die bei den Nürnberger Prozessen zum Tode verurteilt wurden. Woods wurde heftig kritisiert, weil er bei den Hinrichtungen der Kriegsverbrecher angeblich schlampig gearbeitet hatte – es gingen Gerüchte um, daß den Gefangenen nicht das Genick gebrochen worden war.

10 Edwin T. Davis war der erste offizielle Henker für Hinrichtungen auf dem elektrischen Stuhl. Davis war gelernter Elektriker, der sich zwischen 1890 und 1914 etwas dazuverdiente, indem er 240 Menschen auf dem elektrischen Stuhl hinrichtete. Er war für drei Bundesstaaten zuständig – New York, New Jersey und Massachusetts – und reiste von Gefängnis zu Gefängnis. Er trug immer einen schwarzen Filzhut. Davis entwarf den ersten elektrischen Stuhl, den er während seiner Laufbahn als Henker kontinuierlich verbesserte. Für einige der Teile besaß er Patente. Vor jeder Hinrichtung testete er den Apparat mit großen Stükken Rindfleisch. Er befestigte kleine Kissen aus Schaumstoff an dem Fleisch, steckte die Leitungen hinein und schaltete den Strom ein. Sobald das Rindfleisch zu braten anfing, wußte er, daß der Stuhl funktionierte. Davis behauptete bis zu seinem Tod, ein Gegner der Todesstrafe zu sein.

10 Verbrechen im Großbritannien des 19. Jahrhunderts, die einen Bürger an den Galgen brachten

1. Umgang mit »Zigeunern«
2. Einen Heuhaufen anzünden
3. Auf der Westminster Bridge schreiben
4. Vorgeben, ein Pensionist des Greenwich Hospital zu sein
5. Drohbriefe schreiben
6. Mit rußigem Gesicht auf der Straße erscheinen
7. Einen Fischteich beschädigen
8. Einen Baum fällen
9. Mitteilungen auf dem Postamt zurückhalten
10. Einen Löffel stehlen

8 Attentate auf königliche Hoheiten

1 Zar Peter III. (1728-1762). Seine Herrschaft war schon sechs Monate nach seiner Thronbesteigung zu Ende, als er bei einer von seiner Frau, der späteren Kaiserin Katharina, angezettelten Palastrevolte gestürzt wurde. Sie hatte befohlen, ihren Gemahl einzusperren, aber nach einigen Wochen in Haft starb Peter. Katharina ließ eine offizielle Verlautbarung herausgeben, nach der der psychisch labile Ex-Zar während einer seiner zahlreichen Hämorrhoidenanfälle an einer Kolik gestorben war.

2 Zar Paul I. von Rußland (1754-1801). Eines Abends klopfte es an der Tür seines Schlafzimmers. Paul öffnete und sah einige Offiziere vor sich, die ihn aufforderten, seine Abdankungsurkunde zu unterzeichnen. Der Zar weigerte sich, es kam zu einem Handgemenge, und einige Minuten später lag Paul tot auf dem Boden. Er war erdrosselt worden, aber dem russischen Volk wurde mitgeteilt, daß ihr Zar an einem »Schlaganfall« gestorben sei.

3 Zar Alexander II. von Rußland (1818-1881). Die Kutsche des Zaren wurde von der Granate eines Revolutionärs getroffen, als sie in St. Petersburg am Flußufer entlangfuhr. Der Zar stieg unverletzt aus der Kutsche, aber ein zweiter Attentäter, der nur zwei Meter von ihm entfernt stand, warf noch eine Granate zwischen die Beine des Zars. Als die Bombe explodierte, wurden beide getötet.

4 Zar Nikolaus II. von Rußland (1868-1918). Am Abend des 16. Juli 1918 wurden Zar Nikolaus II., seine Familie und einige Diener von Bolschewiken in einem Gebäude in Jekaterinburg gefangengenommen, etwa 1300 Kilometer von Moskau entfernt. Kurz vor Mitternacht wurden alle in einen im Keller gelegenen Raum geführt und in zwei Reihen vor ein Todeskommando unter dem Befehl von Jakob Worovsky gestellt. Nachdem man ihnen ein Todesurteil vorgelesen hatte, wurden alle erschossen. Die Leichen wurden anschließend verbrannt und in einen Erdschacht geworfen.

5 Kaiserin Elisabeth von Österreich (1837-1898). Am 10. September 1898 hielt sich die Gemahlin des österreichischen Kaisers

Franz Joseph in Genf auf und wollte gerade an Bord eines Schiffes gehen. Auf dem Weg vom Hotel zur Anlegestelle stach ihr der 26jährige italienische Arbeiter Luigi Lenchini mit einer Feile in die Brust. Der Mörder gab später zu, daß er persönlich gar nichts gegen die Kaiserin hatte und eigentlich König Umberto II. von Italien töten wollte, sich aber die fünfzig Lire nicht leisten konnte, die die Fahrt bis nach Rom gekostet hätte.

6 König Heinrich III. von Frankreich (1574-1589). Der König wurde von dem Dominikanermönch Jacques Clément erstochen. Dieser war vom Papst angestachelt worden, der den französischen König exkommuniziert und als »Mörder, Ketzer und Ungläubigen« gebrandmarkt hatte.

7 König Alexander und Königin Drago von Serbien. 1903 drangen Armeeoffiziere in den Königspalast ein, durchlöcherten den König und die Königin mit Kugeln, hackten sie mit ihren Schwertern in Stücke, schlugen ihnen den Schädel mit dem Gewehrkolben ein und stießen die Leichen aus dem Fenster in den darunterliegenden Garten. Einige Verwandte der Königin, die den Offizieren in die Quere gerieten, wurden ebenfalls ermordet.

8 Kaiser Maximilian I. von Mexiko (1832-1867). Die kurze Herrschaft des Erzherzogs von Österreich, einem Bruder des österreichischen Kaisers Franz Joseph, wurde 1876 von einem Erschießungskommando, das aus mexikanischen Banditen zusammengestellt war, beendet. Teile seines Körpers wurden später an Souvernirjäger verhökert. Maximilian bat seine Henker, ihn schnell und sauber zu erschießen, damit er in Würde sterben konnte, aber diese waren erbärmliche Schützen und schossen ihm fast das ganze Gesicht weg.

10 Kuriositäten zur Todesstrafe

1 Als der Mörder Albert Clozza 1991 in Virginia auf dem elektrischen Stuhl hingerichtet wurde, fielen ihm nach dem Stromstoß die Augäpfel heraus.

2 Die größte Massenhinrichtung der US-Geschichte ereignete sich am 26. Dezember 1862. Die US-Armee hängte 38 Krieger der Sioux auf, weil diese an einem Massaker an achthundert Siedlern beteiligt gewesen waren.

3 Was bei der Inquisition alles getan werden durfte und was nicht, um ein Geständnis zu erreichen, stand im *Buch des Todes*, das noch bis ins 19. Jahrhundert hinein jedem im Vatikan zugänglich war. Es sind keinerlei Dokumente über einen Freispruch vorhanden. Dem oder der Angeklagten wurde nicht gesagt, was ihm oder ihr zur Last gelegt wurde, auch ein Verteidiger oder die Anhörung von Zeugen war nicht erlaubt.

4 Im England des 16. Jahrhunderts wurden gewöhnliche Verbrecher gehängt, Ketzer jedoch auf dem Scheiterhaufen verbrannt, damit die Flammen ihre Seele läutern konnten. Hatte ein Verurteilter Glück, durfte er sich ein Säckchen mit Schießpulver um den Hals hängen, damit er schneller starb.

5 In Großbritannien wurden Hexen nie verbrannt, weil sie sich oft im Ausland aufhielten. Allerdings gab es zahlreiche andere Verbrechen, für die eine Frau auf dem Scheiterhaufen landen konnte, beispielsweise Betrug oder Urkundenfälschung. Die letzte Frau, die von Rechts wegen in Großbritannien verbrannt wurde, hieß Murphy und wurde zusammen mit einer Bande von Fälschern 1789 in London verurteilt. Die männlichen Bandenmitglieder wurden lediglich aufgeknüpft. Im Jahr darauf wurde das Gesetz aufgehoben.

6 Die Standardmethode für Hinrichtungen unter der Herrschaft des römischen Kaisers Tiberius war Erdrosseln. Allerdings gab es ein Gesetz, nach dem es verboten war, Jungfrauen zu erdrosseln. Tiberius fand ein Schlupfloch: Er ordnete an, daß die Jungfrau vor der Hinrichtung vom Scharfrichter geschändet wurden.

7 Als in den dreißiger Jahren in Kalifornien die berühmt-berüchtigte Gaskammer von San Quentin installiert wurde, testete man sie an lebenden Schweinen. Die Stadtverwaltung war so stolz auf das »humane« neue System, daß sie zur ersten Hinrichtung einige Zeitungsreporter einlud – ein Schuß, der allerdings nach hinten losging. Die Reporter waren entsetzt von dem, was sie mitangesehen hatten, und einer von ihnen beschrieb die Hinrichtungsmethode als »schlimmer als gehängt und gevierteilt zu werden«.

8 Eine Variation der traditionellen Hinrichtungsmethode durch den Strang, bei dem ein schweres Gegengewicht den Verurteilten vier Meter in die Höhe riß und ihm dadurch das Genick brach, war Anfang des 20. Jahrhunderts in vielen amerikanischen Gefängnissen üblich.

9 Im Mai 1994 begann ein Gefängnis in Varner im US-Bundesstaat Arkansas, immer zwei Gefangene auf einmal hinzurichten, weil bei Mehrfachhinrichtungen die Zuschläge für die Überstunden der Wärter nur einmal anfallen und diese außerdem »weniger aufreibend« seien. »Niemand steht gerne morgens auf, um jemanden zu töten«, erklärte ein Sprecher des Gefängnisses in diesem Zusammenhang.

10 34 Jahre sind die längste Zeit, die jemand in der Todeszelle verbracht hat. Henry Anderson aus dem US-Bundesstaat Kentucky wurde 1958 wegen Mordes und 1960 zum Tode verurteilt. Obwohl die Todesstrafe in Kentucky 1972 abgeschafft worden war, weigerte sich Anderson, seine Strafe umwandeln zu lassen, weil das seiner Meinung nach einem Schuldeingeständnis gleichgekommen wäre. Im April 1994 starb er im Staatsgefängnis von Kentucky mit 79 Jahren an Krebs.

Die 20 fleißigsten Massen- und Serienmörder

1 Behram (Indien): 931 Opfer. Behram war Mitglied des Todeskults Thuggee. Die exklusive Sekte verlangte von ihren Mitgliedern, daß diese mindestens ein unschuldiges Opfer pro Jahr erdrosselten. Behram wurde für schuldig befunden, in 50 Jahren 931 Menschen mit einem Stück Stoff erwürgt zu haben.

2 Tefilo »Sparks« Rojas (Kolumbien): 592 Opfer. Der Anführer einer Räuberbande hat zwischen 1948 und 1963, als er selbst hinterhältig ermordet wurde, fast 600 Menschen getötet.

3 Herman Webster Mudgett alias Dr. H. H. Holmes (USA): mehr als zweihundert Opfer. Mudgett begann seine kriminelle Laufbahn als Medizinstudent in New Hampshire. Damals stahl er Leichen von der University of Michigan und kassierte für sie Versicherungspolicen, die er zuvor unter falschem Namen abgeschlossen hatte. Er zog nach Chicago und baute unter dem Pseudonym Dr. Holmes eine erfolgreiche Drugstorekette auf. 1893 verführte, betäubte und ermordete Mudgett zahllose junge Mädchen in seiner Hundert-Zimmer-Villa, die später den Beinamen »Folterschloß« bekam. Mudgett verbrannte die Leichen seiner Opfer oder löste sie in Säure und Kalk auf. Gelegentlich bewahrte er einzelne Leichenteile für Experimente in seinem Labor auf. Als die Polizei mißtrauisch wurde, steckte Mudgett das Gebäude in Brand und floh. Die Polizei von Chicago durchsuchte die niedergebrannte Villa und fand dort die sterblichen Überreste von etwa 200 Menschen, gab aber zu, daß es noch einige hundert mehr gewesen sein könnten. Mudgett wurde später festgenommen und am 7. Mai 1896 gehängt.

4 Gilles de Rais (Frankreich): mehr als 140 Opfer. Er war im 15. Jahrhundert im Hundertjährigen Krieg ein Verbündeter von Johanna von Orléans. De Rais wurde zum Nationalhelden und erhielt von König Karl VII. den Titel Marschall von Frankreich. Er ließ sich später in der Bretagne nieder, wo er Knaben folterte, vergewaltigte und tötete. Außerdem praktizierte er schwarze Magie und Alchemie. Seinem Treiben wurde erst ein Ende gesetzt, als der Herzog der Bretagne die verstümmelten Leichen von fünfzig Jun-

gen in seinem Schloß ausgrub. De Rais gestand 140 Morde, aber man nimmt an, daß er bis zu dreihundert Jungen umgebracht haben könnte. Er wurde 1440 zusammen mit zwei Dienern, die seine Komplizen gewesen waren, gleichzeitig gehenkt und verbrannt.

5 Sawney (Sandy) Beane (Schottland): mehr als hundert Opfer. Der fleißigste Massenmörder Großbritanniens, der im 15. Jahrhundert in East Lothian in der Nähe von Edinburgh geboren worden war, führte ein »alternatives Leben«. Als junger Mann war Beane mit seiner Verlobten durchgebrannt. Die beiden richteten sich in einem verlassenen Teil von Galloway, der zerklüfteten Westküste von Schottland, eine Höhle als trautes Heim ein. Dort bekam das Paar acht Söhne und sechs Töchter, die die Familie Beane durch Inzest um 18 Enkel und 14 Enkelinnen bereicherten. Zunächst versorgte Sawney Beane seinen wachsenden Clan, indem er Schafe stahl, aber bald schon stellte er fest, daß nichts den Zusammenhalt der Familie mehr stärkte als ein paar gemeinsam begangene Morde an Reisenden. Nach kurzer Zeit beteiligten sich sämtliche Mitglieder an den Morden und gingen zum Kannibalismus über, was die beste Methode war, um sich den Bauch vollzuschlagen und die Beweismittel verschwinden zu lassen. 1435 führte der schottische König Jakob I. eine Schar von vierhundert Männern an, die Beane und seine Familie ausheben sollten. Sie erwischten mehrere Mitglieder der Familie auf frischer Tat, als diese gerade einen Mann angriffen und dessen Frau umbrachten. Als sie schließlich das Versteck der Familie entdeckten, fanden sie dort Hinweise, die auf mehrere hundert Morde schließen ließen, unter anderem eine gut gefüllte Speisekammer mit menschlichen Körperteilen, die man getrocknet, eingelegt und eingesalzen hatte. Sawney Beane und die männlichen Mitglieder der Familie wurden nach einem Schauprozeß in Leith hingerichtet. Man schnitt ihnen Hände, Füße und Genitalien ab und ließ sie liegen, bis sie verblutet waren. Die Frauen wurden gezwungen, den Tod ihrer Männer mitanzusehen, danach verbrannte man sie auf dem Scheiterhaufen.

6 Julio Gonzalez (USA): 87 Opfer. Der gebürtige Kubaner Gonzalez kam in den achtziger Jahren in die Vereinigten Staaten. Zehn Jahre später wurde er eifersüchtig, als seine Freundin Lydia auf einer Party mit einem anderen tanzte. Gonzalez kaufte einen Kanister mit Benzin und steckte den Club in der Bronx an. Bei dem Brand kamen fast alle Gäste ums Leben. Nur sechs überlebten – darunter seine Ex-Freundin Lydia.

7 Bruno Lüdke (Deutschland): mehr als 85 Opfer. Der 35jährige Deutsche wurde 1943 festgenommen, nachdem er in 17 Jahren mindestens 85 Frauen erwürgt und erstochen hatte. Die Festnahme wurde geheimgehalten, weil Lüdke das Naziregime in Verlegenheit brachte, das bereits mehrere unschuldige Männer für *seine* Verbrechen hatte verurteilen und hinrichten lassen. Er wurde kastriert und in ein Wiener Hospital eingewiesen, wo er 1945 an den Folgen eines medizinischen Experiments der Nazis starb.

8 Liao Chang-Shin (China): mehr als 79 Opfer. Zwischen April und Juli 1945 verschwanden aus dem Hafenstädtchen Changstow am Jangtsekiang mehr als hundert Menschen. Nach einiger Zeit gestand der Gastwirt des Ortes, 79 seiner Gäste ausgeraubt und getötet zu haben, was im Schnitt einen Mord pro Tag ergab. Er und sein Komplize Hsui Chang-Shan wurden später hingerichtet.

9 Woo Bom Kong (Südkorea): 58 Opfer. Am 28. April 1982 wurde ein 27jähriger Polizist zum schlimmsten Massenmörder der Geschichte. Woo Bom Kong, der sich nach einem heftigen Streit mit seiner Lebensgefährtin betrunken hatte, räumte das Waffenlager des Polizeireviers aus und ließ 180 Schuß Munition, zwei Gewehre und mehrere Handgranaten mitgehen. Anschließend hinterließ er in fünf Dörfern eine Blutspur. Er erschoß wahllos Passanten, während ihn seine Kollegen verfolgten, die den Befehl hatten, ihn zu töten. Das achtstündige Massaker war erst zu Ende, als Woo Bom Kong eine Granate zündete, mit der er sich und drei in der Nähe stehende Bauern tötete.

10 Andrej Tschikatilo (Rußland): mehr als 53 Opfer. Der »Schlitzer von Rostow« war bereits Großvater und hatte früher als Lehrer gearbeitet. Er wurde 1994 hingerichtet, nachdem er zwischen 1978 und 1990 mindestens 53 Menschen – darunter viele Kinder, die er unterrichtet hatte – sexuell mißbraucht, getötet, zerstückelt und gegessen hatte. Er suchte sich seine Opfer meistens auf Bahnhöfen oder an Bushaltestellen und hatte eine Vorliebe dafür, seinen Opfern den Bauch aufzuschlitzen und sie zu verstümmeln. Er wurde als erster kannibalischer Serienmörder der Sowjetunion vor Gericht gestellt.

11 Pedro Lopez (Kolumbien): mehr als 53 Opfer. Zwischen 1967 und 1980 vergewaltigte und erwürgte das »Ungeheuer der Anden« in drei Ländern – Ecuador, Kolumbien und Peru – junge Mädchen zwischen acht und zwölf Jahren. Mit 18 Jahren wurde Lopez Opfer

einer Bandenvergewaltigung im Gefängnis. Er rächte sich später, indem er drei seiner Peiniger umbrachte. Nach seiner Haftentlassung fing er an, junge Mädchen zu töten, und beging zeitweise bis zu drei Morde pro Woche. Die Mordserie hätte viel früher beendet werden können, da Lopez bei dem Versuch erwischt wurde, ein neunjähriges Mädchen zu entführen. Für die peruanischen Behörden war es jedoch einfacher, keine Anklage zu erheben und ihn lediglich abzuschieben. Er tauchte in Ecuador wieder auf, wo er schließlich festgenommen wurde, als er eine Zwölfjährige zu entführen versuchte. Lopez führte die Polizei zu 53 Gräbern, behauptete aber, insgesamt 310 Morde begangen zu haben.

12 Anatoly Onoprienko (Ukraine): 52 Opfer. Der 37jährige ehemalige Forstbaustudent aus Zhitomir wurde »der Terminator« genannt. 1996 wurde in der Ukraine eine Menschenjagd veranstaltet, nachdem acht Familien auf brutalste Art und Weise in ihren Häusern ermordet worden waren. Die meisten Opfer stammten aus abgelegenen Dörfern in der Region Lwow an der Grenze zu Polen. In einem Gebiet gab es so viele Morde, daß die Armee geschickt wurde, um auf den Straßen zu patrouillieren. Als Onoprienko festgenommen wurde, bekannte er sich sofort zu acht Morden, die er zwischen 1989 und 1995 begangen hatte. Später gab er zu, innerhalb von sechs Jahren 52 Menschen getötet zu haben, und sagte, die Morde seien ihm von »inneren Stimmen« in seinem Kopf befohlen worden.

13 Martin Rivera Benitez (Mexiko): mehr als fünfzig Opfer. Der Profikiller, der den Spitznamen »Große Seele« hatte, übte seinen Beruf von 1969 bis 1972 in Mexiko aus. Um zu beweisen, daß er seine Aufgabe korrekt erledigt hatte, brachte er seinen Auftraggebern immer den Kopf des Opfers mit. Die Polizei entdeckte später Dutzende von kopflosen Leichen, die Benitez in einem Wald in der Nähe seines Hauses vergraben hatte, obwohl er vermutlich mindestens fünfzig Morde begangen hat. Benitez behauptete, er sei so gefragt gewesen, daß die Auftraggeber vor seinem Haus Schlange gestanden hätten. Bis zu seiner Hinrichtung bereute er nicht, für Geld gemordet zu haben. »Wenn ich es nicht getan hätte«, erklärte er, »hätte es jemand anders erledigt.«

14 Martin Bryant (Australien): 35 Opfer. Am 28. April 1996 bewaffnete sich der 28jährige Bryant, der bereits vorher wegen psychischer Labilität aufgefallen war, mit einem Surfboard und zwei halbautomatischen Gewehren. Anschließend richtete er in dem

verschlafenen Ferienort Port Arthur im Südosten von Tasmanien ein Blutbad an. Er begann im Broken Arrow Café, wo er zwanzig Menschen erschoß, die dort gerade zu Mittag aßen, dann rannte er über ein Hotelgelände und tötete weitere zwölf Menschen, darunter eine Frau mit zwei Säuglingen. Schließlich verschanzte er sich mit drei Geiseln in einem Gästehaus, wo er von 200 Polizisten umzingelt wurde. Während der zwölfstündigen Belagerung gelang es einer australischen Journalistin, telefonisch Kontakt mit Bryant aufzunehmen. »Ich kann jetzt nicht reden, ich amüsiere mich gerade so gut«, sagte er zu ihr. Bryant wurde festgenommen, als er mit brennenden Kleidern aus dem Gebäude zu fliehen versuchte, das er zuvor in Brand gesteckt hatte.

15 Donald Harvey (USA): mehr als 34 Opfer. Der Krankenpfleger und Hobby-Teufelsanbeter machte gegenüber seinen Kollegen gerne Witze darüber, wie man sich Patienten am besten »vom Hals schafft«. Er mordete von Anfang der siebziger Jahre bis 1987 und behauptete nach seiner Festnahme 1987, daß er nur aus Mitleid getötet habe, obwohl viele seiner Opfer qualvoll an Gift starben. Außerdem tötete er aus reiner Bosheit eine Nachbarin, indem er ihr ein mit Hepatitisviren infiziertes Getränk anbot. Ein anderes Mal vergiftete er die Familie seines Liebhabers, die Mutter starb. Harvey wurde wegen Mordes an 34 Menschen verurteilt, allerdings nimmt man an, daß er für mindestens 87 Todesfälle verantwortlich ist.

16 John Wayne Gacy jr. (USA): 34 Opfer. Nachdem er wegen der Vergewaltigung eines Mannes in Iowa verurteilt worden war, zog Gacy in den Siebzigern nach Chicago, wo er Teenager und Männer mit vorgehaltener Waffe vergewaltigte, sie dann ermordete und die Leichen vergrub. Zwischen 1976 und 1980 beging er 34 Morde. Die Opfer kamen aus allen Altersstufen, von neunjährigen Jungen bis hin zu erwachsenen Männern. Als die Polizei von seiner ersten Verurteilung erfuhr und ihn daraufhin verdächtigte, ließ sie sein Haus rund um die Uhr beobachten. Gacy, der fest davon überzeugt war, daß man ihm nichts nachweisen konnte, lud zwei der Polizisten zum Frühstück ein. Als die beiden in der Küche saßen, fiel ihnen ein sonderbarer Geruch auf, der schließlich zur Entdeckung von 29 Leichen in einem Hohlraum unter Gacys Haus führte. Gacy fing im Gefängnis an zu malen, und seine farbenfrohen Clownbilder sind heute in vielen amerikanischen Galerien zu sehen. Er wurde 1994 durch eine Giftspritze hingerichtet.

17 Karl Denke (Deutschland): mehr als dreißig Opfer. Denke, der im schlesischen Münsterberg eine Kneipe besaß, war nach außen ein biederer Kirchgänger, der obdachlosen Landstreichern, die zufällig durch die Stadt kamen, einen Schlafplatz anbot. Niemand ahnte, daß er die meisten seiner Übernachtungsgäste aufaß. 1924 ging einer von Denkes Untermietern blutüberströmt zur Polizei und erstattete Anzeige, weil ihn sein Vermieter von hinten mit einer Axt angegriffen hatte. Als die Polizei daraufhin Denkes Haus durchsuchte, fand sie mehrere Fässer mit Knochen und eingelegtem Fleisch. Denke erhängte sich in der Haft mit seinen Hosenträgern.

18 Patrick W. Kearney (USA): mehr als 28 Opfer. Der Killer aus Kalifornien verpackte seine verstümmelten Opfer ordentlich in Müllsäcke und ließ sie neben kalifornischen Highways liegen. Kearney und sein Geliebter David Hill lebten in Redondo Beach zusammen, wo sich auch die ersten »Müllsackmorde« ereigneten. 1977 kamen die beiden Männer auf ein Polizeirevier in Riverside, sahen ein Fahndungsplakat von sich und ergaben sich auf der Stelle. Hill mußte später aus Mangel an Beweisen freigelassen werden. Kearney nahm alle Schuld auf sich und sagte, daß das Töten ihn errege und ihm ein Gefühl der Macht gebe.

19 Fritz Haarman (Deutschland): mehr als 27 Opfer. Haarmann und sein Liebhaber Hans Grans suchten kurz nach dem Ersten Weltkrieg auf Hannovers Bahnhöfen nach jungen Männern. Das Fleisch und die Kleidung ihrer Opfer verkauften sie später. Man kam ihnen erst auf die Schliche, nachdem 1924 die Knochen von 27 Leichen aus der Leine gefischt wurden und die Spur eines Mantels, der einem vermißten Jungen gehört hatte, bis in Haarmanns Wohnung führte. Haarmann genoß die Aufmerksamkeit, die er bei seinem Prozeß erregte, und behauptete, etwa vierzig Menschen umgebracht zu haben. Er wurde am 15. April 1925 enthauptet. Grans, der mit den Morden selbst nichts zu tun hatte, wurde wegen Hehlerei zu zwölf Jahren Haft verurteilt.

20 Dean Corll (USA): 27 Opfer. Der stattliche Texaner mit dem Spitznamen »Candyman« tötete in seinem Haus zahllose Jungen, die er zu sich einlud, um Klebstoff zu schnüffeln. Wenn sie ohnmächtig wurden, mißbrauchte er sie. Im August 1973 wurde Corll von einem seiner jugendlichen Gäste, Elmer Wayne Henley, erschossen. Die Polizei fand später 17 Leichen unter dem Fußboden eines von Corll gemieteten Bootshauses sowie einen Sack mit abgetrennten Genitalien.

Die 10 schlimmsten Mörderinnen aller Zeiten

1 Belle Gunness (USA): mehr als hundert Opfer. Gunness wurde in Norwegen geboren und wanderte 1883 im Alter von 24 Jahren in die Vereinigten Staaten aus, wo sie sich in Chicago niederließ. Ihr erstes Opfer war vermutlich ihr Mann, ein Schwede namens Albert Sorenson, der 1900 unter mysteriösen Umständen starb, nachdem eine hohe Lebensversicherung auf ihn abgeschlossen worden war. Gunness holte sich die Versicherungssumme am Tag nach seinem Tod ab und kaufte damit eine große Farm in La Port im US-Bundesstaat Indiana. Nach Aussage eines Farmarbeiters hat sie dort »Leute getötet wie Sie und ich Kaninchen«. Fünf Jahre lang gab Gunness in einer kleinen Provinzzeitung Heiratsanzeigen auf. Auf ihre Anzeigen antworteten zahlreiche Männer mittleren Alters mit viel Geld auf der Bank, die Gunness mit Chloroform betäubte, dann mit einer Axt umbrachte und auf ihrem Privatfriedhof unter dem Zementboden ihres Hauses begrub. 1908 täuschte Gunness vermutlich bei einem Brand des Farmhauses ihren Tod vor, um der Polizei zu entkommen, deren Netz sich immer enger um sie schloß. Die Polizei fand die kopflose Leiche einer nicht identifizierbaren Frau sowie die verkohlten Überreste von Gunness' drei kleinen Kindern. Später fand sie dann auch die über hundert Leichen, die auf der Farm und dem umliegenden Gelände vergraben waren. Die Identität der kopflosen Frau wurde nie mit Sicherheit festgestellt, so daß später viele behaupteten, Belle Gunness irgendwo gesehen zu haben.

2 Delfina und Maria Gonzalez (USA): mehr als achtzig Opfer. Die mexikanischen Schwestern führten ein Bordell, in dem die meisten der Prostituierten wie Sklavinnen gehalten und gefoltert wurden. Wenn eines der Mädchen zu fliehen versuchte oder schwanger wurde, verschwand es spurlos und wurde nie wiedergesehen. 1964 wurden die Schwestern festgenommen. Die Polizei fand später die sterblichen Überreste von mindestens achtzig Mädchen auf dem Gelände des Bordells.

3 Suzanne Fazekas (Ungarn): mindestens vierzig Opfer. Fazekas arbeitete als Hebamme und lebte in dem abgelegenen Dorf

Nagyrew südöstlich von Budapest. Sie trug zwischen 1911 und 1929 zum Tod von mindestens fünfzig Männern bei, indem sie den Frauen die Mittel verschaffte, die diese brauchten, um sich ihrer unliebsamen Ehemänner ohne Spuren zu entledigen. Sie vergiftete ihre Opfer mit Arsen, das sie durch das Abkochen großer Mengen Fliegenfänger herstellte, und überredete ihren Cousin (der für das Unterschreiben von Totenscheinen zuständig war), die Todesursache zu fälschen. Nach zwanzig Jahren fiel auf, daß das kleine Dorf mehr Fliegenfänger verbrauchte als das übrige Ungarn zusammengenommen. Als die Polizei Suzanne Fazekas verhaften wollte, trank diese lieber ihr eigenes Gift, als ins Gefängnis zu gehen.

4 Jane Toppan (USA): mehr als dreißig Opfer. Toppan wurde 1854 in Boston geboren und von ihrem Vater aufgezogen, der für geisteskrank erklärt und in ein Irrenhaus eingewiesen wurde, als man ihn dabei überraschte, wie er sich die Augenlider zunähte. Sie wurde adoptiert und arbeitete später in verschiedenen Pflegeheimen, wo sie die Patienten systematisch mit Morphium oder Atropin umbrachte. Jane Toppan wurde wegen Mordes an dreißig Menschen verurteilt, obwohl die Zahl ihrer Opfer vermutlich eher in Richtung hundert geht. Sie wurde in eine Irrenanstalt für Schwerverbrecher eingewiesen, wo sie im Alter von 84 Jahren starb.

5 Mary Anne Cotton (England): mehr als 15 Opfer. Die 1832 in einem Grubendorf in der Grafschaft Durham geborene Psychopathin brachte mindestens 15, aber wahrscheinlich eher 21 Menschen um, darunter ihre Mutter, ihre drei Ehemänner, acht ihrer Kinder und vier Stiefkinder. Sie wurde im März 1873 bei einer überaus stümperhaften Hinrichtung gehängt, die mehrere Minuten dauerte.

6 Genene Jones (USA): zwölf Opfer. Die 31jährige »Todesschwester« des Kerrville Hospitals in Texas tötete zwölf Kinder, die meisten von ihnen mit dem Muskelrelaxans Anektin. Im Februar 1984 wurde sie zu einer Haftstrafe von 99 Jahren verurteilt.

7 Nannie Doss (USA): elf Opfer. Die »Arsen-Annie« genannte Doss aus Tulsa im US-Bundesstaat Oklahoma wurde 1952 verhaftet, nachdem sie ihren fünften Ehemann Samuel getötet hatte. Sie hatte ihm Backpflaumen vorgesetzt, die so viel Gift enthielten, daß sie damit noch zwanzig weitere Erwachsene hätte töten können. Bei ihrer Festnahme brach sie zusammen und gestand noch zehn

andere Morde, darunter den an ihrer Mutter, drei Ehemännern, zwei Kleinkindern, zwei Schwestern und den Neffen eines ihrer früheren Ehemänner. Sie wurde zu einer lebenslänglichen Haftstrafe verurteilt und starb mit sechzig Jahren an Leukämie.

8 Marie Alexander Becker (Belgien): mehr als zehn Opfer. Die Hausfrau aus Liège verübte mindestens zehn, vielleicht aber auch zwanzig Morde, bevor sie festgenommen wurde. Die Frau mittleren Alters vergiftete ihre Opfer im Hinterzimmer ihres kleinen Schneidersalons, indem sie ihnen Tee mit Fingerhutextrakt anbot. Wenn ihre Opfer betäubt waren, nahm sie ihnen Geld und Wertsachen weg und brachte sie dann nach Hause, wo sie wenig später eines rätselhaften Todes starben. Sie war bei allen Beerdigungen ihrer Opfer anwesend, wo sie hysterisch schluchzend am Grab kniete. Becker starb im Gefängnis, wo sie eine lebenslange Haftstrafe verbüßte.

9 Rosemary West (England): mehr als zehn Opfer. West und ihr Mann Frederick waren das erstaunlichste Mörderpaar der Kriminalgeschichte. 1994 grub die Polizei in ihrem Haus in der Cromwell Street in Gloucester den Garten und den Keller um und fand dabei mehrere Leichen, die dort seit 23 Jahren lagen, darunter auch zwei Töchter der Wests. Fred West erhängte sich am Neujahrstag 1995 in seiner Zelle, nachdem er der Polizei gesagt hatte, daß es noch zwanzig unentdeckte Leichen gab und seine Frau Rosemary und sein Bruder John die Morde begangen hätten. Im Dezember 1996 erhängte sich Fred Wests jüngerer Bruder John, ein 54 Jahre alter pensionierter Müllmann und Vater von vier Kindern, in seiner Garage, nur wenige Stunden, bevor ihn die Geschworenen wegen mehr als dreihundertfacher Vergewaltigung seiner Nichte verurteilen konnten.

10 Amelia Dyer (England): sieben Opfer. Es ist durchaus möglich, daß die ehemalige Soldatin der Heilsarmee aus Bristol die schlimmste Serienmörderin Großbritanniens ist. In den siebziger Jahren des vorigen Jahrhunderts arbeitete Dyer als Hebamme und verdiente sich durch illegales »Baby-Farming« noch etwas dazu. Im Viktorianischen Zeitalter war es üblich, daß uneheliche oder unerwünschte Babys von Frauen aus der Mittelschicht für mehrere Jahre zu Frauen aus der Arbeiterklasse in Pflege gegeben wurden. Dyers Vermittlungsgebühr betrug in der Regel zehn Pfund pro Kind. 1895 fand man bei Reinigungsarbeiten in der Themse bei Richmond die Leichen von sieben

Säuglingen, die als Paket verschnürt und mit Backsteinen beschwert waren. Alle Kinder waren von Amelia Dyer vermittelt worden. Sie gab nie zu, wie viele Babys sie getötet hatte, aber aus ihren sorgfältig geführten Büchern geht hervor, daß über einen Zeitraum von zwanzig Jahren Hunderte von Kindern durch ihre Hände gegangen waren, von denen kein einziges mehr gefunden wurde. Die Geschworenen brauchten fünf Minuten, um sie für »schuldig – nicht wahnsinnig« zu erklären. Amelia Dyer wurde am 10. Juni 1896 im Gefängnis von Newgate gehenkt.

VIII
Unappetitliches & Ekelerregendes

12 fristlose Kündigungen

1 1994 ging die 26jährige Stripperin Lisa Evans vor Gericht und klagte gegen die Besitzer eines Nachtclubs in Edmonton, Alberta, von denen sie entlassen worden war. Das Management gab als Grund dafür an, einige Kunden hätten sich beschwert und gesagt, es sei sehr schwierig, bei einer 122 Kilogramm schweren Stripperin sexuelle Phantasien zu entwickeln.

2 Der Bahnhofssprecher Rajiv Kamir aus Madras wurde im September 1996 gefeuert, weil er zu den Klängen von Beethovens Fünfter über das Lautsprechersystem gefurzt hatte. »Es war eine ekelhafte Abweichung vom Fahrplan«, so ein Sprecher der Bahn.

3 Der im 15. Jahrhundert lebende deutsche König Wenzel war ein gewalttätiger Trunkenbold, der seinen Koch am Spieß braten ließ, als dieser ihm einmal die Suppe versalzte. Ein anderes Mal war er gerade bei der Jagd, als ihm ein Mönch über den Weg lief. Wenzel erschoß ihn auf der Stelle und sagte, daß es dem Mönch ganz recht geschah, wenn er nichts Besseres zu tun hatte, als im Wald herumzulaufen.

4 Die Erotiktänzerin Pamela Harrison wurde 1996 vom Kat Tales Club in Stuart im US-Bundesstaat Florida entlassen. Kolleginnen hatten sich darüber beschwert, daß sie ein Gesundheitsrisiko sei, weil sie den Beutel ihres künstlichen Darmausgangs während ihrer Auftritte in ihren Tanga-Slip steckte.

5 Der französische König Ludwig XV. hatte keinerlei Vorstellung davon, was Geld bedeutete. Als er hörte, daß die Arbeiter hungerten, entließ er aus Sympathie achtzig seiner Gärtner.

6 1996 wurde der Gerichtsmediziner von Tacoma im US-Bundesstaat Washington entlassen, nachdem die Stadtverwaltung Beschwerden darüber erhalten hatte, daß er seine Mitarbeiter dazu ermutigte, obszöne Witze über die Leichen zu reißen. Zudem ließ er zu, daß Fotos der Geschlechtsteile von verstorbenen Lokalgrößen herumgereicht wurden.

7 John Rossie verlor 1993 seine Stellung bei einem Händler für Autoersatzteile in Kalifornien, weil er zu fett war. Offenbar

schwankte sein Gewicht in den zehn Jahren, in denen er für die Firma gearbeitet hatte, zwischen 179 und 222 Kilogramm. Rossi zog vor Gericht und bekam eine Million US-Dollar Schadensersatz wegen seelischer Grausamkeit und entgangener Gehaltszahlungen, nachdem er beweisen konnte, daß sein Gewichtsproblem eine Körperbehinderung darstellte und auf eine Stoffwechselstörung zurückzuführen sei.

8 König Gustav I. von Schweden ließ seinen Goldschmied in Stücke hacken, weil dieser ohne seine Erlaubnis einen Tag freigenommen hatte.

9 1994 verlor der amerikanische Neurochirurg Dr. Raymond Sattle seine Zulassung, als er einen Patienten mit offenem Gehirn eine halbe Stunde auf dem Operationstisch liegen ließ und in der Zwischenzeit Mittagspause machte. Außerdem fand die Ärztekammer von North Carolina heraus, daß Dr. Sattle bei seinen Operationen auch häufig die Bezeichnungen der chirurgischen Instrumente vergaß, von einer Schwesternhelferin Löcher in den Schädel eines Patienten bohren ließ und sich bei Operationen intravenös Flüssigkeiten zuführte, um sich auf den Beinen halten zu können.

10 Heinrich VIII. erfand für Richard Rosse, dem Koch des Bischofs von Rochester, der bei einem festlichen Abendessen die Suppe vergiftet und 17 Menschen getötet hatte, eine neue Hinrichtungsmethode. Der König ließ den Koch in einem seiner eigenen Suppentöpfe zu Tode kochen.

11 Der vierzigjährige Milton Ross verlor 1994 seinen Bürojob in St. Joseph im US-Bundesstaat Montana, nachdem er von einer Videokamera dabei beobachtet worden war, wie er in die Kaffeekanne der Abteilung urinierte. Die Videofalle war eingerichtet worden, nachdem seinen Kollegen aufgefallen war, daß der Kaffee irgendwie »merkwürdig« schmeckte.

12 Susan Franano, Geschäftsführerin des Symphonieorchesters von Kansas City, feuerte 1993 den Oboisten Ken Lawrence, weil dieser »albern« reagiert hatte, als sich jemand über ihn beschwerte. Anscheinend hatte Lawrence bei einer Probe für den *Nußknacker* einen kräftigen Wind streichen lassen und sorgte dadurch für »einen penetranten Gestank«.

11 außergewöhnliche Entstehungsgeschichten

1 In Großbritannien und den Vereinigten Staaten wurde Opium früher als Mittel gegen Cholera, Ruhr, Zahnschmerzen, Blähungen, Wechseljahre und Geisteskrankheiten empfohlen. Darüber hinaus war es der Grundstoff von zahlreichen Schmerzmitteln für Säuglinge und Kleinkinder.

2 Dr. Klaus Martens entwickelte die »Doc Martens« in den vierziger Jahren als Gesundheitsschuh für ältere Damen, die nicht mehr so gut zu Fuß waren.

3 Als Sir Walter Raleigh aus der Neuen Welt erstmals Tabak und Kartoffeln nach Europa mitbrachte, wurden diese sehr unterschiedlich beurteilt. Bei den Erdäpfeln ging man allgemein davon aus, daß sie ein gesundheitliches Risiko waren und zu Skrofulose, Schwindsucht, Blähungen und unnatürlicher Fleischeslust führten, Tabak dagegen hielt man für völlig harmlos.

4 Vollkornkekse wurden eigentlich als Mittel gegen Blähungen erfunden.

5 1931 erfand Earle Cleveland Haas seinen Dr. Haas's Menstruationsartikel. Der Name wurde später in Tampax geändert.

6 Das erste Tomatenketchup wurde in den Vereinigten Staaten noch als rezeptfreies Arzneimittel verkauft.

7 Vaseline wurde 1859 in Brooklyn von einem jungen Apotheker namens Robert Chesebrough erfunden. Es wurde für Wundverbände, zur Entfernung von Flecken auf Möbeln, zum Polieren von Holzflächen, zur Auffrischung von Leder und als Rostschutzmittel empfohlen. Chesebrough betonte außerdem, daß ein Löffel Vaseline pro Tag der Gesundheit sehr förderlich sei – er selbst aß jeden Morgen einen Löffel davon und wurde 96 Jahre alt.

8 Marmite wurde im Nahen Osten ursprünglich als Heilmittel gegen die Krankheit Beriberi verschrieben. Noch 1951 bestätigte ein medizinischer Bericht der britischen Armee, daß Marmite ein

ausgezeichnetes Mittel zur Behandlung von Hautentzündungen am Hodensack sei.

9 Salvarsan, das erste wirksame Mittel gegen Syphilis, wurde 1910 von dem bemerkenswert hartnäckigen Paul Ehrlich erfunden. Es wurde auch Mittel 606 genannt, weil es Ehrlichs 606. Versuch war, ein Medikament zu kreieren.

10 Der Apotheker John Pemberton aus Atlanta erfand 1886 das Originalrezept für Coca-Cola eher zufällig. Damals arbeitete er an verschiedenen Arzneimitteln und Haarwuchstinkturen, unter anderem »Triplex Leberpillen«, »Indian Queen Haarfärbemittel« und »Globe of Flower Hustensaft«.

11 Das Pharmaunternehmen Bayer, das vor allem durch die Herstellung von Aspirin bekannt geworden ist, führte »Heroin« als Markennamen für einen rezeptfrei erhältlichen Hustensaft ein. Für das neue Wundermittel, das erstmals 1898 aus synthetisch hergestelltem Morphium produziert worden war, wurde um die Jahrhundertwende mit einer gigantischen Anzeigenkampagne geworben. Heroin wurde außerdem zur »Heilung« einer Morphiumabhängigkeit, als Schlafmittel für Babys mit Koliken und als Breitbandschmerzmittel verwendet. 1920 gab es auf den Straßen von New York City zwar erheblich weniger Hustenanfälle, dafür aber schätzungsweise 300 000 Heroinsüchtige.

15 PR-Kampagnen, die ihre Zielgruppe nicht erreichten

1 Als die Weltpresse 1994 nach dem Auffinden mehrerer Leichen in Frederick und Rosemary Wests »Garten des Todes« zur Cromwell Street in Gloucester strömte, beschlossen die Stadtväter, daß es höchste Zeit sei, das etwas angeschlagene Image von Gloucester mit einer Anzeigenkampagne wieder zurechtzurücken. Der siegreiche Slogan stammt von der Werbeagentur Touchpaper: »Gloucester – einfach zu erreichen, schwer wieder zu verlassen.«

2 Die amerikanische Kondommarke Ramses ist nach dem großen Pharao Ramses II. benannt – einem Mann, der 160 Kinder gezeugt hat. Ende des 19. Jahrhunderts schmückte ein Porträt Königin Viktorias britische Kondome – sie hatte neun Kinder.

3 Der amerikanische Autoriese Ford ging baden, als er seinen neuen Kleinwagen Pinto in Brasilien auf den Markt brachte. Niemand hatte dem Unternehmen gesagt, daß Pinto in der portugiesischen Umgangssprache die Verkleinerungsform für »Penis« ist.

4 Aufgrund rücksichtslosen Verhaltens im Straßenverkehr kommen in Israel etwa fünfhundert Menschen pro Jahr ums Leben. 1994 ließ eine Werbeagentur aus Tel Aviv in der ganzen Stadt Plakate anbringen, auf denen folgendes geschrieben stand: »Untersuchungen haben ergeben, daß rücksichtslose Autofahrer kleine Penisse haben.«

5 Im November 1994 startete die holländische Leber- und Darmstiftung, die Forschungsprojekte zu Verdauungsproblemen fördert, eine PR-Kampagne. Diese empfahl, 15mal am Tag einen fahren zu lassen, um Blähungen zu vermeiden.

6 Der Kugelschreiberhersteller Parker Pens ließ den Werbeslogan für seine Tinte »Avoid embarrassment – Use Quink« (»Vermeiden Sie Peinlichkeiten – Benutzen Sie Quink«) ins Spanische übersetzen. Heraus kam »Evite Embarazos – Use Quink«, was sich mit »Vermeiden Sie Schwangerschaften – Benutzen Sie Quink« übersetzen läßt.

7 Als das amerikanische Unternehmen Gerber seine Babynahrung in Afrika zu verkaufen begann, verwendete es die gleichen Packungen wie in den USA, auf denen ein niedliches Baby auf dem Etikett abgebildet ist. Man war überrascht, daß die prognostizierten Verkaufszahlen nicht einmal annähernd erreicht wurden, bis jemand das Unternehmen darauf hinwies, daß es in Afrika bei Lebensmitteln üblich sei, eine Abbildung des Inhalts auf das Etikett zu drucken.

8 Als Coca-Cola in den Zwanzigern versuchte, auf dem chinesischen Markt Fuß zu fassen, wußte es nicht, daß der berühmte Markenname in der wörtlichen chinesischen Übersetzung plötzlich »Beiß die wächserne Kaulqualle« hieß. Er wurde schleunigst geändert, so daß er in etwa dem chinesischen »Glückseligkeit in deinem Mund« entsprach. Als in den siebziger Jahren auch Pepsi-Cola seine Brause in China vertreiben wollte, beschlossen die Marketingfachleute des Unternehmens, auf Nummer Sicher zu gehen, und verwendeten den preisgekrönten Slogan »Come alive with Pepsi«. Im Chinesischen ergab sich jedoch ein völlig anderer Sinnzusammenhang, so daß das Produkt einem Viertel der Weltbevölkerung mit den Worten »Pepsi bringt deine Vorfahren aus dem Grab zurück« angepriesen wurde.

9 Eine israelische Werbeanzeige für Herrenunterwäsche zeigt ein Foto der verstorbenen israelischen Ministerpräsidentin Golda Meir und darunter den Slogan: »Letzten Endes werden wir uns an all jene erinnern, die ihren Schwanz nicht einziehen.«

10 Die Johnson Company startete einmal einen Versuch, ihre Möbelpolitur Pledge auch in den Niederlanden zu vertreiben. Auf holländisch bedeutet das englische »Pledge« jedoch »Pisse«.

11 Wenig erfolgreiche Versuche japanischer Unternehmen, ihre Produkte auch im Westen zu verkaufen, sind beispielsweise gedörrtes Rindfleisch mit dem Namen Homo Sausage und ein Papiertaschentuch mit dem Namen Last Climax.

12 Kurz vor der BSE-Krise 1996 brachte der deutsche Süßwarenhersteller Katjes ein neues Produkt mit dem Namen »Verrückte Kühe« auf den Markt.

13 Die Anzeigenkampagne des US-Hühnerproduzenten Frank Perdue baute auf den Slogan »Es braucht einen harten Mann, um ein zartes Hühnchen zu produzieren«. In der spanischen Überset-

zung hieß es dann aber: »Man braucht einen sexuell erregten Mann, damit ein Hühnchen zärtlich wird.«

14 Der Slogan der US-Brauerei Coors »Turn it Loose« hieß auf spanisch: »Mögest du an Durchfall erkranken.«

15 Als der Präsident von Haiti »Papa Doc« Duvalier feststellte, daß der Tourismussektor im Land Einbußen von bis zu siebzig Prozent erlitten hatte, war er hin- und hergerissen zwischen der Notwendigkeit, Devisen für das Land zu beschaffen, und seinem tiefen Mißtrauen gegenüber Fremden. Er entschloß sich zu einem Kompromiß. »Papa Doc« startete eine Werbekampagne, um wieder Touristen ins Land zu locken. Anschließend ließ er die Leiche eines Dissidenten in die Hauptstadt Port-au-Prince fliegen, wo sie in aller Öffentlichkeit verwesen sollte. Sie lag an der Ausfahrt einer Straße zum Flughafen, neben einem Schild, auf dem »Willkommen in Haiti« stand.

10 Berufe, die dringend eine Gewerkschaft gebraucht hätten

1 Heinrich VIII. verfügte über einen Diener des Stuhlgangs, dessen einzige Aufgabe darin bestand, den königlichen Hintern abzuwischen.

2 Die Pharaonen im alten Ägypten beschäftigten menschliche Fliegenfallen, die mit Eselsmilch beschmiert in einer Ecke herumstanden.

3 Die Diamantengesellschaft De Beers hatte früher Sicherheitskräfte eingestellt, die die Exkremente der Arbeiter mit den Fingerspitzen durchsuchen mußten, um sicherzustellen, daß keiner einen Diamanten mit nach Hause nahm.

4 Am Hof des Kaisers von China wurden die königlichen Pekinesenwelpen von menschlichen Ammen gesäugt.

5 1895 führte eine Auseinandersetzung über Handelsrechte zu einem Angriff von mehr als tausend wütenden Schwarzen, die unter Führung von König Koko die britische Niger Company in Akassa überfielen. Die Häuptlinge schickten später einen an den Prince of Wales adressierten Brief nach Großbritannien, in dem sie ihr tiefes Bedauern darüber ausdrückten, Recht und Gesetz in die eigenen Hände genommen zu haben, und sich dafür entschuldigten, des Prinzen Vertreter aufgegessen zu haben.

6 Die alten Ägypter waren Sklaven ihrer Verdauung: Da sie glaubten, daß alle Krankheiten ernährungsbedingt seien, schluckten sie pausenlos Abführmittel und entleerten ihren Darm dreimal am Tag. Der Hofbeamte, der dem Pharao die täglichen Einläufe verpaßte, erhielt den Titel Hüter des Königlichen Anus.

7 Das Durchschnittsgewicht eines japanischen Sumoringers beträgt etwa 140 Kilogramm, so daß viele von ihnen nicht mehr in der Lage sind, sich den Hintern abzuwischen. Von den Nachwuchsringern wird daher erwartet, daß sie ihren erfahrenen Kollegen diesen Dienst erweisen. Sechs von zehn Anfängern geben im ersten Jahr ihrer Ausbildung auf.

8 Im London des 18. Jahrhunderts, lange bevor es öffentliche Bedürfnisanstalten gab, konnte man sich seinen Lebensunterhalt auf ehrliche Art und Weise verdienen, wenn man nur einen weiten Mantel und einen Eimer sein eigen nennen konnte. Man lief einfach auf der Straße hin und her, bis man einen verzweifelten Kunden fand. Nach Entrichtung einer Gebühr schlug man dann den Mantel um den Kunden und sah in die andere Richtung, während dieser sich erleichterte.

9 1911 kam der japanische Kaiser einmal elf Minuten zu spät, weil sein Zug die falsche Weiche erwischte. Ein Stationsvorsteher übernahm die Verantwortung für den Fauxpas und entleibte sich.

10 Die Eunuchen-Zwerge am Hof der osmanischen Sultane hatten keine sehr leichte Aufgabe – sie mußten die Frauen des Sultans bei der Niederkunft erheitern.

10 ruhmlose Geschwister

1 Paula Hitler, die jüngere Schwester von Adolf
2 Maria Goebbels, die jüngere Schwester von Joseph
3 Gebhard Himmler, der ältere Bruder von Heinrich
4 Hannah Arnold, die jüngere Schwester von Benedict
5 Henriette Marx, die jüngere Schwester von Karl
6 Feodor der ganz und gar nicht Schreckliche, der jüngere Bruder von Iwan
7 Pierre d'Arc, der flammensichere jüngere Brüder von Johanna
8 Mlahlwa Mandela, der ältere Bruder von Nelson
9 Alexander Trotzki, der ältere Bruder von Lew
10 Xianlie Xiaoping, Dengs große Schwester

16 Streithähne

1 1994 verklagte die 36jährige Bernadette French, die manisch-depressiv war, das Wilmington Hospital im amerikanischen Delaware auf Schadensersatz in Höhe von 1,1 Millionen US-Dollar und gewann den Prozeß. Der Richter sprach das Klinikpersonal der Fahrlässigkeit schuldig, weil es zugelassen hatte, daß sich Mrs. French die Augen ausstach.

2 Ein 54 Jahre alter Lastwagenfahrer aus Gallatin im US-Bundesstaat Tennessee verklagte im April 1996 den Hersteller seines defekten Penisimplantates auf zehn Millionen US-Dollar Schadensersatz. Der Kläger sagte aus, er habe Blasen, Druckstellen und Infektionen bekommen und sei ständig in Verlegenheit geraten. »Wenn er spazierenging, richtete er sich manchmal ganz von allein auf«, fügte sein Anwalt noch hinzu.

3 Robert Jones aus Berkshire verlangte 1994 von der Versicherung eines Elektrizitätswerkes Schadensersatz für den Verlust seines Papageis. Die von Jones' Hund getötete Polly sollte in einem Gefriergerät der Nachwelt und künftigen Generationen der Familie erhalten bleiben, war aber während eines Stromausfalls aufgetaut und verwest.

4 1994 brach ein sitzengelassener Spanier in Barcelona in das Auto seiner Ex-Freundin ein und jagte sich dort eine Kugel in den Kopf. Maria Valdez, die Besitzerin des Autos, verklagte seine Familie später, weil er das Wageninnere ruiniert hatte.

5 Der 32jährige Ernesto Mota erlitt einen Hirnschaden, als er auf einem Polizeirevier in Chicago den gesamten Inhalt eines mit Kokain gefüllten Beutels hinunterschluckte, damit es nicht als Beweismittel gegen ihn verwendet werden konnte. Später verklagte er die Polizei auf sieben Millionen US-Dollar Schadensersatz, weil sie ihn nicht davon abgehalten hatte.

6 In Albuquerque im US-Bundesstaat New Mexico verklagten George Diesel und seine Frau sowohl das Kaufhaus Foley's als auch den Jeanshersteller Levi Strauss. Als Mr. Diesel seine Levi 501 zum ersten Mal anzog, verletzte eine fehlerhafte Niete an einem Knopf

des Hosenschlitzes seinen Penis und fügte ihm starke Schmerzen zu. Mrs. Diesel verlangte Schadensersatz, weil ihr Mann seinen ehelichen Pflichten vorübergehend nicht nachkommen konnte.

7 1993 verklagten die im Staatsgefängnis von Ohio einsitzenden Häftlinge Paul Goist und Craig Anthony den Nahrungsmittelhersteller General Foods. Den beiden Klägern zufolge habe es das Unternehmen versäumt, sie darauf hinzuweisen, daß Kaffee der Marke Maxwell House süchtig machen kann. Sie verlangten eine Entschädigung für die Kopfschmerzen und die Schlaflosigkeit, unter denen sie im Gefängnis litten.

8 Vicki Daily aus Jackson im US-Bundesstaat Wyoming verklagte im Juli 1993 die Witwe des Mannes, den sie kurz vorher mit ihrem Pickup überfahren und getötet hatte. Mrs. Daily verlangte von der Witwe eine Entschädigung für die »schwerwiegenden seelischen Schäden«, die sie erlitten habe, als sie zusehen mußte, wie der 56jährige Mann starb.

9 Im Dezember 1993 wies ein New Yorker Berufungsgericht die Klage der Hausfrau Edna Hobbs gegen den Hersteller eines zeitsparenden Küchengeräts mit der Bezeichnung »The Clapper« (»Der Klatscher«) zurück. Die Klägerin gab an, daß sie sich die Hände blutig geklatscht habe, um das Gerät einzuschalten. Der Richter wies die Klage ab und wies Mrs. Hobbs darauf hin, sie habe lediglich den Empfindlichkeitsregler des Geräts falsch eingestellt.

10 1994 verklagte die gehbehinderte Französin Yvette LeMons ihren Vermieter in Toulouse auf Schadensersatz in Höhe von 25 000 US-Dollar. Die Anwälte der Klägerin monierten, der Besitzer der Wohnung hätte nichts dagegen unternommen, daß Termiten in die angemieteten Räume gelangten und das Holzbein von Mademoiselle LeMons auffraßen. Diese war infolgedessen so unglücklich gestürzt, daß sie sich den Arm gebrochen hatte.

11 Der Amerikaner Joel Ford verklagte die Oxford University Press, Herausgeber einer amerikanischen Bibel, auf 45 Millionen US-Dollar Schadensersatz, weil diese in ihrem Inhalt nur »auf Hörensagen beruhe« und außerdem »Schwarze und Schwule unterdrücke«. Einige Wochen später zog Ford seine Klage zurück, weil er angeblich Morddrohungen erhalten hatte.

12 Die texanische Krankenschwester Bobbie Heaney verklagte 1994 Dr. William McIntosh. Heany zufolge hatte ihr Dr. McIntosh während eines Streits im Kreißsaal des Krankenhauses absichtlich Blut aus einer Nabelschnur ins Gesicht gespritzt.

13 Loresa Goodly zog vor Gericht und verlangte eine Entschädigung für die Verletzungen, die sie erlitten hatte, als während einer Erweckungsveranstaltung ihrer Kirche der Heilige Geist in sie fuhr und sie daraufhin bewußtlos zu Boden sank. Kurz darauf fuhr der Heilige Geist auch in eine neben ihr stehende Frau, die auf Ms. Goodly fiel und ihr drei Rippen brach.

14 Eine Israelin aus Haifa verklagte den bekannten TV-Wetteransager Danny Rup auf Schadensersatz in Höhe von 1000 US-Dollar, nachdem dieser Sonnenschein vorausgesagt hatte, es an dem Tag aber windig und regnerisch gewesen war. Die Klägerin gab an, sie habe aufgrund von Rups Wettervorhersage ihr Haus an dem betreffenden Tag nur leichtbekleidet verlassen und daher eine Erkältung bekommen, aufgrund derer sie vier Tage nicht zur Arbeit gehen konnte und 38 US-Dollar für Medikamente ausgegeben habe.

15 1964 sprachen die Geschworenen bei einer Gerichtsverhandlung einer Frau 50 000 US-Dollar zu, die behauptete, nach einem Unfall in der Drahtseil-Straßenbahn von San Francisco zur Nymphomanin geworden zu sein.

16 1997 verklagte Mrs. Clarence Freeman jr. ein Bestattungsunternehmen aus Los Angeles, weil dieses ihren 2,06 Meter großen verstorbenen Ehemann »verbogen wie eine Brezel« in einem zu kleinen Sarg beerdigt habe. Seine Witwe war der Ansicht, daß er »in diesem unbequemen Sarg nicht in Frieden ruhen« könne.

Seien Sie froh, daß Sie die nicht bekommen haben: 12 originelle Geschenke

1 1995 vermachte Lord Erskine of Rerrick der Bank of Scotland seine Hoden. Die Bank hatte ihn für pleite erklärt und als Begründung angeführt, ihm fehlten die notwendigen »Eier«.

2 Weihnachten 1888 klingelte Vincent van Gogh an der Tür eines Pariser Bordells und gab ein Weihnachtsgeschenk für eines der Mädchen mit Namen Rachel ab. Er sagte ihr, sie solle es »in Ehren halten«. Es war sein Ohr.

3 Moulay Ismael, Sultan von Marokko (1672-1727), schenkte seinen Frauen als Zeichen besonderer Aufmerksamkeit kleine Kostproben seiner Exkremente.

4 Königin Isabella von Spanien bekam von Papst Pius IX. die einbalsamierte Leiche des heiligen Felix zum Geburtstag geschenkt.

5 Eduard VII. besaß eine Golftasche, die aus der Penishaut eines Elefanten gefertigt worden war. Ein indischer Maharadscha hatte sie ihm geschenkt.

6 Die Krieger des brasilianischen Kannibalenstamms Cubeo brachten ihren Frauen immer Penis und Hodensack ihrer besiegten Feinde mit. Die Frauen mußten sie essen, weil sie damit angeblich ihre Fruchtbarkeit steigerten.

7 Aus dem giftigen Metall Antimon gedrehte Pillen wurden im Mittelalter sehr geschätzt und als Verdauungshilfe verwendet. Die Pillen reizten den Darm und verursachten Durchfall. Da sie den Körper des Menschen unbeschädigt wieder verließen, konnten sie als kostbare Familienerbstücke vom Vater auf den Sohn und von der Mutter auf die Tochter weitergegeben werden.

8 In der Ausgabe von 1897 bot der Versandkatalog von Sears, Roebuck & Co. eine reichhaltige Auswahl von Spritzen an, mit denen man sich Heroin injizieren konnte.

9 Die großzügigsten Testamente der Welt wurden von indianischen Endokannibalen in Ecuador gemacht, bei denen es üblich war, Angehörige des eigenen Stammes zu verzehren. Der oder die Verstorbene vermerkte im Testament, welche Körperteile von welchem Verwandten gegessen werden sollten. Sobald das Testament verlesen worden war, wurde die Beerdigung zum Festmahl: Die Leiche wurde gebraten, in Stücke geschnitten und von den trauernden Verwandten verzehrt. Den Kopf bewahrte man in der Regel so lange auf, bis er vollständig von Maden befallen war, dann wurde das Gehirn gut gewürzt und ausgelöffelt.

10 Als Albert Einstein 1955 starb, wurde sein Leichnam eingeäschert, das Gehirn jedoch in einem Glasbehälter aufbewahrt. Es war Alberts letzter Wunsch gewesen, sein bestes Stück der Wissenschaft zu vermachen, damit diese etwas mehr über das gar so seltene menschliche Genie herausfinden könne. Die großzügige Geste nützte jedoch nichts.

11 Hannah Beswick aus Cheetwood Hall in Lancashire hatte panische Angst davor, lebendig begraben zu werden. Als sie 1758 im Alter von 77 Jahren starb, hinterließ sie ihrem Hausarzt 25 000 Pfund mit der Bedingung, daß er ihren Leichnam regelmäßig auf eventuelle Anzeichen von Leben untersuchte. Der Leichnam wurde einbalsamiert und in eine große Standuhr gesteckt, wobei man die Glastür der Pietät wegen mit einem Samtvorhang verdeckte. Einhundertzehn Jahre nach ihrem Ableben waren sämtliche Testamentsvollstrecker davon überzeugt, daß Hanna Beswick tot war, so daß sie endlich begraben werden konnte.

12 1910 übertrug der in finanziellen Schwierigkeiten steckende Olav Olavson alle Rechte an seinem Körper an das Karolinska-Institut für medizinische Forschung. Im Jahr darauf überlegte er es sich anders und wollte sich wieder zurückkaufen. Das Institut weigerte sich jedoch, ihn wieder zu verkaufen, und zog vor Gericht, um seine Ansprüche zu sichern. Da sich Olav in der Zwischenzeit zwei Zähne hatte ziehen lassen, ohne das Institut vorher um Erlaubnis zu bitten, bekam es sogar noch Schadensersatz.

12 makabre Sammlerstücke

1 Der Gefrierschrank, in dem der Serienmörder Jeffrey Dahmer, »der Kannibale von Milwaukee«, die Schädel seiner Opfer lagerte, wurde 1996 versteigert, um den Schadensersatz leisten zu können, der den Familien einiger Opfer zugesprochen worden war. Dahmer wurde im November 1994 im Gefängnis zu Tode geprügelt, wo er eine lebenslange Haftstrafe wegen sexuellen Mißbrauchs und Mordes an 17 Jungen und Männern verbüßte.

2 Der ausgestopfte Kadaver von Toto, dem Hund, der neben Judy Garland in dem Film *Der Zauberer von Oz* von 1939 eine Hauptrolle spielte, wurde 1996 bei einer Auktion für 2300 Pfund versteigert.

3 1992 wurde das blutverschmierte Namensschild vom Zeh der Leiche Lee Harvey Oswalds zusammen mit einer Locke seines Haars in New York versteigert. Die beiden Gegenstände waren angeblich von dem Fahrer eines Krankenwagens entwendet worden, als dieser die Leiche Oswalds ins Leichenschauhaus transportierte.

4 Ein Kfz-Mechaniker aus Texas löste 1996 eine Fahndungsaktion der Polizei aus, als er das Handschuhfach eines zur Reparatur gegebenen Autos öffnete und darin eine menschliche Hand entdeckte. Alison Hastings, die Besitzerin des Wagens, erklärte später, daß die Hand ein Andenken an ihren Großvater sei, ein ehemaliger Anatomieprofessor, der 75 ähnliche Stücke besessen hatte.

5 1968 wurde auf einer Auktion in Los Angeles ein Toilettensitz versteigert, der angeblich Adolf Hitler gehört hatte. Der Verkäufer Guy Harris, ein ehemaliger amerikanischer Kampfpilot, behauptete, er habe das Objekt 1945 im Führerbunker gefunden – es war der einzige Gegenstand, den die russischen Truppen nicht mitgenommen hatten.

6 Die legendären Bankräuber Bonnie und Clyde aßen gerade ein Sandwich mit Schinken und Tomaten in ihrem Auto, als sie in einen Hinterhalt gerieten und von 77 Kugeln durchlöchert wurden. Auto und Inhalt wurden von Souvenirjägern heimgesucht,

die Bonnie Parker eine Haarlocke abschnitten. Ein Mann, der gerade versuchte, Clyde Barrow ein Ohr abzusägen, wurde von der Polizei verhaftet.

7 Der Chirurg John Hunter, ein Anatomieexperte des 18. Jahrhunderts, war ein unermüdlicher Sammler anatomischer Schaustücke, darunter einbalsamierte Föten und Leichen sowie Skelette von Menschen und Tieren. Über einen Zeitraum von dreißig Jahren hinweg trug er etwa 65 000 Objekte zusammen. Seine Frau Anne ertrug die Sammelleidenschaft ihres Gatten klaglos und protestierte angeblich nur ein einziges Mal, als Hunter eine ausgestopfte Giraffe mit nach Hause brachte, die zu groß war, um sie ins Haus zu bringen. Hunter machte sie etwas kürzer, indem er ihr die Beine unterhalb des Knies abhackte, und stellte sie in der Eingangshalle seines Hauses auf. Als er starb, vermachte er seine Sammlung der chirurgischen Gesellschaft von London. Im Mai 1941 wurde Lincoln's Inn, in dem die Schaustücke gelagert wurden, von einer Bombe getroffen, so daß heute nur noch 3600 Teile der Sammlung vorhanden sind.

8 Im Lincoln's Inn wurde auch die schönste Sammlung von Blasensteinen aufbewahrt, die je von einem Menschen zusammengetragen wurde. Sie war der ganze Stolz des Chirurgen Sir Henry Thompson, der die gekrönten Häupter Europas als Urologe betreut hatte. Als Sir Henry starb, vermachte er seine 1000 Blasensteine – darunter einige, die vom belgischen König Leopold I. und dem französischen Kaiser Napoleon III. stammten – der Königlichen Akademie für Chirurgie in London.

9 Das bekannteste Sammlerhäufchen der Welt ist ein 22 Zentimeter langes menschliches Exkrement, das unter dem Namen »Lloyds-Bank-Häufchen« in die Geschichte einging. Das einzigartige Wikingerhäufchen, so genannt, weil es bei einer archäologischen Ausgrabung unter dem Gebäude der Lloyds Bank entdeckt wurde, ist für 20 000 Pfund versichert. Es wird vor allem wegen seines fast perfekt erhaltenen Zustands geschätzt – bei 1000 Jahre alten Häufchen eher eine Seltenheit.

10 Ron Sherwin aus St. Ives in Cornwall besitzt die weltweit einzige Sammlung von Spucktüten verschiedener Fluggesellschaften.

11 Stammesangehörige der neuseeländischen Maoris bewahrten die kunstvoll tätowierten Köpfe ihrer verstorbenen Verwandten des öfteren als »Selbstbildnis« auf. Die Köpfe wurden mehr-

mals in einem Dampfofen gegart und anschließend geräuchert. Das Haupthaar steckte man zu einem Haarknoten zusammen. 1770 erwarb der britische Weltreisende Sir Joseph Banks den ersten Maori-Kopf und brachte ihn nach Europa, wo bald darauf eine wahre Sammelleidenschaft für Objekte dieser Art ausbrach. Die Maoris hatten zwar anfänglich Bedenken, die Köpfe ihrer teuren Verblichenen an die Briten zu verscherbeln, vergaßen sie jedoch bald, als sie feststellten, daß für gut präparierte Köpfe mit schönen Tätowierungen Spitzenpreise gezahlt wurden. Als die Köpfe langsam knapp wurden, lieferten die Händler der Maoris die Köpfe gerade erst gestorbener Sklaven, nur die wenigsten Europäer konnten den Unterschied feststellen. Zu diesem Zeitpunkt standen die habgierig gewordenen Händler kurz davor, lebenden Maoris die Köpfe abzuhacken. 1832 hatte die schauerliche Sammelleidenschaft derart erschreckende Ausmaße angenommen, daß der Handel mit Köpfen schließlich verboten wurde.

12 Der im 19. Jahrhundert lebende Naturwissenschaftler und Forscher Charles Waterton war für sein eigenwilliges Verhalten bekannt, das ihm den Ruf als einer der großen englischen Exzentriker eintrug. Waterton stellte seine wertvolle Sammlung ausgestopfter Tiere bei sich zu Hause aus, fand aber die traditionelle Tierpräparation viel zu langweilig. Er vertrieb sich die Zeit, indem er aus den Teilen verschiedener Tierarten »neue« Tiere zusammenstellte, und überraschte seine Gäste bei einem Abendessen einmal dadurch, daß er den teilweise präparierten Kadaver eines Gorillas auf den Eßtisch legte.

10 empfindliche Verluste

1 Im Oktober 1993 bestätigte die US-Luftwaffe, daß erneut ein 18 Millionen US-Dollar teures Kampfflugzeug vom Typ F-16 abgestürzt war, weil der Pilot die Kontrolle über das Flugzeug verloren hatte, als er seinen »Pinkel-Container« zum Urinieren wähend des Fluges benutzte. Die letzte F-16 war im März 1991 abgestürzt.

2 Die 64jährige Witwe Jean Carberry war außer sich, als sie im Oktober 1996 aus Versehen die Asche ihres Mannes Dennis in die Mülltonne kippte. Mrs. Carberry war fest entschlossen, für eine baldige Wiedervereinigung zu sorgen, und durchsuchte zu diesem Zweck mehrere hundert Tonnen Müll auf der Deponie der Gemeinde. »Ich würde ihn sofort wiedererkennen«, erklärte sie. »Er war in einer grünen Plastiktüte… Mein Dennis war einfach einmalig.«

3 Nachdem sich ein Deutscher 1994 bei einer Kneipenschlägerei in Leipzig ein Zungenstück abgebissen hatte, suchte der 45jährige den Kneipenboden ab, weil er hoffte, daß man ihm das Teil wieder annähen würde. Er gab erst auf, als ihm jemand sagte, er habe gesehen, wie die Zunge von einer Katze gefressen worden sei.

4 1973 bestätigte die New Yorker Polizei, daß ihr etwa 180 Kilogramm Heroin und Kokain abhanden gekommen waren. Die Drogen hatten einen Gesamtwert von 73 Millionen US-Dollar.

5 Auf dem Höhepunkt des kalten Krieges gab die CIA Unsummen von Geld für eine verdeckte Operation aus, zu der unter anderem der Diebstahl einer Urinprobe aus einem Labor in Wien gehörte, die von einem Mitglied des russischen Politbüros stammte. Die CIA hielt die Akion für einen vollen Erfolg. Sie stellte anhand der Urinprobe fest, daß der Russe an einer schweren Nierenerkrankung litt und nicht mehr lange leben würde. Später stellte sich jedoch heraus, daß sich die CIA geirrt hatte.

6 1989 wurden aus einer Universität in Kalifornien Bullensamen im Wert von 10000 Dollar entwendet. Trotz einer ausgesetzten Belohnung von 2000 Dollar tauchte er nie wieder auf.

7 Im August 1994 verbrachte der 33jährige Obdachlose Robert Carruthers die Nacht in einem Ladeneingang in Bristol. Als er am nächsten Morgen aufwachte, stellte er fest, daß man ihm sein falsches rechtes Bein gestohlen hatte.

8 1994 führte in Kuba ein landesweiter Mangel an Toilettenpapier zur Plünderung einer Bibliothek, bei der seltene Bücher gestohlen und auseinandergerissen wurden. Ein Sprecher der Regierung erklärte, daß die meisten Kubaner ihre Telefonbücher und alten Zeitschriften bereits aufgebraucht hätten.

9 1994 berichteten holländische Zeitungen, daß in Alphen Aan de Rijn zehn Menschen einem Zahnprothesendieb zum Opfer gefallen waren. Der Dieb rief seine Opfer an und überredete sie, ihre Zahnprothese in eine Tüte zu stecken und diese von außen an ihre Wohnungstür zu hängen, damit er sie abholen, aufpolieren und am nächsten Morgen wieder an die gleiche Stelle hängen konnte.

10 Außer 1200 Paar Schuhen beschlagnahmte die philippinische Regierung von Imelda Marcos auch deren einzigen kugelsicheren Büstenhalter.

10 sonderbare Entdeckungen

1 1994 fand die Polizei bei einer Drogenrazzia in einem Privathaus in Kansas einen Karton mit dem mumifizierten Kopf einer Frau. Der Kopf war in einen weißen Laborkittel gewickelt, hatte blonde Haare und Augenbrauen und kein Gehirn mehr. Sein Besitzer Donald Donohue sagte, er hätte ihn von einem Medizinstudenten geschenkt bekommen.

2 1994 entdeckte die Polizei im kenianischen Nairobi in einem leerstehenden Lagerhaus sechshundert Köpfe. Es war die erste heiße Spur in einem Fall, bei dem zwei Jahre zuvor sechshundert Leichen ohne Kopf gefunden worden waren.

3 Im November 1994 beschwerte sich ein Eishockey-Team aus Cardiff, das sich zu einem Spiel in Minsk aufhielt, über den Gestank in einem Hotelrestaurant. Das Management fand später eine Leiche unter dem Fußboden.

4 In New York City wurden 1994 Polizei und Rettungsdienst zu einem Notfalleinsatz gerufen, als man in der Damentoilette des Kaufhauses Macy's einen drei Monate alten Fötus in einer Papiertüte fand. Ein Sprecher der Polizei teilte später mit, eine genaue medizinische Untersuchung hätte ergeben, daß es sich bei dem Inhalt der Papiertüte um Spaghetti in Tomatensauce handelte.

5 Die Leiche einer älteren Schwedin, die 1990 in ihrer Wohnung gestorben war, blieb über drei Jahre lang unentdeckt, da ihre Rechnungen automatisch von ihrem Bankkonto abgebucht wurden, auf dem auch die Rente einging. Die letzte geöffnete Post der Frau stammte vom 11. Mai 1990, was darauf schließen läßt, daß sie im Alter von 72 Jahren starb.

6 Der Weltrekord für einen unbemerkt gebliebenen Tod in einer Wohnung liegt bei sieben Jahren. Im April 1996 wurde im italienischen Monza die 54jährige Gabriella Villa gefunden – sieben Jahre, nachdem sie eines natürlichen Todes gestorben war. Ihre Nachbarn hatten geglaubt, sei sei umgezogen.

7 1994 wurde einem schwerhörigen Mann in Schweden im Krankenhaus eine 47 Jahre alte Busfahrkarte aus dem Ohr entfernt. Danach konnte er wieder alles hören.

8 Im Fundbüro der Londoner U-Bahn wurden unter anderem folgende Gegenstände abgegeben: eine Schachtel mit künstlichen Augäpfeln, eine Urne mit der Asche eines vor kurzem eingeäscherten Mannes, ein ausgestopfter Vogel, ein falsches Bein, eine Flasche mit Bullensamen, die eine Hälfte eines Theatersarges, eine gestohlene Parkbank und eine Schachtel mit zwei Brustimplantaten.

9 1994 wurde von einem amerikanischen Museum in Ripley ein Wettbewerb ausgeschrieben, das größte Haarknäuel der Welt zu finden. Aus den mehr als dreihundert Einsendungen ging schließlich ein Haarknäuel mit einem Umfang von fast 84 Zentimetern als Sieger hervor. Leider mußte das Museum von Ripley später feststellen, daß ein Museum in Garden City im US-Bundesstaat Kansas ein Haarknäuel mit einem Umfang von 94 Zentimetern entdeckt hatte.

10 Als der berühmt-berüchtigte US-Massenmörder Richard Ramirez im Bezirksgefängnis von San Francisco einen Test mit einem Metalldetektor nicht bestand, wurden Röntgenaufnahmen gemacht. Dabei stellte sich heraus, daß Ramirez eine ganze Reihe metallischer Gegenstände in seinem Rektum hatte, darunter einen kleinen Schlüssel für Handschellen, eine leere Spritze, eine Füllerkappe und ein kleines Stück Zellophan, auf dem »Ich mag Schokolade« stand.

10 Vertreter des Tierreiches, die sich kaum für Zeichentrickfilme eignen

1 Der Kandiru ist eine kleine Welsart, die als Parasit größerer Fische im Amazonas lebt und durch den Geruch von menschlichem Urin im Wasser angelockt wird. Leider verwechselt der Fisch Menschen männlichen Geschlechts oft mit großen Fischen und dringt durch den After in deren Darm ein. Danach sucht er sich einen Weg zum Penis und fährt dort seine Stacheln aus. Das Opfer bekommt unerträgliche Schmerzen und fährt am besten sofort ins Krankenhaus, wo es einen Chirurgen bitten sollte, ihm den Penis abzuschneiden.

2 Wenn Kröten sich übergeben, sind ihre emetischen Reflexe so stark, daß sie nicht nur den Inhalt ihres Magens ausspucken, sondern auch gleich den Magen selbst. Er hängt der Kröte dann zum Maul heraus, wird aber gleich wieder hinuntergeschluckt.

3 Der etwa 15 Zentimeter lange Plattwurm *Artioposthia triangulata* ernährt sich, indem er sein Opfer mit einem Enzym bespuckt, das bewirkt, daß es erst bewußtlos wird und sich dann zu einer Art Suppe auflöst. Wenn er seine Nachkommen zur Welt bringt, öffnet sich ein Spalt auf dem Rücken, aus dem ein kleines Ei herausfällt. Für den Fall, daß einem dieser Plattwurm über den Weg läuft, sollte man etwas Salz bei sich haben und ihn damit bestreuen. Man kann ihn aber auch durch einen beherzten Tritt mit dem Fuß töten.

4 Der rücksichtsloseste Vergewaltiger in der Tierwelt ist eine Schmarotzerwespe. Sie lebt im Innern eines grünen Käfers, der sich ausschließlich vegetarisch ernährt. Wenn der winzige Parasit geboren wird, wartet er neben den noch nicht ausgeschlüpften Eiern seiner Schwestern, die er in dem Moment vergewaltigt, in dem sie aus dem Ei kommen.

5 Aufgrund seiner ballaststoffreichen Ernährung – er frißt bis zu 14 Stunden am Tag fast ausschließlich Bambus – hat der Riesenpanda bis zu 48mal am Tag Stuhlgang.

6 Wenn Berggorillas an einem kalten Tag Lust auf eine warme Mahlzeit haben, fressen sie häufig ihren eigenen Kot.

7 Der Marienkäfer ist das einzige Insekt, das an einer sexuell übertragenen Geschlechtskrankheit leidet. Die Infektion äußert sich in lästigen Läusen, die bei den bis zu dreistündigen Sexorgien der Marienkäfer übertragen werden.

8 Aufgrund eines Versäumnisses von Mutter Natur wird ein Wanzenweibchen ohne Geschlechtsorgan geboren. Das Wanzenmännchen hat einen spitzen Penis, mit dem es ein Loch in die Eingeweide seiner Partnerin bohrt und dann seinen Samen in deren Blutkreislauf ablegt. Wenn das Wanzenweibchen kein Menschenblut findet, von dem es sich ernähren kann, frißt es ohne Gewissensbisse den Samen des Männchens.

9 Die Art und Weise, in der der Floh *Xenopsylla cheopsis* die Beulenpest von der schwarzen Ratte auf Menschen überträgt, ist besonders unappetitlich. Der Pestbazillus wird über den Blutkreislauf der Ratte weitergetragen, wo er sich mit rasender Geschwindigkeit vermehrt. Der Floh ernährt sich vom Blut dieser Ratte, wobei die Bakterien übertragen werden und sich im Magen des Flohs zusammenballen. Der Floh »verstopft« und wird immer hungriger. Wenn er versucht, sich vom Blut eines warmblütigen Menschen zu ernähren, ist seine Speiseröhre derart gedehnt, daß er infiziertes Blut aus seinem Magen in die offene Wunde spuckt. Wenn ein Floh frißt, entleert er gleichzeitig seinen Darm und gibt mit seinem Kot auch Bakterien ab. Nach einem Flohbiß kratzt sich das Opfer auf der Wunde und verteilt dabei den mit Bakterien infizierten Kot großflächig auf der Haut.

10 Wenn eine Seegurke in Panik gerät oder an Verstopfung leidet, stülpt sie ihr Inneres nach außen – sie stößt dann Fortpflanzungs- und Atmungsorgane ab, die durch den Anus ausgeschieden werden.

10 mehr oder weniger erfolgreiche Geschäftsideen

1 Ein schwedisches Gericht verurteilte einen 34jährigen Taxifahrer, weil er einer 49jährigen Frau, mit der er bei laufendem Taxameter Geschlechtsverkehr hatte, zuviel berechnete. Wie die Zeitung *Aftonbladet* berichtete, stellte der Taxifahrer der Frau für 25 ausgeführte »sexuelle Dienstleistungen« eine Summe von umgerechnet 5000 Pfund in Rechnung. Auf der Rechnung standen auch fünf Prozent Umsatzsteuer sowie Gebühren für Trinkgelder, Hotelzimmer und Telefonanrufe.

2 Der russische Psychologe Iwan Petrowitsch Pawlow, der durch seine Versuche zum Speichelreflex des Hundes bekannt wurde, wollte seine Forschungsergebnisse zu Geld machen. Er sammelte dazu Hundespeichel in großen Mengen, füllte ihn in Flaschen ab und versuchte, ihn als appetitanregendes Mittel zu verkaufen. Er fand allerdings nur wenige Abnehmer.

3 1994 wurden in Zimbabwe drei Angestellte eines Krankenhauses verhaftet und vor Gericht gestellt, weil sie menschliche Herzen aus der Leichenhalle gestohlen und an Medizinmänner verkauft hatten. Die Herzen, für die pro Stück etwa 270 Mark bezahlt worden war (das entspricht in etwa dem Vierfachen eines monatlichen Durchschnittseinkommens in Zimbabwe), wurden zu Glücksbringern für wohlhabende Geschäftsleute verarbeitet.

4 1994 wurden sechs Krankenpfleger aus dem indischen Kalkutta verurteilt, weil sie innerhalb von fünf Jahren mehr als 450 000 Mark verdient hatten, indem sie toten oder sterbenden Patienten die Augen stahlen und an Augenbanken verkauften.

5 1996 brachte der amerikanische Massenmörder Charles Manson sein erstes Fitneßvideo heraus. »Charles tut es leid, daß er so viele Menschen umgebracht hat. Jetzt möchte er vielen Menschen das Leben retten, indem er sie vor einem Herzinfarkt oder einem Schlaganfall bewahrt«, erklärte Mansons Manager Fred Zalemond lächelnd.

6 Ein Leichenschauhaus im australischen Brisbane verkaufte über längere Zeit hinweg die Organe Verstorbener, ohne die Ver-

wandten vorher um Erlaubnis zu bitten. Ein ehemaliger Mitarbeiter des Leichenschauhauses gab zu, 1993 Hirnanhangdrüsen für etwa 50 Cents pro Stück verkauft zu haben, um die Weihnachtsfeier der Mitarbeiter zu finanzieren.

7 Clifford Olson verbüßt im kanadischen Saskatchewan eine lebenslange Haftstrafe, weil er acht Mädchen und drei Jungen vergewaltigt und ermordet hat. Dies hielt ihn jedoch nicht davon ab, sich das Copyright für ein geplantes Video eintragen zu lassen, das psychologische Einblicke in Mörder und ihre Morde gewähren soll.

8 1996 öffnete in Laurens im US-Bundesstaat South Carolina das erste Museum des Ku-Klux-Klans mit angeschlossenem Laden seine Pforten. Der Besitzer John Howard äußerte sich über die durchweg negativen Reaktionen zur Eröffnung folgendermaßen: »Eigentlich haben sich nur Schwarze beschwert. Ich wußte gar nicht, daß die Schwarzen hier so viele Vorurteile haben.«

9 1986 eröffnete ein Paar aus Winnipeg in der kanadischen Provinz Manitoba das erste und einzige Toilettenrestaurant der Welt. Es wurde nach wenigen Wochen vom Gesundheitsamt wieder geschlossen.

10 1911 wurden bei einem Versandhausschwindel in den Vereinigten Staaten Hunderttausende von Dollar mit einem Wundermittel erbeutet, das aus Schwarzen angeblich Weiße machen konnte. Der unverschämteste amerikanische Versandhausschwindel aller Zeiten begann 1946 und dauerte ganze zehn Jahre lang. William Johnson, ein Bergmann aus Kentucky, der kaum lesen und schreiben konnte, wollte Kapital aus dem Gerücht schlagen, daß Adolf Hitler nach dem Zweiten Weltkrieg aus Europa herausgeschmuggelt worden sei und nun gesund und munter in Nordamerika lebe. Johnson gab sich als Hitler aus, der sich angeblich mit einigen Nazigrößen in Kentucky niedergelassen hatte und nun die Vereinigten Staaten übernehmen wollte. Er bat öffentlich um Spenden für seinen Plan und bekam daraufhin von rechtsextremistischen Amerikanern und Faschisten deutscher Abstammung Unmengen von Postanweisungen zugeschickt, die für die Finanzierung von Johnsons Raumschiffen, »unsichtbaren Schiffen« und unterirdischen Waffenlagern gedacht waren. Die Tatsache, daß er oft mit »Der Furrier« anstelle von »Der Führer« unterschrieb, hielt die amerikanische Öffentlichkeit nicht davon ab, ihm Zehntausende von Dollar zu schicken.

10 Wahlen, die mehr als peinlich waren

1 1990 errang Frank Ogden III. bei Kommunalwahlen in Oklahoma einen überwältigenden Sieg über Josh Evans. Evans verlor trotz einer großangelegten Kampagne, die ihn als »fähigen Anwalt und lebende Person« herausstellte. Er war fest davon überzeugt, daß ihm dies einen Vorteil gegenüber Ogden verschaffen würde, der drei Monate vor der Wahl gestorben war.

2 1991 wurde Larry Evans, Parlamentsabgeordneter des US-Bundesstaates Texas, tot in seiner Wohnung aufgefunden. Sein Ableben sorgte für einen Skandal, als herauskam, daß er wohl schon einige Zeit tot war, aber nach den Unterlagen des Parlaments an seinem Todestag zu mindestens einem Gesetzesentwurf seine Stimme abgegeben hatte.

3 1868 starb der allseits beliebte Kongreßkandidat der Republikaner Thaddeus Stevens aus Pennsylvannia im Alter von 76 Jahren. Die Partei beschloß, ihn trotzdem als Kandidaten für das Repräsentantenhaus zu nominieren, sozusagen als nachträgliche Anerkennung für »unseren fähigsten und berühmtesten Kämpfer für das Recht«. Die Leiche wurde acht Wochen später mit großem Abstand zu dem demokratischen Herausforderer wiedergewählt.

4 Obwohl US-Vizepräsident James Sherman wenige Tage vor der Wahl von 1912 an einer Harnvergiftung starb, gelang es ihm trotzdem, dreieinhalb Millionen Stimmen zu bekommen, da er immer noch als Vizepräsident mit Präsident Taft zusammen auf der Liste stand. Shermans Stimmen wurden später auf Nicholas M. Butler übertragen.

5 1974 wurde in einer Stadt in Westaustralien irrtümlicherweise ein Mann als Bürgermeister wiedergewählt, der durch seinen Tod die Wahl erst notwendig gemacht hatte. Die Stadtverwaltung gab später zu, daß sie »einen schwerwiegenden Fehler« gemacht habe.

6 1975 wurde Frank O'Donnell aus Philadelphia in den Stadtrat gewählt, obwohl er eine Woche vor der Wahl an einem Herzan-

fall gestorben war. Ein Sprecher der Stadtverwaltung kommentierte das Wahlergebnis mit folgenden Worten: »Es wäre sicher richtig gewesen, seinen Namen aus dem Wahlzettel zu streichen, aber dazu war die Zeit zu knapp.«

7 1982 wurde der Demokrat John Wilson aus Texas mit 66 Prozent aller Stimmen in den Senat gewählt. Senator Wilson war bei seiner Wahl bereits seit zwei Monaten tot, aber es war aus »technischen Gründen« nicht möglich gewesen, seinen Namen vom Wahlzettel zu entfernen.

8 1928 errang Charles King, der amtierende Präsident Liberias, einen überwältigenden Wahlsieg – für ihn waren 600 000 Stimmen mehr abgegeben worden als für seinen Gegenkandidaten Thomas Faulkner. Liberia hatte damals allerdings nur 15 000 Wahlberechtigte.

9 Im Juli 1996 gab der ehemalige Bürgermeister der von Mitgliedern der Baghwan-Sekte beherrschten Stadt Rajneeshpuram im US-Bundesstaat Oregon zu, verschiedene Wahlmanipulationen durchgeführt zu haben, um wahlberechtigte Einwohner der Stadt, die nicht der Sekte angehörten, von der Urne fernzuhalten. Er sorgte unter anderem dafür, daß sie sich durch verdorbenes Essen in einem Restaurant eine Lebensmittelvergiftung zuzogen, und ließ die Türklinken des Gerichtsgebäudes vor dem Wahltag mit einem chemischen Reizstoff überziehen.

10 Hamish Nixon kandidierte 1996 mit dem Slogan »Nixon – ein Name, dem Sie vertrauen können« für das Parlament von Neuseeland. »Ich verstehe einfach nicht, warum die Leute immer anfangen zu lachen, wenn ich mit ihnen über Vertrauen und Integrität in der Politik sprechen will. Ich habe den Eindruck, als wüßten sie etwas, das ich nicht weiß«, sagte Mr. Nixon.

9 königliche Passionen

1 König Georg IV. hatte ein originelles System, um nicht die Übersicht über seine zahllosen Geliebten zu verlieren. Er bat jede Frau, mit der er schlief, um eine Locke ihres Haars und verwahrte sie in einem mit dem Namen der Eigentümerin versehenen Umschlag. Nach seinem Tod sahen seine Brüder seine persönlichen Sachen durch und fanden 7000 dieser Umschläge, die genug Haare enthielten, um ein ganzes Sofa damit zu polstern, sowie mehrere hundert Damenhandschuhe.

2 Preußens exzentrischer König Friedrich Wilhelm I. war besessen davon, ein Regiment aus großgewachsenen Männern zusammenstellen. Er gründete ein Regiment aus außergewöhnlich großen Grenadieren, die die »Langen Kerls« genannt wurden. Die Mindestgröße für das Potsdamer Heer betrug 1,80 Meter, allerdings waren die meisten der Soldaten über zwei Meter, der größte fast 2,70 Meter lang. Alle Angehörigen des Regiments trugen eine spitz zulaufende Kopfbedeckung, mit der manche fast drei Meter erreichten. Größe war das einzige Kriterium, um in das Regiment aufgenommen zu werden – einige der Soldaten waren geistig zurückgeblieben.

3 Königin Viktoria sammelte verdorrte Blumen von den Gräbern verstorbener königlicher Hoheiten. Die ersten Stücke ihrer umfangreichen Sammlung stammten vom Grab ihres verstorbenen Gatten Albert.

4 Viele der aus dem Hause Hohenzollern stammenden preußischen Könige waren Uniformfetischisten, aber Kaiser Wilhelm II. übertraf sie alle. Er besaß über vierhundert Uniformen, die in Schränken aus Mahagoniholz aufbewahrt wurden. In den ersten 17 Jahren seiner Herrschaft änderte der Kaiser die Offiziersuniformen der deutschen Armee 37mal, wozu eine Horde von Schneidern im Palast in Bereitschaft stand. Wilhelm II. besaß Uniformen für die Teilnahme an Abendveranstaltungen, für die Begrüßung seiner verschiedenen Regimenter, für die Begrüßung anderer Staatsoberhäupter, für Abendessen außer Haus, ja sogar »zwanglose« Uniformen für Abende, die er zu Hause verbrachte.

Angeblich besaß er eine Admiralsuniform, die er nur dann trug, wenn er einer Aufführung des *Fliegenden Holländers* beiwohnte.

5 Der russische Zar Peter der Große war fasziniert von Mißgeburten – vor allem menschlichen – und trug eine bizarre Privatsammlung zusammen, die als das Museum der Kuriositäten bekanntgeworden ist. Zu den in Behältern mit Alkohol konservierten Objekten gehörten unter anderem ein Mann ohne Genitalien, ein Kind mit zwei Köpfen, ein Schaf mit fünf Beinen, ein mißgebildeter menschlicher Fötus, die Organe eines Hermaphroditen, »die Hand eines Mannes, der an der Trunksucht starb« und die Leichen siamesischer Zwillinge. Das vielleicht berühmteste Ausstellungsstück war ein großer, konservierter Phallus, eine Schenkung des preußischen Königs Friedrich Wilhelm. Außerdem enthielt die Sammlung noch zwei menschliche Köpfe, der eine von einem Mann, den der Zar für einen Liebhaber seiner Frau hielt, der andere von einer Hofdame, die Peter hatte hinrichten lassen. Der erste Kurator des Museums, ein mißgestalteter Zwerg, kam nach seinem Tod ebenfalls in einen Behälter mit Alkohol und wurde der Sammlung einverleibt.

6 König Eduard VII. schrieb sich Größe und Gewicht von jedem auf, der ihn auf Schloß Sandringham besuchte.

7 Während sich König Georg V. mit Briefmarkensammeln zufriedengab, war seine Frau, Königin Maria, die einzige bekannte Kleptomanin aus königlichem Hause. Sie sammelte alles, was ihr unter die Finger kam – insbesondere Dekorationsobjekte, Familienporträts und Miniaturen –, und trug auf diese Weise eine riesige Privatsammlung zusammen. Was die ihre jedoch von anderen königlichen Sammlungen unterschied, war die Art und Weise, wie sie zu ihren Stücken kam. Wenn sie die Geschäfte Londoner Antiquitätenhändler aufsuchte und gelegentlich auch bei Besuchen im Haus ihrer wohlhabenden Freunde, nahm die Königin einfach alles mit, was sie haben wollte – ohne zu bezahlen. Kleinere Gegenstände verschwanden in ihrer Handtasche. Dem Buckingham Palace wurde klar, daß Königin Maria ein Problem hatte, als sich einige ihrer Opfer über die Diebstähle beschwerten, so daß die Hofdamen der Königin angewiesen wurden, die Monarchin im Auge zu behalten. Von da an wurde das, was Königin Maria mitgehen ließ, in der Regel von einer Hofdame an sich genommen und zusammen mit einem Brief, in dem stand, daß alles ein »Mißverständnis« gewesen sei, an den ursprünglichen

Besitzer zurückgeschickt. Als Einzelheiten über Königin Marias zwanghaftes Verhalten an die Öffentlichkeit drangen, gab der Palast eine Erklärung heraus, nach der »das starke Verlangen der Königin, alles Lohnenswerte für die Nation zu retten«, an den Diebstählen schuld sei.

8 Der ägyptische König Merenptah, der 1300 v. Chr. die Libyer besiegte, sammelte als Kampftrophäen die Penisse seiner getöteten Feinde.

9 Prince Charles sagte einmal, er habe eine Sammlung aus Toilettensitzen.

10 mal der/die/das Erste

1 Buzz Aldrin war der erste Mensch, der auf dem Mond sein großes Geschäft erledigte.

2 Ronald Reagan war der erste Präsident, über dessen Nasenpolypen live im Fernsehen diskutiert wurde.

3 Am 1. Juli 1966 errang Mao Tse-tung als erster seniler Mensch mit über 70 Jahren einen Weltrekord im Schwimmen. An diesem Tag wurde in den Zeitungen berichtet, daß der 72jährige Vorsitzende der Kommunistischen Partei Chinas den bestehenden Rekord gebrochen habe und im Jangtsekiang zehn Meilen in weniger als einer Stunde geschwommen sei. Sein Arzt hält es inzwischen für ungefährlich, darauf hinzuweisen, daß Mao viel zu fett war, um unterzugehen oder schwimmen zu können, und er die zehn Meilen oder einen Teil davon nur zurückgelegt habe, indem er sich von der starken Strömung des Flusses treiben ließ (was allerdings höchst unwahrscheinlich ist).

4 George Bush war der erste Präsident, der sich live im Fernsehen übergeben hat.

5 Der Theaterkritiker Kenneth Tynan war der erste Mensch, der das englische »F-Wort« im britischen Fernsehen ausgesprochen hat – am 13. November 1965. Er löste damit einen landesweiten Sturm der Empörung aus, was soweit ging, daß Premierminister Harold Wilson im Unterhaus den Affront kommentieren mußte.

6 Shakespeare war der erste Schriftsteller, der das Wort *bog* (»Lokus«) verwendete.

7 Ludwig XVI. verlor als erster König den Kopf, war aber auch der erste französische König, der mit Messer und Gabel aß, regelmäßig badete und sich die Zähne putzte.

8 Das erste Toilettenpapier, das in den fünfziger Jahren des 19. Jahrhunderts hergestellt wurde, war ein Gegenstand, über den man nicht sprach. Von der viktorianischen Reklame wurde es euphemistisch als »Papierlockenwickler für die Frisur« beworben. Großbritanniens erstes weiches Toilettenpapier, das 1947 auf den Markt gebracht wurde, gab es nur bei Harrods.

9 Die erste Stirn-Leukotomie wurde 1848 bei dem amerikanischen Steinhauer Phineas Gage durchgeführt. Nach einer Explosion im Steinbruch ragte aus Gages Stirn ein neunzig Zentimeter langes Brecheisen heraus. Obwohl ein Arzt seine Finger in Gages Schädel stecken konnte, kam der Steinhauer nach wenigen Minuten wieder zu sich und lebte noch zwölf Jahre weiter. Die einzige langfristige Folge des Unfalls war eine ausgesprochen auffällige Persönlichkeitsveränderung.

10 Louis Sébastien Lenormand war Ende des 18. Jahrhunderts der erste Mann, der einen Fallschirm erfand und herstellte. Allerdings testete ihn Monsieur Lenormand nicht persönlich: Er ließ lieber Haustiere vom Turm des Observatoriums in Montpellier daran hinuntersegeln.

9 Ex-Beschäftigungen

1 Dschingis Khan: Ziegenhirte

2 Nostradamus: schrieb über die Herstellung von Marmelade

3 Al Capone: Verkäufer von gebrauchten Möbeln

4 Joseph Goebbels: Buchhalter

5 Heinrich Himmler: Angestellter in einer Düngerfabrik

6 Wladimir Iljitsch Uljanow (Lenin): Rechtsanwalt

7 Iossif Wissarionowitsch Dschugaschwili (Josef Stalin): angehender Priester

8 Pol Pot: buddhistischer Mönch

9 US-Präsident Gerald R. Ford: männliches Model

10 Berufsrisiken

1 Der einzige aktenkundig gewordene Tod eines Gynäkologen während einer Geburt ereignete sich im Februar 1996 in Finnland. Dr. Arvo Nikula hielt das neugeborene Baby, das er gerade auf die Welt gebracht hatte, mit dem Kopf nach unten an den Fersen fest, als es ihm einen Fußtritt gegen die rechte Schläfe versetzte und damit eine tödliche Blutung auslöste.

2 Die schwedische Medizinforschung hat festgestellt, daß Büroangestellte ein erhebliches gesundheitliches Risiko eingehen, wenn sie die schädlichen Dämpfe einatmen, die Kollegen mit Blähungen von sich geben – das heißt passives Furzen. Eine hohe Konzentration menschlichen Methangases kann den schwedischen Forschern zufolge zu erheblichen gesundheitlichen Problemen führen und unter anderem Herzkrankheiten und schwere Atemwegserkrankungen auslösen.

3 Der US-Schriftsteller Gavin Whitsett wurde 1994 in Evansville im US-Bundesstaat Indiana überfallen und brutal zusammengeschlagen. Whitsett ist vor allem durch seinen Überraschungsbestseller bekanntgeworden, in dem er die Amerikaner zu spontaner Freundlichkeit auffordert.

4 Im Mai 1994 starb der französische Clown Yves Abouchar während einer Zirkusvorstellung. Er war der erste Clown, der erstickte, nachdem ihm eine Torte ins Gesicht geworfen worden war.

5 1994 büßte der französische Polizist Pierre Lemieux die Sehkraft eines Auges ein, nachdem ihm ein Motorradfahrer versehentlich eine Erdnuß ins rechte Auge gespuckt hatte. Jacques LeMans, der vor einem Pariser Gericht aussagte, er habe den Mund voll gehabt, als er von Lemieux wegen zu hoher Geschwindigkeit angehalten wurde, erklärte dazu: »Ich wollte doch nur höflich sein und alles ausspucken, damit ich mit dem Polizisten sprechen konnte.«

6 Von 1956 bis 1963 wurden »zu Ausbildungszwecken« etwa 250000 bis 500000 Soldaten des US-Militärs vorsätzlich dem

radioaktiven Niederschlag von Atombombentests ausgesetzt – in den meisten Fällen ohne jede Schutzkleidung. A. R. Leudecke, Brigadegeneral der US-Luftwaffe, beschwerte sich einmal sogar darüber, daß seinen Männern nicht erlaubt wurde, noch näher an die Detonationsquelle heranzugehen.

7 Nachdem eine Gruppe von Hofchirurgen erfolglos versucht hatte, die Sehkraft des blinden böhmischen Königs Johann wiederherzustellen, wurden sie in der Donau ertränkt.

8 1994 wurde der 24jährige pakistanische Textilarbeiter Ahmed Bulwarij zu Tode gestrickt, als er mit dem Kopf voran in eine Strickmaschine stürzte. Seine Leiche war von den beweglichen Stricknadeln mehrere hundert Male durchlöchert worden.

9 Die Narkose durch Stickstoffoxydul, auch bekannt unter dem Namen »Lachgas«, wurde 1884 von Horace Wells erfunden, einem jungen Zahnarzt aus dem US-Bundesstaat Connecticut. Wells lebte allerdings nicht lange genug, um zu sehen, welcher Segen seine großartige Erfindung für die Menschheit war. Er wurde chloroformabhängig und lief eines Tages im Drogenrausch auf die Straße, wo er zwei Prostituierte mit Säure überschüttete. Wells verübte Selbstmord, bevor er vor Gericht gestellt werden konnte.

10 Im April 1983 stand Mike Stewart, Präsident eines Unternehmens aus Dallas im US-Bundesstaat Texas, das Lastwagen herstellte, auf der Ladefläche eines Tiefladers, als dieser unter einer niedrigen Brücke durchfuhr. Stewart war sofort tot. Er hatte gerade ein Interview für ein Filmteam gegeben, das einen Fernsehbeitrag über die Gefahren von niedrigen Brücken drehte.

10 Nationalitäten, die von Prince Philip, dem Herzog von Edinburgh, noch nicht beleidigt wurden*

1 Deutsche

2 Griechen

3 Dänen

4 Argentinier

5 Russen

6 Mongolen

7 Japaner

8 Finnen

9 Spanier

10 Sudanesen

---

* Chinesen: Einmal riet er einem britischen Studenten in Peking: »Bleiben Sie nicht zu lange hier, sonst bekommen sie noch Schlitzaugen«, und bezeichnete Peking als »entsetzlich«.

Chilenen: Bei einem Staatsempfang in Chile wurde ihm Dr. Allende vorgestellt, der bald darauf als chilenischer Präsident ausgerufen wurde. Der Herzog nahm Anstoß an Dr. Allendes Kleidung, der anstelle des vorgeschriebenen Fracks einen ganz normalen Anzug trug. Allende erklärte ihm, daß sein Volk sehr arm sei und er es als Repräsentant des Volkes für unpassend halte, sich einen teuren Frack zu kaufen. »Ich nehme an, Sie wären auch im Badeanzug erschienen, wenn Ihr Volk es Ihnen befohlen hätte«, erwiderte Philip.

Kanada: »Ich komme hier nicht zum Spaß her.«

Britische Frauen: »Britische Frauen können nicht kochen.«

Holländer: »Die Holländer laufen immer mit so einem verkniffenen Gesicht herum.«

Franzosen: »Ist es nicht jammerschade, daß Ludwig XVI. auf die Guillotine geschickt wurde?«

Juden: Bei einem Staatsbesuch in Südamerika sagte er zu General Alfredo Stroessner, dem faschistischen Diktator Paraguays, der überlebende Nazikriegsverbrecher versteckte: »Für mich ist es eine willkommene Abwechslung, einmal in einem Land zu sein, das nicht von seinen Bewohnern regiert wird.«

Panama: Bei einem Staatsbesuch in Panama fuhr er einen Polizisten seiner Eskorte, der eine Sirene eingeschaltet hatte, mit folgenden Worten an: »Mach' das verdammte Ding aus, du Saftsack.«
Ungarn: »Die meisten von ihnen haben dicke Bäuche.«
Schotten: »Sie trinken einfach zuviel.«

15 Benimmregeln

1 Im 19. Jahrhundert war es Matrosen der Königlichen Marine verboten, mit Gabeln zu essen, weil das als »weibisch« angesehen wurde.

2 Russische Kosmonauten pinkeln vor dem Start auf einen Reifen des Busses, der sie zur Abschußrampe bringt. Die Sitte wurde von Juri Gagarin eingeführt.

3 Die britische Etikette schreibt vor, daß alle Männer in Gegenwart des Königs bzw. der Königin ihren Hut abnehmen müssen. Ausgenommen hiervon sind lediglich Männer, die an Scherpilzflechte leiden.

4 In Nepal wird von den Frauen der Narikot erwartet, daß sie ihren Ehemännern die Füße waschen und das schmutzige Wasser hinterher als Zeichen der Hingabe trinken.

5 Angehörige des Massai-Stammes begrüßen sich in der Regel dadurch, daß sie sich gegenseitig anspucken.

6 Im England des 16. Jahrhunderts war es üblich, daß Männer ihre weiblichen Gäste begrüßten, indem sie ihnen die Brüste streichelten – allerdings mußten sie miteinander verwandt sein.

7 Bis vor etwa hundert Jahren war es für wohlhabende Ägypter üblich, einen Diener zu bezahlen, damit dieser in der Hochzeitsnacht die Ehe vollzog. Daher rührt auch das alte arabische Sprichwort: »Eine Frau für die Pflicht, einen Knaben für das Vergnügen, aber eine Melone für die Verzückung.«

8 Nach einem alten jüdischen Gesetz ist Mundgeruch ein Scheidungsgrund.

9 Kannibalen auf den Fidschi-Inseln aßen in der Regel mit den Fingern, aber aus Respekt vor den Toten benutzten sie immer dann eine rituelle Gabel aus Holz, wenn es Mensch zum Essen gab.

10 Nach einem alten indischen Gesetz der Manu konnten jedem, der in Gegenwart des Monarchen einen fahren ließ, die »vier Buchstaben« amputiert werden.

11 Offiziellen Statistiken zufolge sind in Tokio 24 Menschen getötet beziehungsweise durch Schädelbrüche verletzt worden, als sie sich wie üblich zur Begrüßung voreinander verbeugten.

12 In einigen Mittelmeerländern gehört es zum guten Ton, nach einem guten Essen laut zu rülpsen.

13 Tibetaner ließen früher den Nagel des kleinen Fingers an ihrer linken Hand wachsen, damit sie sich damit die Ohren oder die Nase reinigen konnten.

14 Rußlands erstes Benimmbuch wurde 1718 von der psychopathischen Romanow-Kaiserin Anna veröffentlicht, die trotzdem revolutionäre Vorstellungen von gutem Benehmen hatte und europäische Sitten in Rußland einführen wollte. Das schmale Bändchen legte seinen Lesern den Gebrauch von Messer und Gabel ans Herz und empfahl ihnen, bei bestimmten Gelegenheiten nicht auf den Boden zu spucken, sich die Nase nicht dadurch zu putzen, daß sie sich mit einem Finger ein Nasenloch zuhielten und dann kräftig prusteten, und ihrer Tischdame bei einer Abendgesellschaft nicht mit dem Ellbogen in die Seite zu stoßen. Außerdem riet der Knigge-Vorläufer davon ab, die Füße auf die Teller der Gäste zu stellen, wenn man auf dem Eßtisch stand.

15 Aufgrund des strengen spanischen Hofzeremoniells läßt man spanische Monarchen nach ihrem Tod einige Tage lang absichtlich verwesen, bevor sie in der Gruft im Escorial bestattet werden, um deutlich zu machen, daß auch Könige »ganz gewöhnliche« Menschen sind.

10 originelle Verwendungsmöglichkeiten für Exkremente

1 Hasenköttel wurden früher als Heilmittel gegen hängende Brüste verwendet.

2 Einige der begehrtesten Tabaksorten Virginias bekamen ihr besonders Aroma dadurch, daß man sie in Aborten trocknen ließ, damit sie dort den Geruch von menschlichem Kot und Urin aufnehmen konnten.

3 Eine Gärtnerei in Norwalk im US-Bundesstaat Kalifornien verkauft Gartenzwerge aus recyceltem Kuhdung.

4 Klassenbewußte deutsche Bauern stapelten früher große Haufen aus menschlichen und tierischen Exkrementen vor ihre Häuser. An der Größe des Misthaufens konnten die Nachbarn sehen, wie viele Tiere ein Bauer hatte und ob er sich eine große Familie leisten konnte.

5 Besucher der Olympischen Winterspiele von 1994 konnten sich in Lillehammer für sieben Pfund pro Paar Ohrringe aus Elchkot kaufen.

6 Früher rieb man sich Kamelkot in die Haare, damit diese Wellen bekamen. Esels- oder Hühnerkot wurde zur Behandlung von Hautkrankheiten, Schwellungen und Verbrennungen benutzt.

7 Bis zum Anfang des Zweiten Weltkrieges wurden in einigen Teilen Großbritanniens Fladen aus Tierkot, insbesondere Schweinemist, als Ersatz für Seife verwendet. Mit der Zeit nahmen die Frauen den Gestank am Waschtag gar nicht mehr wahr, und als echte Seife in Mode kam, beklagten sie sich häufig darüber, daß ihnen von dem Seifenwasser übel wurde.

8 Fast alle armen Leute in Großbritanien benutzten jahrhundertelang Kuh- oder Pferdemist als Brennstoff. Obwohl der Mist bestialisch stank, war er überall kostenlos zu haben und heizte gut. Als Ende des 18. und Anfang des 19. Jahrhunderts immer häufiger mit Kohlen geheizt wurde, verwendeten nur noch wenige Menschen Mist als Brennstoff, lediglich in Cornwall wurde weiter

das traditionelle Heizmaterial benutzt. Auf der Isle of Arran vor der Westküste von Schottland war Mist bis in die dreißiger Jahre hinein das beliebteste Heizmaterial.

9 Im Großbritannien des 18. Jahrhunderts gehörte zu einem richtigen Salat Pferdemist mit Senf und Kresse.

10 Das Versandhaus Endangered Feces aus dem US-Bundesstaat Alabama verkauft Briefbeschwerer aus Koprolit – versteinerte Dinosaurierkötzel. Jedes der 65 Millionen Jahre alten und sechzig Dollar teuren Kothäufchen wird mit einem numerierten und unterzeichneten Echtheitszertifikat geliefert.

Die 10 teuersten Wirbelstürme, die in den USA wüteten

1 Andrew (1992): Schäden in Höhe von 25 Milliarden US-Dollar
2 Hugo (1989): Schäden in Höhe von 7,2 Milliarden US-Dollar
3 Becky (1965): Schäden in Höhe von 6,5 Milliarden US-Dollar
4 Agnes (1972): Schäden in Höhe von 6,4 Milliarden US-Dollar
5 Camille (1969): Schäden in Höhe von 5,2 Milliarden US-Dollar
6 Diane (1955): Schäden in Höhe von 4,2 Milliarden US-Dollar
7 New England (1938): Schäden in Höhe von 3,6 Milliarden US-Dollar
8 Fred (1979): Schäden in Höhe von 3,5 Milliarden US-Dollar
9 Alicia (1983): Schäden in Höhe von 2,4 Milliarden US-Dollar
10 Carol (1954): Schäden in Höhe von 2,3 Milliarden US-Dollar

Ein Mann und seine Vision: Die 10 besten Zitate, die angeblich aus dem Munde des ehemaligen US-Vizepräsidenten Dan Quayle stammen

1 »Ich liebe Kalifornien. Ich bin praktisch in Phoenix aufgewachsen.«

2 »Es ist eine Verschwendung, seinen Verstand zu verlieren. Überhaupt keinen Verstand zu haben, ist ebenfalls Verschwendung. Dem kann man nur zustimmen.«

3 »Unsere Welt geht nicht an der Umweltverschmutzung zugrunde. Sie geht an der Luft- und Wasserverschmutzung zugrunde.«

4 »Vor kurzem habe ich Lateinamerika besucht, und mir hat nur leid getan, daß ich im Lateinunterricht in der Schule nicht besser aufgepaßt habe, denn sonst hätte ich mich mit den Leuten dort unterhalten können.«

5 »Der Mars befindet sich im Grunde genommen in der gleichen Umlaufbahn ... Der Mars ist etwa gleich weit von der Sonne entfernt, was sehr wichtig ist. Wir haben Bilder gesehen, auf denen, wie wir glauben, Kanäle und Wasser zu sehen sind. Wenn es Wasser gibt, dann gibt es dort auch Sauerstoff. Wenn es Sauerstoff gibt, dann können wir dort auch atmen.«

6 »Für die NASA steht der Weltraum immer noch ganz oben auf der Liste.«

7 »Der Holocaust war eine furchtbare Zeit in der Geschichte unserer Nation. Äh, ich meine, in der Geschichte unseres Jahrhunderts. Aber wir alle haben in diesem Jahrhundert gelebt. Ich habe nicht in diesem Jahrhundert gelebt.«

8 »Ich glaube, der Trend hin zu mehr Freiheit und Demokratie ist nicht mehr aufzuhalten – aber das könnte sich jederzeit ändern.«

9 »Die Aufgaben eines Vizepräsidenten lassen sich mit einem einzigen Wort beschreiben – ›sei allzeit bereit‹.«

10 »Wir wollen nicht in die Zukunft zurückkehren, wir wollen nur Fortschritte machen.«

Sowas gibt's nur in Amerika

1 1995 verklagte ein Autofahrer, der in angetrunkenem Zustand zu schnell gefahren war und deshalb einen Unfall hatte, das Ingenieurbüro, das die Straße geplant hatte, den Bauunternehmer, vier Subunternehmer und das Verkehrsministerium des Bundesstaates. Er bekam 35 000 US-Dollar bei einem außergerichtlichen Vergleich.

2 1995 wurden einer Angestellten eines Supermarktes im US-Bundesstaat West Virginia 2,52 Millionen Schadensersatz zugesprochen, nachdem sie sich beim Öffnen eines Gurkenglases eine Rückenverletzung zugezogen hatte und ihr seelisches Gleichgewicht durcheinandergeraten war.

3 1997 wurde Disneyland in Kalifornien von einer Frau verklagt, deren Enkel angeblich einen schweren seelischen Schock erlitten hatten, als er zufällig beobachtete, wie Micky Maus aus seinem Kostüm kletterte.

4 1996 wurde einem betrunkenen Golfspieler in Wisconsin, der beim Verlassen der Bar im Clubhaus des Golfplatzes gestürzt war und sich dabei den Kiefer gebrochen hatte, Schadensersatz in Höhe von 41 540 US-Dollar zugesprochen.

5 1994 sprach das oberste Gericht der Vereinigten Staaten einem Kidnapper 500 000 US-Dollar zu. Er hatte sich auf der Flucht vor der Polizei den Knöchel gebrochen.

6 Einem Restaurantarbeiter, der in angetrunkenem Zustand vor einen Zug fiel und einen Arm verlor, wurde 1990 von der New Yorker Verkehrsbehörde neun Millionen US-Dollar Schadensersatz gezahlt.

7 Ein wegen Bankraubs verurteilter Mann aus Oakland im US-Bundesstaat Kalifornien, der noch auf Bewährung war, erhielt 1987 zwei Millionen US-Dollar, nachdem die Banknoten, die er bei einem Überfall auf die Savings and Loan Company erbeutet hatte, in seiner Tasche explodierten und Tränengas sowie Farbstoff freisetzten. Der Bankräuber erlitt dabei Verbrennungen, die stationär behandelt werden mußten.

8 Ein Mann aus Kalifornien, der sich 1997 bei einem Kopfsprung in den Swimmingpool des von ihm angemieteten Hauses verletzte, verklagte die Eigentümer auf 66 Millionen US-Dollar Schadensersatz. Offenbar hatten sie ihn nicht davor gewarnt, daß der Pool an einem Ende nicht sehr tief war.

9 1993 mußte ein Restaurant in Long Island drei Millionen US-Dollar an einen Gast zahlen, der von einer Biene gestochen worden war.

10 1995 bekam ein Teenager aus New Hampshire bei einem außergerichtlichen Vergleich 50 000 US-Dollar Schadensersatz vom Hersteller eines Basketballkorbes. Der Kläger hatte zwei Vorderzähne verloren, als er bei einem Sprung den Ball von oben in den Korb geworfen und sich dann im Netz verheddert hatte.

Wenn Federn Gift spritzen: 10 Schriftsteller über ihre Kollegen

1 Mark Twain über Jane Austen: »Poes Prosa ist meiner Meinung nach unlesbar – ebenso die von Jane Austen. Nein, es gibt einen Unterschied. Wenn man mich dafür bezahlen würde, könnte ich Poes Prosa lesen, nicht jedoch die von Jane.«

2 Alfred Lord Tennyson über Ben Johnson: »Ihn zu lesen ist zähflüssig wie Leim.«

3 Oscar Wilde über Alexander Pope: »Wenn man Gedichte nicht mag, gibt es dafür zwei Erklärungen. Entweder man mag sie nicht, oder man liest Pope.«

4 W. H. Auden über Robert Browning: »Ich glaube nicht, daß Browning gut im Bett war. Seiner Frau war er vermutlich herzlich egal. Er schnarchte und phantasierte über zwölfjährige Mädchen.«

5 Virginia Woolfe über James Joyces *Ulysses*: »Die Arbeit eines überempfindlichen Studenten, der sich seine Pickel kratzt.«

6 Percy Wyndham Lewis über Arnold Bennett: »Der Hitler des Bücherregals.«

7 Samuel Johnson über Thomas Gray: »Er war langweilig in Gesellschaft, er war langweilig im Bett, er war überall langweilig ... er war ein mechanischer Dichter.«

8 Germaine Greer über Ernest Hemingway: »Als er ihn nicht mehr hochbekam, hat er sich eine Kugel in den Kopf gejagt. Er hat eine Menge Unsinn geschrieben und auch noch daran geglaubt.«

9 Thomas Carlyle über Percy Bysshe Shelley: »Ein armseliger Mensch, der nichts gesagt oder getan hat, was sich ein seriöser Mann merken müßte.«

10 Kingsley Amis über Dylan Thomas: »Ein durch und durch unangenehmer Mensch, der seine Freunde betrog und bestahl und ihnen auf den Teppich pinkelte.«

10 prägnante Popkritiken

1 Über die Beatles (1964): »Kleine Arschlöcher mit schlechten Manieren.« *Noël Coward*

2 Über *Let's Groove* – Earth, Wind & Fire (1981): »Lieber nicht.« *Johnny Black, Smash Hits*

3 Über *Run to the Hills* – Iron Maiden (1982): »Ich stand kurz davor.« *Red Starr, Smash Hits*

4 Über *All the Way Up* – Belle & The Devotions (1984): »Bringt mich nicht in Versuchung.« *Stephen Gray, Record Mirror*

5 Über *The Robots* – Kraftwerk (1978): »Zzzzzzzzzzz.« *Dean Porsche, Zig-Zag*

6 Über *I'm Alive* – ELO (1980): »Eindeutig gelogen.« *Deanne Parsons, Smash Hits*

7 Über *Away From This Town* – Still Life (1982): »Und je weiter desto besser.« *Robon Smith, Record Mirror*

8 Über *Like a Rock* – Bob Seger (1986): »Stimmt genau, Bob. Prähistorisch.« *Kevin Murphy, Sounds*

9 Über *Wasting Time* – Strangeways (1979): »Ja, und zwar meine.« *Robin Banks, Sounds*

10 Über *Forever Young* – Alphaville (1984): »Man hätte sie gleich nach der Geburt erwürgen sollen.« *Morrissey, Smash Hits*

10 Shakespeare-Hasser

1 Edward Young, britischer Dichter: »Shakespeare – im großen und ganzen hat er nur Schrott geschrieben.«

2 Voltaire: »Ein einziger großer Misthaufen.«

3 Leo Tolstoj: »Primitiv, unmoralisch, vulgär und dumm.«

4 George Bernard Shaw: »Mit Ausnahme von Homer hasse ich keinen berühmten Schriftsteller – nicht einmal Sir Walter Scott – so sehr wie Shakespeare, wenn ich meinen Verstand mit dem seinen vergleiche. Ich würde ihn am liebsten ausgraben und mit Steinen bewerfen.«

5 Walter Savage Landor, britischer Dichter: »Die Sonette sind heißblütig und schwülstig, sie bieten vieles, aber keine Feinheiten, wie Himbeermarmelade ohne Sahne, ohne Kruste, ohne Brot.«

6 Dr. Samuel Johnson: »Shakespeare hat nicht einmal sechs Zeilen zusammenbekommen, ohne dabei einen Fehler zu machen. Vielleicht auch sieben, wenn man lange genug sucht, aber das kann meinen Eindruck von ihm auch nicht widerlegen.«

7 Robert Greene, englischer Dramatiker: »Ein Parvenü, der sich jetzt mit unseren Federn schmückt.«

8 Elizabeth Forsyth, englische Schriftstellerin: »Ein Speichellecker, ein Schmeichler, ein Ehebrecher, ein plärrender, unlogischer Mensch.«

9 Charles Darwin: »Ich habe vor kurzem versucht, Shakespeare zu lesen, fand ihn aber so unglaublich langweilig, daß mir schlecht geworden ist.«

10 König Georg III.: »Ziemlich traurig, nicht wahr?«

12 Misanthropen

1 »Glück bedeutet, seine Feinde zu vernichten, sie vor sich herzutreiben, sie ihres Reichtums zu berauben, ihre Verwandten in Tränen aufgelöst zu sehen, ihre Pferde zu reiten und auf den weißen Bäuchen ihrer Frauen und Töchter zu schlafen.« *Dschingis Khan*

2 »Wenn sie am Ertrinken wären, würde ich ihnen einen Schlauch in den Mund stopfen.« *Ray Kroc, Ex-Chef von McDonald's, über seine Konkurrenten*

3 »Es ist besser, gefürchtet als geliebt zu werden, wenn beides gleichzeitig nicht geht.« *Niccolò Machiavelli*

4 »Die Sanftmütigen sollen meinetwegen die Erde erben, aber die Rechte an den Bodenschätzen kriegen sie nicht.« *J. Paul Getty*

5 »Ich habe das Herz eines Kindes. Ich bewahre es in einem Einmachglas auf, das auf meinem Regal steht.« *Robert Bloch*

6 »Glück ist lediglich eine gute Gesundheit und ein schlechtes Gedächtnis.« *Albert Schweitzer*

7 »Die Öffentlichkeit ist mir egal – ich arbeite für meine Aktionäre.« *William H. Vanderbilt als Antwort auf die Frage eines Reporters, der von dem Eisenbahnmagnaten wissen wollte, ob die Stillegung eines unrentablen Expreßzuges gegen die Interessen der Öffentlichkeit verstoße, Chicago, 1883*

8 »Mit dem Wort ›bitte‹ und einer Kanone kann man sehr viel mehr erreichen als nur mit dem Wort ›bitte‹. *Al Capone*

9 »Mit Ausnahme von mir ist fast jeder ein feiger Hurensohn.« *General George S. Patton jr.*

10 »Das Geheimnis des Erfolges ist Aufrichtigkeit. Sobald man das vortäuschen kann, hat man es geschafft.« *Jean Giraudoux*

11 »Wenn Sie mir nichts Gutes über jemanden erzählen können, setzen Sie sich am besten neben mich.« *Alice Roosevelt Longworth*

12 »Ich habe keine Vorurteile. Ich hasse alle gleich stark.« – »Man sollte jeden Tag mit einem Lächeln beginnen – dann hat man es wenigstens hinter sich.« *W. C. Fields*

10 unbeliebte US-Präsidenten

1 John Quincy Adams über Andrew Jackson: »Ein Barbar, der keinen grammatikalisch korrekten Satz herausbekam und kaum seinen eigenen Namen buchstabieren konnte.«

2 William Henry Harrison über John Quincy Adams: »Er soll ein widerlicher Geschäftspartner sein. Primitiv, schmutzig und ungehobelt in seinem Benehmen, mit schwierigen, realitätsfernen Ansichten, die gänzlich aus Büchern stammen.«

3 H. L. Mencken über Warren G. Harding: »Er schreibt das fürchterlichste Englisch, das mir je untergekommen ist. Es erinnert mich an einen nassen Schwamm ... an ausgebleichte Wäsche auf der Leine ... an kalte Bohnensuppe, Schreie im College, Hunde, die die ganze Nacht hindurch bellen. Es ist so schlecht, daß es schon fast wieder etwas Erhabenes hat. Es kriecht aus einem Abgrund von Unsinn heraus und schwingt sich auf bis zur Spitze einer verkrampften Vornehmheit. Es ist Pfusch. Es ist wüstes Gekritzel. Es ist Kokolores.«

4 H. L. Mencken über Calvin Coolidge: »Er hat länger geschlafen als jeder andere Präsident, bei Tag und bei Nacht. Nero hat Geige gespielt, Coolidge hat nur geschnarcht.«

5 Harry S. Truman über Dwight D. Eisenhower: »Der Kerl hat keine Ahnung von Politik.«

6 H. L. Mencken über Franklin D. Roosevelt: »Er hatte alle Eigenschaften, die Idioten von ihren Helden erwarten. Er war der erste Amerikaner, der wirklich durch und durch dumm war.«

7 Stuart Rosenberg, TV-Regisseur, über Lyndon Baines Johnson: »Wie soll man dem Präsidenten der Vereinigten Staaten sagen, daß er endlich aufhören soll, vor der Kamera in der Nase zu bohren, in jedem zweiten Satz ›Hühnerscheiße‹ zu sagen und ständig zu furzen?«

8 Rich Little über Jimmy Carter: »Jimmy Carter als Präsident – das ist so, als würde man Truman Capote mit Dolly Parton verheiraten. Die Sache ist einfach zu groß für ihn.«

9 Clive James über Gerald Ford: »Die Teilnahme von Präsident Gerald Ford an diesem Golfturnier hat wieder einmal ins Gedächtnis gerufen, daß das amerikanische Volk einen Mann zum Präsidenten gewählt hat, der den Knopf zum Zünden der Atombombe entweder versehentlich oder absichtlich gedrückt hätte, weil er damit den Zimmerservice rufen wollte.«

10 Jonathan Hunt über Ronald Reagan: »Bei einem verheerenden Brand in Ronald Reagans Bibliothek sind beide Bücher verbrannt. Das Tragische darin ist, daß er mit dem Ausmalen noch nicht fertig war.«

10 britische Premierminister

1 Sydney Smith über George Canning: »Canning als Premierminister, das ist so ähnlich wie eine Fliege in einem Bernsteintropfen. Um die Fliege kümmert sich keiner, aber alle fragen sich, wie zum Teufel sie da hingekommen ist.«

2 Benjamin Disraeli über William Gladstone: »Wenn Gladstone in die Themse fallen würde, wäre das Pech. Aber wenn ihn jemand wieder herausziehen würde, wäre das eine echte Katastrophe.«

3 Winston Churchill über Ramsay Macdonald: »Jetzt habe ich fünfzig Jahre gewartet, um mitansehen zu müssen, wie dieses rückgratlose Etwas Premierminister wird.«

4 George Orwell über Clement Attlee: »Erinnert mich an einen toten Fisch, der noch keine Zeit gehabt hat, steif zu werden.«

5 George Orwell über Stanley Baldwin: »Es würde auch nichts nützen, wenn man ihn einen Stockfisch nennt. Er war einfach nur ein Loch in der Luft.«

6 David Lloyd George über Neville Chamberlain: »Eine Krämerseele im Großhandel.«

7 Evelyn Waugh über Winston Churchill: »Nur eine Stimme aus dem Radio, die sich selbst überlebt hat.«

8 Malcolm Muggeridge über Anthony Eden: »Er ist nicht nur ein Langweiler, er langweilt auch noch im Namen Englands.«

9 Auberon Waugh über Edward Heath: »In jedem zivilisierten Land hätte man Heath schon vor Jahren mit dem Kopf nach unten an einer Zapfsäule aufgehängt.«

10 Robert Holme über Margaret Thatcher: »Die Enid Blyton der Volkswirtschaft. Durch ihre einfach gestrickten Pläne durfte niemand einen Strich machen.«

18 obskure Statistiken

1 In Großbritannien gibt es schätzungsweise 750 000 Bettnässer.

2 Etwa 600 000 Amerikaner sind aufgrund einer Unterleibsverletzung impotent. Vierzig Prozent zogen sich die Verletzung bei einem Fahrradunfall zu.

3 Sieben von zehn Amerikanern stellen sich vor, Geschlechtsverkehr mit ihrem Chef zu haben, egal, ob dieser dem eigenen Geschlecht angehört oder nicht.

4 Einer von 13 erwachsenen Briten hat in den letzten zehn Jahren einen Vibrator gekauft.

5 Einer vor kurzem durchgeführten Untersuchung zufolge bohrt einer von drei männlichen Motorradfahrern während der Fahrt in der Nase.

6 Jeden Tag infizieren sich 356 000 Menschen mit einer Geschlechtskrankheit.

7 95 Prozent der in Toiletten verwendeten Heißlufttrockner übertragen krankheitserregende Bakterien, die eine Lebensmittelvergiftung sowie eine ganze Reihe von Hautkrankheiten, wie zum Beispiel Furunkel und Abszesse, auslösen können.

8 Indien und Bangladesch haben mehr menschliche Skelette für die medizinische Forschung exportiert als jedes andere Land. Inzwischen wurde der Handel mit Skeletten jedoch verboten.

9 Mehr als 35 000 Amerikaner haben sich für den Fall versichert, daß sie von Außerirdischen entführt oder bei lebendigem Leib aufgefressen werden.

10 Bis heute sind 15 Amerikaner bei dem Versuch zerquetscht worden, Getränkeautomaten zur Seite zu kippen.

11 In London hat ein Glas Leitungswasser bereits die Blase von durchschnittlich neun anderen Menschen durchlaufen.

12 Menschen mit einem unterdurchschnittlich großen Kopf haben ein 18mal größeres Risiko, an Alzheimer zu erkranken, als Menschen mit großen Köpfen.

13 Weder Pferde noch Kaninchen können sich übergeben.

14 Impotenz ist in 24 amerikanischen Bundesstaaten ein Scheidungsgrund.

15 In der Zeit zwischen seinem 20. und 70. Lebensjahr verbringt ein durchschnittlicher Mensch etwa 600 Stunden mit Geschlechtsverkehr.

16 Ungarn hat zur Zeit die höchste Selbstmordrate der Welt.

17 Briten geben pro Kopf mehr Geld für Abführmittel aus als jede andere europäische Nation (etwa 70 Millionen pro Jahr).

18 Iren haben weniger Schuppen als Männer in anderen europäischen Ländern.

10 letzte Worte

1 »Ich weiß es nicht.« – Peter Abälard, Philosoph, 1142

2 »Moment mal ...« – Papst Alexander VI., 1503

3 »Mönche, Mönche, Mönche.« – König Heinrich VIII., 1547

4 »Schlag schon zu, Mann!« – Sir Walter Raleigh (zu seinem Scharfrichter), 1618

5 »Bin ich noch am Leben?« – Julie de Lespinasse, 1776

6 »Es reicht.« – Immanuel Kant, 1804

7 »Hinaus.« – Karl Marx, 1833

8 »Dieses verdammte Bognor.« – König Georg V., 1936

9 »Ich bin Heinrich Himmler.« – Heinrich Himmler, 1945

10 »Mir geht es gut.« – H. G. Wells, 1946